倪嗣冲 NI SI CHONG
与天津倪氏家族

NI SI CHONG YU TIAN JIN NI SHI JIA ZU

■ 张绍祖 郭从杰 倪祖琨 主编

天津社会科学院出版社

图书在版编目（ＣＩＰ）数据

倪嗣冲与天津倪氏家族 / 张绍祖，郭从杰，倪祖琨
主编. -- 天津 ：天津社会科学院出版社，2017.3
　　ISBN 978-7-5563-0341-0

　　Ⅰ．①倪… Ⅱ．①张… ②郭… ③倪… Ⅲ．①家族－
研究－天津 Ⅳ．①K820.9

　　中国版本图书馆CIP 数据核字(2017)第 015352 号

出版发行：天津社会科学院出版社
出 版 人：钟会兵
地　　址：天津市南开区迎水道 7 号
邮　　编：300191
电话/传真：（022）23360165 （总编室）
　　　　　　（022）23075303 （发行科）
网　　址：www.tass-tj.org.cn
印　　刷：天津午阳印刷有限公司

开　　本：787×1092 毫米　1/16
印　　张：27.25
字　　数：360 千字
版　　次：2017 年 3 月第 1 版　　2017 年 3 月第 1 次印刷
定　　价：58.00 元

安將督將軍安軍倪軍冲
武軍理徽務將嗣

An--wu general
themanager of Anhwi
Ih--su--chung

安徽督军倪嗣冲

讨逆军三路之南路司令倪嗣冲

倪幼丹先生

倪叔平先生

天津倪公馆（英租界围墙道 247 号）

2008 年倪氏后裔于原倪公馆老宅凉亭留影

序

　　经过时间浪花的冲洗,以及认真、严谨的汇集、凝练和浓缩,《倪嗣冲与天津倪氏家族》一书终于面世了,这是一部系统介绍和研究倪嗣冲生平及其在津族裔状况的著作。

　　人的生命是有阶段性的。倪嗣冲发迹于清末的安徽,创业于民初的天津,最终由一名披坚执锐、纵横驰骋的武人,演变成投资巨万、操奇计赢的大财东。如同北洋时期众多穿梭在时空中的历史过客一样,他出现过,经历过,显赫过;然而风过疏林,水扬清波,下野后未及花甲,他就离开了世间的怀抱,撒手西去。在津的倪氏家族成员克绍箕裘,承袭衣钵,持续努力,仰事俯畜,本想乘时而起,继续做出一番事业;怎奈强邻环伺,国运式微,中原板荡,民生凋敝,外缠内迫,一馈十起——尽管这个家族力图在劣境中东山再起,可是未能摆脱再衰三竭的态势,终致晓林落索,春雨飘萧。当命运与时代发生冲突时,无论何人也左右不了一个衰飒的历史舞台。都说人世风雨无常,实乃所处时代使然耳。

　　这部书的另一个特点,是突出了历史的深沉与厚重。在所写的每一个历史事件背后,大都有一段鲜为人知的故事,大都雕刻着过往岁月或浓或淡的屐痕。

　　人生在世,总会有这样或那样的欲望,在某种意义上说,人的一生就是欲望得到满足与欲望不断失落相互交替的过程,结果是使人不知不觉在欲望的海洋里飘摇沉浮而无法脱身。像倪嗣冲这样的武人,如果出生在近代以前,解甲后他可能退归山林,广置田亩,容止闲雅地优游岁月。可是历史进入 20 世纪,就让他有了新的选择,他不再返回乡村置地建屋,而是来到现代化的大城市,把资金全部转化成为资本。方向有时比努力更加重要。生命中的不同选择最终导致了不同的结果,社会角色的转换,使原本不可能相遇的人生轨迹,得以在生命的旅途中交汇并结伴。应当说,这是时代的进步。

说到这里,有一个问题无法回避,即我们究竟应该使用怎样的人生价值尺度和理论,去评价倪嗣冲及其族裔的是非得失? 20 世纪上半叶的中国,沉沦在半殖民地的黑暗深渊,社会需要的是光明;在那个夕阳杳杳的年代,无论是谁,哪怕只做了一件小事,能使社会变得稍加光明时,我们就没有理由否定他;一味地放大某些社会造成的缺憾与不足,往往会使历史变得痛苦而彷徨。经验告诉我们,人类是相信永恒的。只要坚持恒久的价值观念,我们就会发现,历史上的许多东西常常是历久而弥醇,我想,这也就是人们往往对流逝的往昔倍加珍视的根本原因。

历史的特点之一,就是把已经凝固的世界看成多维或平面。法国著名启蒙思想家伏尔泰说过,没有所谓"命运"这个东西,一切无非是考验、惩罚或补偿。当如同幽咽泉水的时间,悄无声息地从我们身边不间断地默然流过时,以希望之心向前看,以宽恕之心向后看,克制一时之快而专注于自己的责任,着手现在,乐观未来,或许才能领略到历史至真、至善、至美的真谛。

罗澍伟

2015 年 12 月 5 日草

序 二

不久前,从杰发来一部书稿《倪嗣冲与天津倪氏家族》,希望我为这部书写几句话。忙于俗事,一直没有系统翻阅,直至这几天方才抽出时间拜读一遍,获益良多。

由于是同乡,知道倪嗣冲差不多快四十年了。记得大学本科时,为我们讲授安徽现代史的老师用了很大篇幅讲述"倪嗣冲在安徽的反动统治"。老师讲得很投入,也很激情,因而给我留下极为深刻的影响。此后很多年,只要读到与倪嗣冲以及北洋军政人员相关史料,我都会不由自主地想到当年听课的情形,感谢老师的教诲。

后来读的资料渐渐多了,特别是这次得读张绍祖、郭从杰、倪祖琨诸先生精心主编的《倪嗣冲与天津倪氏家族》,使我对北洋系军人,对倪嗣冲有一点想法,写出来向众主编及各位读者请教。

倪嗣冲是北洋系大员,更是北洋时代皖系大将。在过去的印象中,倪嗣冲不过是一鲁莽武夫,军阀气质。其实这只是过去的历史书写塑造的一个并不太真实的印象。北洋系军人是近代中国一个非常特殊的群体,其形成、地位及功能颇类似世界各国现代化转型中的军人群体。他们比较早地接触了现代理念,也期待国家转型,至于他们因武力而执掌国家政权,确实有违中国"文人从政"传统。

中国的政治传统,确实是"文人政治"。孔子说"学而优则仕",既是对先前传统的归纳,也是对后世的期待。假如从历史主义角度看待中国历史,科举时代自不必说了,科举前的"察举时代",所察举出来的人才,也以文人居多。武人政权从来不是中国政治的常态,文人典兵、领军，才是中国的传统。当然，在中国政治处于大混乱、大变动时代，枭雄、豪杰、流氓，拥兵自重的军人，揭竿而起，改朝换代，在新政治秩序建构之前，每一个新朝代总有一段军人政权时期，就像孙中山明白宣布的"军政时期"一样。军政、训政、宪政，在孙中山看来是革命后必须要走的三段路。

辛亥革命是近代中国最伟大的事件，辛亥革命的意义应该放在几千年的历史长河中去检讨。这次革命并没有真正终结中国的帝国架构，后来的中国没有皇帝之名的"准帝制形态"，表明辛亥革命只是帝制终结的开始，并不是帝制的终结。这就像两千年前帝制建构一样，前后总要经过一个相当长时间的反复。法国大革命发生在 1789 年，推翻了封建统治，甚至将君主送上了断头台，但是法国并没有迅速建立起稳定的共和制度，中经数次反复，直至 1958 年通过新宪法，由议会制过渡到事实上的总统制，法兰西第五共和国取代第四共和国，法国方才建构起稳固的共和制度。如果从 1789 年起算，这一过程花了 170 年。由此可见，古老国家由于有古老的制度根基，其政治变革的难度肯定大于一张白纸如美国那样的移民国家。所以，我们应该"容忍历史的不完美"，关键看历史发展的方向。

从这个意义上回望辛亥一代军人政治家，他们原本是清帝国培养起来的守护者，却不意成为清帝国的终结者。这个结果出乎清帝国统治者的预料，也出乎军人的预料，但历史就这样发展了，一切都显得那样自然，那样从容不迫。

包括倪嗣冲在内的新军官兵，都是"数千年历史巨变"的见证者、参与者，他们是清帝国军事现代化的希望，他们普遍接受了当时所能接受到的最好教育，相当一部分军官留学东西洋，见过世面，知道世界大势，因而在 1911—1912 年关键时刻，他们站在了正义一边，抛却了旧主，保全了国家。他们是历史巨变中的关键因素，因而在民国初年必然成为新政治场上的主角。

至于本书描述的倪嗣冲，在清末民初政治转型中的重要性，过去的研究似乎也有低估，或不太公正的地方。倪嗣冲的父辈与袁保恒、袁保庆、袁世凯有交情,倪嗣冲小袁世凯差不多十岁,由于家庭原因,他少年时期就与袁世凯熟悉。但他真正成为袁世凯的部下,并被袁世凯赏识、重用,主要还是因为他的见识、才干、胆略。据本书记载,1899年秋,曾在山东担任过知县的倪嗣冲就上书巡抚,反对招抚义和拳,力主沿用清帝国一贯政策,将类似秘密结社消弭在萌芽之中,"首恶必办,胁从不问",只要公平处理民教冲突,地方治安就不应该发生太大的问题。倪嗣冲的建议并没有得到张汝梅、毓贤等人采纳。

当袁世凯奉命接替毓贤出任山东巡抚时,阅读到倪嗣冲的旧建议,感慨万千,迅即将倪嗣冲招来,并委托他专责督办山东、直隶交界处德州等九县义和团善后事宜。倪嗣冲从此步入官场快车道,与袁世凯关系日趋密切,在北洋系中担负起更多责任,民国初年一度同时兼任河南、安徽两省军政要职,是袁世凯在地方上的重要凭借。

本书记载的倪嗣冲,侧重于倪氏家族在天津等地的投资。这是北洋历史研究中的新课题。在近代中国资本主义发展过程中,我们过去注意到了民族资本主义在甲午战后的发展,也曾注意到北洋系军人对近代企业的介入,但由于历史原因,北洋系军人的实业贡献并没有给予合适估计。袁世凯、唐绍仪、周馥、倪嗣冲等一大批北洋系军政要员都以不同方式投资、经营近代企业,袁世凯在下野三年最关注的事情就是实业,甚至明言"官可以不作,实业不能不办"(《抑斋自述》,147页),以为实业关系国家兴衰,因而愿意将精力用于发展实业上。袁世凯的认识,代表了北洋系军政要员一般看法,这一点很值得注意。

本书是以倪氏家族的变迁为轴心,描述了倪氏在颍州崛起、壮大及其播迁天津的过程,倪淑、倪嗣冲、倪毓棻、倪道杰、倪叔平等人物不断涌现,代有才出,他们维持了家族的延续、扩大乃至昌盛。近代国弱民贫,倪氏家族代表人物在社会变革中敢于担当、勇于任事,不惟捍卫乡里、安稳地方,还是参与国事、实业救国都留下他们浓墨重彩的一笔,然而转瞬一挥间,他们又经历太多的国难家愁、酸甜苦辣、悲欢离合。从晚清到民国,伴随时局跌宕、政潮起伏,他们或引领或背负,在历史舞台上承载了太多。透过倪氏家族史的研究,充分展现了家族、社会变迁的多彩画卷,也折射出近代中国历经劫波、矢志不渝的民族复兴历程。

衷心祝贺《倪嗣冲与天津倪氏家族》的出版。

马勇

2016 年 3 月 10 日

于中国社会科学院近代史研究所

目　录

第一章 家族及主要代表人物

倪氏源流

倪姓有着悠久的历史。"倪"这个字出现得很早,在甲骨文中就有记载。在殷墟武丁时期(公元前 1250 年—前 1192 年)的卜辞中,就曾多次出现"𠨘"。研究者认为,兒字最早是作为方国名(方国泛指东部的地方小国)或地名出现的,观其字型结构下部为人,上部为臼,人头部顶臼,"兒"这个形象文字,反映了在兒地长期居住的农业氏族对农业的关注和对祈求农业丰收的渴望。

郳国故城遗址

从夏商时代的古兒国到春秋时期的郳国,是倪姓家族发展史的大转折时期。山东省南部地区具有优越的自然条件,适合人类生息繁衍,成为不少原始氏族的定居地和发祥地。四千多年前,在今山东省枣庄市原滕县、峄县境郳国故城遗址内形成部落方国—— 古兒国。周朝建立后,为加强统治,命周公统帅东征大军,大举讨伐东夷诸国,古老的兒国遭遇灭国之灾,领地并入了与之接壤的郳国版图。周武王封曹侠(也作挟)带领他的曹姓族人来此定居。曹侠累代相传,其谱系为:黄帝生昌意,昌意生乾荒,乾荒生颛顼,颛顼生称,称生老童,老童生吴回,吴回生陆终,陆终生晏安。晏安佐舜有功,食邑于曹,因而得姓,生均连。均连生彩白,彩白生季札,季札生武辛,武辛生主廷,及至二十一世为曹侠。曹侠为邾国第一代国王,即位后仍称曹侠,也叫邾侠,尔后的国君则以国为姓,改姓"邾"了。经过几代人的融合,与土著邾氏和睦相处,便形成了新的邾氏家族,新兴的邾国也得以繁荣昌盛。第七代君主夷父颜(又称邾武公)有两个儿子,长子夏父成为邾国王位的继承者,次子友父被封到原儿国故地,与当地土著儿姓融合在一起,并将原儿字右旁加"邑",组建了一个新兴的国家,称为"郳国"。邾友父为郳国的首位君王,仍称邾友父,后世的君主皆以国为姓,改姓"郳"。郳黎来为邾友父之后第四代国君,他即位后,采取灵活的邦交政策,积极向大国靠拢,并在鲁国的帮助下,得到周天子的认可,封为"子爵国",从而摆脱了与邾国的附庸关系,升级为周王室封赐的诸侯国。由于儿国的开国君王来自邾国,后人以此邾非旧邾,便在邾之上加个"小"字以示区别,因此,小邾国之名应是郳国的非正式称谓。

小邾国国君颜友墓地

公元前 261 年左右,郳国为楚人所灭。郳氏族人被迫离开故国家园,从这片故土迁出三个大支系的倪姓家族。一支投奔了吴越两国,即今江浙一带;另外一支迁往郳国北部;第三支郳国族人被强迁至楚国境内,根据史料记载,大致在今天湖北省黄冈县境内。为牢记邦国的毁灭,逃往异乡的郳姓族人将"郳"字去掉"邑"旁,仍沿用古兒字,将亡国的耻辱和痛苦融入在自己的姓氏中,告诫后世亡国的耻辱,激励后世振奋家邦。这些后裔子孙具有强大的生命力,他们在各地生根、繁衍,进而传世昌盛,成为今天的倪姓。

"倪"是何时出现的?由于文献匮乏,至今无法确定。有一种说法是,"倪"字出现在东汉时期。西汉末年,山东东部、江苏北部一带发生赤眉军起义,并攻入长安。后因粮草饥荒退出长安,准备东撤时遭到刘秀的围击,赤眉起义失败。兒宏在这次对赤眉征战中有功于东汉王朝。光武帝给以加官封赏,并赐"倪"字,一直传至今日。

倪姓族人四处迁徙、繁衍,在千年的历史中,涌现出不少名人,兹略举一二。

兒说(前356—前301),倪氏家族史上的早期人物。最早记载兒说当推《韩非子》:"兒说,宋人,善辩者也,持'白马非马也',服其稷下之辩者。"当时稷下学宫汇集了天下贤士大多是大学者、大学问家,而兒说竟能折服这批贤士,使之哑然,无法反驳,足见其论辩能力极强,是稷下学宫的佼佼者,兒说可能是我国最早涉足逻辑学的学者。

倪宽(约前169—前103),西汉著名的政治家、经学家和水利专家,今山东东营人。幼年丧父,家境贫寒,母亲靠给人做佣工为生。因交不起学费,一直未能进塾馆读书。传说,他十多岁时,随母亲从老家逃荒到今安徽太和,结识了一位高士柳林先生,随之学习,学业精进,后入太学,得到汉武帝的重用,擢为中大夫,迁左内史。在左内史任上,倪宽大力发展农业,规劝农民要勤奋耕作。在收租税时,审度百姓生活宽裕与窘迫,量力而收。因汉武帝征南越,费用甚大,有司遂向各地催收租税,倪宽却因欠租过多,按当时律法当免职。百姓听说后,唯恐失了一位好官,纷纷备齐钱米,担挑车运,争着缴纳,几天工夫,倪宽竟将所欠租税全数收齐报解。汉武帝因此更加器重倪宽,升他为御史大夫,跟从汉武帝东巡泰山,举行封禅大典,倪宽主持封禅大典仪式。倪宽在位八年,卒于任上,后归葬老家,贫寒如故,其清廉可知。

倪瓒(1301—1374),元代画家、诗人,题名诗画时常用云林。倪瓒清高孤傲,洁身自好,浸习于诗文诗画之中,和儒家的入世理想迥异,故而一生未仕。他的诗、书、画三绝。其绘画开创了水墨山水的一代画风,与黄公望、吴镇、王蒙并称"元代四大家"。画法疏简,格调天真幽淡,以淡泊取胜。在士大夫的心目中享誉极高,明何良俊云:"云林书师大令,无一点尘土。"明代江南人以有无收藏他的画而分雅俗。其绘画实践和理论观点,对明清数百年画坛有很大影响,后人将其列为"中国古代十大画家"之一。作为高人韵士,他参禅学道,浪迹天涯,以一注冰雪之韵,写出了他简远萧疏,枯淡清逸的特有风格。倪瓒是个性较为独特的书画家,英国大不列颠百科全书将他列为世界文化名人。

倪元璐(1593—1644),明代杰出的政治家、书画家,浙江上虞人。明朝天启二年(1622)中进士。崇祯元年(1628),倪元璐出典江西乡试,影射讥刺魏忠贤,为崇祯所器重,在倪元璐眼里,崇祯是一个图存救亡、壮志难酬的悲情明君。但明末积重难返,二人相知,互相砥砺。他深入了解各地吏治、军事、钱粮、教育、灾荒情况,先后提出《制实八策》《制虚八策》及《造士八议》等。然而倪元璐的殚精竭虑并未扭转明王朝的颓势,1644年李自成攻下北京,崇祯自缢。倪元璐亦于当日自缢,时年52岁。后人叹曰:"君死社稷,尔为君死!"据史料记载,当时李自成部下蜂拥入室,见倪元璐陈尸堂中,"知其忠臣,各叹息罗拜而去"。后南明福王恤死难诸臣,追褒倪元璐"忠烈第一"。

倪仁吉(1607—1685),明、清之际"绝代才女",字心惠,号凝香子,江西吉安人。早慧颖悟,天赋非凡。及笄之年,嫁人为妻,后不幸成了青年孀守之人,在长期的孤独生活中,她寄情于诗文书画之间,在书画艺术上造诣颇深,以绘画最为著名,她的山水画自有特色,画仕女极妍尽态,堪称绝技。除了擅长诗文书画琴之外,她还精于刺绣,是明代仅次于韩希孟绣名的女艺人。倪仁吉尤擅绣佛像,名重一时,刺绣佛像能灭去针线痕迹,观之如画。最令人称绝的是倪仁吉的发绣,她的传世之作《发绣大士像》,神貌端庄宁静,传达了至高的精神境界和神的气质。为总结刺绣经验,她编著了刺绣专著《凝香绣谱》一书,是我国刺绣有史以来的第一部专著。

倪模(1750—1825),字迁存,号韭瓶,安徽望江人。乾嘉时期著名钱币学家和图书校勘家。他的家境并不宽裕,劳动之余,酷爱读书,常挑灯夜读,直至天明。稍长,喜藏书,善校勘。每得秘本,手写口诵,夜以继日。乾隆三十五年(1770)入县学,四十四年(1779)中举,嘉庆四年(1799)钦赐进士,就任凤阳府学教授,桃李满园。由于对钱币有兴趣,为苦心求索,贫贱不移,常年携一囊,行于街市、乡野,四处求购,寻师访友,虽隆冬盛暑长年不辍,不仅锐意蓄泉,尤注重搜求泉学史料,并利用丰富的藏书,潜心钻研,详加考证,留下一部享誉泉坛的钱币学巨著——《古今钱略》。

倪文蔚(1823—1890),字茂甫,号豹岑,安徽望江人。他幼时家境贫寒,常以野菜充饥,但天资聪颖,深受塾师喜爱。经苦读,中进士,钦点翰林院庶吉士。先后任刑部主事、湖北荆州知府、河南巡抚、河道总督等职。他积极组织百姓治河,但黄河频年泛滥,在当时条件的制约下,水患难以彻底根治。年近古稀的倪文蔚深感治水之难,心力交瘁,进退维谷。治吧,百姓不胜其力;不治,百姓又不堪其患,遂忧悸成疾,李鸿章保荐其家奴周福接替其职,倪文蔚担心其不能胜任,迟迟不肯交印,周福跪于其病榻前说:"大人靴破,已不堪用。"倪文蔚正色道:"靴虽破,底犹存"。交印时,他忧心忡忡地嘱咐周福说:"无苦百姓。"说完,长叹而逝。

就安徽皖北倪氏而言,明初由山东枣庄迁安徽颍州。从其使用"堂号"而言,可以上溯到在郳国灭亡后,郳氏族人迁往郳国北部,即后来史载的"千乘郡"一支。倪宽即"千乘郡"人。倪宽幼时好学,但家中贫穷,上不起学。他就在当时的郡国学校伙房帮助做饭,以此求得学习的机会。他还时常被人家雇用做短工。每当下地干活的时候,他总是把经书挂在锄把上,休息时就认真诵读,细心研究。这就是"带经而锄"的故事。也正因为这个故事,倪宽的后裔多把倪家祠堂的堂号取为"锄经堂",或用相同含义的"经锄堂""带经堂""宝经堂"等,意在纪念他。

慎终追远,缅怀先人,续修谱序,薪火相传。正如时任安徽督军的倪嗣冲 1915 年在撰梁溪倪氏续修第十二巡宗谱序中所说:"家之有谱,犹国之有史也。史不修,则纪纲之施设莫凭;谱不修,则氏族之本源难考。支分派别,代远年湮,曷能数典而不忘其祖哉。然则人事之所当急而不可忽者,其谱牒之修也。"①

颍西倪氏

说起安徽颍西的倪氏,还要回溯到明朝。明洪武元年(1368),朱元璋前往开封,途经颍州的时候,看到这里因战乱而民稀地旷,土地荒芜,特命令设置颍州卫(一名颍川卫)。颍州,治所在今安徽阜阳市,位于皖豫之交,春秋为胡子国,战国属楚,秦为颍川郡地,汉为汝阴县,属汝南郡,后魏始置颍州,取颍水为名,此为颍州得名之源头。明代的地方行政区划实行省—府(州)—县三级制,颍州属于南直隶凤阳府管理。而颍州卫虽地处颍州,实隶属于河南都司管辖,这种行政区划和军事区划交错的制度安排,体现了中央政府对地方管理犬牙相制的用意。

颍州卫所位于颍州城内,即今安徽阜阳市颍州区北关附近。该卫所设有经历司、镇抚司,下辖左右中前后五千户所,每千户所又辖十百户所。颍州卫所设立后,修筑城池,招徕流民,该地渐渐恢复了

---

① 李良玉、陈雷主编:《倪嗣冲函电集》,社科文献出版社 2011 年版,第 251 页。

昔日的繁荣。颍西倪氏就是在这一时期来到颍州的。据民国年间修订的《倪氏族谱》记载,倪氏于洪武五年(1372)从山东迁居颍州城西附近的双塔村。从初迁颍州的这一代后,倪氏"终明俱属单传,及清尚无旁支",十四世单传,血脉几绝。而且第十四世倪迁(1690—1762)周岁离母,三岁去父,两三岁的孩子,是非常容易夭折的,但这个倪姓的孩子,却有幸在已出嫁的姑母许倪氏的抚养下,艰苦地长大成人,娶妻生子,长子倪天赐(1720—1745)、次子倪天资(1728—1791)。从此,倪氏家族生生不息,在颍州大地繁衍开来。

安徽阜南小倪寨颍西倪氏祖坟图

倪氏前十四代都是守着明朝洪武年间开始传下来的的一百亩地生活。从倪迁这一代开始,通过购买土地的方式,扩百亩为数顷地。倪天赐25岁早逝,留下二子,长子倪会全进国子监读书,次子倪会友,他们在读书之余从事农耕,倪氏的家业更加殷实。倪天资长子倪百川、次子倪会曾(1751—1825)都入过庠,成了国家县学的学生。这一代完成了家族从普通农民到耕读家庭的转变。他们延师教倪姓子弟,以至倪姓的下一代都成了乡村中的读书人。颍州倪氏的堂名"锄经堂",一为以先祖倪宽为榜样,书香传家;二为昭示"耕读传家久,勤俭继世长"的家风。

倪会曾还在乡里行医,为贫苦人治病,从不计较诊费,有"善人"

之称。倪会曾入过县学,后来通过院试考取了秀才,他在道光四年(1824)于柴家集捐资集市,收租建设,计用价一千余金,设置义学。[1]他有两个儿子:长子倪云路(1779—1803),次子倪云风(后改名为杰之)(1782—1841)。倪云风在乡里做买卖,出售谷物时,每一斗一定要给人家再饶上一瓢,远近称为"一瓢倪氏"。倪云路早逝,活了24岁,只生了一个女儿,没有后嗣;后来倪杰之有了儿子,族中即以其嫡长子倪元凯(1807—1880)承继倪云路的香火。后来倪杰之的继室鹿夫人又生了倪元灏(1823—1859)、倪元淑(后改名倪淑,1828—1905)、倪元澄(后改名倪德龄,1832—1888),先后都作过官,虽然只做到知县一级,却使这个农民家庭出现了新的转机。

倪氏后人在安徽阜南小倪寨祖坟遗址合影

据《颍州倪氏家谱》记载,倪氏在谱的男性,天资、天赐各有两个儿子,再下一辈是十五名男丁。这十五人再成家立业,下一辈则是四十七位倪姓子孙。倪氏十四代祖坟所在的倪氏老庄已是人满为患,并繁衍到周围府县都有倪姓的踪影。颍州今日倪氏主要分居三处:塔村倪老庄(今阜南县柴集倪新寨、倪后湖、倪小寨)、颍南谢家桥(花门楼)、颍西水塘湾。

不难看出,先祖倪迁有了两个儿子,家里经济状况开始转变,通

---

① 民国《阜阳县志》卷六,《学校·义学》。

过购置土地,家里有了积蓄,子孙得以能够读书。到倪会曾、倪云风父子时,倪家已闻名于方圆远近。不过,颍西倪家真正大的转变还是到了倪淑这一辈。

1853年春太平军攻占南京,江淮躁动。颍州地处兵家必争之地,守江必先守淮。当时,清军的散兵游勇也经常骚扰乡邻,倪淑与大哥元凯、二哥元灏尽散家财,募得壮士八百人,组织团练,教之战阵,确保了境内的安宁。后来钦差大臣胜保率军至颍州,拟请倪淑入其幕府,三聘而倪淑三次婉拒。不过,二哥元灏后来随胜保南下,佐袁甲三(袁端敏公),1859年遇难于洪泽湖。《倪氏族谱》卷二《诰命》页四:"奉天承运,制曰,臣子笃致身之,谊早矢于服官,国家念宣力之劳,尤怜其靖节悯忠,勤之既著,允赠恤之宜隆。尔候选知府倪元灏努力酬知,竭诚奉职,见危授命,庶不愧于成人,临难捐躯,良克全夫大义,勇沛旌扬之典,俾邀纶悖之荣。兹因奉委招募壮勇,行至洪泽湖中猝遭风暴,舟覆殒命,照殉难例加赠太仆寺卿衔,赠尔为中宪大夫……咸丰九年十一月十六日。"1919年倪嗣冲在《倪氏族谱·族谱序》中称:"吾倪氏自武略公由山左迁颍,迄今五百余年,其间无膺显仕者,顾耕读传世,乡里目为望族,盖于所谓兴家之本与方无不合也。自二伯父元灏公佐袁端敏公平捻乱,以死勤事追赠太仆寺卿,是为入官之始也。"

当时颍州西乡圩寨即达几百个,大圩者甚至千余家,连圩百十,众各万余人。倪氏家族咸丰八年(1858)筑圩保境,"又名锄经新圩是也"[1],由于倪淑的威望和号召力,周围圩寨多奉他为盟主,方圆百余里,咸听约束。

通过《倪氏族谱》也可以看出当时圩寨的大体情况。早的有1856年之前修建的,晚的有1910年才竣工的。其中《倪家老庄圩图》:"东北三十五里至颍州府""路由固始县赴京通衢"。《倪家大庄圩图》:"是圩于咸丰六年九月兴工至七年三月报竣,一东门、一南

---

[1]　《倪氏族谱》,卷一《庄茔注》页一。

门,圩东西长六十七丈,南北长一百零五丈,周围通共长三百四十四丈。"《锄经北圩图》:该圩"距锄经新圩十里,周围三百廿丈,系王家旧址。"《锄经小圩图》:"此圩系胜公保旧砦周围二百丈,东北两寨鼎峙而立。"《倪家东圩图》:"是圩于宣统元年兴工,至二年三月工竣,凡四面一门,正南。周围共二百一十丈,是为锄经东圩。"①

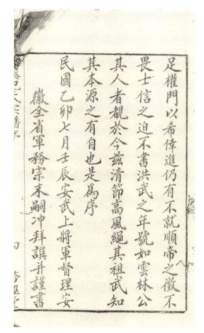

倪嗣冲为《梁溪倪氏宗谱》
写的序言手迹(1915)

倪氏家族修筑圩寨的目的是保护身家性命及乡里民众不受侵害,但其结寨自保的结果却是形成了相对独立的一支士绅武装力量。咸丰初年,苗沛霖发起了颍州围城战役,希冀夺取颍州。颍州西乡各团练求归倪淑统率。倪淑号令山立,多次打败苗部。钦差大臣袁甲三率师由亳州南来,颍州围解。袁对倪淑赞赏有加,但倪淑并不自夸,随后解散了团练,一边自己准备科考,一边教孩子读书。

倪淑,配徐太君,生一子毓藻;继蔡太君,生二子:毓枫、毓菜,毓枫一名嗣冲。倪淑的为人处事和家教,对儿子都产生了影响,其表现为:"淑为人正直和易,义之所在,艰危必赴;义所不可,虽权势不能要而夺也。"②《倪氏族谱》称,"公貌奇伟,声若洪钟,胸怀磊落,议论俊爽,好施予,尤喜奖励人才,无论居官居乡悉持大体,解组后,汲汲以建宗祠修族谱为事,志未及,遂而殁"。倪淑组织团练,号令颍州西乡,但其淡薄名利,不以自

---

① 《倪氏族谱》卷二。
② 《倪淑传》,见金松岑撰《安徽省志人物传》,见《倪嗣冲年谱》,第275页。

诩。同治癸酉年中举人。选授四川开县知县,钦加四品衔,诰授中宪大夫。1887 年入河南巡抚倪文蔚幕,8 月,黄河郑州等处决口,倪文蔚委任他为"工赈营"的购料委员,负责黄河堵口的物资采购工作。然倪淑得檄而夕戒涂,不辞而归。或曰:"此美差也,他人营求不可得,子曷为遽归?"淑曰:"中丞以吾有廉介操,故以此见畀使处膏而潜润,无以对君国酬知己。若河务积弊抉剔净尽,则水清无鱼,亦非浮寄之客卿所当为也。"①

1875 年倪淑入京受聘为袁甲三长子袁保恒(时任吏部侍郎)的西席,嗣冲和毓棻随父入京,在袁家家塾中附读,习诵四书五经。1878 年辞职回乡,用更多时间教儿子读书。后来倪淑到四川开县等地为官,两个儿子也随侍身边。倪嗣冲中了秀才后,参加乡试,未中举人。1895 年倪淑为嗣冲、毓棻分别捐官,嗣冲初为部郎中,毓棻以主事分户部当差。

显然,倪淑在人格塑造方面对后代产生了深远的影响,而且他亲自教子读书,并经常带在身边,对于嗣冲、毓棻的视野开拓,解决实际问题起到很大的作用,倪嗣冲"幼濡庭训,好学能文","稍长,益讲求经世之学"。随从父亲为官,"益明习吏事"。② 关键时,倪淑用积蓄为他们捐官,推动其人生迈出了重要一步。

综上所述,自"安徽颍西倪氏于洪武五年(1372)山东兖州枣林庄徙颍",至今已有六百余年历史,传二十七世之多。道光元年(1821)倪氏家族在颍西塔村聚会,议定统一字辈,自二十二世起为:祖泽显思绍,时征代乃昌,钟英延国瑞,汝祚其允扬。

---

① 《倪淑传》,见金松岑撰《安徽省志人物传》,见《倪嗣冲年谱》,第 275 页。
② 《倪嗣冲年谱》,第 276~279 页。

倪嗣冲与天津倪氏

倪嗣冲

一、倪嗣冲简介

倪嗣冲(1868—1924)原名毓枫,字丹忱,太学生,由郎中改选山东陵县知县,历官至头品顶戴花翎、"额尔德穆巴图鲁"勇号,黑龙江民政使(也称民政司司使)、全省巡防营翼长,河南布政使、帮办河南军务兼署安徽布政使。民国时期充苏豫皖鲁省毗邻地方剿匪督办,特任安徽都督兼民政长,授安武上将军、陆军上将、勋一位、一等大绶宝光嘉禾章、一等文虎章,改安徽督军、巡按使,兼长江巡阅使、安武军总司令、皖北工赈督办。令严政肃,地方赖以平安,督浚滁河三百余里,筑淮堤七百余里,捍御水患,民尤感之,曾建生祠立碑碣以志去思,殁后饰终典礼备极优渥,生平事迹宣付史馆立传。配宁太君,生子二:道杰、道炯。女一:道蕴,适同邑王普;侧室王氏,生子一,殇;李氏,生女一,道颖;陈氏生子二:道焘、道焘。公生于同治七年正月十三日(1868年2月6日)寅时,于安徽颍州西南三塔倪寨村。卒于民国十三年六月十一日(1924年7月12日)巳时,于天津英租界墙子河道倪宅(今和平区南京路88号和平保育院址)。

少年时期,在其父倪淑的严厉督导下,认真学习四书五经,参加科举考试,清光绪六年(1880)倪嗣冲十二岁时,顺利通过府试(童子试),是当年考场中年纪最小的考生。清光绪十九年(1893)考中秀才。1895年其父倪淑为倪嗣冲及其弟倪毓菜分别捐官,倪嗣冲为部郎中,于 1898 年 2 月被选任为山东陵县知县。1901 年 5 月被袁世凯保荐为"京师执法营务处委员"。1902 年倪嗣冲任北洋营务处总办,协助袁世凯训练北洋新军。1907 年 11 月,倪嗣冲任黑龙江省布政使兼巡防营翼长。1909 年 9 月,清廷政局变动,倪嗣冲被新任东三省总督锡良免职,回到津门寓居。

1911 年 10 月武昌起义爆发,倪嗣冲被重新起用,任河南布政使兼署安徽布政使、武卫右军左翼翼长,率军攻占颍州。并获得额尔德穆巴图鲁勇号。1912 年"南北议和"成功后,任办理河南边界善后事宜、督办苏豫皖鲁剿匪事宜,并兼任总统府军事顾问。1912 年 12 月授陆军中将加陆军上将衔,1913 年 7 月 27 日,倪嗣冲被任命为安徽都督兼民政长,10 月 10 日晋授勋二位。1914 年 6 月 30 日授为安武将军,督理安徽军务。1916 年 4 月 10 日改任长江巡阅副使兼安徽巡按使。1917 年 7 月,讨伐张勋复辟,任讨逆军皖鲁豫联军总司令,后收编"辫子军"为新安武军,并复任安徽督军兼长江巡阅使。1917 年 10 月 9 日晋授勋一位,一等大绶宝光嘉禾勋章。1920 年 1 月 1 日晋升陆军上将。自 1913 年 8 月至 1920 年 9 月,倪嗣冲前后七年直接主宰安徽军政,从 1913 年 8 月到 1914 年 11 月,1916 年 5 月到 1917 年 9 月两个时期兼领民政。

1920 年 7 月,倪嗣冲以积劳成疾请辞,赴天津养病。9 月 16 日被免去安徽督军兼长江巡阅使本兼各职。1924 年 7 月 12 日病逝于天津,同日被北京政府追赠为安武上将军。

二、倪嗣冲的早期历练

1898 年 2 月,倪嗣冲刚满 30 岁,由部郎中选任山东陵县知县,他到任后即将雄霸地方的衙役头目杨武送进监狱,安定了地方,威望大增。

1899 年 9 月 13 日,因生母蔡夫人病逝,倪嗣冲要回颍州老家"丁忧"守孝。在回乡前夕,他上书巡抚。袁世凯在考查义和团源流、筹划治理之策时,阅读到倪嗣冲所上的旧折子,发现折中公平处理教民冲突,认为上折人对形势的判断很有见地。为此,特将"丁忧"在家的倪嗣冲召回济南。

1900 年 9 月,倪嗣冲抵达山东,奉巡抚袁世凯之命,督办河北山东交界德州等九县义和团善后事宜。1901 年 4 月袁保荐他为恩县县令,并连捐带保知州。"查有丁忧山东陵县知县倪嗣冲,忠勇朴诚,饶有胆略,服官东省素洽舆情,而缉捕尤为勤能,盗匪均甚畏服,堪以札调来东委办营务,饬令会同各营队认真巡防,以绥地方而资得力。"①

1901 年 9 月《辛丑条约》签订后,外国侵略者撤军,结束对北京的占领,慈禧太后准备携光绪皇帝回銮。为了维持北京的社会秩序,袁世凯上奏清廷,成立"京师执法营务处",保荐倪嗣冲任职于"京师执法营务处",具体负责八国联军侵华后北京城秩序的恢复与重建,为慈禧太后和光绪皇帝回銮做准备。

1902 年 2 月,被袁世凯调到北洋大臣衙门,任职于营务处,具体负责骑兵的训练,自此开始参与练兵。3 月,直隶广宗县景廷宾起事,打出"扫清灭洋"的旗号,队伍迅速发展到 2 万人,声势浩大。5 月,袁世凯派段祺瑞、倪嗣冲率武卫右军自保定南下镇压景廷宾起义。7 月,倪嗣冲领兵冒雨一日一夜追赶 200 里,俘获景廷宾。8 月 5 日,倪嗣冲以此获得升迁。② 随后倪嗣冲担任新练军执法营务处总办。

1903 年 12 月,袁世凯调倪嗣冲到小站武卫右军练兵总部任职,身兼北洋总理营务处、行营营务处、发审执法营务处三要职,开始掌握后期北洋军队训练大权。1905 年在河间举行"秋操",进行军事演习,倪嗣冲担任了秋操的执法处总办兼任接待处总办。1906 年 10 月往河南彰德参加秋操,任内宾接待司接待官。

1907 年 4 月,清廷宣谕:"东三省吏治因循,民生困苦,亟应认真整顿,以除积弊而专责成。盛京将军著改为东三省总督,兼管三省

---

　　① 《故宫文献特刊. 袁世凯奏折专辑》,第 258 页。
　　② 《养寿园奏议辑要》卷 17。

将军事务,随时分驻三省行台。奉天、吉林、黑龙江各设巡抚一缺,以资治理。徐世昌著补授东三省总督,兼管三省将军事务,并授为钦差大臣。"这标志着东北建省开始。在组建东三省统治班底时,徐世昌向朝廷保荐倪嗣冲:"兹查有军机处记二品衔直隶候补道倪嗣冲,器局宏通,才猷练达,堪以试署民政司司使。"

随后,倪嗣冲离开了小站前往东北。1907 年 11 月至 1909 年 9 月,倪嗣冲先后担任黑龙江省民政使、巡防营翼长、官盐局总办、禁烟所总办等职,成为东北新政期间黑龙江新政的具体实施者之一。

1907 年 11 月倪嗣冲赴黑龙江齐齐哈尔上任,是年农历十二月初十,倪嗣冲奏呈:"查江省地处边隅,方百端之待理,民政事多创始,非一蹴所可以成。培宪政之根基,渐进国民文化;保闾阎之秩序,须改良警察机关。他如官方澄叙,所宜树以风声;疆圉空虚,要必讲夫屯垦,随在均关重要。审时未可因循。持昧如臣,惧弗胜任,惟有勉殚驽钝,力戒鹈濡,随时禀承督抚。"①

倪嗣冲上任伊始,为了改变"野甸荒凉,人烟绝迹"的面貌,便着手参与制定《沿边招垦章程》,1908 年招垦章程共五章二十四条出台,对黑龙江 19 处放荒地段规定了奖励垦荒办法,由黑龙江巡抚领衔上奏朝廷,获得批准。倪嗣冲是奖励垦荒政策的具体执行者。不久,在倪嗣冲的规划下,黑龙江省政府分别在汉口、上海、天津、烟台、长春等地设边垦招待处,对应招者减免车船费,不增押租。倪嗣冲更主张安置退伍兵屯垦,这样既可集中垦荒,一旦边境有事或遇土匪来袭,又可拿起武器自卫。

倪嗣冲任职期间,民政工作的起步、屯垦工作的全面开展、营务整顿卓有成效、盐务办理惠及民生、禁烟工作收效明显,都与他的辛苦工作分不开。1909 年 4 月 15 日,倪嗣冲就黑龙江省办理盐务、营务、屯垦等进展及用款情况致函徐世昌:"盐务创办于上年冬天,设

---

① 《谢署黑龙江民政使且并到任日期折》,李良玉、陈雷主编:《倪嗣冲函电集》,北京:社科文献出版社 2011 年版,第 18 页。

立盐局,先后付息借款四十万两作为资本,现在收效甚好。预计今明两年必能将借款本利一并清还,确有把握;营务方面,经过改编,原军队旧习已除,剿匪能力提高,地方基本安定,垦荒之人接踵而来。屯垦方面,由于拨款迟缓,加上水患,目前没有达到预期计划。现在已将安置退伍兵房屋、牛犁、种子、器具等预备好,同时要用款数十万两。由于是付息借款,不敢稍有浪费。"①

由于载沣等满族权贵想加强集权,1909年1月清廷发布上谕,罢黜袁世凯,授锡良为钦差大臣,总督东三省,接替徐世昌。在摄政王载沣主导的"去袁"运动中,以各种借口被明升暗降或罢黜、去职的袁系北洋人物有:东三省总督徐世昌、黑龙江民政长倪嗣冲、民政部侍郎赵秉钧、江北提督王士珍、学部侍郎严修、邮传部尚书陈璧、铁路总局局长梁士诒等。9月,倪嗣冲被革职查办。1910年1月20日《大公报》报道:"倪嗣冲参案发生后,一时巷议街谈,人言啧啧。查该革员奉调赴江,奏署民政司使缺,兼充全省翼长,所办军政警政赫赫有声。而于盐政一门,著效尤速,计期不过一稔,获利且有数十万两之多,实为江省进款之大宗。固不独商民称便已也。忽以屯垦一节被议罢官,切加以赃私字样,闻者惜之。"②事后,倪嗣冲怡然处之,曰:"吾将俯仰无愧怍,利害非所计也。"③

应当说,自1898年倪嗣冲任职陵县知县至1909年被罢免,这十年对其人生影响很大,也可以说为其日后发展奠定了坚实的基础。

这是倪嗣冲告别颍州老家的父母和妻儿,独自闯天下的开始,这期间,他的母亲、父亲先后去世,孩子也渐渐大了,一切都需自己来考虑和承担。他先后任职于山东、河北、奉天、黑龙江等地,拓展了视野,积累了丰厚的人脉关系,结识了一大批如袁世凯、徐世昌、段祺瑞、姜桂题、张勋、段芝贵等北洋要人。被罢免后,1910、1911年

① 林开明等编:《北洋军阀史料·徐世昌卷(六)》,天津古籍出版社1996年版,第296页。
② 《大公报》1910年1月20日。
③ 李良玉等著:《倪嗣冲年谱》,合肥:黄山书社2010年版,第280页。

他常常穿梭于京津间,与京督练兵处官员、铁路总办、陆军统领、禁烟局总办、大清银行总办、农工商部官员、铁路巡警总巡官、造币厂监督、货捐局总办、民政部郎中及一些观察使间都有结交往来。

其在东北任职的近两年中,举凡民政、巡防、官盐、禁烟、屯垦、剿匪诸事宜,他都躬身亲为,这也为以后主政一方积累了经验。

可以说,这十年是其快速成长发展的时期,同时清政府官员的专政和颟顸,使他产生了对清政府的不满,加深了对治理国家的认识。当然,疲于奔波,勇于治事,一定程度上也透支了他的健康。

三、督皖纪事

1. 颍州之战

1911 年 10 月 10 日武昌起义爆发。经袁世凯保奏,清政府起用已革职的倪嗣冲,调赴前敌差遣委用,充任湖北新募防军左翼翼长。皖北一带局势大乱,张汇滔等人组织武装起义,夺取寿州,成立淮上国民军司令部。同盟会会员程恩普在颍州宣布独立,成立"淮北国民军",颍州知府长绍、阜阳知县胡汝霖弃城逃遁,张汇滔率部进驻颍州。12 月初,袁世凯内阁任命倪嗣冲为河南布政使,帮办河南军务,兼署安徽布政使。"会寿州杆匪张孟介作乱据州城,进陷颍州,河南大震,"[1]"袁公因皖北骚动,汴省势亦岌岌,故破除常例,举两省军民之任,悉之付公。公因统武卫军三营进复颍州,颍州者,安徽之北鄙而河南之屏蔽也。"[2]12 月 15 日,倪嗣冲率部对颍州城进行围攻并最终占领颍州,张汇滔率部逃遁。

由于颍州之役发生在南北议和期间,倪嗣冲遭南北舆论攻击,认为其违约攻城。他在致内阁电文中称,自己并没有违约进军,而且沿途探询到张汇滔占据颍州后,"鞭辱官绅,抢掠民财,苛罚商贾,毁坏学校,侮辱妇女,种种蹂躏,民不堪命",故于十月二十四日(农历)夜攻克颍州,二十五日接到停战命令,当即驻颍按兵不动。对于

① 李良玉等著:《倪嗣冲年谱》,第 286 页。
② 李良玉等著:《倪嗣冲年谱》,第 280 页。

舆论指责其违约,感到诧异。"缘周口距颍几三百里,电报不通,土匪蜂起,道路梗塞,递电较迟"。况且,寿州国民军政分府遣派代表郭行健、孙多荫二人来颍州签订草约,彼此遵约停战,并声明寿州国民军政分府不承认张汇滔为革命军。因此,倪称其军事行动"系剿办帮匪,与革命无涉;而接奉停战命令,又在克复颍州之后,确无背法违约之事。自二十六日后,即驻兵颍州,并未前进"①。

颍州为皖北重镇,豫省门户,与河南项城一地之隔。当有人亲赴河南袁家,称张汇滔为土匪,且将进兵袁家水寨,毁袁氏祖茔,袁世凯闻之,自然大怒。对于倪嗣冲而言,兵荒马乱之年,张汇滔自寿州而来,占据自己家乡颍州,乡土观念也促使倪嗣冲决定收复颍州。同样,沿路探报及颍州绅耆禀告也加重了倪嗣冲认为张为土匪的认知。

12月11日,倪嗣冲兵临颍州,攻城不克。12日,秘密联系原驻颍州巡防营管带朱兆勋、团防练勇管带徐金城等,约定内外夹击淮上军。12月14日夜,倪嗣冲再度攻城。12月15日,破颍州城。颍州的丢失对于淮上军而言,使得北进计划遭到重挫,力量始终被阻止在颍州一线。"藉使颍郡无纷纭,嗣冲军且不至,程与张直趋京汉路,清兵南下道有梗,大局情势当有回旋乎?"②不过,反之,就倪嗣冲力量而言,他是袁世凯嵌入皖北的一个锲子。12月26日,清廷授予他"额尔德穆巴图鲁"勇号,并提升官阶至一品,同日他致电内阁,表示在停战期间决不进兵,并严密设防,断不至衅自我开。

1912年1月,柏文蔚等组织的北伐队决计由颍犯豫,不断集结重兵于此。倪嗣冲致电内阁,称柏等各路陆续开到寿州,停战期满,万一决裂,开战在即,颍州兵力单薄,请速派兵援助。1月下旬,北伐联军连续攻击颍州,29日直抵颍州城下,直至30日倪军开始反攻,并将联军赶到正阳关一带,战事告一段落。

① 《辛亥革命》第八卷,第220—221页,转引自《倪嗣冲年谱》,第33页。
② 民国《阜阳县志续编》,卷十《人物一 革命贤达》,第6—7页。

2.四省边界剿匪

苏皖鲁豫四省交汇之处，也就是河南东部、山东南部、安徽北部和江苏西北部，素为土匪活动之区。这里经济滞后，人民贫苦，民风剽悍，政府控制力量薄弱，土匪尤为猖獗。对待省际匪患，最为有效的治理办法莫过于联合清剿。1912 年 7 月，倪嗣冲辞去河南边界善后事宜一职，转而专门负责督办苏豫皖鲁毗连地方剿匪事宜。

1912 年 10 月，倪嗣冲在致安徽都督柏文蔚电文中，陈述了剿平四省交界地方土匪的计划，大致内容是各地方组织民团，武装防御土匪，办理民团的经费按田亩征收，允许村民通匪者自首并改过自新，民团配合部队剿匪等。① 从该计划来看，倪嗣冲主要是依托民团进行剿匪，当然，调动军队剿匪则更为直接和有效。11 月上旬，倪率部在安徽亳县、河南虞城、江苏徐州等四省交界地区剿匪，取得一定成效。

倪嗣冲还根据具体情况，与河南都督张镇芳往返电商，拟就《暂行清乡简章》12 条，主要内容是各乡绅辅助地方官办理清乡局；挨村稽查盗匪窝户；各保董事办一团体；各保董事如清匪不力，以包庇土匪罪名惩治等。该章程经江苏、安徽、山东三省都督认可后，在四省毗连各州县一体实行，"数月以来，盗匪逐渐肃清，尚属著有成绩"②。

倪嗣冲任职年余，"率三营之众自亳州剿匪于商邱③黄土寨，大破之，又追败于马牧集，余党溃散。公周历丰、砀、永、宿、涡、单、鱼各县，颁清乡之法以刬余孽，事遂平。"④当倪嗣冲卸任时，四省代表丁其恂等呈请北京政府饬令倪军仍驻四省专事剿匪，称"倪督办受命以来，认真缉捕，匪党敛迹。惟是四省边界辽广，伏莽太多，倘是倪军一旦撤去，匪徒纠党寻仇，为害必更烈于畴昔。即使另派军队，

① 李良玉等著：《倪嗣冲年谱》，合肥：黄山书社 2010 年版，第 38 页。
② 《督办苏豫皖鲁剿匪事宜倪嗣冲为检寄暂时清乡简章致陆军部函（附简章）》，中国第二历史档案馆藏：北洋政府陆军部档案，档案号：一〇一一（261）。
③ 商邱，应为商丘。
④ 柯劭忞：《安武上将军、勋一位、长江巡阅使、安徽督军兼省长倪公家传》，李良玉等著：《倪嗣冲年谱》，黄山书社 2010 年版，第 287 页。

情形未悉,仍恐贻误事机。"①

3. 就任皖督

1913 年 3 月 20 日,国民党代理理事长宋教仁在上海火车站遇刺,22 日不治身亡。4 月,袁世凯北京政府向英、法、德、日、俄五国银行团签订借款合约,国民党声称袁世凯不顾民意和国会反对,与五国银行团签订借款,扩充军备,属于违宪行为。国民党人控制的江西、安徽、江苏、上海、广东等地宣布武装反袁,是为"二次革命"。

5 月初,江西都督李烈钧、安徽都督柏文蔚通电反对贷款。黎元洪居中斡旋,希望化解北京及国民党之争。6 月,袁世凯以反对借款、不服中央为借口,分别免除江西都督李烈钧、安徽都督柏文蔚的都督职务。

实际上,国民党方面在孙中山的领导下,上海总机关派人赴皖、赣、鄂等地运动,其中派张汇滔在安徽组织武装讨袁,派人赴鄂运动军队。7 月初,为查访上游乱党,黎元洪派李纯督兵一团附带机关枪一连抵浔。而李烈钧 7 月 8 日已暗抵湖口,宣言痛诋袁总统无故派遣重兵,扰乱赣境,宣称回赣将随同军界诸君声罪致讨。12 日李烈钧在湖口组织讨袁军,并以布告文传檄各地,江西省议会 13 日公举李烈钧为讨袁军总司令。7 月 17 日,安徽宣告独立,"公举胡万泰代理都督,孙多森仍为民政长,柏文蔚为安徽讨袁军总司令。"②

北京政府方面,袁世凯派张勋率军队 2 万人向徐州进发,而倪嗣冲亦率军由颍州向正阳关进攻。7 月 27 日袁世凯任命倪嗣冲为安徽都督兼民政长。倪亲率大军于 8 月 2 日克凤台,5 日克寿州,6 日克正阳关。8 月 11 日,胡万泰击败柏文蔚,以师长名义担任维持,安庆取消独立,胡万泰、鲍贵卿暨议商两会集议电请倪嗣冲来安庆主政。

1913 年 8 月底,倪嗣冲抵安庆,进驻安徽行政公署,开始办公。

---

① 《内务部呈大总统据河南等四省代表丁其恂等呈请饬令倪军仍驻该四省地方专事剿匪等情请鉴核施行文并批》,《政府公报》,1913 年 2 月 3 日,第 268 号。

② 《皖省独立之大风云》,《申报》1913 年 7 月 20 日。

倪嗣冲制定了治皖方略:军事优先,行政办公俭省节约,亲自管理财政和内务;命令安徽总商会筹资开办银行,维护市场流通;发布安民告示:各商民自安生业,勿相惊扰,所有本督军军队,对于民间秋毫无犯①。倪嗣冲同时派王治国、马联甲带兵到皖南,清剿革命党人残余;派倪毓棻等率兵在皖北追剿土匪以安定皖北局势,这样一来,倪嗣冲已大体控制安徽全省。

自1913年7月至1914年11月,倪嗣冲一直任安徽都督兼民政长,其主要任务就是整顿吏治,推进各项建设。他要求各县知事必须深入社会底层,"遇有各乡要政发生,必当立时亲赴该地,亲为督察处理,毋许丝毫假手吏胥绅董以重职任外,其余无论事务简繁、境治广狭,仍当分期轮日,轻车简从,出巡四乡,周历县境,俾得随时随地,日与吾民亲接,以期周知民隐,并藉收开诚集益之功。"②

在这一时期,倪嗣冲面临的较大的问题是如何处置白朗起义问题。白朗起事发端于豫西南一带。1912年夏攻破河南禹县,随即势力扩展至南阳、信阳和襄阳等地。1914年1月白朗军东向鄂豫皖边境活动,随之由河南进入皖西,流动作战,先后攻陷六安等县,烧杀抢掠。皖省各地匪党等也乘势而起,甚至有与白朗走向联合者。

倪嗣冲采取全面应对措施,调兵抵御,电饬李传业、马联甲等带队开赴六安,令邱昌锦赴颖州洪河口一带防御,命戎鸿举前往寿县,随同皖北镇守使倪毓棻所部营队,集合会同堵剿。同时又调大芜镇守使鲍贵卿3营进入庐江、舒城,分顾安庆。③倪嗣冲的思路很明显,并不重兵云集六安,而是在北起颖州、中经寿县、舒城、桐城、南抵安庆一线上布置兵力,形成一道隔离带,使白朗军无法深入皖境,提出"防兵之责,似较战兵为尤重","必须于冲要地点,派兵设防,分段责成,杜匪东窜。另以大枝劲旅,编作游击之师,横截邀击,制匪死命,方足以资扫荡,而靖寇氛。"倪嗣冲还建议鄂、豫、皖三省军队

①　《大公报》1913年9月11日。
②　《安徽公报》1914年第76期。
③　1914年1月31日《鲍贵卿致段祺瑞函》,杜春和:《白朗起义》,第86页。

"分段布置,严定考成",并"互相联络,以资犄角而期周密"①。倪嗣冲采取围堵与游击相结合,最终将白朗军逐出安徽,并平定了本省匪乱。

1914年6月,北京政府改都督为将军,改民政长为巡按使,6月30日,倪嗣冲被任命为安武将军兼任巡按使。7月15日,倪请求辞去安徽巡按使的兼职,理由是"现在实行军民分治,恳请开去兼署巡按使一缺,俾得军事、吏治分途成功"。袁世凯准其所求,称赞他"治军劳苦,体国公忠,自请开去兼任巡按使署缺,实属深明大义,逊让可风"②。随之,袁世凯任命韩国钧为安徽巡按使,11月17日,新任安徽巡按使韩国钧接印视事,此后一段时间,倪嗣冲主要职责是督理安徽军务。

4. 力促国家一统

1915年下半年,袁世凯谋划帝制,改变国体,共和改为君主制的宣传一时甚嚣尘上。10月7日倪嗣冲接朱启钤电,要求各省呈递推戴书,统一书写"恭戴今大总统袁世凯为中华帝国皇帝"等字样。倪嗣冲在袁世凯称帝的这个问题上,前后态度完全不同。起初,倪嗣冲认为军人应以服从命令为原则,表示支持袁世凯称帝。随着形势的变化,全国反对袁世凯称帝的呼声一浪高过一浪,就连北洋派内部也出现裂痕。当倪嗣冲到北京面见袁世凯时,建议袁世凯取消帝制,理由是民主共和已经深入人心,必须坚持共和政体。③"久之,袁公以中国不宜共和,急思规复帝制以谋统一。于是海内大哗,两粤黔川皆举兵相抗,公以众怒难犯,星驰入京,力请取消帝制以弭近祸,争之再三,议遂中辍。公自念受袁公知遇深,故不惜苦口以谏之也"④。

由于袁世凯实行帝制,因而引发了讨袁运动。倪嗣冲最初派军

---

①　1914年2月3日《倪嗣冲致袁世凯、参陆两部等电》,杜春和:《白朗起义》,第90页。
②　《安徽公报》第118期。
③　《申报》1916年3月29日。
④　《倪嗣冲年谱》,第277页。

队开赴湖南,抵达前线,与南方军队对抗。1916 年 3 月 22 日,袁世凯宣布取消帝制,倪嗣冲立即宣布罢兵息战。与此同时,袁世凯电令四川的陈宧与蔡锷议和,任命徐世昌为国务卿,段祺瑞为参谋总长,以解决时局。4 月 7 日,袁世凯任倪嗣冲为湖北将军兼讨伐军总司令,并同时补张勋为安徽将军,又设长江巡阅副使以安置倪嗣冲。22 日改以倪署理安徽巡按使。倪嗣冲以巡按使名义统领安武军,仍驻蚌埠。

1916 年 5 月 6 日,冯国璋到蚌埠与安徽巡按使倪嗣冲商讨,随后又一道赴徐州与安徽将军张勋会商,三人联合通电未独立各省"各派代表一人齐集南京,协议解决时局问题,并限于十五日到齐。"①不过冯则有个人想法,他暗中与西南方面及国民党方面接洽,打算借助南京会议为自己赢得政治声势,而张勋在观望的同时似乎也另有所图。

为推动南京会议召开,联合未独立各省,解决袁氏去留问题。倪嗣冲先派参谋长裴景福赴南京参与筹备会议,后来又亲自与会,与冯国璋筹商,"以国家之存亡为第一问题;以袁总统之退否为第二问题;若以袁总统退位,而中国可得安全,则主张退任;若以袁总统退位为有危险,则主张暂时留任;若袁总统退位各种重要之手续应如何办理;若主张袁总统暂不退位,应以如何之方法疏通南方之意见"②等会议要点。实际上,南京会议的宗旨中途有变,倪嗣冲对冯国璋竭力劝阻,但无法扭转会议走向,会议无果而终。南京会议前后,倪嗣冲从大局出发,谋划妥善解决,并试图维护袁世凯,"倪之忠盖为世人所知"③。6 月 6 日,袁世凯抑郁而终。7 日,继任大总统黎元洪任命张勋为安徽督军,倪嗣冲为安徽省长。

1917 年 2 月,总统黎元洪与总理段祺瑞对德参战意见不一,双方矛盾加剧。4 月初,段祺瑞急召倪嗣冲入京会议要事。12 日倪嗣

---

① 《北京电》,大公报,1916.5.11。
② 《某机关传出南京会议之要点》,《大公报》,1916.5.18。
③ 《倪张同抵南京》,《申报》,1916 年 5 月 20 日。

冲建议召开会议以决定外交政策,并自荐赴济南、南京、徐州,劝张怀芝、冯国璋、张勋等与会,"一致助段君解决外交"①。5月1日倪嗣冲列席国务会议,力主宣战,并因对德宣战问题,甚至与黎发生冲突。"既黎公去位,段公复秉国成,遂下明令与德绝,卒以战胜收回胶州租地及庚子偿金,盖公之力居多。"②

南京会议后,张勋先后在徐州召集四次会议,试图笼络天下,地方力量崛起,倪嗣冲对张勋由关系密切到疏远。张勋筹划复辟事宜,倪嗣冲后来将之抖露出来,6月4日,倪嗣冲接受《大陆报》访谈中,表达了自己对于解散国会、总理人选等问题的看法。其中值得注意的是他对张勋北上调停目的的看法,倪称"然使张勋一旦抵京,则彼必从事媾和而思以推倒黎公,拥戴宣统矣。"③

7月1日,张勋拥清废帝溥仪复辟,大肆封官授爵。张本人因"拥戴有功",被封为内阁议政大臣、直隶总督兼北洋大臣,倪嗣冲被授为"安徽巡抚"。可是张勋此举立即遭到了声讨。3日晚,倪秘密赶赴南京,与冯国璋会议办法。4日段祺瑞天津马厂誓师讨伐张勋,随后以"讨逆军总司令"名义委任倪嗣冲为皖鲁豫联军司令。5日倪通电表示今后应随冯、段一致进行。6日冯国璋在南京就任代理大总统,任命倪为"讨逆军南路司令",所有沪、杭、赣各师旅均归倪指挥。

张勋此举不得人心,迅速兵败。7月8日,冯国璋颁令褫去张勋本职并军职、勋章、勋位,特令倪嗣冲兼署安徽督军。9月8日,北京政府免去倪嗣冲省长本职,特任为安徽督军兼长江巡阅使。

张勋复辟失败后,冯国璋、段祺瑞掌控北洋政府实权。是年9月,孙中山在广州宣誓就任中华民国军政府海陆军大元帅,发布就职宣言,随即下令讨伐段祺瑞等民国"叛逆"。10月1日段祺瑞宣布出师剿灭南方军队。南北战幕正式拉开。倪嗣冲主张武力平乱,完

---

① 《徐州快信》,《中华新报》,1917年4月26日。
② 《倪嗣冲年谱》,第278页。
③ 《倪嗣冲之供状》,《中华新报》,1917年6月7日。

成国家统一。南北战争爆发后,倪嗣冲即派李传业、陈德修率安武军驰往湖南。1917 年 10 月 22 日在致冯国璋、段祺瑞的电文中还称:"设若湖南紧急,嗣冲于一月以后,将皖省防务布置周妥,尚能筹备步队二十营、炮队一营。由嗣冲亲自督带赴湘援剿。"①

1917 年至 1918 年,他两次派安武军入湘作战,鼎力支持段祺瑞的武力统一政策,"西南不靖,党见纷哸。公以为强邻逼处,非先谋统一,不足以御外侮,故援湘援粤,迭派重兵"②。由于直系两次前线通电罢兵,致使战局急转,倪嗣冲力挺危局,奔走呼告,团结北系军人,其目的在于以战促和,以武促统。1918 年 8 月 27 日倪嗣冲在致吴佩孚电文中,称西南苟有一线爱国之诚,宜可释戈罗拜,全国心理皆晓然,和议难以倖成,"夫兵凶战危,古有明训,果使和平可致,断无丧心病狂主持征战之人。"即使北系军人面缚归降,"下心低首,委屈求全,然试问既和以后,西南各省能否裁兵? 能否解款?"而对外之困难,亦"实由于内部之分裂,不求统一"。③

在来新夏先生所著的《北洋军阀》(1988 年版)一书中记载了时人对倪嗣冲的评价:倪氏"癸丑革命,以战胜民党,为袁所契,视为长江中部之柱石,兼管民政,声威煊赫,力足以制中枢,名足以冠群藩,凡各督论列朝政,倪恒执牛耳。张勋复辟,徐树铮煽乱,冯国璋反段,督军团干政,倪皆为左右操纵之枢纽。民五以后,北洋督军,其言论行动与政治有重大关系者,倪应居首位。"

5.安徽建设

安徽地处南北要冲,倪嗣冲督练安武军,进行皖境及协助周边剿匪事宜,为安徽经济发展创造一个较为安定的环境,同时倪嗣冲积极作为,试图通过开发培育财源;兴修水利,发展农业,重视工矿实业;推动商贸发展等措施来解决经济,纾解民困。

经济建设需要资金,在倪嗣冲主政期间,极少发行债券。他深

① 民国史料档案资料丛书:《护法运动》,北洋政府陆军部档案,870 页。
② 《倪嗣冲年谱》,第 280 页。
③ 《倪嗣冲感日通电》,《阎锡山档案要电录存》,第十卷,第 611—614 页。

知借款于人,就会受制于人。他首先要求俭省节约。1913 年 8 月 30 日,在安庆绅学两界于师范学校召开的欢迎会上,他讲话声称,尽管皖省财政非常困难,但是决不向中央请求援助,通过采取裁减机关和冗员,减少浪费等办法克服这一困难①。同年 9 月 14 日,倪嗣冲将教育、实业两司合并到内务司,到 1917 年 9 月才恢复设立教育厅、实业厅。1913 年 11 月,他重新组织行政公署,裁减机构,还把县分为五等,一、二等县署只用 5 人,三、四等县署准用 4 人,县知事兼军法科长,精简人员,压缩开支。1914 年 6 月倪嗣冲在召集巡按使署职员讲话时再次强调,时事艰难,大家要尽忠报国,不可以有权、利思想;财政困难,大家要节约,共度时艰②。倪嗣冲还曾委托参谋长李玉麟发表救国演说,动员军署人员要节俭,要积极购买救国储金③。

　　1914 年,倪嗣冲在蚌埠设立皖北盐务局、阜安盐栈、盐务稽核所等,掌管盐务行政、盐款收入及放盐诸事项,这样通过官盐督控,增加了财政收入。1917 年倪嗣冲还设想通过盐斤加价,创办因利银行,来振兴实业,开辟利源。他以每人每年食盐消费七斤计算,每斤加征二十八文,全省每年可得 320 万元,除去缉私等经费外,以 300 万元设立银行,专以补助实业之进行。他设想的因利银行,专以接济实业公司为限,目的在于富者因银行之利兴办实业,可以保其富,贫者因富者之利图谋生。他情词悬切,以公民资格向皖省父老提议,将意见书分送到省议会,各界函电交争,不少人士群起反对,此议案被搁置,加之政争的存在,盐斤加价一案终被取消,一直未予实行。“公每嘘唏太息,谓:民情信可与乐成,难於图始也。”④

　　农业是立国之本,作为主政安徽的倪嗣冲自然对农业的发展非常重视。要兴植垦牧,必须讲求水利。倪嗣冲投入数年的精力去治

---

①　《大公报》1913 年 9 月 14 日。
②　《大公报》1914 年 7 月 12 日。
③　《大公报》1915 年 6 月 5 日。
④　《倪嗣冲年谱》,第 280 页。

理淮河。"倪公之治皖垂八九年,其所以福皖人者,靡不举也,而莫切於治水","倪公时兼任省长,独慨然发愤引以为己责,誓不为民除害不止"①。"公谓皖北旱潦无常,由于水道埋塞,而淮河尤甚,乃设水利分局"②,"复筑淮堤七百余里,浚濉河三百余里。公据鞍巡视,风雨不辍。迨全工告竣,宿、灵、泗三县滨濉之区涸出民田数十万亩,滨淮各县保全田庐墟墓不可弹计,流亡复业丁漕收入岁增十余万"③。当时报纸对倪嗣冲治淮也有报道,"办理河工者全为皖省官吏,而总其事者则皖省长倪嗣冲也,开工至今几及一年,初用工人四万两千,继而逐渐加添,今从事浚挖者确有五万余人,闻工程告竣之期,少至四年多至六年,每年工程期占一年之大半。"④倪嗣冲在1920年5月咨全国水利局的文件中也谈到治淮的大致经过,并悉心核阅考据,拟具治淮计划图说并附图,咨文全国水利局,目的在于为研究导淮之助⑤。

倪嗣冲鼓励种植农作物,支持设立茶业、林业、麦作、烟叶、畜牧等试验场。在禁止种烟方面,倪嗣冲措施严厉,如有人发现亳县有烟苗出现,他知道后,严饬该县知事李维源克日铲除。随后又派员三十人前往各地切实调查,以做到令行禁止。⑥

对工矿业的发展,倪嗣冲一直非常重视。他首先进行探矿工作,成立勘矿队,在泾县、当涂、繁昌、铜陵等处勘矿。他还动员亲朋与社会各界力量招股兴办矿业。如1915年,烈山普利公司招收新股,倪嗣冲出资20万元,改组普利公司为普益公司。随后他又招募官、商股本,合计100万元,购置机器,开凿新井。再如1918年10月倪嗣冲招集商股100万元在马鞍山组成益华铁矿公司。1919年,倪嗣冲还在繁昌县组织华昌炼铁厂,打算实现铁矿石采、炼一体,试图

① 《倪嗣冲年谱》,第284页。
② 《倪嗣冲年谱》,第277页。
③ 《倪嗣冲年谱》,第280页。
④ 《申报》1916年12月18日。
⑤ 台北:"中央研究院"近代史研究所档案馆藏:卷宗:全国水利局导淮案。
⑥ 《申报》1916年12月14日。

打破日本对安徽铁矿砂的垄断和压价,以挽回利权。① 由于倪嗣冲等官绅对矿业的重视,并且身体力行,形成示范效应,加之对矿利的追逐,在他主政期间,安徽矿业得到长足发展。

倪嗣冲对经济的重视还体现为他对商业贸易发展的保护。比如为维持皖北茶市,倪嗣冲剿匪并派兵保护商旅,并分派得力军队扼要驻扎,保护过往商旅,"希各地茶商照常运售"②。因大通、蚌埠为皖南、北巨镇,商贾云集,倪嗣冲为安商护商,特在 1914 年 6 月咨陈内务部,称这里土客杂处,为匪徒出没之区,"非多设警察不足以保治安,非另设专官不足以资统率,"请求在大通、蚌埠设警察专局,以加强保安③。为振兴商务,1917 年 1 月倪嗣冲特令各县知事派员赴城厢及各大埠镇,挨户调查商情,并办理本省商务统计表。

倪嗣冲主皖期间,重视发展经济,认为"民安其业,货财流衍",才是富强之本。于是提倡优先发展农业,鼓励工矿等业的发展,以更好地促进民生的改观。当然,农工商等业得以发展的保证在于维持安定的环境,因此他对整顿吏治,清乡剿匪,加强地方治安等事宜亦充分重视。

6.忧劳成疾

自倪嗣冲督皖以来,"惟时四民失业,千里为墟,困苦颠连,朝不保暮"。国家亦"无宁靖之时,庶政阻进行之步"④。举凡安徽军民两政诸种事宜,无不需要切实维持,百废待兴。在清乡剿匪、民刑各事、盐务管理、禁种鸦片等方面,倪嗣冲励精图治,殚精竭虑。1914年 11 月,在其致徐世昌的信函中称,"窃维民国缔造,根基未固,险象迭生,安危所系,间不容发,负重致远无往而不困难,本意中之事。嗣冲既握兵权又操政柄,内外交责之殷,官民属望之切,加之以饥

---

① 郑国良:《倪嗣冲与安徽近代矿业》,《安徽大学学报》(哲学社会科学版),1994 年第 4 期,第 98—99 页。

② 《安徽公报》,第 87 期,1914 年 3 月 28 日。

③ 中国第二历史档案馆藏:北洋政府陆军部档案,档案号:一00—(2)。

④ 《倪嗣冲年谱》,第 296 页。

馑，扰之以党匪，而库储空虚，入不敷出；人才销谢，十不拔一。嗣冲以一身掎拄其间，已觉力与心违，志因事阻，此犹不足虑也。惟文法之束缚，人言之谣诼，实足以牵掣进行，变乱黑白，开作伪之。渐厌志士之心，莫此为甚。"①

　　倪嗣冲督皖呕心沥血，不敢稍有怠废，不仅与感念国家重任在托、大总统知遇信任有关，也与其作为皖人治皖、恤悯民生的理念有关。但各项事务繁杂，倪嗣冲已感"筋疲力尽，久居恐有贻误"。因此多次请求"大总统体恤恩准暂解兵权，俾得回里，稍事休息，最为感激"②。

　　1916年因袁世凯复辟帝制，舆情哗然，倪嗣冲为弥合北洋系内部的裂痕颇费精力；1917年，倪嗣冲主张对德参战、支持段祺瑞组阁。"丙辰、丁巳以来，国家多故，公权衡轻重，因物付物，一以国家人民为归，不以一己之毁誉祸福为意。参战一役，所关尤钜。公力赞其成，每定大疑决大计，往往绕室彷徨，终宵不寐，用心之苦，非局外人所知，公亦不求谅於人也"③。

　　对于倪嗣冲而言，1917年也是多事之秋。8月他的胞弟安武军行营司令倪毓棻在蚌埠病故，倪嗣冲想请假为倪毓棻治丧，然因徐州一带匪乱未靖，未被批准。在倪毓棻去世后很长一段时间，倪嗣冲心情抑郁。讨伐张勋复辟后，所有定武军经请准政府，悉数改为新安武军。倪嗣冲花费数月对定武军进行了改编。9月2日，驻安庆安武军第8路又发生哗变，后经查办拿获真凶。诸种事务缠身，他旧疾复发，心力憔悴，提出辞呈，政府因其治皖数年，难觅替人，徐世昌出面致电慰留。9月6日《大公报》载："安徽督军倪嗣冲此前曾致电政府，请准辞去省长兼职。政府因倪氏治皖数年，政绩卓著。现虽实任督军，事务较繁，省长一职亦未便遽易生手，且一时亦难觅替人。拟不准所请。唯倪氏来电，情辞恳切。日昨复有第二次电报

①　《倪嗣冲年谱》，第311页。
②　《倪嗣冲年谱》，第316—317页。
③　《倪嗣冲年谱》，第280页。

到京,仍申前请。"①

1918 年 5 月,攻湘安武军失利,倪嗣冲再派十余营开往前线,并多次电请政府增拨安武军援湘所需临时费,但未得到答复,部分安徽的教育行政经费只得暂挪军用。倪嗣冲饮食锐减,心烦作呕,起坐维艰,足疾甚剧,医方认为必须静养。7 月 5 日《申报》消息,"倪督之病系上年所得之中风症,刻又复发,近数日来,非但未减,至日前反愈觉加重。"当张怀芝访问时,已不能动,仅卧于睡椅,与之稍谈片刻。政府昨接倪电,谓病势近益转剧,仍勉强视事。2 日,段祺瑞总理已派陈文运中将赴蚌慰问,倪道杰也由安庆赴蚌侍疾。7 月 31 日倪嗣冲专车到津,由老车站下车,寓意租界本宅。8 月初就医于天津。

9 月,倪嗣冲提出辞呈,不过为倪道烺、倪道杰、宁资愚、王孝起等所劝阻。10 月 1 日他致电政府,因病请辞长江巡阅使及督军兼职。曹锟、张作霖、王占元等电请中央极力挽留倪嗣冲,并电其勿萌退志,共维时艰。徐世昌致电劝其万勿辞职,段祺瑞派员赴蚌慰留。5 日李纯通电,请一致敦劝倪嗣冲勉任其难。6 日李厚基通电请中央勉慰倪嗣冲,"毋使遽卸仔肩。陈光远通电,劝慰倪嗣冲,祈念时局之艰危,为国珍卫。阎锡山致电倪嗣冲,勉抑高怀,在署调摄。"②10 月 7 日,倪嗣冲通电,言称自己手脚旧恙已历三年,惟以时艰孔亟,不敢告劳,故仍力疾从公。然入秋以来,通宵不寐,偶阅公牍,格格不入。时局艰危,自误误国,是以决计请退。兹连奉中央暨诸公电示,暂行勉强支撑,俟大总统就职后再请辞。③

不过倪嗣冲身体仍需调养。11 月 1 日他自蚌埠启程北上赴津,2 日晚抵津,寓英界本宅。14 日安徽省省长黄家杰病故。总统想请倪嗣冲暂行兼任省长,倪嗣冲不予同意。

黄家杰去世后,由谁来接任,倪嗣冲 1919 年 1 月为此致电徐世

---

① 《倪嗣冲年谱》,第 173 页。

② 《阎锡山档案要电录存》,第十一卷,第 41—45 页。

③ 《阎锡山档案要电录存》,第十一卷,第 45 页。

昌、钱能训，念民生之凋敝，彷徨中夜，寝馈难安，"惟念人民之所以困苦，吏治之所以颓败，军民分治之所以不能实行，在乎人心之坏，而人心之坏，则以徒慕虚荣、不负责任之两语尽之，虚荣念重，责任念轻，故出一缺空一职，群起钻营，百计以求幸获"。"殊不知人世之所谓名者、利者、权者，皆托於国家以为之保障，似此迁流不返，国家将无以自存，即使如愿以偿，则所谓名者、利者、权者，亦终如昙花泡影"。"近者省长缺出，日以军民协力之说，侵趋於嗣冲之侧，以求密呈保荐者颇不乏人，因是以推，则逐逐於莘䜣之下者，更不知其凡几"。因此"伏恳大总统、总理，择一识见通明、肯负责任者，任为皖省省长"。①

倪嗣冲的身体始终没能完全康复，他需要拖着病体，处理督皖各项事务。1919年9月，他自蚌北上，赴津就医，并致电政府陈明因病赴津缘由。国务院复电英租界墙子河道慰问倪巡阅使，龚心湛代总理也以私人名义另拍一电，颇盼倪使病愈入京一行。

9月9日政府因有要政，亟思与倪使面商，故连电至津，请于病稍愈即行入京一行，又派员赴津敦促。徐树铮也力邀倪赴京。10月初，倪嗣冲已由津返蚌。但11月份，病再次加重，于是请法国医士疗治。11月25日《益世报》报载：倪嗣冲左腿凤患麻木不仁之症，诊视频年未能奏效，近延法国医士诊治。

1920年倪嗣冲身体一直未能好转，先后从天津、南京请西洋名医医治。1月11日《益世报》载：患下萎及麻木不仁之病，精神恍惚，日来沉笃。在津眷属于九日来蚌埠，及入署进内宅时，已不能识别。倪嗣冲因病再提辞呈，中央考虑安徽督军接任人选。2月份的时候，好转了一时。但3月初，病再次转剧。4月1日倪道杰谒见徐世昌，详报乃父病势，确有不起之虞，请徐速定继任人。14日辞巡阅兼职。中旬，他能缓步花园，神志略清。7月3日倪嗣冲致电政府，请假北上，略谓嗣冲前患怔忡，疗治稍愈。惟据西医云，脑力初复，

---

① 《倪嗣冲年谱》，第327页。

务须静养,拟悬给假两月,往北戴河以资静摄。督署事件委马联甲、巡阅署事委殷恭先,分别代行。再嗣冲即于四号启程北上,合并陈明。① 随后其眷属专车返津,督军公署的重要物件也用专车运回天津,8 月病势一度又加剧。

9 月 16 日,徐世昌令准安徽督军兼长江巡阅使倪嗣冲辞去本兼各职;任命李纯兼长江巡阅使;任命张文生暂署安徽督军。

1920 年至 1924 年间,他基本上在病床上度过。"辛壬癸甲四年之间息偃在床,时剧时愈,病中呓语辄及时事,或中宵愤起,奋袂抵几,曰:"天下事皆若辈误之,饥馑存臻灾害并至,虽有善者末何如矣。"中西医士为目病狂,不知公实忧时念乱,郁为痰疾,心痛脑亏,非药石所能治。此殆古人所谓神伤者欤。②

1924 年,倪嗣冲去世,病中的他时时牵挂家乡。而"自公卒后,国连岁内战,旦夕变异不可究诘,兵民死亡动以亿万计,而十年完宴如安徽未大罹兵祸,则人尤以为难,思公者乃益多矣"。③

四、寓居天津

天津,是倪嗣冲早期活动的舞台和晚年生活的地方。1903 年底,他到小站武卫右军练兵总部任职,身兼北洋总理营务处、行营营务处、发审执法营务处三要职。1905 年 2 月 15 日,其父倪淑病故,丁忧在原籍守制。是年 11 月初,又被袁世凯任命为北洋行营营务处总办。1906 年到 1907 年在天津任职期间,他经常往来于北京、保定、新河、滦州等地。1907 年 6 月,倪嗣冲由天津赴奉天(今沈阳),在东三省营务处任职,11 月,出任黑龙江布政使。不过这期间他让儿子倪道杰、倪道炯从阜阳来天津,在北洋客籍学堂读书。1909 年全家搬到天津居住,9 月,倪嗣冲被罢免后,曾经一度赋闲在津。

辛亥革命爆发,袁世凯东山再起,倪嗣冲也得到重新起用。此后他的活动舞台主要集中在安徽及周边地区。在其督皖期间,在天

① 《倪嗣冲年谱》,第 242 页。
② 《倪嗣冲年谱》,第 281 页。
③ 《倪嗣冲年谱》,第 283 页。

津意租界、英租界开始购置房产,因有家眷在津,他也经常回津探亲。1917 年后,由于一些会议在天津召开,加上身体多病,倪嗣冲到天津居住的时间多了起来,这时经常住意租界倪宅。

1920 年 7 月后,倪嗣冲在天津主要寓居在英租界围墙道 247 号的倪公馆。院内有三座大楼,地势宽敞,后又加盖楼房一幢,有假山、凉亭,配以花草树木,甚为幽雅。倪嗣冲回津后,由其长子倪道杰掌家,对倪氏财团的投资企业进行管理,同时细心照料重病中的父亲。

倪嗣冲离皖赴津就医,皖人"深念九年保障抚字之劳,一旦远离,如婴儿之失慈母,相与仿徨依恋,不忍舍去,而已不可留。时淮上治公园,其地极风景之胜,中楹爽垲,居高而履厚。皖人谋所以永其思者,营度修饬以为公之生祠。"[①]1921 年 5 月公祠落成,祝贺者中有以匾额进献,有以对联颂扬。其匾额不下数百付,其中有姜桂题所送"功冠凌烟",曹锟所送"江淮壁垒",马联甲所送"万家生佛",以及其他人所送"锦堂贵相""颂德歌功"等。安徽各县联名在生祠内勒石立碑,高丈余,阔五尺。北京名伶孙菊仙、贯大元、李百岁等到场献艺。倪嗣冲督皖八年,政声斐然。

1924 年,倪嗣冲深感来日无多,除三年前已将其部分财产分给子侄妻妾外,并向长子幼丹道出遗嘱:死后要捐巨款,资助津、皖两地的慈善公益事业。

倪嗣冲在世期间,对家族兴衰亦有自己的看法。1919 年 3 月,倪嗣冲在三修族谱序中说:"家之兴也,必有其所由兴,及其替也,亦必有所由替。父子亲,夫妇顺,兄弟睦,长幼序,兴家之本也。礼以坊淫,敬以居业,俭以节用,兴家之方也。得是道者,衰可振,泰可保。反乎此者,未有不一败涂地者也。族也者,家之大者也。家各得其道则族兴,家各失其道则族替。其理可凭,其鉴非一二数也。吾尝观於富贵之家矣,田连阡陌,门盈朱紫,非不赫奕,一时为旁观

---

① 《倪嗣冲年谱》,第 284 页。

所歆羡。乃不转瞬,而富者贫,贵者贱矣。祖宗数世积累,而不足子孙一旦败坏而有余,岂得之难而失之易欤。盖席丰厚之势不期骄,而骄不期侈,而侈生於其心,害於其事,日即陵替而不自知也。吁!可畏也哉。

吾倪氏自武略公由山左迁颍,迄五百余年,其间无膺显仕者,顾耕读传世,乡里目为望族。盖与所谓兴家之本与方无不合也。自二伯父元灏公佐袁端敏公平捻乱,以死勤事,追赠太仆寺卿,是为入官之始。其后吾父开县公以名孝廉出宰大邑,伯叔暨兄弟行亦筮仕吴豫各省,吾族骎骎兴盛。

逮嗣冲与吾弟毓菜遭逢时会,薄立勋伐,遂总师干,□膺疆寄,族中子弟亦多奋起行伍,貂珥相望,不可谓非门祚之幸。而吾顾栗栗危惧,窃恐实之盛者其根已伤,祖宗之泽或将自此而竭,欲与族中子弟请求保守之道,而有以救其弊也。爰於续谱,辑成将以付梓,粗为推演家族兴替之故,以示法戒吾族子弟及后世子孙,庶服膺吾言而无失其道乎,是则吾倪氏之福也。"①

7月12日上午,倪嗣冲突发脑溢血逝世,享年57岁。次日,《大公报》"政文简报"的"本埠特讯"刊载了"寓居英租界之前长江巡阅使、安徽督军倪嗣冲,患痛多年,现于昨日(十二)上午逝世"的消息。同一天,《大公报》刊登了天津英租界墙子河倪宅号房谨禀的讣告:"家主前长江巡阅使安徽督军倪大帅于本月十二日(即夏历十一日)巳时寿终津寓正寝,于本月十四日(即夏历十三日)接三。特此报闻。"此讣告连登三日。

7月16日至8月8日,《大公报》连续近一个月刊登倪嗣冲儿子道杰、道炯、道焘、道熹之"讣告"。8月23日至9月21日《大公报》又连续一个月刊登倪嗣冲儿子道杰、道炯、道焘、道熹"恕讣不周"之讣告。

7月19日,《大公报》发表了《倪丹忱身后之所见所闻》,该文简

要报道了安徽绅商界,在听闻老将军去世后的沉痛哀悼之情,痛感将军离皖四年后,省内政治上混乱,土匪强盗闻风再起,民不聊生,对倪嗣冲将军治皖八载的功绩表达了深切怀念。文章说:"昨闻蚌埠、芜湖等处绅商各界来电。均设灵遥奠,并定期开追悼大会。安庆绅民来电唁慰,电中有'老帅十年开府,八皖长城,陨大星于七十二沽,咏甘棠者二千万众,人恨自身其莫赎,天慭一老而不遗,非独家一族之私哀,实乃全皖全国之不幸'等语。盖安徽自倪督去后政治日窳,近更土匪峰起,民不聊生,故绅民追念不已也。"文章还报道了倪嗣冲在弥留之际,虽呻吟枕席,犹关怀桑梓,命其子捐助巨款,作地方慈善事业。7月18日,倪幼丹奉父遗命,捐资创办颍州贫民工厂,经费洋五万元;创办蚌埠贫民工厂,经费洋五万元;捐助安庆各善堂一万元,芜湖各善堂五千元。随后分别电致皖省当局,代为宣布,拨款汇往。另,倪幼丹奉父遗命对津埠各善堂也捐洋一万元,捐助天津红十字会经费一千元。

8月9日,曹锟大总统发布命令哀悼倪嗣冲将军,命令刊登于8月10日的《大公报》上,报载:"陆军上将、勋一位、安武将军、前长江巡阅使、安徽督军倪嗣冲,起家牧裁,识见宏深。民国以来,久绾疆符,勋勤懋著。于治兵剿匪,兴学课农,诸大政均能规划久远,嘉惠桑梓,保障江淮,厥功甚伟。前以积劳致疾,阙缺养疴,睠念干城,时殷厪系。兹间溘逝,悼惜良深。倪嗣冲着追赠安武上将军,交陆军部照陆军上将例,从优议恤。给予治丧银三千元,派聂宪藩前往致祭。生平事迹,宣付国史馆立传,灵柩回籍时,着沿途地方官妥为照料,用示笃念荩劳之至意。此令。"

倪嗣冲逝世后葬于天津佟楼倪家花园。1937年(民国二十六年)5月13日,即夏历丁丑年四月初四日酉时(下午五时至七时),丹忱府君与宁夫人合葬于天津马厂道佟家楼之北新阡。《安武上将军颍州倪公墓志铭》戊寅夏五(1938年夏历五月)由桐城马其昶撰文,江安傅增湘书丹,合肥王揖唐篆盖,曾迈敬题"安武上将军颍州倪公墓志铭"12字。北平文楷斋刘明堂刻石。墓志铭碑现保存于天津历史博物馆。"墓志铭"记载:倪嗣冲将军"夫人宁氏,侧室王氏、陈氏。子四,道杰,参议院议员;道炯,陆军少将;道焘、道熹。女二,长,适同邑通威将军皖南镇守使王普。孙二,晋勋、晋增。""墓志铭"最后记有倪嗣冲将军长子倪幼丹铭曰:"气坚以刚,有声洸洸。不宁国武,亦造于乡。盛屯弗扰,龈猾绥良。完完千里,若水安防。悕今崩宇,畴嗣公望。生论或异,殁思以长。我铭徵实,万祀斯藏。"

倪嗣冲长子道杰(1890—1942),字幼丹。配胡氏,生女二:长,晋鸣;次,夭殇;侧室徐氏,无出;赵氏,生子一,晋增。晋增,配王氏,生二子二女:长子祖珑(殇),次子祖琨;长女祖玲、次女祖琪。新中国成立后住新华南路庆云里。

倪嗣冲次子道炯(1892—1941),字绍忱(少忱)。北洋客籍学堂肄业,陆军部速成学堂步兵科毕业,陆军少将,大总统府侍从武官,陆海军大元帅统帅办事处副官。1923年7月26日北京政府授其陆军少将衔。配刘氏,生子一,晋埙(继勋)。侧室李氏、白氏,无出。晋埙,字继勋,天津新学书院毕业,考入北平燕京大学经济系。中华人民共和国成立前,担保叔伯兄弟干的明华化工厂,后由其经营,中华人民共和国成立后改为公私合营综合化工厂,又改为天津树脂厂。倪继勋为天津市河西区政协第一届至五届委员(1956年7月—1981年)。继勋,配李氏,生一女一子:女,祖华,子,祖鑫。祖鑫,妻子白书婷,生一女,泽光,曾住河北南路南头疙瘩楼。

倪嗣冲三子道焘(1914—1985),字叔平,配聂氏(聂士成后代,1949年后离婚),生二子二女:晋璜(男)、晋娟(女)、晋堂(男)、晋茹(女);配王氏,生二子二女:晋媖(女)、晋尧(男)、晋娸(女)、晋铨(男)。晋璜,配杨玉英,生子二,祖铭,祖钧;一女,祖惠。晋娟,配聂先友,生子聂青。晋堂,配李莉英,生女二,倪珺、倪榕。晋茹,配侯远维。晋媖,配刘可,生子刘欣庚。晋尧,配李建华,生女倪端。晋娸,配苏梵,生女苏婵。晋铨,配楼宁,生女倪鈮。倪叔平一家中华人民共和国成立后先后住常德道72号、河北路先农大院(河北路294号)、林东大楼9号、长沙路思志里12号、吴家窑大街越胜楼。

倪叔平先生在越胜楼病逝。

倪嗣冲四子道熹(1916—2002),字季和,生于 1916 年 5 月 3 日,天津新学中学毕业后,考入英国牛津大学历史系,毕业后在上海金城银行任职,还做过某公司襄理。1947 年与徐世章女儿徐绪年结婚,1949 年生一女倪元,1949 年赴香港,1950 年与徐绪年离婚,一直从事保险、股票生意。1997 年来津养病,返津居住,2002 年 5 月因病去世。徐绪年(1923—2005),徐世章女儿,北京辅仁大学家政系毕业,在人民医院(今肿瘤医院)工作。倪元(晋园),随母姓,也叫徐元,1949 年生,天津肿瘤医院退休。

倪嗣冲长女道蕴(1893—1941),嫁同邑王普,生一子王传纲(1917—1966),子媳孙韫玉、子续妻程琇;长孙王家典、次孙王震,长孙女王家珍、次孙女王家慧、三孙女王家敏、四孙女王家怡。

倪嗣冲次女道颖(1914—1966),1914 年 2 月 28 日(阴历)生,就学英国公学(今 20 中学址),一生未工作,有高血压病,1966 年 8 月 27 日病逝。嫁天津八大家之一韩家,其夫韩扶生,1913 年 3 月 22 日生,祖籍浙江绍兴,1936 年南开大学生物系毕业,在天津工商学院任教,教化学。中华人民共和国成立后,在天津化工局制药公司工作。2011 年 11 月 13 日病逝。生 4 子,2 子在美国,2 子在天津。

倪道杰、道炯、道焘、道熹及孙辈晋增、晋埙等,当时都住在倪公馆。倪嗣冲长女倪道蕴及女婿王普一家,次女道颖及女婿韩扶生一家也住在天津。倪嗣冲侄子倪道煜、倪道煌及子倪晋序、倪道烺及女儿倪荣华等也都先后从阜阳搬到天津。

倪嗣冲及子侄孙辈在 20 世纪 20—40 年代形成了天津倪氏家族,到 21 世纪初,天津倪氏家族从倪嗣冲算起,传了五辈(毓、道、晋、祖、泽),大多数都还生活在天津,也有一些到外地及国外工作生活的。天津倪氏家族五代人中有安徽督军倪嗣冲,安徽省长王普,陆军少将倪道炯,凤阳关税监督倪道烺,众议院议员倪道煜,企业家倪道杰、倪叔平、倪继勋、倪祖琨,导演倪祖铭,演员倪荣华,市政协副秘书长倪晋尧等。

倪毓棻

1. 人物简介

毓棻（1869—1917）字香圃，太学生，由户部主事改官知府，荐擢二品衔道员。入民国，充武卫右军营务处，简任皖北镇守使，授陆军中将，二等文虎章。殁后，绅民胪陈政绩，准将生平事迹宣付史馆立传，并于立功地方建立专祠。配戎太君，生子三：道煜、道煦、道熙。女二：长适同邑附生李松颐；次适同邑皖岸榷运局局长宁祖武，守节；侧室王氏。公生于同治八年十月二十二日（1869 年 11 月 22 日）戌时，卒於民国六年六月二十一日（1917 年 8 月 8 日）未时。

2. 生平简谱

1869 年（同治八年）　　出生

11 月 22 日生（农历十月二十二日），字香圃，太学生，出生于安徽省颍州府（今阜阳市）西南三塔镇倪寨村。父倪淑，清末举人，先后任四川开县知县、长宁县知县，后以年老体弱引疾辞职归里。母亲蔡氏。

1873 年（同治十二年）　　四岁

本年　父倪淑考中举人。

1875 年（光绪元年）　　六岁

本年　父倪淑入京受聘为袁甲三长子袁保恒（时任吏部侍郎）的西席，教授袁家几个子侄读书。毓棻和二哥亦随父入京，一度曾在袁家家塾中附读，习诵四书五经。

1878 年（光绪四年）　　九岁

本年　父倪淑因袁保恒在河南赈灾任上病故而辞职回乡，亲自教毓棻及二哥读书。

1887 年（光绪十八年）　　十八岁

本年　父倪淑再次到河南，入新任河南巡抚倪文蔚幕，被委任为"工赈营"购料委员,负责黄河堵口的物资采购工作。倪淑以能力不足为由挂冠而去,以免因河工中积弊而受牵连。

1890 年(光绪十六年)　二十一岁

本年　长子倪道煜出生。(该生年系根据倪毓棻 1913 年所呈少将简历计算得出,下同。)

1895 年(光绪二十一年)　二十六岁

2 月 20 日　二子倪道煦出生。

1896 年(光绪二十二年)　二十七岁

本年　父倪淑为倪毓棻捐官。倪毓棻以主事签分户部广西司供差。

1899 年(光绪二十五年)　三十岁

9 月 13 日　生母蔡夫人病逝于安徽颍州府倪寨老家,回乡丁忧。

1900 年(光绪二十六年)　三十一岁

本年　改捐同知,分省试用。弃文从武,随二哥倪嗣冲投奔袁世凯,在山东镇压义和团运动。

1902 年(光绪二十八年)　三十三岁

本年　于劝办顺直赈捐案内,经直隶总督袁世凯请奖知府,归山东省补用。奉二哥倪嗣冲之命参加北洋新军。

1903 年(光绪二十九年)　三十四岁

本年　入北洋陆军炮队随营学堂学习,专攻军事。

1904 年(光绪三十年)　三十五岁

本年　袁世凯留其督操学堂营务,坚辞不就,返往阜阳。

1905 年(光绪三十一年)　三十六岁

2 月 15 日　父倪淑病故,丁忧在籍守制。

1906 年(光绪三十二年)　三十七岁

本年　经山东巡抚派充兖曹营务处兼统带、巡防等营。

本年　派充南运局提调差使。

本年　由户部主事改官知府,荐擢二品衔道员。

1908 年(光绪三十四年)　三十九岁

本年　经吉林巡抚派充执法营务处。

1911年（宣统三年）　四十二岁

8月　经湖北都督派赴直东皖豫募兵差使。

10月10日　武昌起义爆发。

11月17日　同盟会会员程恩普在颍州（今阜阳）宣布独立，成立"淮北国民军"。

11月24日　张汇滔等人率部进攻颍州。

本月　倪毓棻和宁继泰等人到周口，向时任武卫右军左翼长的倪嗣冲汇报军情。

12月3日　袁世凯内阁正式任命倪嗣冲为河南布政使，帮办河南军务。倪嗣冲急电袁世凯，报告颍州革命党军队人数、武器装备情况，同时报告所属各路进军情况，并饬倪毓棻回颍整顿四乡团练，以备助剿。

12月11日　带领团练2万人，会同倪嗣冲部武卫右军左营管带周茂冬昼夜环攻颍州。

12月14日夜　倪毓棻率领周家寨练总周家凯带短刀手二百余名，从防备比较空虚的西北、东北攻颍州城。

12月15日　晚七点，倪部最终占领颍州。

本月　倪嗣冲令倪毓棻为募兵督办，在豫东、皖北招募新兵，收编散兵，并进行训练。

1912年（民国元年）　四十三岁

1月29日　早晨，起义军由七里埠进攻颍州。倪军分三路出城决战：中路以管带周茂冬带武卫右军后路左营带左翼小队一哨为前锋，管带马联甲带皖豫巡防营右营接应，由城东南东岳庙一带前进；左路由帮统高振善带武卫右军右路前营，由南门外五里埠一带前进；右路由管带邱昌锦带武卫右军右路左营、哨官戎鸿举和哨长韩书玉带右翼小队一哨，由城东三里湾一带前进。倪毓棻与二哥倪嗣冲、营务处高世读亲率马队前进，指挥接应。双方激战到下午四点，革命军开始溃退，倪军追到十八里铺收队。

2月3日 率队准备攻打涡阳县城。兵至史家寨,突接颍州急电。是夜,整队返回颍州。

本年 充武卫右军营务处。

本年 协助倪嗣冲在鲁豫皖苏四省毗邻地区剿匪。

1913年 四十四岁

1月28日 被授为陆军少将。

6月5日 履历经倪嗣冲呈报陆军部。

7月27日 袁世凯任命倪嗣冲为安徽都督兼民政长。

7月30日 与讨袁军战于凤台北境,连战连捷。

7月31日 在顾桥击败了讨袁军,分兵由蒙城进取怀远。

8月2日 于本日拂晓开始进攻凤台县城,下午占领凤台城。

8月3日 进攻沫河口讨袁军,获胜。

8月5号 下午攻克寿州。同日占领正阳,控制皖北地盘。

8月30日 受倪嗣冲指派,在皖北一带追剿土匪,以安定皖北局势。

9月1日 倪毓棻到蒙城县,查办蒙城县城被土匪攻陷一事。"武卫右军参谋长倪毓棻奉都督令,督分统邱昌锦、管带马联甲等马、步、炮队来蒙查办陷城案。道经涡阳,即据蒙人报告,故至蒙先行拿办罪魁,以平众愤。"

9月2日 倪毓棻就蒙城县公署开绅商学大会,到者千人,公决陷城罪魁。即日提斩勾匪之马玉龙、韩钧、李长有及失守西、北两城门团防队官等六人,人心大快。

10月20日 大总统令,倪毓棻署皖北镇守使。

10月29日 与安徽都督兼民政长倪嗣冲、芜大镇守使鲍贵卿一道致电袁世凯和中央各部及地方军政长官,严厉批评《天坛宪草》的起草者。

本月 缉获参与攻陷蒙城县的黄四坡,在安庆枪毙。

11月27日 倪毓棻就皖北镇守使关防一事致电陆军部。

1914年 四十五岁

1月29日　致电倪嗣冲,称乱党由沪潜回,与六安匪合。倪嗣冲接电即饬倪毓棻酌拨军队,赴霍邱堵截。

2月上旬　致电倪嗣冲,称邱统领昌锦先饬华钧章、倪金镛两营径赴麻埠,将霍邱东南隐贤集附近土匪剿灭。

3月底　接倪嗣冲电,令派华管带钧章、倪金镛两营,星夜速赴定远县,会合援剿自称"江淮讨袁侠义军"的股匪三百余人。

4月5日　倪毓棻、马联甲部击败了定远、凤台、寿州一带的土匪。

4月13日　授倪毓棻陆军中将衔。

4月　咨复陆军部,领到倪毓棻的皖北镇守使委任状。

5月3日　接倪嗣冲令,查禁军政学社非法宣传。

6月中旬　致电倪嗣冲,称拿获倡乱之伪团长廖海粟。

7月19日　咨复陆军部,倪毓棻等人的勋章已经领到发下。

8月28日　倪毓棻调兵剿灭涡阳虞夏一带的土匪。

8月　倪嗣冲为倪毓棻等为去年秋间克复凤台及解寿州之围事宜请奖。

9月14日　列名电祝大总统寿辰。

9月　致电倪嗣冲,称有土匪意在抢乡团枪械。倪嗣冲复电严防。

11月　倪嗣冲致徐世昌函,详告倪毓棻部属杨武并无借剿匪为名敲诈勒索贪污公款之事。并报告倪毓棻也无违法事情,都是乱党诬陷。并对陆军部听信一面之词流露出不满。

本年　致电倪嗣冲,为部下张良俊剿匪身死请求抚恤。

1915年　四十六岁

11月14日　倪嗣冲致电北京政事堂、统率办事处、各部、院、代行立法院、国民会议事务局称,倪毓棻统领新筹马、步、炮15营,驻节蚌埠,以备缓急而资调遣。

本月　详电倪嗣冲,略谓:寿县为乱党根据之地,皖北一带尤为土匪出没之区。镇守使自民国二年十一月受职以来,时值乱事甫定,秩序未复,所有乱党土匪类皆潜匿隐伏,与沪上党魁联络勾结,伺隙而动。当经分布队伍严密搜剿,期靖内乱而尽根株。幸上托大总统威福,共削平股匪不下数十起,破获乱党秘密机关十余处,除克复凤台,解围寿县暨在蒙涡各县详报讯明枪毙并累次当场击毙各匪不计外,计自民国三年一月起至本年九月底止,共拿乱党土匪,业经讯明处以死刑者四百零四名,监禁者十六名,均经详报有案。此皆将士用命,故能弭患无形,所有在事出力人员不无微劳足录,应请转呈奖叙,以资鼓励而昭激劝。倪嗣冲接电咨陈陆军部给以奖恤。

12 月 23 日　被袁世凯授为二等子爵。

1916 年　　四十七岁

3 月 1 日　接中央电令,由安武军内抽调十五营移驻湖南岳州。

3 月 3 日　接倪嗣冲电,抽调所部六营由江轮运送赴鄂。

3 月 5 日　接令准备改赴宜昌。

3 月 6 日　率队行抵汉口。

本日中央拟派倪毓棻帮办湘省军务。

3 月 8 日　在汉口拜会湖北督军王占元。

3 月 9 日　接军务处急电,督催迅由岳州进发以趋宝庆方面,勿得任黔军东窜。

本日率队乘轮开赴宜昌。

上旬　密电军务处,称所率安武军现已全部出发,即于日内开赴岳州。

3 月 20 日　上午,接奉大元帅特交密电令一道,特电皖北镇守使倪毓棻迅率所部全军前赴湘省东安、永明及柳州边境一带驻守,严防桂军会合黔军由全州入湘之要道,以阻其攻入湘省计划。

本日报称皖军 11 营已全部抵达岳州。

3 月 21 日　电各省将军等,望拼此生命力战,以期逆党授首,绝此祸根。

3 月 22 日　倪毓棻给倪嗣冲电,坚决反对袁世凯退位,请各省大员团结一致讨伐云南。

3 月 23 日　倪毓棻在岳州致电统率办事处,称等炮营到后,即由陆路先开数营,余俟夫役雇齐,全行开往。

3月28日　倪毓棻等通电,强烈反对所有前敌各军归蔡锷编制。

3月29日　倪毓棻在岳州致电统率办事处,称毓棻督率所部于本日上十钟开拔,径赴衡阳。

3月30日　接军务处电,略以乱军既仍进攻,自仍应改取攻势,以维军机。前令应暂行取消,惟以后进退仍须以中央命令为准。

月底　以岳州兵力单薄,派参谋兼模范营营长倪道煦偕安武军第五路第四营帮带杨秀材回皖添募新军。二人过芜赴蚌埠,谒见倪嗣冲,要商一切。

4月3日　《申报》载:倪将军(即倪毓棻)以该军(即安武军)离皖较远,所有一切子弹、军需、粮饷等件输运不便,故于汉口添设安武军后路转运局,输送一切军需,以资便利,并委刘君淇为安武军驻汉后路转运局局长,每月支薪300元。

4月上旬　所统安武军由岳州开往衡州。

4月底　致电倪嗣冲,称我以孤军,处此后援无继,粮饷、军械一无接济,实足制我军死命。倪嗣冲据此致电北京政府,要求政府明令迅饬倪毓棻退湘潭,扼守萍湘铁路,堵遏桂军,不致与汤联成一气,且为屏蔽赣省地步。

5月25日　倪毓棻在岳州致电大总统、统率处、蚌埠安武将军,称将进赴汉口。

6月4日　在汉口倪毓棻与倪嗣冲面谈,讨论安武军回皖问题。

6月15日　《申报》报载:袁未去世前倪毓棻接到倪嗣冲命令率领安武军往攻湖南,袁世凯去世,战局结束,所有倪毓棻率领之军队已拨回安徽旧日防地。

7月6日　倪毓棻回蚌埠,倪嗣冲委任其为安武军副司令。

7月21日　由浦口乘利济兵舰赴安庆。

10月10日　大总统令,授予倪毓棻二等文虎章。

10月24日　倪毓棻来徐,晋谒张勋,张拨新招之定武军十营归倪管辖指挥,后任倪毓棻为总司令。

11月9日　倪毓棻偕黄家杰赴徐面晤张勋。

1917年　四十八岁

3月18日　安徽省议会拟定4月1日召开,倪嗣冲等赴安庆参会。倪毓棻率第四路营队驻扎蚌埠,以资镇慑。

5月29日　倪嗣冲通电安徽独立,自今日始与中央脱离关系。

同日倪毓棻通电誓师。

6月2日　独立各省在天津设立总参谋处,以雷震春为总参谋。倪嗣冲任命倪毓棻为安武军北伐总司令,率10个营进攻北京,当日自蚌埠出发开往天津附近的良王庄。

同日张作霖致电曹锟等,建议联军东路司令推举倪毓棻或雷震春担任,西路司令推举张敬尧或范国璋,均受制于都司令。诸公如表同意,即请倪嗣冲领衔,共同推举。

6月3日　通电所部共出六支队,前三支队已于2日出发,第一支安武军前敌营务处倪毓棻兼率之,第二支李传业率之,第三支邱昌锦率之,均于2日四点开车,拟改驻良王庄一带,余俟车回续开。

同日曹锟致电阎锡山,通报各省军队统将及前进地点。其中皖军倪毓棻部,由济南过德州,向杨村万庄前进。

6月5日　《大公报》载:安武军第一队司令倪毓棻日前率师抵良王庄,并自行到津与参谋处诸要人接洽,当日即行回营。

6月16日　《大公报》载:司令倪毓棻布告,务令军士遵守法律,不得稍有不文明之举动。

6月20日　安武军行军司令倪毓棻接倪嗣冲令,迅将驻扎直属之军队,应即撤退蚌埠回防,以保大局而安民心。

6月25日　《大公报》载:驻扎天津杨柳青、良王庄两处之安武军计3营,昨经司令官倪毓棻饬令该营王统领已于日昨各带武装,完全撤退,乘晚车开往蚌埠,听候调遣。

6月28日　倪毓棻所属军队已全数撤回原地。

7月6日　安武军司令倪毓棻通电,请共同催促冯国璋就大总统职,在宁组织临时政府。

8月8日　前皖北镇守使、安武军司令倪毓棻因患脑病,在蚌埠病故。本省军政各界均派员赴蚌吊唁。

8月13日　《大公报》载:皖督军倪嗣冲乃弟毓棻病故,政府拟照陆军中将给恤,昨已拟今日内发表。倪督请假一月,因徐州一带匪乱未靖,故不准许。

同日江苏军警政界要人联袂赴蚌吊唁。

8月14日　国务总理、陆军总长段祺瑞代表中央,签发大总统命令:"原任皖北镇守使陆军中将勋五位倪毓棻久历戎行,勤劳懋著。自民国元年迭次剿平颍上、涡阳、寿县、蒙城、凤台等处匪乱,整军戢暴,厥功尤伟。前以收抚定武军,冒暑奔驰,触发旧疾,给假调理,方冀早日就痊,益恢远略,遽闻溘逝,怅惜殊深,着交陆军部照中将积劳病故例,从优议恤,以彰劳勤。此令"。

8月23日　《申报》载:倪嗣冲自毓棻故后,所有本省政事均置未问,故近日公署往来文件积压甚多。

8月27日　《申报》载:倪毓棻灵柩准备于月底由蚌运回阜阳原籍安葬。

8月29日　《大公报》"倪毓棻恤典与丧费"条载:安徽督军倪嗣冲之弟倪毓棻病故,政府除优恤外,仍拟给丧费1000元。

9月7日　倪嗣冲为其弟在蚌埠开吊,津浦路7、8两日加开专车一班,送客赴蚌吊唁。

10月　归葬于阜阳城西北北泉河南岸。铭曰:"世治尚文,乱克以武,惟君之先,肇自名父,安武岳岳,是翼是匡,坏机崩牙,斧彼枭狼,淮流舒舒,轨道荡荡,兄弟握符,旌节相望,天夺之年,斯焉永藏,声以名诗,与石不亡。"公民柳汝士等胪陈事实,请宣史馆准于本省自建专祠。

1918年

4月3日

《政府公报》"内务部咨呈国务院皖北镇守使倪毓棻建立专祠准

予备案,至宣付立传一节已咨行教育部转行查照文":为咨呈事,承准函开,奉大总统发下安徽省长呈,已故皖北镇守使倪毓棻战功政绩,遗爱在人,请予建祠立传。文并清册各一件,抄送核办等因。到部。查原呈所请自行筹款,建立专祠,既系出自人民景仰,自可准予备案。至宣付立传一节,业经抄录原呈事实,咨行教育部,转行国史编纂处查照。除行知安徽省长外,相应咨复贵院查照。此咨呈内务总长钱能训。部印。中华民国七年四月三日。

3.墓志碑传

皖北镇守使倪君墓志铭

桐城马其昶撰

倪君讳毓棻,字香圃,安徽阜阳人。父讳淑,同治癸酉举人,从左文襄公征甘肃,叙军劳选四川开县令,有能政声,生三子:长毓藻;次嗣冲,今官安武将军、安徽督军;君其季也。

自开县久待缺京师,及赴官,安武与君皆随侍,佐成循绩。初君纳赀以主事分户部,改知府山东,自防河、练军、督运诸要差一倚之以办,调吉林行营发审兼稽查营务处陆军执法官。

宣统三年,总办直东皖豫募兵事,而颍州乱起,先是咸同间捻首苗沛霖反寿州,觊颍州富庶,民劲悍可用,引兵击蒙城,欲据为巢穴。君世父祁门教谕元凯、赠太仆寺卿元灏皆有干略,练乡兵自固,屡战却之,捻不得逞。已而庐州陷,淮以南无寸土,颍州独完。安徽巡抚遂移驻其地,卒复全皖。倪氏之以武功卫乡里自此始也。

辛亥国变,南北疑窦日积,所在暴民聚党数百,辄假借名义潜据城邑。当是时,安武率师图皖,君分领其军昼夜环攻颍州,复其城。未及,敌悉众来犯,逾我军数倍,拒战,少却不支。君方剿匪涡阳,闻警冒雪弛还,袭击之,城赖以全。安武既奉都督安徽之命,以偏师取正阳,力攻凤台,渡淮拔寿县,轻骑南直抵省垣。而蒙城、凤台复相继陷,寿县围急,皖北大震。君率所部规复蒙城,以扼其北窜,分下凤台,寿围立解,遂简授皖北镇守使,屯寿县。

甲寅冬,豫匪白朗陷六安、霍山,四出剽掠,霍邱匪孟昭贵等谋响应,势岌岌。朗奄至,距城三十里,而君已分兵前一夕驰入城守。会安武别将马联甲军亦至,因夹击,军势其盛朗走死陕西,孟昭贵等皆伏诛。於是君乃称曰:"吾以偏裨当乱世,一隅不靖,祸及全局,颍、寿吾乡土也,自顷以来,岁比不登,盗贼蜂起,盗不治,民何由安?夫治盗必重典,而用兵贵神速,吾敢贻巨祸博长者声誉哉?"自是一裁以峻法,奸民远迹。天下祸变数起,淮壖列县蕴乱欲发而卒不敢动摇者,惟安武震詟援护之力,驻师蚌埠,秉操不挠,屹为重镇,亦赖君左右成犄角之势也。

甲寅受陆军中将,充安武军行营司令,出防川湘,防津直,前后给四等嘉禾章、二等文虎章。

丁巳七月,积劳卒於军中,年四十九。公民柳汝士等胪陈事实请宣史馆,准於本省自建专祠。君配戎氏,生三子:道煜、道煦、道熙。以丁巳年十月,葬君颍州西湖之西北岸,来乞铭,铭曰:"世治尚文,乱克以武,惟君之生,肇自名父,安武岳岳,是翼是匡,坏机崩牙,斧彼枭狼,淮流舒舒,轧道荡荡,兄弟握符,旌节相望,天夺之年,斯焉永藏,声以铭诗,与石不亡。"

——节录《倪氏族谱》

皖北镇守使倪君家传
江宁刘启琳譔

吾师抱润马先生,既为皖北镇守使倪君铭墓之三年,余游天津,君中子道煦以家传请,未敢承也。厥后书来或有人来,辄申前说。今年春,沈生曾迈再以书道意,谓道煦求传意诚挚,未可无以应,於是又半载矣。

君安徽阜阳倪氏,讳毓棻,字香圃。父讳淑,以举人官四川开县知县。君与仲兄嗣冲均随侍任所。未几,君援例为户部主事,入都,充奉天、河南清吏司行走,旋改同知,办顺直赈捐,以劳保知府,指分山东。时黄河下游漫口,充河工提调。后调吉林行营发审差兼充稽查营务处,又充各营执法官。

宣统三年,充直东皖豫募兵总办,旋以颍州有乱人起事,袭城据守，遂以团练随仲兄剿，克之，保道员加二品衔。又以剿匪功，保升以司道记名简放。

民国元年，充武卫右军营务处，又充参谋长。是年冬，剿平皖豫联界悍匪。次年夏，省垣有变，仲兄督师剿办，畀以后路司令。是秋，剿平蒙城、凤台匪，并解寿县围，皖北乃定。当是时，群不逞之徒，见时局扰攘，辄欲假名义窃据城邑，妄思籍以起事，君往往越逾疆界奔救，夕闻而朝发，不敢偷一日安，用是所到奏功。又以涡、蒙、寿是颍郡门户，复乡土所在，脱有事不独皖北震动，豫东亦在所堪虞。

嗣赣宁龃龉，淮南全失，而仲兄适奉督皖命，甫莅任，蒙、凤再陷，寿亦被围，君率队先规蒙城，堵北窜路，一面分攻凤台，寿围亦立解，皖北遂又定。

三年豫匪白朗起，窜陷六安、霍山，霍邱危在旦夕，而积匪孟昭贵等复为之响应。君星夜奔霍邱，前一夕驰入城守，而右路统领马联甲军亦至，於是合击，势甚盛，白朗遁入陕走死，孟昭贵等亦相继诛灭，是为皖北三定，於是简任皖北镇守使。先后复膺陆军中将、四等嘉禾章、二等文虎章。

夫自来改革之际，一姓肇兴必有众姓出而扰乱，既有出而扰乱之人，亦必有出而勘定之人。民国肇造，虽非一姓尊荣可比，而保土卫民则一致也。如我君者，夫非即定乱之人乎哉？故君之卒也，皖人士不能忘，绅士柳汝士等缘胪列君生平战功事迹於史馆，得立传，本省建专祠以表扬之。

君生於某年月日，卒於某年月日，得年四十有九，葬颍州西湖西北岸。配同邑戎灿章君第五女，生三子：道煜、道煦、道熙。女二：适李、适宁。孙七人：晋均、晋培、晋墉、晋坦、晋垲、晋埒、晋坚。

刘启琳曰："君殇三载，余佐蚌山，君旧治也，是时皖帅开府於斯，四方人士所走集，罔不称君者，及观省志金松岑所为开县君传，并逮其累叶之先，蓄德积功非祇一世，故君之树立，亦如是之卓卓，独惜以中寿告终，未竟厥施，使当日者老其才而大用之，其成立又将何如哉？"

　　　　　　　　　　　　　　　　　——节录《倪氏族谱》

倪道杰

1.人物简介

倪道杰

倪道杰(1890—1942)字幼丹,光绪庚寅年生,北洋客籍学堂毕业,顺天高等学堂毕业,前清监生,分部员外郎,分省补用直隶州知州。民国国务院铨叙局主事,三等嘉禾章,参议院议员,安徽督军公署高等顾问,安徽省长公署高等顾问,安武军粮饷局局长,冀察绥境主任公署顾问,大丰面粉、裕元纺织、大成油漆等股份有限公司总经理,寿丰面粉、振业企业等股份有限公司董事长,中兴煤矿、烈山煤矿、丹华火柴、利中制酸等股份有限公司、盐业、金城等银行董事。配胡氏生女二,长晋鸣;次夭殇;侧室徐氏;赵氏生子一,晋增。

2.生平大事

1890年

10月19日出生于安徽颍州西乡三塔倪寨村(今属柴集),距离颍州城30里。字幼丹。在家排行老大,在堂兄弟中排行老七。时人多称"七公子"或"七爷"。其童年、少年都是在老家长大,自幼一直到15岁,多由爷爷教习。

1892年

胞弟倪道炯出生。

1898年

2月18日　父亲倪嗣冲由部郎中选任山东陵县知县,仕途生涯由此开启。

1899年

9 月 13 日　祖母蔡太君病逝于颍州倪寨。

1900 年

8 月　父亲倪嗣冲赶赴山东,协助袁世凯处理义和团事务。

12 月　倪嗣冲任山东恩县县令。

1903 年

12 月　父亲倪嗣冲到天津小站武卫右军练兵总部任职,身兼北洋总理营务处、行营营务处、发审执法营务处三要职。从此揭开了父亲的北洋时代及家族迁徙天津的序幕。

1905 年

2 月 15 日　祖父倪淑去世。

11 月初　父亲倪嗣冲奉督院札委派为北洋行营营务处总办。

本年开始就读于北洋客籍学堂,为第一批学员。北洋客籍学堂于 1905 年 9 月受直隶总督袁世凯之命开办,该校生源主要是外地在津官吏子弟。

1907 年

11 月　东三省总督徐世昌保荐父亲倪嗣冲出任黑龙江省布政使。

1908 年

2 月 1 日　徐世昌上奏陆军部,保荐父亲倪嗣冲为黑龙江省巡防营翼长。

4 月 9 日　父亲倪嗣冲被实授为黑龙江民政使,举凡巡防、禁烟、盐务、兵垦等诸项事务集于一身。

本年　从北洋客籍学堂毕业后,考入顺天高等学堂(北京)。

1909 年

9 月　在清政府"去袁运动"中,父亲倪嗣冲受牵连,被革职。

1910 年

本年　父亲倪嗣冲来往于京津间,与各方要人接洽。

1911 年

10 月　因武昌起义爆发,已被革职的父亲本月被重新起用。父亲出任河南布政使,帮办河南军务;及武卫右军行营左翼翼长,兼署安徽布政使。

12月　倪嗣冲集结军队,进攻颍州。

12月26日　清廷授予父亲倪嗣冲"额尔德穆巴图鲁"勇号,加头品顶戴。

本年　顺天高等学堂毕业。为前清监生,分部员外郎,分省补用直隶州知州。

1912年

1月1日　中华民国南京临时政府成立。

2月12日　清帝退位。

3月10日　袁世凯任临时大总统。

7月　倪嗣冲开始负责督办苏鲁豫皖毗连地区剿匪事宜。

12月　长女晋鸣出生。

1913年

1月　叔叔倪毓棻授陆军少将衔。

7月　袁世凯任命倪嗣冲为安徽都督兼民政长。

10月20日　倪毓棻被袁世凯任命为皖北镇守使。

1914年

1月—2月　白朗匪军进入安徽,倪嗣冲、倪毓棻调军布防,随后在六安等地与白朗军作战。

4月13日　倪毓棻晋升陆军中将衔。

6月30日　倪嗣冲被任命为安武将军,督理安徽军务。

1915年

3月19日　倪嗣冲呈文袁世凯,所部武卫右军改称安武军。

本年　参与经营管理烈山煤矿事宜。

1916年

3月26日　《申报》载,倪幼丹(道杰)日前由蚌埠来皖料理迁署事,十九日乘利济舰过芜回蚌埠。

4月8日　奉父命到安庆,与省财政厅接洽有关皖军赴湘的军费筹借事宜。

4月10日　乘军舰由安庆到浦口,然后回到蚌埠。

本日　袁世凯特任倪嗣冲为长江巡阅副使,张勋兼署安徽军务。

4月22日　袁世凯特任倪嗣冲署理安徽巡按使。

6月6日　袁世凯病逝。

本日　从安庆经南京到蚌埠。

6月9日　《申报》载,马联甲日前随倪幼丹(道杰)来皖小作勾留。

7月6日　黎元洪任命张勋为安徽督军,倪嗣冲为安徽省长。

8月10日　《申报》载,倪幼丹(道杰)昨由蚌来宁,今日乘利济军舰赴皖。

9月中旬　倪道杰家眷到安庆省长公署公寓。

10月23日　《申报》载,倪幼丹(道杰)奉父命赴徐州谒张勋。

10月26日　《申报》载,倪幼丹(道杰)昨来宁今日乘安丰兵轮回皖。

11月25日　《申报》载,倪幼丹(道杰)昨日离开徐州回皖。

1917年

1月14日　乘车离开徐州回蚌,16日倪嗣冲回蚌。

1月27日　赴南京,向冯国璋副总统祝贺新年。

5月15日　倪家与王郅隆、徐树铮、吴鼎昌等集资创办金城银行成立,任董事。

6月25日　《申报》载,南京快信,倪幼丹(道杰)昨由蚌乘车来南京,旋即改乘安丰兵舰赴安庆。

8月8日　叔叔倪毓棻在蚌埠病故。

9月20日　倪嗣冲之病势益危笃。

9月21日　由安庆乘轮过南京转车赴蚌埠省视。

10月21日　由安庆乘轮过宁转车赴蚌。

本年　旅津安徽同乡录中出现倪道杰的名字及简介。倪道杰,字幼丹,年 27 岁,阜阳县人,住意租界大马路西头。

1918 年

3 月 4 日 《申报》载,南京快信,倪幼丹昨由蚌来南京,于今晨乘轮赴安庆省城。

3 月 20 日 经南京赴安庆晤马联甲商皖北军事。

4 月 18 日 倪嗣冲派倪幼丹赴南京慰问李纯督军病状。

4 月 19 日 今午偕王克敏乘津浦车回蚌。

4 月 裕元纱厂正式投产。

6 月 20 日 省议会第二届选举,倪道杰因参加参院复选,乘安丰兵舰来安庆,省垣各文武官员均赴江岸迎接。

6 月 24 日 《申报》载,皖省参院业于昨日覆选,其中阜阳倪道杰得一百五十八票 当选为参院议员。阜阳倪道煦得一百五十六票,当选为参院候补议员。

7 月 5 日 由安庆赴蚌侍父疾。

8 月 12 日 第二届国会在北京正式成立。

8 月 23 日 倪嗣冲因湘赣前敌,安武军军饷缺乏,派倪幼丹赴京催领,速解前敌济危。

8 月 27 日 于北京在参议院开会。

8 月 30 日 《申报》载,新国会两院开会记,倪道杰等提出修正参议院议事细则及委员会规则案。

9 月 4 日 国会正式选举徐世昌任中华民国总统。

9 月 10 日 由蚌乘车过宁赴沪采办军装。

9 月 13 日 《申报》载,芜湖快信,当涂有铁矿八个山头其矿权已为倪幼丹、倪炳文、宁资愚等所有。

9 月 15 日 倪嗣冲在蚌埠足疾复发,倪幼丹由沪乘车过宁,旋即转车赴蚌视疾。

9 月 22 日 《申报》载,南京快信,倪幼丹前日来宁祝寿,兹闻因乃父足疾甚剧,急于昨日乘车遄回蚌埠。

9 月 24 日 倪道杰等人就新国会维持京钞案一事建议提请

公决。

9 月 25 日 《申报》载,芜湖快信,倪督军日前辞职之意甚坚,刻又为倪炳文、倪幼丹、宁资愚、王孝起等所力阻。

10 月 1 日 安徽省第二届议会开幕。

10 月 3 日 《申报》载,新国会参议院各股常任委员会业已组织,倪道杰位列预算股二十三人之中。

10 月 招集商股 100 万元,以倪道杰、倪道烺和绅士刘兆麟、王敛庵、宁资愚等人名义在马鞍山组成益华铁矿公司,矿区定为当涂县境大小马山、黄梅山、龙家山、萝卜山、巧山、栲栳山、碾屋山等。

11 月 6 日 《申报》载,倪督准二日之夜十二点前可抵天津,三日上午十点准可到京,东海亦派侍卫武官,倪道杰前往迎接。

12 月 15 日 《申报》载,安徽倪氏近在皖省经营矿业不遗余力,一些铁矿则分别用倪幼丹、倪炳文、倪道炯等人名义。

12 月 安徽实业厅呈文农商部,称倪道杰请求开采宣城南乡周王村大小鼓岭、牛形山等处煤矿。

·本年 与倪道烺等人在皖组织公益维持会。

1919 年

1 月 4 日 由津早车晋京。

1 月 11 日 由津去蚌埠。

2 月 13 日 倪嗣冲寿辰。

6 月 21 日 由津入京。

6 月 22 日 由京早车来津。

6 月 23 日 由津早车晋京。

6 月 24 日 由京早车来津。

7 月 7 日 由蚌埠来津。

7 月 8 日 由津早车晋京。

7 月 9 日 与熊希龄由京早车来津。

7 月 10 日 早车由津晋京,晚车返津。

7 月 13 日 由津早车晋京。

7月23日 与麦信坚、金还、傅心田等均由津早车晋京。

7月24日 由京晚车来津。

7月26日 由津早车晋京。

7月27日 由津早车晋京。

7月28日 由京晚车来津。

7月29日 由津去蚌埠。

10月19日 今日举行三十寿庆,祝寿地点在天津本宅。

11月21日 已由安庆乘轮过宁,转车往蚌看望父亲。

11月21日 倪嗣冲旧疾复发。倪幼丹由安庆乘轮来宁,转车往蚌。

11月22日 《申报》载,南京快信,倪幼丹昨由安庆乘轮来宁转车往蚌视。

12月7日 大总统令,给予倪道杰四等嘉禾章。

本年 国务院铨叙局主事一职事务较忙。

1920年

1月1日 倪嗣冲授为陆军上将。

1月23日 《益世报》载倪幼丹爱女七龄而殇,倪道杰极为悲悼,假蚌埠山西之鬼王庙,招集僧人羽士,在此奉经梵音法鼓,累日不休。

2月23日 马联甲接到倪道杰、道烺来电,有要事商榷,即于是晚乘利济舰赴蚌埠。

2月 倪道杰等18人以章程呈报农商部,拟集资500万元成立开源垦殖股份有限公司,经营农垦、林业、畜牧、农产或土地之抵押及买卖。3月得农商部批呈同意。公司在天津日租界福岛街办公,下辖三个农场:即第一农场在宁河县军粮城,第二农场在大兴县南苑,第三农场在宁河县后勾楼沽。公司选举董事、监察人,倪道杰任监察人,并认股10万元。

3月2日 倪嗣冲病,倪道杰代行公文,马联甲代理军务。

3月3日 倪嗣冲寿辰。

4月1日　谒见徐世昌,详报其父病势,请徐速定继任人。

4月4日　《申报》载,北京电称,徐世昌与倪道杰决定以姜桂题继任皖督,倪遂回蚌。

8月中下旬　倪嗣冲派倪道杰、倪道烺,面谒李纯,愿将长江上下连成一气,以免横隔安徽。

9月2日　《申报》载,皖督问题,数日前倪幼丹新自京中归来,据述竞争此席者,姜桂题、鲍贵卿二人较有希望,特别是姜氏督皖似成不易之局。

9月16日　徐世昌令准安徽督军兼长江巡阅使倪嗣冲辞去本兼各职。

9月18日　李督派本署顾问李实忱同李凤山,于是晚由宁到蚌,当夜两点钟即抵督署,会见倪幼丹,详述与苏李督接洽一切情形。

9月24日　《申报》载,皖省方面倪道烺、倪道杰、倪道煌、马联甲等,现均齐集蚌埠,加调安武军十营,驻扎宿州,预备驱张(文生)以自代,皖绅甚为恐慌。

10月2日　《申报》载,蚌埠快信,长江巡阅使署移交,仅公文数件、职员数十人而已,闻苏李督颇不愿接收此项移交,故倪炳文监督昨已由宁返蚌,与马少甫及倪幼丹磋商此事。

10月6日　《益世报》载,马联甲仍掌皖军政,倪嗣冲因病辞职。倪道杰与倪道烺奔走于京津间两月有余。阴历八月初旬倪道烺由京回蚌,随后召集军官开秘密会议,令第三旅旅长王普将子弹军装悉数运至岑楼(本为大旅社),其余散布各营,以抵制张文生。

10月9日　《益世报》载,皖督履新后之战局,安徽陆军总指挥一职拟由倪道杰担任,倪道杰坚辞不受,今尚虚悬。

10月12日　倪嗣冲授意幼丹、侄炳文在原籍阜阳立祠。为倪毓菜建立专祠。

11月25日　《申报》载,称公益维持会似分成两派,一派拥倪道杰,一派拥倪道烺。

12月19日　正志堂（徐）将开源公司股本15000元，优字4号及28号收股凭单转让给锄经堂倪道杰。

1920年　以倪道杰的名义参与投资山东峄县中兴煤矿股份有限公司，任董事。

1920年　倪家出资20万元接办裕兴面粉公司（后改为大丰面粉公司），任董事长。

1921年

2月20日　倪嗣冲寿辰。

本年春　倪嗣冲生祠在蚌埠落成。

6月26日　《申报》载，倪幼丹请验益华铁矿资本，要求早颁路照。

6月19日　致函天津总商会，"鄙人购券初衷原为华北灾黎，稍资捐助，得奖与否殊非所计，兹查所购券内尚有三张另九条得奖，共洋三百十九元六角，用特函奉上，务希取出后无论何种慈善事业，即将此款代为捐助费补之否，无任感祷，专此即烦公绥。"

8月7日　《申报》载，旅沪皖学生拒吕长皖电文中称，马联甲致电倪道杰，嘱其就近向吕（调元）劝驾。

9月10日　《申报》载，李兆珍已出京赴任，据知其内幕者言，系由倪道杰不愿吕调元长皖，故出巨资代李运动，以相抵制。道杰为倪嗣冲之子，而道烺为嗣冲之侄，嗣冲握权之时，信任道烺过于其子，因此道杰与道烺遇事不相能，道烺之势力，在安徽全省之县知事、财政、官吏及省议员，而道杰之势力则在新旧安武军，当道烺为吕调元运动省长时，道杰在京闻之，电告道烺，谓吕氏为吾父仇人，汝若必欲拥戴之，我必使马联甲动兵击汝，道烺惧而罢，此次政府敢于撤换道烺，亦为其背后无强有力之军人，非真能有黜退不法官吏之权也。

9月24日　《申报》载，皖潮扩大，倪道杰一派与倪道烺又水火，另有所图，皖事至复杂。

10月3日　许世英于晚八点半乘车赴津，与倪嗣冲及旧安武军统领疏通感情,如倪系赞成,许可安然到任。据闻皖督张文生除电请许氏早日赴任外,并派秘书陈敬儒来京迎迓,倪道杰以许在皖省显宦中比较为易于说话一流,亦宣言赞助,似此许之就任,已无问题,而皖省局面或亦可暂告平静矣。

10月15日　《申报》载,中法振业银行预报,中法振业银行于本年九月十一日领到营业执照,京行定期二十二日开幕,沪行设在英租界天津路,现正翻造高大洋房,焕然一新。闻下月初旬即可竣工开业,总董张寿龄,总理倪幼丹,沪行行长即钱达三,想届时往贺官商,冠盖如云,必有一番盛况。

11月13日　《申报》载,昨董康向振业借五万,倪道杰要求担保品,董言只有将诉讼费收入作抵,倪言此项打官司之收入,数目靠不住,法庭不能招揽诉讼,仍不允投资。

1922年

1月12日　《申报》载振业银行开幕,9日振业银行北京分行在东交民巷桂乐第开幕,贺客到者甚众,是日闻共收入存款二百四十余万,该行系中法合组,资本五百万元,在法公使署注册,华总董为张寿龄,协董为倪道杰,洋董为公府顾问法人铎尔孟,上海分行将定于阳历二月内开幕。

2月4日　马联甲由芜来津,祝倪嗣冲寿(2月9日),住倪宅,谈皖事尽日,随之18日偕倪道杰赴蚌。

2月24日　与皖督署秘书长由蚌赴南京。

3月12日　《申报》载,皖人反对教实两厅长,称实业厅长高炳麟,原依倪系夤缘得任此席,接事以后,凡倪氏命令,莫不奉之唯谨,其恭顺罕有其匹,倪道杰谋揽皖南矿务,高则仰承意旨,秘测矿图以献,倪遂予取予求,坐得金窖。

4月7日　《申报》载,杭州快信,安徽长江舰队统领王世英,昨偕倪嗣冲子倪幼丹暨刘某等来杭,游览西湖。卢督派员招待,寓清华旅馆。

4月13日　上海和兴钢铁厂开股东成立会,通过章程,卢子嘉、倪幼丹等 15 人为董事,陆伯鸿为该公司总经理。

4 月 25 日   致函周作民:"上海和兴钢铁厂系友人陆伯鸿君经理招足股本银一百万两,目下各种机器业经装设完备,不日开工,杰忝系该厂董事,此入股本数亦甚多,当此指日开机之际,用款浩繁。日昨在沪曾经陆君面述,向贵沪行往来透支,以规元二万两为度,俾资周转,弟当在保人之列。拟请转函贵沪行,俾陆君得以就近接洽如何之处,伫候惠复,无任盼祷,专此,祗颂台安!"

5 月 31 日   下午,参加丹华火柴公司津厂第 16 届董事会议。

7 月 15 日   开源垦殖股份有限公司第二届股东会议召开,经改选董事,倪道杰任董事。会议决议催收股本,倪道杰认股 2 万元。

9 月 19 日   《申报》载,称安徽裕繁铁矿监督陈杰民系皖省实业界倪道杰党羽。

9 月 24 日   下午,在北京中央水榭公园开丹华火柴公司第 17 届董事会议。

10 月 25 日   大总统令,晋给倪道杰三等嘉禾章。

11 月   家乡颍州遭河南土匪老洋人洗劫,老家倪宅财物、武器被抢。

12 月 20 日   开源垦殖股份有限公司第十三次董事会议召开要求续交明年应用股本,倪道杰拟任 10 万元。

1922 年   被推选为中兴公司董事会的董事。

本年   阜阳倪家花园(将军府)督造中。

1923 年

2 月 11 日   下午,在丹华火柴公司京厂开第 18 届董事会议。

本日   开源垦殖股份有限公司第十四次董事会议召开,经改选,倪道杰任总理,协理仍由管凤龢担任。倪道杰负责筹款 10 万元。

2 月 28 日   倪嗣冲寿辰。

3 月 22 日   《申报》载,称天津纱厂代表陈承修、倪道杰等到京,提议救济纱业之办法。

3月24日　《申报》载,纱厂联合会推代表陈淮生、倪幼丹、陆建三等3人为代表出席国会,陈述棉业公债原委。

3月25日　下午,参加丹华火柴公司在津厂召开的第19届董事会议。

3月28日　《申报》载,张謇函政府,请维持棉业公债,纱联会代表倪道杰等请出席阁议,报告原委。

4月25日　天津大丰面粉公司关于透支款项事宜致函天津中南银行,称"日昨敝公司总经理倪幼丹君商明贵行,以后敝公司与贵行往来款项透支数目限以10万元为度,又透支5万元以内按月利9厘计算,如逾5万元以上之款,按月利1分计息"。

5月　益华铁矿公司总经理倪道杰呈文农商部请开采当涂境内龙山、虎山、小安山等矿区,并提出矿床说明书、资本计划书、营业计划书、矿量估算等。

6月1日　倪道杰致函周作民,"近以时局紧张,而河北大丰公司之安宁,亟须筹备,顷与该经理人等磋商一临时维持办法,拟以该公司之地皮房产机器全部(总共值价七十八万余元)暂向贵银行抵押借款五十万元,双方正式成立契约,俾作保证,但此项借款并不支用全数,仍存贵行,且贵行亦无须备款,此中详情容当与寿岩兄说明,即由津总行与该公司双方进行,谅我公亦了解此番用意也,倘蒙垂注,虔祈速电寿岩兄照办,是为至祷,专此布意,即颂大安!"

同日四行储蓄会成立,总会在上海,天津设分会,任董事长。

6月28日　致函大陆银行:"裕元公司向贵行信用借款洋二十万元,所立借据月息一分,期限本年九月二十八日(到期准还,绝不转期)本利清还,将来到期,该公司还款应按一分一厘,月息计算,倘有延误。鄙人愿负完全责任。"

7月15日　下午,参加丹华火柴公司在北京中央水榭公园召开的第20届董事会议。

7月24日　《申报》载,皖省政府年来皆以借债度日,窘迫万状,日昨财政厅长托人向蚌埠某银行借款二十万,闻该银行倪道杰为大股东,已得许可。

7月26日　授倪道烔陆军少将。

8月2日　《申报》载,皖省军人有三派,曰亳州、曰科甲、曰行伍,三派有相互错综之势,而皆属于倪。王普以"姑少爷"资格隐然为之长,王普之妻兄倪道杰亦力助王普,最近皖省军饷实道杰所代筹,道杰甫自天津谒段祺瑞返皖,忽有代筹军饷之事,宜直系要人不敢忽视也。

8月26日　下午,参加丹华火柴公司在津厂召开的第21届董事会议。

9月7日　周学熙等人发起成立"募集日本急赈会",倪道杰名列发起人之一。

9月28日　致函大陆银行:"兹承贵行借与裕元纺织公司大洋二十万元,券面月息一分二厘,订明六个月,期限自十二年九月二十八日起至十三年三月二十八日到期,按月息一分三厘计算,本利清还,绝不转期,倘有错误,应有鄙人担负完全偿还责任,特此具函,即希查照为荷。"

11月11日　下午,参加丹华火柴公司在北京中央水榭公园召开的第22届董事会议。

12月31日　参与审议丹华火柴股份有限公司第六届总结清算报告。

1924年

1月1日　致函金城银行:"鄙人担保江西瓷业公司透支洋五千五百余元容转,前途无论如何,务于阴历年关内与贵行结清,以清手续可也。"

1月31日　致函周作民:"顷奉三日回书,敬悉一切,新开源退还续招股本及利息支票三张,已承查收并转达朱、岳二君感甚,惟从前各股东缴此项股款时,开源曾出具临时收条,每户一张,敬祈便中寄上,台端名下大洋一千六百五十元支票一张,即祈查收,又附上岳乾斋、朱虞生两兄大洋一千六百五十元支票各一张,计二张,敬祈尊处转交,并请将开源种种情形代为转达,费神顺便希示复为幸,专此敬颂台安!"

本月　倪道杰签名担保向中南银行借款10万元,此担保得到股东会认可,用于开源公司业务需要。

2月17日　倪嗣冲寿辰。

2月24日　致函金城银行:"迭奉来函敬悉,一是唐理淮君借款三千元到期未还,顷已函催,俟得复再行奉告。又林湘如君欠款亦已逾期,昨亦代催,据云伊已自行商明贵行,准予展期矣。至华成盐垦公司股票一万元既由贵沪行寄至天津,贵行保管前次收据一时不知搁置何处,可否请贵行另出收据一纸,尚望见复为幸。"

4月6日　华商纱厂联合会本年第七届常年大会在天津举行,天津国民饭店为接待各处赴会代表处所,天津银行公会为会场,共表决议案13件,倪幼丹当选为联合会董事。

4月13日　下午,参加丹华火柴公司在天津本公司总管理处召开的第23届董事会议。

5月11日　下午,参加丹华火柴公司在北京本会事务所召开的第24届董事会议。

5月24日　下午,参加丹华火柴公司在天津南市聚和诚饭庄召开的第25届董事会议。

6月8日　复函金城银行:"顷奉六月三日来函,敬悉一切,所有担保(上海)信谊公司借用之一万元,前已催询,闻已直接有信迳达贵行矣。"

6月15日　下午,参加丹华火柴公司在本会事务所召开的第26届董事会议。

6月17日　就开源公司抵押贷款事宜致函中南银行:"开源公司在贵行暨金城、盐业银行往来,以全部地亩、房屋、机械、农具为担保品,三行共定透支40万元为限度。其贵行之透支10万元,曾由仆具函担保在案。兹以添安灌溉机械,复经商准贵行增加透支额3万元,除提出股东会认可,仍由仆向贵行担保外,合具函证明。"

6月18日　复函金城银行:"前奉六月十三日来函,当钞寄上海信谊,昨忽得该公司来信,特照录原文送上,请贵行迳与该公司直接交涉可也,除另函上海催其速行清理外,相应函达,请烦查照为荷。"

6月22日　永利公司午后集会于塘沽本公司工厂,是日到会共计4072权。董事监察均届期满,分发选举票,开票结果倪幼丹得2073权,当选为董事。

6月23日　永利公司在本公司事务所开董事会,张岱杉、倪道杰、景本白、范旭东、李宾四、吴朗山出席。

6月23日　致函金城银行:"顷接卢宪之由蚌来函,略谓程湘甫君所欠之五万元已陆续交由蚌埠中国银行收下关贵行账,惟其利息若干,湘甫之意,可否按照在蚌交款日期计息,附清单一纸,请为转交贵行核算,应付利息若干,并祈见示以便转告照付云云,用特函达,请烦核算见复,以凭转复可也。"

6月23日　致函金城银行:"顷接冯梦韩君来函,略谓前次由弟担保借款四千元,陆续透支已将足额,去岁年终结帐未能璧返,迄今仍未筹得的款,不能清结,殊深抱歉。惟现值银行半年结账之期,前交抵押品大丰股票一万元,存在金城,现拟六月内先还一千元,再展一期,其余不足之三千元容稍缓,再行归赵各等语,嘱弟切托贵行前来,弟当然仍为担保,拟祈准如所请,无任感纫。"

7月11日　致函金城银行:"为程湘甫付还欠款事,前奉大函内附贵沪行原信,当即寄蚌,顷得蚌中行卢宪之兄来函,略谓来函并金城行息单均敬悉,查敝处于收到程湘甫还款之日起,即收下关金城账给予利息,其蚌埠缺现汇沪汇水极廉间有不收汇水者,下关金城适托敝行代购外埠期票所得利息甚厚,本应由下关运现来蚌讬做,刻得湘甫之款既可随时收账给算利息,复可免去运费,在金城方面实为一举两得,若再算运费,每千须四元八角六分,实由沪金城未悉下关金城托蚌代收外票利益之故。兹弟为双方平允,计利息即照沪金城之账,照付计洋四千零十四元五角,其贴费一百七十元零一角,要求金城免算,尚祈转商金城如能允许,款即汇奉或津或沪,抑仍由敝行收下关金城账,均祈询明示复各等语。用将函达,请烦转商贵沪行可否准如所请,并望见复,以便转致前途为感。"

7 月 12 日　倪嗣冲病逝。

7 月 16 日　《大公报》刊登倪嗣冲四子倪道杰、倪道炯、倪道焘、倪道熹的"讣告"。全文如下:"不孝道杰等罪孽深重,不自殒灭,祸延显考。陆军上将、安武将军、勋一位、前长江巡阅使、安徽督军丹忱府君痛于民国十三年七月十二日巳时寿终津寓正寝,除俟择定设奠发引日期再行讣告外,恐报不周,谨先登报奉矜鉴。"此讣告连续刊登到 8 月 8 日。

7 月 18 日　奉父遗命,捐资创办颖州贫民工厂,经费洋 5 万元;创办蚌埠贫民工厂,经费洋 5 万元;捐助安庆各善堂 1 万元,芜湖各善堂 5 千元。另外,奉父遗命对天津各善堂也捐洋 1 万元,捐助天津红十字会经费 1 千元。

8 月 22 日　致函金城银行:"蚌埠中国银行有陆续拨来款项,已函商蚌埠中行收下关金城账内,敝处即由天津贵行随时支用如何允诺,乞费神函达下关分行与蚌埠中行接洽办理,无任感纫。"

8 月 23 日　《大公报》刊登了倪嗣冲四子倪道杰、倪道炯、倪道焘、倪道熹的"恕讣不周"的讣告。"显考安武上将军丹忱府君于阳历七月十二日弃养,迭蒙远近亲友躬唁赙存,均感兹穆。卜于阳历九月二十七日成主、二十八、二十九、三十日领帖,十月一日即夏历九月初三日发引,移厝天津马场道丙舍,再行择吉日扶柩回籍安葬。恐讣不周,谨登报奉闻。"该讣告连续刊登到 9 月 21 日。

9 月 7 日　下午,参加丹华火柴公司在天津南市聚和诚饭庄召开的第 29 届董事会议。

9 月　派员参加农商部召开的实业代表大会。

10 月 5 日　下午,参加丹华火柴公司在本公司京厂召开的第 30 届董监联席会议。

11 月 28 日　在天津福岛街召开新开源垦殖有限公司筹备会,议决新公司承续旧公司债务,并拟定新公司章程。

12 月 7 日　下午,参加丹华火柴公司在天津南市聚和诚饭庄召开的第 31 届董监联席会议。

12 月 12 日　《申报》载,王揖唐接任后,一依倪道烺政策,王普为倪幼丹派,与道烺夙不和。王揖唐拟以合肥系取代颖州系,但寿州系行将复取合肥系而再代之,此乃安徽今后趋势。

本年　开源公司股东只有倪道杰和裕元纺织公司,下辖三个分场,分别在军粮城、大兴县和汉沽。

1925 年

1 月 18 日　下午,参加丹华火柴公司在京厂召开的第 32 届董事会议。

3 月 1 日　下午,参加丹华火柴公司在天津南市广舆里明湖春饭店召开的第 33 届董监联席会议。

3 月 11 日　《申报》载,天津电,汤芗铭倪道杰由京来津。

6 月 26 日　《申报》载,自吴炳湘长皖兼军务令下后,此间各公团盼其早日履任,均纷纷去电欢迎,惟蚌方倪朝荣等对于吴氏尚未有欢迎表示,故吴氏现已由京赴津,与某要人有所接洽,并一面托倪道烺(一说倪道杰)先行赴蚌疏通。

11 月 8 日　下午,参加丹华火柴公司在本公司京厂召开的第 41 届董监联席会议。

12 月 31 日　参予审议丹华火柴股份有限公司第 8 届决算案。

本年　与孙俊卿、杨西园接办寿星面粉公司,任董事长。

1926 年

1 月 31 日　下午,参加丹华火柴公司在京厂召开的第 42 届董监联席会议。

5 月 2 日　下午,参加丹华火柴公司在天津秋山街百花村饭庄召开的第 43 届董监联席会议。

5 月 30 日　下午,参加丹华火柴公司在本公司京厂召开的第 44 届董监联席会议。

6 月 22 日　倪晋增出生。

6月25日 《申报》载,倪幼丹意在大连置产。

7月4日 下午,参加丹华火柴公司在天津日租界锦江村饭庄召开的第45届董监联席会议。

8月8日 下午,参加丹华火柴公司在本公司京厂召开的第46届董事会议。

9月11日 下午,参加丹华火柴公司在天津锦江村饭庄召开的第47届董事会议。

10月17日 下午,参加丹华火柴公司在本公司京厂召开的第48届董监联席会议。

11月 任盐业银行董事(倪到行日期为1924年3月)。

12月5日 永利公司在本公司事务所开董事会,张岱杉、倪道杰、景本白、范旭东、范高平(电请叶绪耕代)、吴朗山出席。倪君问公司资产负债对照情形、问工厂出碱每日若干吨。

12月19日 下午,参加丹华火柴公司在天津南市锦江村饭庄召开的第49届董事会议。

1927年

2月27日 下午,参加丹华火柴公司在本公司京厂召开的第50届董事会议。

4月17日 下午,参加丹华火柴公司召开的第51届董监联席会议。

5月12日 京剧名旦荀慧生乘车赴津,住倪宅,值天雨,在室内铺毯为台,与余叔岩合演《打渔杀家》,次日演《铁弓缘》。

6月26日 下午,参加丹华火柴公司在本公司京厂召开的第53届董监联席会议。

7月17日 出席旅津安徽同乡会议。

8月9日 倪幼丹(郑凤藻代)出席为赈灾所召开的会议。

8月 北伐军总司令部以烈山煤矿中倪嗣冲股本占多数,宣布收归国有。

9月25日 下午,丹华火柴公司在锦江春饭庄召开第54届董事会议,到会董事录有倪道杰,但其没有签字。

11月13日 下午,丹华火柴公司在北京福兴居饭庄召开第55届董监联席会议,到会董事录有倪道杰,但其没有签字。

12月18日 下午,丹华火柴公司在本公司津厂召开第56届董监联席会议,到会董事录有倪道杰,但其没有签字。

12月31日 丹华火柴股份有限公司第10届决算案,有董事倪道杰的签章。

本年 聘孙俊卿为其独资经营的大丰面粉公司总经理。

1928年

3月27日 永利公司董监事联席会,黎宋卿、吴朗山、倪道杰、张岱杉(张梅孙代)、景宋白(范高平代)、范高平、范旭东出席。倪君主张依公司条例,无记名股票不得过半数。

4月2日 下午,丹华火柴公司在天津法租界国民饭店召开第57届董监联席会议,到会董事录有倪道杰,但其没有签字。

5月2日 致函盐业银行:"鄙人近为病魔所困,不能视事,所有担任贵行之董事请即辞职,以免旷弛而误重要,特此函知,希即查照,是为颂祷!"

5月7日 下午,丹华火柴公司在北京观音寺街福兴居召开第4届主任常务董事互选会议,到会董事有倪世迁的盖章。

8月14日 致函张镇芳:"昨承枉驾,适值贱恙,医嘱谢客,以致有失远迎,未获领教,抱歉殊殷,按读手示,祗悉种切,旋派郑君凤藻代表趋前答办,兼致鄙诚。又值公出未获倾叙,殊怅怅也。盐业董事辞职,实因贱恙,并无他意。贱恙按医云,尚须静养时日,方可复原,所经手事件一概搁置,非惟盐业董事一端而已,情不获已,尚祈鉴原。至大业之事,业已请清理处聘定律师,尊处可将与吾关系各文件拾送该清理处归伊办理,毋庸另聘律师如何之处,尚乞酌裁,专此布复,顺颂台安!"

8月18日 在致旅津同乡会诸公请求救济贫苦同乡函文中,有倪幼丹的署名。

11 月 13 日　《申报》载,倪嗣冲在皖财产有充公讯,倪愿出百万元,托陈某运动保留。近又盛传将查抄在津财产,倪甚恐,已将各银行存款及各种股票一律更名过户。

本年　开办益生大米庄,后改名永增厚,聘董晓轩为经理。

本年　国民党召开中央会议,决议没收倪嗣冲家族财产。

1929 年

1 月 10 日　晚上,丹华火柴公司在天津法租界交通旅馆召开第 64 届董监联席会议,参加人有倪世迁。

1 月 17 日　国民政府行政院农矿部就取消倪道杰萧县白土寨矿权一事咨文江苏省政府。

3 月 1 日　《申报》载,倪嗣冲在平财产已由其后人委日商经管。

3 月 12 日　晚上,丹华火柴公司在天津日租界忠信堂饭庄召开第 65 届董监联席会议,参加人有倪世迁。

3 月 30 日　《申报》载,苏省萧县白土寨煤矿,前经农矿厅派员往勘,据称该矿前由倪道杰呈请开采,积欠矿区税四期,例应取销矿权。经由农厅拟案提请省政府委员会议决,并咨准农矿部,将倪商矿权取销,收归省办。

3 月　遭遇绑匪,幸脱险。

4 月 14 日　《申报》载,政府对倪嗣冲、张敬尧在中央矿产公司所占股本将照处理逆产条例悉数没收作为官股,归农部管理。闻倪共二千三百五十七股,计洋二十三万五千七百元,张共二百七十二股,计洋二万七千三百元。

4 月 26 日　《申报》载,上月倪道杰曾被匪绑票脱险,嗣又被匪入宅行抢未遂,匪衔之甚,遍布纲罗,欲得而甘心,二十五日上午八时,倪子晋埙(注:实为倪道杰的侄子),偕叔道焱,乘三百十号汽车赴新学书院读书,甫抵校门,突有四匪拥上,并开两枪,未伤人,道焱跃车脱险,晋埙被架走,午刻三百十号汽车发现于中日交界福岛街口,闻倪宅晚接匪函,限五日内筹二十万元赎回,逾期撕票。

4 月 27 日　《北洋画报》载,倪幼丹今春曾于其宅中,遇绑匪一次,倪乘间逸去,至今时时有戒心。念五日其弟及侄各一人,清晨自家中乘汽车赴新学书院,有仆一人相随;将至校前,突为匪五六人截击,将车夫、仆人击伤,即将倪侄晋塌绑去,倪弟逃脱,详情当可见各日报记载。惟闻倪之侄儿系倪嗣冲唯一之孙男(注:此说不准确),殊为珍视。

6月9日　下午,丹华火柴公司在天津法租界大华饭店召开第68届董监联席会议,参加人有倪世迁。

6月20日　致函周作民,就裕元公司向三银行透支借款一节相商,并寄上合同稿一件。

6月23日　致函周作民,就借款等事请先将办法示知。

9月15日　下午,丹华火柴公司在天津法租界大华饭店召开第70届董事会议,倪世迁出席。

10月27日　下午,丹华火柴公司在天津法租界大华饭庄召开第71届董监联席会议,倪世迁出席。

12月22日　下午,丹华火柴公司在天津法租界东亚医院召开第72届董事会议,倪世迁出席。

本年　将三津永年面粉公司并为寿丰二厂。

1930年

3月2日　下午,丹华火柴公司在天津法租界大华饭店召开第73届董事会议,倪世迁出席。

6月29日　下午,丹华火柴公司在天津法租界大华饭店召开第75届董监联席会议,倪世迁出席。

7月24日　《北洋画报》载,据最近可靠消息,女伶皇后章遏云氏,确有下嫁倪七公子说。但坤宅方面索取彩礼,为数甚巨,此时正在"种种接洽"中。

7月31日　《北洋画报》载,坤伶章后下嫁消息,各报宣传甚力,后曾密谕某县博士,告以五个月内,暂不作舞台生活,五个月后,一切可知分晓,且已更名,暂缓晓谕天下,不便闻知云。观此,则下嫁或为临时的而已。

8月5日　《北洋画报》载,章遏云嫁人身价本一万四千元,因某项原因改为银八千两。

9月30日　代表新开源垦殖公司与中南等三银行订立抵押借款整理合同。

10月21日　《北洋画报》载,已嫁倪七之章遏云氏,现经人介绍,以二百元之资本,投入六国饭店,取得股东地位。

11月13日　《北洋画报》载,章遏云于十日晚,偕其夫倪七,在明星戏院看孟小冬之探母。倪着学生装,章仍穿白领之黑绒大衣。章倪同时出入于交际场,此似为第一次。前次梅兰芳在明星演义剧时,章亦曾列席,但倪并未同行,其母与姨则两次皆随从护卫。

12月3日　《北洋画报》载,章遏云昨偕倪七爷到中原公司购大衣皮甬一件,金铜环戒指一只。

12月17日　裕元公司关于续借款事宜致盐业、金城、中南三银行函:"裕元公司所借尊处银196万元,除按照契约复行外,内有30万元,系倪君幼丹所借,既经到期续展,仍应由倪君换约。惟现在倪君前往日本,约需旧历十二月间回津,必须俟其回津再行换约,先此代为函达,即希查照。"

本年　天津旅津安徽公学成立,校址在河北安徽会馆,倪幼丹担任校董会常务董事。

1931年

3月15日　下午,丹华火柴公司在天津法租界大华饭店召开第76届董监联席会议,倪世迁由张新吾代出席。

3月　安排人员收回新开源垦殖有限公司第一场原承租人东兴公司的相关财物及手续。

4月10日　倪幼丹(郑凤藻代)出席馆董校董联席会议。

5月8日　倪幼丹(郑凤藻代)出席馆董校董联席会议。

5月30日　晚上,丹华火柴公司在天津法租界大华饭店召开第80届董监联席会议,倪世迁出席。

5月30日　《申报》载,就倪嗣冲被没收财产问题,"现倪道烺、倪道杰等,仍拟用积极手段,运动发还,若成事实,固不独地方教育实业等事,因而停顿,且于中央法令,亦殊有未符,应请主持成案,严予驳斥。"

6月1日 下午,丹华火柴公司在天津大华饭店召开第5届主任常务董事互选会,倪世迁出席,在推选常务董事中,倪世迁得2票,未被选上。

6月16日 倪幼丹(郑凤藻代)出席馆董校董联席会议。

8月6日 《北洋画报》载,倪道杰自章遏云寄住六国饭店后,曾往访三次,问章有无挽回余地,章谓:此乃逼不得已之最末一着,前此寻死不能,求生不得,实无挽回余地。

8月8日 《北洋画报》载,章遏云于六日下午六时在六国饭店,与倪道杰签订离异契约,章母闻即北来。

8月19日 倪幼丹(郑凤藻代)出席旅津安徽同乡会。

8月29日 《北洋画报》载,章遏云自与倪氏离异后,即迁入医院,一般记者,多未及访问。兹章氏业已出院,对记者作有关系之谈话如次:云与倪幼丹君,前以彼此意见不合,委律师协议离异,一切手续,均已办理终结,所有以前一切,均算取销矣。

1932年

5月7日 晚上,丹华火柴公司在北京观音寺街福兴居饭庄召开第83届董监联席会议,倪世迁出席。

8月15日 晚上,丹华火柴公司在天津法租界大华饭庄召开第84届董事会议,倪世迁出席。

9月25日 《申报》载,倪嗣冲家属发出通告,称倪嗣冲1924年病故后,"所有烈山普益煤矿公司股份早经各家属依法继承,并经过户注册有案。嗣于民国十七年因前农矿部调查逆股误行没收,但经各家属具呈申辩,已奉国民政府发交司法院,依法审核尚未定案。乃近见各报载有烈山煤矿官股六十万实业部拟卖归商股,充作中央机器厂用途等语。伏思此案既在国民政府司法院审核之中,在未经审定以前既不能视为逆股任意没收,亦即不能认为官股自由买卖,如有人误为官股私自买受情事,敝家属等概不承认"。

12 月 16 日　　致函新开源第一农场陈轶骧:"昨奉惠书并带来蚌珠稻米四包均已照收,执事消弭减租风潮得占胜利,足徵应付有方,闻之曷胜欣慰,耑此奉复,即颂台祺!"

是年　　在北京颐和园租下"画中游",并出资予以修整。

1933 年

4 月 3 日　　下午,丹华火柴公司在天津法租界明湖春饭庄召开第 86 届董监联席会议,倪世迁出席。

4 月 11 日　　就烈山矿款事致函周作民,"一昨电谈,并奉手示,附博公原电,故已敬悉。此事备荷我兄暨博公盛情,感且不朽敢不谨遵,弟思第一批缴款十万已需贵行垫借,其第二批之款弟当初以为可另想办法,再行分年摊缴。今子衡来函及博公来电,如此办法,等于缴纳现款廿万元一样,纵再商缓一年限期,其责任直接在敝处,而间接仍在贵行,虽然承兄关爱,但弟抚心自审,未便过于有所负累,伏思此事,迭承台端,数月磋商,始就端绪,倘非我兄鼎力曲成暨博公格外关切,曷克臻此,刻以为山九仞如不办到,则有负我兄及博公美意,而照此办法则自愧无此力量,以上两项,弟不能自觉,因是踌躇,凤承厚爱,遇事照拂,我兄卓识超群,尚有其他最好办法否,敬祈指示,以资准则,无任感祷,弟非敢过事慎重,然事前不得不鳃鳃为虑也。诸祈鉴原并候示复,专此即颂勋安。"

4 月 20 日　　《申报》载,江南铁路公司昨成立,选举杜月笙等为董事,推定张静江任总经理,拟 25 日在芜行奠基礼,倪幼丹等人参加沪方筹备工作。

7 月 10 日　　寿丰股东会审定公司章程。

7 月 25 日　　倪道杰等呈请在天津意租界设立寿丰面粉股份有限公司。

11 月 11 日　　致函周作民,"前谈至慰,烈山之事煞费踌躇,一切详情,托由宠之兄面陈,诸希鉴缘,匆此,敬请台安!"

本年　　大陆银行股东名册,阜桂堂(倪幼丹),股款数目 2 万元。

本年夏　耀华学校筹建礼堂,捐银 2000 元。

本年　收买民丰天记面粉公司为寿丰三厂。

1934 年

1 月 23 日　寿丰公司核准登记。寿丰公司由三津、永年两公司合并,资本 130 万元,扩充 40 万,计 170 万元。

1935 年

1 月 31 日　报告裕元纺织公司经过概要及召集临时事由如下:查本公司于开厂之初因营业顺利进行,扩充不免过锐,当增设第三厂时,所需资本咸主张与其另招新股,不如借款兴办,以为凭日后预期之纯利,总可偿清所借之数。不意自第三厂落成后,情势变迁,产品得利甚薄,历届纯益终不抵日见增长之债务。中经当局苦心挽救,冀兼营他业,以资裨补,不幸仍难如愿,此为本公司致损之前因,经报告民国十三年股东会者也。自此以后,增添股本偿清债务为事实上所不可能。经于民国十五年十一月受股东会委托,与债权团立约,由债权团管理纱厂,筹垫流动资金,在此债权管理期间,幸经减缩本公司股本总额为银 560 万元,并与债权人缔结减息及其他减轻负担各办法,在此期内,营业虽时有余利,然移此以偿付前项,所减负担仍属有限,加以十七年以后工潮迭起,金兑涨落,棉贵纱贱,积此数种原因,债权团垫借款项致亏至银 60 万元以上。经通知本公司于二十年八月十五日中止管理,催促本公司速筹善后办法,董事等熟权利害,所谓善后办法,非筹现款偿还债务,即须凭债权人处分全部质抵之财产,前者无法筹措,后者当亦非股东所愿。欲图挽救于万一计,遂于二十年九月十六日董事会议决,于未经商决善后办法以前暂由本公司自行维持。聘原任卢经理等维持现状,经先后于二十一年六月间、二十二年十一月间报告股东会在案。在此续行自营时期为谋节缩开支、增进效率计,虽经忍痛迭次裁汰职工,然因纱布通体市面不景气,销路滞塞,经理虽极尽劳心劳力,营业仍复损失,董事等挽救无术,深滋惭愧。惟以上年一般纱业之受损当为诸公所共谅,重以本公司积亏已久,其势不能不暂行全部停工,所有自上届股东会后自营期内之损失，其账面由监察人另行提请股东审核，对于所负债务应如何清理，对于工厂应如何善后，统俟公决。

3月17日　下午，在天津法租界2号路大陆大楼旁纱厂同业公会，裕元公司召开股东临时会议，倪道杰参加。

3月17日　发表敬告股东一书。

敬启者：本公司在昔全盛时代，因得利先分，举债办厂之原因，于民国十二三年间所欠定期借款已达五百余万元。又因前总经理经营沪日棉纱失利，将历年积存之公积金，扫数垫亏无余，以致流动资金即感缺乏。照当日监察人之报告及会计师检查账目之结果，依公司条例之规定，本公司已陷于破产之状况，而鄙人适于是时被推任为总经理。自维庸愚，本不足以胜此重任，惟念往日创办人之苦心，及全体股东血本之关系，希望于危险之中竭力撑持，以求补救积亏，发展营业于万一。故不惜牺牲个人财产信用，随时随事，有可为公司谋利益者，无不尽心筹划而为之。当因经费困难，设法将家属及亲友之款拨存于公司者五十余万元。又因尚不敷周转，而公司对外信用已逊，艰于筹借，复用个人信用资产代向银行重加担保借款八十余万元。无如积累太甚，市面又不景气，以致债权索偿，仍无以应付。当于十四年间，依股东会决议，所授权与债权团磋商办法，旋于十五年依股东会之议决，与债权团签订债权管理合同，原期利用债权团之资力，俾公司营运周转之活动，无如所得结果，竟是事与愿违。遂于十九年间向中日双方债权奔走呼号，费尽心机，往返磋商，得其同意，签订整理合同，规定移息还本及利息借款之办法，以减少公司之负担。又适应环境所采之必要的营业方法，使股实纱号承销，俾纱布无积压滞销之虞，而银根有周转灵敏之便。复设法于南方推销，俾货价既得互相比较之法，复免垄断之虑。又将公司各项经费力事撙节，二十二三年间，两次裁减职员工人，并向各方债权要求分别减少利息。十余年来，举凡为公司减少损失负担，增加利益之事，千方百计设法办理，实已心力交瘁，乃因历年市面凋敝，营业不免损失，负债过多，资力难以偿还，至受债权之逼迫，使公司已到无法支持之一日,不得不停业,以求诸公共同讨论最后解决之办法。此诚诸公所失望,亦系鄙人当日所不及料者。在鄙人因此次公司失败之结果,所有家属及戚友等之二百余万股本,既须同归于尽。并因历年所受刺激之关系,身体上又得神经衰弱之症。不仅此也,前向银行担保之借款,恐此次最后结果,资产是否足以抵偿,能否免除鄙人之责任恐难预计。而所有经手家属及亲友之存款,尤属毫无着落。至于个人信用,因公司之失败,于社会上或又不免发生影响。总而言之,鄙人因维持公司之故,身家、财产均受重大之牺牲,果能因受牺牲而得公司转危为安、营业发展之代价,固为当日所抱之志愿,乃十余年来,徒费心力,未能达到希望之目的,无以告慰于诸公,此诚为鄙人所痛心抱恨者也。谨就经过情形,略述大概,报告于诸公之前,幸垂鉴焉。

5月14日　母亲宁氏去世。

6月　金城银行总行迁往上海。

8月22日　致函周作民:"金风抱爽,玉露含清,敬维抚序,延厘因时景祐为颂无量。兹敬启者,王景杭为裕元事,无理挑剔捣乱不休,诬控一案业经地方检查处侦讯七次,并经两次裁定不起诉,而王景杭仍纠缠不休,迭向高等检察处声请再议,又经发还继续侦查。本月二十日上午八时传讯,杰亦到庭仍为交际费及特别费两事,关于此事曾蒙曹、段、朱三董事暨台端俯赐书面证明,良深感谢。惟此次检察官庭谕高等发回之意旨,似以谨凭书面难资证明,尚须取具供证之意,并嘱开呈各董事姓名住址,恐须票传面询一切,以作有效之凭证。杰既已当庭奉谕开呈,不得不将尊处暨曹段朱各董事之住址具状开上,并先奉闻,但诉状难分别开列住址,而在津在平亦均详细注明,倘谨由曹、段两位到案作证,即可了结,不致重烦贤劳,极所希望,万一检察处仍须向尊处取证,迭向尊处送还传票,究应如何应付之处,伏乞卓裁并祈示复,就杰鄙见届时或再由尊处出具书面证明与曹段两位庭供互相应证或不难就此解决。景杭如此纠缠伊于胡底,追怀往事,曷胜振触,在杰妄被诬控,迭次到庭,夫复何言,惟是一再烦劳诸位董事,问心殊抱不安。尚祈鉴宥为幸,刻下事已如此,总期早日解决,以免长此纠纷,然仍求鼎力维持,主持公道,再为设法证明,则排难解纷,惟公是赖,感谢隆谊如岳如渊矣。除已面达曹段二董事并函致朱董事外,谨肃敬颂勋安!"

8月26日　周作民复函倪道杰:"奉诵手书,祗聆一是,王君景杭为裕元事,厚诬台端,迭次兴讼,良为惊讶,倘检处须再证明,自当据实函证,尚希释注为幸,岩复敬颂时祉!"

10月18日　《申报》载,烈山煤矿公司将在京开常委会议,经实业部改组,董事长为陈公博,章祐为总经理,严慎予等人为官股董事,倪道杰等人为商股董事。

12月22日　周作民关于新开源立契约办法等事宜致王孟钟函,建议新开源公司由其股东将全数股票(未发),或股银收据交出背书空白让与,据而由三行派人充股东,三行各为股东之一。

本年　偕德配慧念居士(胡氏夫人)亲至苏州皈依当代高僧印光法师,法名慧杰。此后每日礼诵,习为常课。

本年　新开源公司委托诚孚公司来经营。

本年　弟倪道燊(叔平)大婚,夫人聂静宜是聂士成的后代。

1936年

1月18日　新开源垦殖股份有限公司呈文社会局,要求减少资本,变更章程,改选董事监察人,将名称改为宁河开源垦殖股份有限公司,后获批准通过。

3月7日　寿丰公司召开第三届股东大会,当选董事、监察人姓名分别为,董事:倪幼丹、朱锡纶、周作民、倪绍忱(少忱)、郑凤藻、孙俊卿、王传纲、张焕文、杨西园;候补董事:杨问潭、倪叔平、卢宠之,其中倪叔平1933年12月24日由股东福庆堂过户而来;监察人:李颂臣、佟德夫、杨耀庭;候补监察:孙明哲。

3月12日　裕元纺织公司厂机担保欠款事件在天津会商,签署担保欠款备忘录。倪幼丹作为前常务董事参与,裕元公司的清算人为卢宠之、林行规。

3月15日　丹华火柴公司在北平万明路新丰楼饭庄召开第 95 次董监联席会议,倪世迁出席。

5月11日　《申报》载,太平保险股份有限公司于八日下午,假金城银行大厅,开第七次股东常会,由常务董事兼总经理周作民君主席,报告廿四年度营业情形。当场经各股东投票结果,黄奕住等十九人当选为董事,倪道杰等七人当选为监察人。

6月7日　下午,在北马路天津市总商会开无担保债权人会,倪道杰参会。

6月10日　寿丰公司董事长倪道杰向天津社会局呈文说明,董事倪绍忱即倪少忱,候补董事倪叔平系于 1933 年 12 月 14 日由股东福庆堂过户而来。

6月27日　裕元公司清算人召集股东临时会议,倪道杰参会。

7月29日　烈山煤矿公司由实业部核准登记,官股董事 6 人,商股董事 9 人,筹划复工,于 11 月向交通、江苏、国民、金城、大陆等五银行借款 15 万元,又向振业企业股份有限公司借款 10 万元,以矿权及公司所有动产及不动产为抵押。倪道杰在其中积极谋划煤矿借款复工。

7月31日　裕元纺织有限公司董事倪炳文、曹汝霖、周作民、胡笔江、朱启钤、段谷香、倪道杰等,监察人王揖唐、郑凤藻等呈请天津社会局解散登记事。

9月　在津为《倪氏族谱》撰写修谱纪成。"吾族族谱创始于清道光元年,续修于光绪五年。民国八年族人公议补辑,至是为三修矣。义例一仍前谱,惟增入志传,较详,先人之善不敢没也。当三修时,先安武公曾撰序言,迨公即世,故乡迭遭乱,迁徙客食者,多采访匪易。迄今秋始克告成,夫敬宗收族与修谱要义,效鲁公、保远公之序详矣。而垂示谨身保家,历久不敢之道。先公之序滋谆谆焉意,吾族人所共以为然,而不肖道杰尤懔懔也,追惟遗训泫然系之。"

10月5日　晚上,丹华火柴公司在北平万明路新丰楼饭庄召开第 98 次董监联席会议,倪世迁出席。

10月15日　就裕元公司事宜与中南等银行签署借款合同。

锄经堂倪幼丹（以下简称甲方）为一方，与天津金城银行、盐业银行及中南银行（以下简称乙方）为他方。前因甲方在裕元纺织股份有限营业期内，为接济裕元流动资金或展缓应偿前欠，曾用自己名义向乙方借款，或由甲方向乙方担保，除裕元欠乙方厂机押款该担保债权人间已另经协议及新开源垦殖公司业经乙方接收结束外，其另有四项应由甲方向乙方清理之前欠，兹经双方协议订定结束办法如左：

第一条：甲方应偿乙方四项欠款，计开：信用借款、股票借款、抵押透支及利息借款，经于民国二十四年十二月月底止结有所欠本息细数表，约明第一项按对扣，第二项按十足，第三项及第四项按二扣6厘偿欠，按照当时约计，即以厂机变价摊派之款移偿上开四项欠款，实仍不足。

第二条：现时裕元厂机担保物，业经裕元清算人变价摊还，不足之数，由清算人函请免除；乙方为兼顾甲方并未早结旧账起见，特允就甲方股票押款内之股票返还面额43万元，其甲方对于乙方实在偿付之前开四项旧欠，则如本约附表所列，于甲方如表找补零数现款时，随即免除之，上开四项欠款，即行终结。

本合同一式共缮四份，由乙方分执三份，一份归甲方收执存证。

10月15日　就锄经堂欠款事宜致中南等三行函。

径启者：本日鄙人与贵三行签订之理结前欠合同，其第二条所订返还股票面额43万元。鄙人于领取股票面额33万元时，依该合同附表应由鄙人分担之裕元保管等优先费用计15949.36元及找补股票面额不足之零数合计1000元，共合同币16949.36元，即由鄙人以现款给付。其余股票面额10万元，兹由鄙人提存贵三行，以备理结欠北洋保商及盐业银行由鄙人及周作民君所借等各款，俟与各方接洽就绪后，随时由鄙人提充上开之用，即乞察照见覆是荷。此致天津盐业银行、天津金城银行、天津中南银行。

10月23日　《申报》载，裕元纱厂为日方买收改为公大第六厂，现械器修理,增美式新械千架,下月初开工。

12月12日 《申报》载,段(祺瑞)前执政灵榇专车,十一日晨七时半由津开平,倪道杰等在津随车护送赴平。

1937年

2月23日—3月1日 《大公报》载,倪幼丹启事:"查鄙人历年服务社会,提倡实业,对于担保银钱之事,受累甚深。现因个人绵力微薄,惟恐有失信用,嗣后不论亲友,如有委托担保银钱者概行谢绝,特此声明!"

3月7日 下午,丹华火柴公司在天津法租界蓬莱春饭店召开第99次董监联席会议,倪世迁出席。

3月21日 大陆银行第十八届股东常会议上,倪幼丹提议:本行股本现仅收到392万元,尚少108万元,现在董事会总经理处拟如何办理,并请于一定期间内设法解决,盖股本问题关系股东责任也。经改选董事,倪幼丹君得144权,当选为候补董事。改选监察人,倪幼丹得314权,当选为候补监察人。

3月28日 寿丰公司第4届股东大会照章改选,选举结果,监察人:李颂臣、佟德夫、杨耀庭;候补监察:孙明哲。4月1日,倪幼丹将本公司股东大会改选监察人名单呈社会局。

5月8日 安徽会馆召开第37次董事会议,提议倪故将军安葬公祭事,公议本月十三日下午备席公祭。"敬启者:本月十三日为倪安武上将军与德配宁太夫人合葬之期,兹由本馆备送祭席,并邀集旅津同乡,于是日下午五时前往马场道佟家楼公祭,籍申敬意,特此通知,敬希查照,准时惠临与祭为荷。"

5月13日 将父母双亲合葬在马场道佟家楼倪家花园。

5月14日 太平保险公司于下午三时,在上海江西路金城银行大厅,召开第八届股东常会,到会股东,计三十四户九千八百三十二权,董事长黄奕住,因事缺席,由到会股东公推常务董事钱新之为主席,报告公司概况,略谓廿五年度,承国内经济情形好转及努力进行之结果,各项保险均称发展数字比较视上年皆有增加,决算办竣,除提存各项准备金七十二万四千一百七十九元五角九分外,倪道杰等人当选为监察人。

5月15日　金城银行创立二十周年,今晨廿周年纪念,午召开股东会议,晚并举行庆祝宴。倪道杰在上海参加庆典,下午改选董事,倪道杰等继任董事。

6月26日　晚上,丹华火柴公司在天津法租界蓬莱春饭店召开第100次董监联席会议,倪世迁出席。

6月28日　中午,丹华火柴公司在天津法租界蓬莱春饭店召开第101次董监联席会议,倪世迁由张伯严代为出席。

1938年

1月7日　下午,丹华火柴公司在北京观音寺街惠丰堂饭庄召开第102次董事会议,倪世迁由张新吾代为出席。

4月24日　下午,丹华火柴公司在北京观音寺街惠丰堂饭庄召开第103次董监联席会议,倪世迁由张伯严代为出席。

6月11日　晚上,丹华火柴公司在北京香厂明路新丰楼召开第104次董监联席会议,倪世迁由曹觉鑫代为出席。

8月20日　丹华火柴公司在天津召开第105次董事会议,倪世迁出席。

11月6日　丹华火柴公司在北京香厂明路新丰楼召开第106次董事会议,倪世迁由张伯严代为出席。

1939年

12月31日　丹凤火柴股份有限公司第22届决算案报告,倪世迁作为董事审议。

1940年

1月22日　下午,丹华火柴公司在本会召开第108次董事会议,倪世迁由张伯严代为出席。

4月13日　晚上,丹华火柴公司在北京万明路口新丰饭庄召开第109次董监联席会议,倪世迁由张伯严代为出席。

5月5日　下午,丹华火柴公司在本会召开第110次董事会议,倪世迁出席。

7月21日　倪幼丹等人被推为安徽会馆董事。

8月14日　作为安徽会馆董事出席第60次董事会议。

10月7日　寿丰公司第5届股东大会改选,倪道杰任主席。改选董事:倪幼丹、朱锡纶、周作民、倪绍忱(少忱)、郑凤藻、孙俊卿、王传纲、张焕文、杨西园;候补董事:杨问潭;监察人:李颂臣、杨耀庭、孙明哲;候补监察:佟德夫。直至1941年4月27日,倪幼丹将改选情况呈报社会局。

10月27日　下午,丹华火柴公司在本会召开第111次董监联席会议,倪世迁由张新吾代为出席。

11月20日至24日　三次写辞职信,致函安徽旅津同乡会,以身体患有高血压、失眠,医生再三叮嘱务必静养、坚戒烦劳等为由,敬祈另选贤能,以重会务,要求辞去安徽会馆董事一席。

12月31日　丹凤火柴股份有限公司第23届决算案报告,倪世迁作为董事审议。

1941年

1月5日　下午,丹华火柴公司在本会召开第112次董监联席会议,倪世迁由张新吾代为出席。

4月20日　下午,丹华火柴公司在本会召开第113次董监联席会议,倪世迁由张新吾代为出席。

本年夏　患高血压病严重。

本年夏　胞弟倪道炯病逝。

12月29日　下午,丹华火柴公司在本会召开第114次董监联席会议,倪世迁由张新吾代为出席。

1942年

3月5日(正月十九日)　本人午时欲知时至,让胡氏夫人找莲友助念。并云,"八时如不去,则须十二时"。至午夜,神志清醒,在念佛声中,安享而逝。往生事迹载于民国《弘化月刊》第十二期。

3月21日　安徽会馆第78次董事会议事录中涉及到倪董事幼

丹逝世之后,其职位由候补董事周少桓担任。

12月　在盐业银行统计的一万元以上股东清单中,倪幼丹股本数20000元。

本年　寿丰公司成立后一直由倪幼丹任董事长,其去世后由孙俊卿任董事长。

3.居津琐忆

倪道杰是倪氏财团的核心人物,身兼多职,如裕元纱厂总经理、金城银行董事、丹华火柴股份有限公司董事长、天津寿丰面粉公司董事长,烈山煤矿、利中酸厂等股份有限公司及盐业、大陆、浙江兴业等银行董事。

他身为投资人、企业家,同时又是教育赞助人、慈善家,担任耀华学校校董事会董事、管理委员,天津旅津安徽公学校董会常务董事。

倪幼丹与慈善

1921年的淮河大水灾,长江发大水,湖南遇大旱。其中尤以淮河水情为重,为百年不遇。2500万灾民急待救助,为此上海发行华北急赈纪念奖券。5月25日天津总商会长卞荫昌、副会长刘守荣致函倪幼丹,并由书记王荫龄持函附券二十张面见倪幼丹,他慷慨解囊,欣然应准。是年6月18日开奖,倪幼丹奖券有3张另9条获奖,共307.6元。倪幼丹当即致函天津总商会,他说:"鄙人购券初衷,原为华北灾黎稍资涓助,得奖与否殊我所计,"他将华北急赈获奖奖券奉上,"敬希取出后,无论何种慈善事业即收此款,代为捐助。"天津总商会正肃收到倪幼丹信函和获奖奖券后,看到当日天津《益世报》等均刊登如下消息:天津河北泰来北里灾民幼女教养所由"女师"师范生义务教授,成绩绝佳。该所本系临时所设,去岁募捐之款早已告罄。因为幼女学有心得,师生感情又极好,幼女哭泣,誓在该所学成谋生,宁死不肯解散。组织者为经费焦急万分,近来虽有人捐送煤、面等物,但人多难敷几日。该灾民幼女教养所正在盼甘霖望眼欲穿之时,天津总商会将倪幼丹捐助的华北急赈获奖奖券换得的 307.6 元送到组织者手中,这下可解该所燃眉之急了。

1924 年 7 月 12 日倪幼丹之父倪嗣冲逝世后,他遵照父亲遗愿,为津、皖地方慈善事业捐助巨款。是年 7 月 18 日,倪幼丹捐资创办安徽颍州贫民工厂经费洋五万元,创办蚌埠贫民工厂经费洋二万元,又捐助安庆各善堂一万元,芜湖各善堂五千元。同时,倪幼丹对津埠各善堂捐洋一万元,捐助天津红十字会经费一千元。

倪幼丹与耀华学校

在耀华中学礼堂前庭的墙壁上,笔者看到镶嵌着两块碑文,《天津耀华学校记》(1935 年 11 月记)、《本校礼堂落成记》(校长赵天麟 1935 年 4 月 9 日记)。这两块碑文,铭刻着耀华学校厚重的历史,特别是铭刻着 70 多年前包括倪幼丹在内捐资兴建耀华学校的义举。

1926 年 1 月 12 日英租界董事会华人董事庄乐峰与华人董事陈巨熙一起致函英工部局,提议创建英租界第一座华人子弟学校——"天津公学"。他们的建议得到答复:英工部局认为,英文学校是旅居英人捐资所建,华人若能捐资,当然一视同仁。英工部局答应划地作为校址,建筑费若干按五年分拨,平时经费按年拨给。在筹备建校时,曾任民国大总统的徐世昌(东海)、黎元洪(黄陂)慷慨拿出巨资,以实际行动为之倡导并做出表率,华人社会倪幼丹、徐世章、郑宗荫、张叔诚等积极响应,当年则捐款数万元。1927 年 9 月 1 日,天津公学暂租戈登路(今湖北路)校舍创建,转年夏迁至红墙道(今新华南路)原英文学校校舍。

1933 年夏,正是天津经济进入相对繁荣时期,开始筹建礼堂。爱国仁人志士、社会名流纷纷捐款,赵天麟在《本校礼堂落成记》最后说:"《周礼》云:'国功曰功,民功曰庸'。"意思是为国建功立业叫作"功",为老百姓做善事叫作"庸"。他主张将兴建"耀华"礼堂捐款人的姓名,镌刻在礼堂前庭的墙壁上,为的是光耀为建造礼堂而做出贡献的人的不朽业绩。

为兴建"耀华"礼堂捐款的有:民国大总统徐世昌,捐银 5000 元;一生三任国务总理的靳云鹏,江西督军陈光远,倪家企业代理人倪幼丹,中兴煤矿常务董事、著名文物收藏鉴赏家张叔诚(文孚),各捐银2000元;还有的捐银1200元或1000元,共计捐银三万四千二百元。"耀华"礼堂由英国人可克(Cook)及安德森(Anderson)设计,为砖混大跨度结构、创新的西洋古典式建筑。转年冬天竣工。礼堂北面直接相连第一、三校舍,与第二校舍向望。当年,礼堂西门外的墙子河水碧波荡漾,耀华拱桥飞架,犹如长虹卧波;礼堂东门外街道两旁槐荫夹道,树上时而禽鸟鸣唱;礼堂北门向远处眺望,霜林一望无际,烟霞弥漫。"耀华"大礼堂拾级登楼,高近百尺,开窗远眺,气象万千。礼堂二楼新月形的栏杆,犹如从中分开的圆玉环拱。礼堂三层可容纳一千几百人。真可谓杰出之风貌建筑。1935年4月9日举行"耀华"礼堂落成典礼,中外宾客千余人参加盛典,全校师生载歌载舞,欢庆"光耀中华"的精品——"耀华"礼堂建成。

笔者在耀华中学礼堂参加了80周年校庆大会后,还参观了2005年建成的耀华中学校史纪念馆。在校史馆我两次看到了倪幼丹的照片:一张是1938—1939年第四任校长金伯平(邦平)任职期间,倪幼丹任校董事会董事;一张是1939—1947年第五任校长陈晋卿任职期间,倪幼丹任校董事会董事(此任未满病逝)。另外,我在1939年耀华学校同学录和1940年耀华学校校刊上也看到倪幼丹任校董事会管理董事的照片。

1930年成立的天津旅津安徽公学,校址在河北安徽会馆,倪幼丹担任校董会常务董事。据说倪幼丹先生生前资助过一位家乡贫穷的倪氏好学子弟出国留学,后来该子弟成才后,还专程到天津寻访其后人,以示感谢之情。

倪幼丹珍藏的《姚惜抱先生家书》①

倪幼丹还喜欢收藏名人字画,著名书画家吴昌硕曾为其小清秘阁作题壁诗四首,其一云:"小清秘阁卷轴富,画笔况拓荆关前。年来鼻孔气不之,安得坐此闻龙次。"可见他的小清秘阁收藏的丰富而

---

① 此篇作者系曲振明。

格调高雅。1938年,他还将自己珍藏的清代桐城派代表人物姚鼐的25件信札,由商务印书馆印成《姚惜抱先生家书》传播于世。说到这部书颇有些故事。

1914年,倪嗣冲时任安徽省都督,倪幼丹随侍安庆,有人持姚鼐书信册页求购。倪幼丹仔细辨认,确定真迹而收购。这部册页是姚鼐在外为官时寄给二哥、二嫂、八弟、四妹和几个儿子的信件,内容多为家事。姚鼐死后,所遗家书60通,为其次子姚榖子所藏,道光九年,其门生管异之借阅,展玩数月,在江宁装池为两本册页还给榖子。并应榖子之约,题跋于后,称:"翰墨文辞固足贵,人惟与家人妇子语者可以告天下,而传后世尚矣哉。"随后,姚鼐的弟子邓廷桢、胡调元等纷纷阅读和题跋,从题跋的落款可见,这部信札曾随姚鼐的后人流落安庆、同安、滁州、台阳、皖城等地,咸丰年间流落到桐城试院。转到倪幼丹的手中,两册60通信札,也只有一册25通,其中有七通残缺不全。姚鼐作为清代著名的桐城派代表人物,身后的翰墨颇为士林倚重。曾有《惜抱轩尺牍》《惜抱轩尺牍续编》行世。倪幼丹收藏后,仔细核对信札,发现均未收进两部尺牍书中。他认为这些信札"积百余年中更丧乱,流转于蟫尘兵火累劫之余,零落而仅存,固尤可珍惜也"于是又重新装裱成册。后来,这部信札随倪幼丹保存在天津小清秘阁中。1936年,李鸿章的孙子李国松和沈曾迈曾在小清秘阁欣赏这部信札,作为安徽人的后代,李国松同样感到珍贵,并应约在册页上题跋。1938年,倪幼丹为了让海内好古怀贤之士共同欣赏姚鼐的翰墨,请书画家徐宗浩题签,交商务印书馆影印,以"流布于世"。

笔者有幸收存一部影印的《姚惜抱先生家书》,内有"倪道杰"和"小清秘阁"的图章,想必是倪幼丹个人的珍藏。

倪道烺

1.人物简介

倪道烺（1880—1951），安徽阜阳人，字炳文，生于光绪六年五月二十六日（1880年7月3日）丑时，卒于1951年6月，享年71岁。倪道烺生于一个官宦耕读之家。祖父兄弟四人均出仕为官，威震方圆，是清末民初颍州的名门望族。祖父倪淑，胸怀磊落，诗文均佳，曾受聘为袁保恒的西席，后出任四川开县、长宁县知县。父亲兄弟三人：父亲毓藻，附贡生，曾为白山屯垦官；二叔倪嗣

倪道烺

冲，曾任长江巡阅使、安徽督军；三叔倪毓棻，曾任皖北镇守使、安武军行营司令。倪道烺兄弟姊妹九人，在兄弟排行老四，时人称"四爷"。配储氏，即二姑丈典三公之长女，无出；侧室孟氏、刘氏各生一女：启华、荣华；王氏亦无出。

倪道烺早年追随二叔倪嗣冲，办事勤谨，因功获清朝花翎三品衔直隶候补知府，历充奉军总统处文案，黑龙江全省官盐驻营口采运局委员。长芦、扶沟、长垣、商淮等县官盐督销局委员，任职武卫右军左翼翼长营务处兼后路粮台。获民国二等大绶嘉禾章、二等大绶宝光嘉禾章。历任颍州七属官盐督销局总办、皖北榷运局局长、参议院议员、凤阳关监督。晚年一度出任维新政府"安徽省长"，汪伪政府"安徽省主席"。

1920年倪嗣冲辞职寓津后，安徽军政权力失重，倪道烺与马联甲等人联合谋求长皖机会。因皖系失势，北京派系纷争，倪道烺多年活动，未能如愿，其间与聂宪藩、王揖唐、吴炳湘等人均有症结。1925年段祺瑞将其调离安徽署长芦盐运使，但辞未赴任。国民党北

伐,倪道烺在皖财产被充,随之避居天津,心情低落,对国民党没收财产事耿耿于怀。

1930年代日本不断扩大侵华,实施政略,宣传"日中亲善,共存共荣",随局势危急,不断有人坠入其计,如王克敏、王揖唐、梁鸿志、汪精卫等等。1938年,前政敌王揖唐予以多方游说倪道烺,倪犹豫不决,王等再三拉拢,多年的失落陡然被人利用,倪决定回皖维持局面。然正式走马上任,并非真正能够左右安徽局势,悔之晚矣。倪在皖与日配合不卖力,且对国民党每多反感,最终被免职。战后清算,因民众求情赦免死刑,中华人民共和国成立后在镇反运动中被处极刑。

2.生平简谱

1880年(光绪六年)

7月3日(五月二十六日)出生于安徽省颍州西乡倪寨村(今属阜南柴集)。

1887年(光绪十三年)

本年起　读私塾

1905年(光绪三十一年)

2月15日(正月十二日)祖父倪淑病逝,享年77岁。

3月13日(二月八日)二哥道燨病逝,年32岁。

本年　逊清花翎三品衔直隶候补知府。

1907年(光绪三十三年)

本年起　随二叔倪嗣冲赴东北,历充奉军总统处文案,黑龙江全省官盐驻营口采运局委员。

1911年(宣统三年)

10月18日(八月二十七日)父亲毓藻病逝,享年63岁,丁忧在籍守制。

1912年(民国元年)

本年　随二叔倪嗣冲驻皖北,任职武卫右军左翼翼长营务处兼后路粮台,获民国二等大绶嘉禾章、二等大绶宝光嘉禾章。

1913 年

3 月 23 日（二月五日）大哥道炘病逝，年 45 岁。

本年起　先后出任长芦、扶沟、长垣、商淮等县官盐督销局督办。

1915 年

本年　参与经营管理烈山煤矿事宜。

1917 年

8 月 8 日　三叔倪毓棻病逝。

12 月 3 日　倪道烺、李席珍代表倪嗣冲，与曹锟、张怀芝等在天津曹家花园讨论，决定分兵两路进攻湖南。

1918 年

3 月 23 日　倪嗣冲接徐树铮电，"仲珊（曹锟）左右无人，恐其意旨易为他人转移，深盼炳文（倪道烺）驰赴汉皋，以便伯秋（秦华，奉天督军署参谋长）抽身到京，庶免顾此失彼"。

4 月 2 日　倪嗣冲派倪道烺到南京，面谒李纯，接洽一切。

10 月 1 日　安徽省第二届省议会召开。

10 月　招集商股 100 万元，以倪道杰、倪道烺和绅士刘兆麟、王敛庵、宁资愚等人名义在马鞍山组成益华铁矿公司，矿区定为当涂县境大小马山、黄梅山、龙家山、萝卜山、巧山、栲栳山、碾屋山等。赵文启任经理。聘请德国矿师，1919 年正式动工，同时采掘龙家山、碾屋山两处铁矿。

12 月 25 日　倪嗣冲派倪道烺赴安庆致祭前黄家杰省长，27 日晚倪道烺抵安庆。

本年　出任凤阳税关监督。

本年　在皖组织公益维持会，并出任会长。

1919 年

7 月 25 日　倪道烺由津去蚌埠。

1920 年

9 月 16 日　二叔倪嗣冲辞去安徽督军兼长江巡阅使职，寓居津门。

11 月 4 日　倪道烺召集各军官在本宅宴饮,并开皖省军事会议,倪让马联甲向张文生要求 228 万元欠饷。

12 月 12 日　倪道烺以皖北七属油煤归美孚公司包销 30 年,每箱倪抽费三角。

1921 年

2 月 24 日　《申报》报道,倪道烺由天津到达北京,请姜桂题帮助其活动安徽省长一职。

3 月 6 日　旅沪安徽人致电北京总统府、国务院,反对倪道烺担任安徽省长。

3 月 9 日　安徽各界联合会派代表到达北京、上海,呼吁反对倪道烺主皖。

3 月 10 日　旅沪安徽人再电北京政府,反对倪道烺出任安徽省长一职。

6 月 2 日　安徽省议会按倪道烺、马联甲的意图,拟削减已决定增加的教育经费,以扩大军费。安庆各学校因教育经费案,请愿被阻,一律罢课,并围攻省议会。马联甲等人唆使士兵枪杀安庆学生姜高琦,史称"六二学潮"。

6 月 14 日　倪道烺致电声称与"六二学潮"绝不相涉,并言"数月以来,报章所载,不谓道烺运动长皖,所谓道烺图谋卖矿,无中生有,混淆视听"。(倪道烺通电声明,《大公报》1921 年 6 月 16 日。)

7 月　第三届省议会选举开始。

8 月 5 日　安徽学生总会出席上海全国学生联合会代表发表通电,反对倪道烺出任安徽省长。

8 月 21 日　倪道烺通过"公益维持会"选出 108 名省议员,迫令省长聂宪藩下令召集第三届省议会,聂宪藩不敢召开,向北京政府提出辞职。徐世昌批准聂宪藩辞职,特任李兆珍为安徽省长。旅京安徽同乡会闻讯召开紧急大会,声明不承认李兆珍为安徽省长。

8 月 25 日　安徽学生联合会通电,宣称"倪、马运动李兆珍长皖,学生等誓死力拒"。

9月4日　张文生被特任为安徽督军。

9月29日　许世英被任安徽省长。

本年　在蚌埠为倪嗣冲建造"生祠"。

1922年

5月2日　安徽全省学生总会自安庆发出通知,反对倪道烺出任安徽陆军总司令。

宣城省立师范学校联合游行示威,散布传单,要求各界共同拒绝倪道烺出任安徽陆军总司令。

11月　土匪老洋人洗劫阜阳,倪氏家族财物遭劫。

1923年

2月3日　免许世英省长职。

2月10日　吕调元再任安徽省长。

12月11日　马联甲自兼民政长。

1924年

7月12日　二叔倪嗣冲在天津病逝,协助办理丧事。

11月28日　段祺瑞任命王揖唐为安徽省长兼督办军务善后事宜。

11月29日　段祺瑞任命倪道烺为安徽军事善后特派员,代表段赴安徽抚慰倪嗣冲的安武军旧部。

1925年

1月　倪道烺不满王揖唐,赴京试图动摇执政府对王的任命。

本月　王揖唐得知倪来京,先发制人,以派兵镇压学潮为由,将倪拘押在京。最后以"不予起诉"释放。

5月　联络安武军旧部及"皖事改革促进会""安徽青年自治会",向全国通电历数王揖唐罪状,最终驱王出境。

6月18日　段祺瑞下令特任吴炳湘为安徽省省长兼督办军务善后事宜。

7月9日　安徽军官联名通电"拥倪道烺为皖军总司令,拒吴炳湘到任"。倪道烺通电宣布视事。

8月5日　段祺瑞下令调任倪道烺为长芦盐运使,辞未赴任。

12月1日　王普任安徽省长。

本年　北京拘押事件解决后,返回安徽仍就任凤阳税关监督。

1926年

4月16日　高世读任安徽省长。

12月24日　何炳麟任安徽省长。

1927年

年初　被张宗昌委为直鲁联军预备军军长。

本年　倪道烺在皖财产被国民党政府没收。

1928年

5月　在津参加安徽同乡董事联席会议,议决原安徽督军张文生与华法银行债务纠纷一案。

1929年

4月　北伐军将直鲁联军挫败,倪道烺回天津作寓公,住日租界花园路(山东路北段)。

1930年

11月　国民政府最终决议将皖南益华铁矿股权充作官股,倪道烺股份2万元被充。

1931年

9月18日　日本关东军制造柳条湖事件,随后出兵占领了东三省和热河等地。

1935年

12月18日　国民政府成立冀察政务委员会,负责处理华北等地事务。

1937年

7月7日　卢沟桥事变。

7月底　北平、天津沦陷。

10月21日　国民党政府任命蒋作宾为安徽省政府主席。

12 月 14 日　华北沦陷后,成立"华北临时政府",王克敏任委员长。华北临时政府后改成"华北政务委员会"。

本年　安徽广德、郎溪、宣城、芜湖、当涂、全椒、滁县等地沦陷,蚌埠、芜湖、安庆、阜阳等地遭日军空袭。

1938 年

1 月　国民党政府任命李宗仁为安徽省政府主席。

2 月 13 日　李宗仁在六安就任安徽省主席职。

2 月　日军占领蚌埠。

3 月　傅君实、唐少侯、秦松亭等人在蚌埠组建所谓的"维持会"。

2 月底　应"华北政务委员会"委员长王揖唐的再三邀请,由天津赴北平。王对倪道烺说,他已向日本人推荐倪道烺回安徽维持地方。数年前王揖唐与倪道烺因争夺安徽权位积怨很深,现在王揖唐主动进行拉拢,言称倪在安徽声望很高,以维持地方为由请其出山。

3 月 28 日　梁鸿志等人在南京组织傀儡政权"中华民国维新政府"。"维新政府"人员主要由当时一些失意的政客官僚组成,号召力不强。

5 月 27 日　国民党安徽省政府、国民党安徽省党部迁至立煌(今金寨县)。

7 月 2 日　从天津南下上海,会见"中华民国维新政府"行政院长梁鸿志。

7 月 12 日　伪行政院任命倪道烺为安徽省维新政府省长。

9 月 27 日　国民党政府任命廖磊为安徽省政府主席。

10 月 28 日　伪安徽省维新政府在蚌成立,在经一路 3 号办公。

11 月 20 日　倪道烺赴蚌上任,基本上没有自主权利,态度消极,更多是在沦陷区尽其所能,做些维持地方安稳,保卫乡里的事务。"由于是个地道的傀儡政权,根本谈不上政治推行。各厅处门可罗雀,各科室无事可为。"(张培尧:《我所知道的倪道烺》,引自《军阀祸皖》,安徽人民出版社 1987 年版,第 138 页。)

1939 年

1 月 1 日　下令撤消各县的地方自治会,成立县公署。

6 月　任"日华合办淮南煤矿股份有限公司",即"淮南炭矿株式会社"董事长,总部设在上海市吴淞路 669 号。

11 月 2 日　国民政府任命李品仙为安徽省政府主席。

本年下半年　江淮地区连降暴雨,淮河决堤,皖北尽成泽国,百姓流离。倪道烺以世界红卍字会蚌埠分会会长的身份,设立十数个难民收容所,给予流落到蚌埠的难民提供食宿,并举办慈善救济,向京、沪、平、津及在蚌埠等地募捐。水灾之后,倪道烺立即动员青壮年劳动力返乡生产,重建家园。

1940 年

1 月 8 日　李品仙在立煌就任安徽省政府主席。

3 月 30 日　汪精卫在南京建立伪"国民政府"。

9 月 20 日　汪伪政府令,倪道烺、叶震东、陶思澄、邓赞卿、钱慰宗、傅君实、徐仲仁、张拱宸、胡志宁为安徽省政府委员,特任倪道烺为安徽省政府主席。

10 月 10 日　汪伪安徽省政府成立。

冬　患病。

本年　年初倪道烺设立了一个红卍字会附设的恤养院,专门收容灾后遗留下的数百名老弱妇孺难民,抽出难民中身体好的让其到伙房,至于老幼病残的,则供其免费食宿,费用来自募捐赈款。为了解决一些男女青少年的自谋生路能力,报有关机关成立安淮工厂。是年四月恤养院迁到蚌市西郊倪公祠,难民生存条件进一步得到改善。安淮工厂通过购置机械,聘请技师,不久开工,共设织布、织毛巾、织袜子三个车间。

1941 年

1 月 6 日　皖南事变发生。

12 月 7 日　日本袭击美国珍珠港,太平洋战争爆发。

12 月 19 日　日本决定全面树立支持汪伪政权。汪伪政府和日本军方对倪的以往作为感到不快,下令免去倪道烺本兼各职,仅保留其有名无实的国民政府委员的虚位。国民党曾经没收过倪的家产,倪跟他们有深仇大恨,以至拒绝加入国民党,并且主张"讨伐国民党"(指蒋政权),"甚至讨厌在仪式、典礼等场合奉读孙总理遗嘱"。(文彦:《日本主子眼里的汉奸奴才》,《江淮文史》1993年第1期。)倪道烺任职期间,控驭省府不力,原王揖唐派的朱荣汉,财政厅长唐少侯,民政厅长叶震东先后谋反叛乱,这些也加剧了汪伪政府对倪道烺的不满。

本年　蚌埠东郊长淮卫事件发生,因村民打死四个日本兵,日本驻蚌机关要派军队围剿该村,倪道烺出面交涉,倪说,实行血洗是完全错误的,如果接受意见我们可以继续合作,否则我这个省长马上辞职,结果避免了更大惨剧的发生。

1942年

1月1日　高冠吾赴蚌接任汪伪安徽省主席职。

5月　去日本访问。

1943年

冬　在蚌埠遇刺,未受伤。

1944年

1月22日　罗君强赴蚌接任汪伪安徽省长职。

本年底　林柏生接任汪伪安徽省长职。

1945年

8月15日　日本宣布投降。

本年　国民党政府先是软禁倪道烺,后予以逮捕。

国民党政府还都南京后,组织对倪道烺的审判,被判死刑。由于蚌埠市商业团体等联名请愿,改判无期徒刑。倪道烺先后押在南京老虎桥监狱、上海提篮桥监狱。中华人民共和国成立后,在镇压反革命运动中,1951年4月从上海监狱押解蚌埠举行公审,被处极刑。

3. 倪道烺的手迹

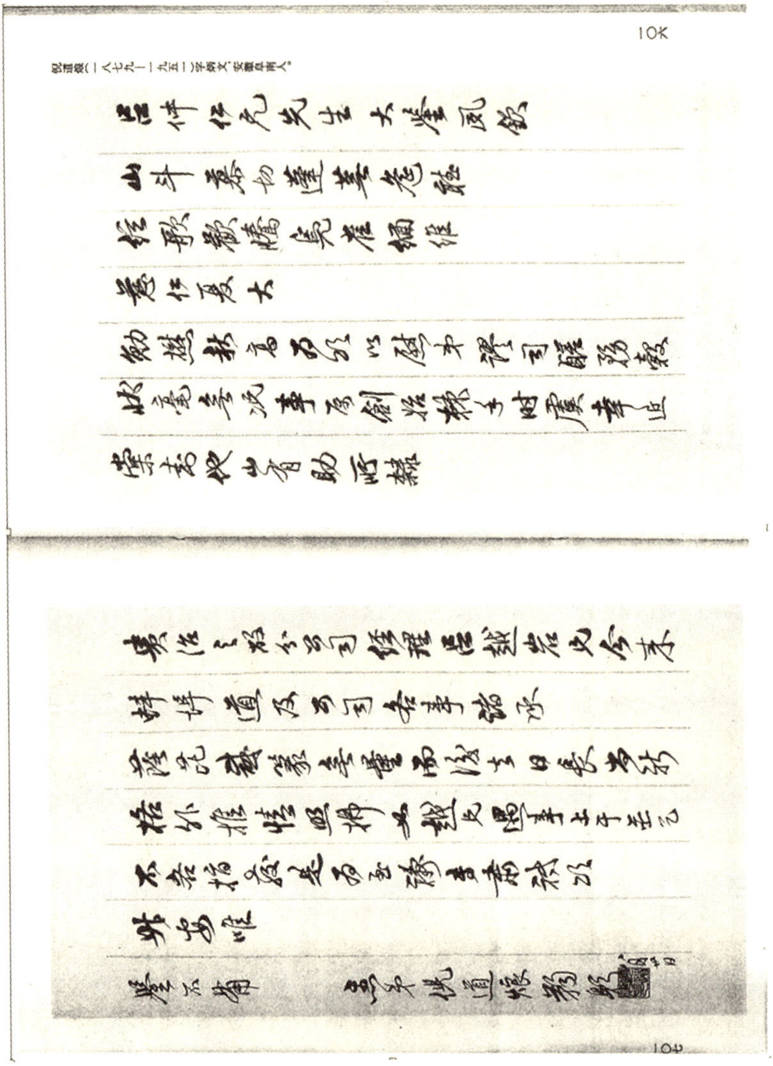

倪叔平

1.人物简介

道焘(1914年11月—1985年5月),字叔平,配聂氏(聂士成孙女聂静仪)。聂静仪生子二:倪晋璜、倪晋堂。女二:倪晋娟、倪晋茹。继室王静娴生子二:倪晋尧、倪晋铨。女二:倪晋媄、倪晋娸。中学就读英国伦敦会教会学校,成绩优秀被保送上燕京大学。1948年出任利中硫酸厂经理,中国民主建国会天津地方组织发起人之一。1956年调任天津市化学原料工业公司任副经理。自1954年任历届天津市人大代表,河东区人民委员会委员,河东区政协副主席,民建河东区工委主委、河东区工商联副主委等职。

2.生平简谱

1914年

10月7日(农历)　出生。

1921年　七岁

本年　读私塾。

1927年　十三岁

本年　就读英国伦敦教会学校新学书院。

1933年　十九岁

本年　乘车上学途中被日本宪兵队绑架,托人花钱被赎出。

1935年　二十一岁

9月　保送就读北平燕京大学

12月9日　在燕京大学读书期间,参加"一二·九"运动示威游行集会。

1941年　二十七岁

7月　从燕京大学毕业。

1942年　二十八岁

3 月 5 日（正月十九日）大哥倪道杰病逝，继承父兄事业，开始主持家业。

3 月　被选为天津寿丰面粉股份有限公司副董事长。

1946 年　三十二岁

本年　担任天津寿丰面粉股份有限公司常务董事。

1947 年　三十三岁

年初　担任天津利中酸厂经理。

1949 年　三十五岁

9 月 5 日　当选为天津市第一届各界人民代表会议代表。

本年　其任经理的利中酸厂生产蒸蒸日上，成为天津市较大的企业之一。

1950 年　三十六岁

1 月　当选为天津市第二届各界人民代表会议代表。

本年　当选为天津市第四区人民委员会委员。

本年　经李烛尘、资耀华介绍加入中国民主建国会，成为中国民主建国会天津地方组织发起人之一。

1951 年　三十七岁

2 月　当选为天津市第三届各界人民代表会议代表。

1952 年　三十八岁

12 月　当选为天津市第四届各界人民代表会议代表。

本年　担任天津寿丰面粉股份有限公司董事长。

本年　当选为天津市第四区人民委员会委员。

1953 年　三十九岁

本年　天津市人民政府决定在佟楼倪家花园建儿童医院新址，其在家属的支持下，将父亲倪嗣冲和其他亲人的坟墓迁到北仓公墓。

本年　当选为天津市第四区人民委员会委员。

1954 年　四十岁

春　其为经理的天津利中酸厂率先实现了公私合营。

8 月 9 日　当选为天津市第一届人民代表大会代表。

1956 年 四十二岁

7 月 出任天津市河东区第一届政协副主席(1956.7—1959.1)。

12 月 25 日 当选为天津市第二届人民代表大会代表。

本年 调任天津市化学原料工业公司任副经理。

本年任天津恒源纺织厂(后改第一毛纺织厂)董事长,合营银行副董事长。

1958 年 四十四岁

6 月 30 日 当选为天津市第三届人民代表大会代表。

1959 年 四十五岁

1 月 出任天津市河东区第二届政协副主席(1959.1—1961.1)。

1961 年 四十七岁

1 月 出任天津市河东区第三届政协副主席(1961.1—1963.10)。

2 月 9 日 当选为天津市第四届人民代表大会代表。

1963 年 四十九岁

10 月 出任河东区第四届政协副主席(1963.10—1965.12)。

12 月 23 日 当选为天津市第五届人民代表大会代表(河东区)。

1965 年 五十一岁

9 月 赴京观看第二届全运会河北队(当时天津是河北省省会)的各场比赛。

12 月 24 日 当选为天津市第六届人民代表大会代表。

12 月 出任天津市河东区第五届政协副主席(1965.12—1980.4)。

1980 年 六十六岁

4 月 出任天津市河东区第六届政协副主席(1980.4—1984.5)。

本年 任天津市政协委员,直至 1985 年病逝。

1985 年 七十一岁

5 月 17 日 病逝。

王　普

1. 人物简介

王普（1890—1957），字慈生，又名慈僧，阜阳县（今阜阳市隅首）人，保定军校毕业，娶倪嗣冲长女倪道蕴为妻。先后任安徽督军府副长官，安武军第三路统领、第三混成旅旅长、皖南镇守使等职，并于 1925 年两任安徽省省长，1928 年下野后寓居天津，并投资裕元纱厂、寿丰面粉厂、丹华火柴厂、金城银行、益生粮店等企业。

2. 生平简谱

1890 年（光绪十六年）　出生。

本年　字慈生，又名慈僧，出生于阜阳县（今阜阳市隅首）一个地主家庭，父王雨人，曾任正阳关（一说凤阳大关）监督。

1897 年（光绪二十三年）　七岁

本年　读私塾。

1906 年（光绪三十二年）　十六岁

本年　考入保定军校就学。

1911 年（宣统三年）　二十一岁

10 月　辛亥革命后参加了时任安徽都督兼民政长柏文蔚的部队，在卢慈普旅任参谋。

11 月　随卢慈普率领的北伐第一军与安徽革命党人段云、管鹏率领的北伐军汇合，合击颍州倪嗣冲武卫左军。

1913 年　二十三岁

本年　在其父王雨人操持下，与倪嗣冲长女倪道蕴（1893.8—1941.8，宁夫人所生）完婚。

1914 年　二十四岁

本年　倪嗣冲任命王普为安徽都督府副长官，又保送他到北京陆军大学深造，李济深是其业师。

1915 年　二十五岁

本年　结业后,仍回到安徽都督府任副长官。

1916 年　二十六岁

本年　任安武军第三路统领。

1917 年　二十七岁

本年　独子传纲出生。

1918 年　二十八岁

1 月　任第三混成旅旅长。

1920 年　三十岁

本年　率第三混成旅驻芜湖,负责皖南防务。

1923 年　三十三岁

2 月 16 日　北京政府授王普陆军中将。

4 月 25 日　补任皖南镇守使。

1924 年　三十四岁

9 月 3 日　江浙战争爆发,马联甲令王普率部由皖南进攻浙江,襄助齐燮元攻打浙军。

10 月　第二次直奉战争爆发,直系战败。王普通电反吴(佩孚)拥段(祺瑞),请段祺瑞主持北上政局。

1925 年　三十五岁

1 月 28 日　段祺瑞发出临时执政令:任王普为皖南镇守使兼第三混成旅旅长,并一度代理督理省长职务。

10 月 18 日　以王普为首的皖军响应五省联军总司令孙传芳,通电讨奉。

10 月 22 日　孙传芳任命王普为皖军副总指挥。

10 月 27 日　孙传芳任命王普为第十二军军长。

12 月 1 日　孙传芳下令陈调元为皖军司令,王普为安徽省省长。

1926 年　三十六岁

2 月　随五个方面军总指挥陈调元进驻九江、武穴一带,沿江布防,抗击北伐军。

10月底　率部和北伐军激战3天1夜,皖军败退,患病咯血。

1927年　三十七岁

2月　随陈调元宣布脱离"五省联军",投奔国民革命军。蒋介石委任王普为第二十七军副军长,率部北上。

1928年　三十八岁

年初　蒋介石下令调二十七军到江南驻防,王普携带多年所积蓄之巨款到天津当寓公。

本年　在天津英租界怡丰道54号(今湖北路55号)兴建了一座英式花园宅邸。

本年起　投资裕元纱厂、寿丰面粉厂、丹凤火柴厂、金城银行、益生粮店等,部分现金存入外国银行。

1934年　四十四岁

本年　在天津英租界怡丰道54号(今湖北路55号)后院为子传纲兴建了一座花园宅邸。

1940年　五十岁

3月　汪伪国民政府在南京正式成立,王普严词拒绝出任安徽省长。

1941年　五十一岁

8月　夫人倪道蕴去世。

1946年　五十六岁

8月　蒋介石来北平视察,派一名少将来津探望王普。

1948年　五十八岁

1月　国民政府成立立法院,王普被提名为安徽省候选人之一,后被选为候补立法委员。

本年　天津市国民党市党部主任委员邵华建议王普去台湾,王普坚持留津。

1949年　五十九岁

1月15日　天津解放,闲赋在家。

1950 年 六十岁

春 中央人民政府副主席、全国政协副主席、"民革"创始人李济深来函召见王普去北京叙旧。

是年 经李济深介绍,王普在天津加入"民革",为天津市"民革"成员。

20 世纪 50 年代

年初 将湖北路房产变卖,购置郑州道 38 号(今 26 号)洋楼一座。

1956 年 六十六岁

本年 被聘为天津市新华区第一届政协委员。

1957 年 六十七岁

8 月 因病逝世,"政协"两次派人来家吊唁。

第二章　家族投资的企业

"倪氏财团"投资近代企业概述①

倪嗣冲早年戎马倥偬,20世纪20年代始寓居津门;携哲嗣倪幼丹等,投资近代工业和金融业,对当时中国的民族工业、尤其是天津民族工商业和金融业的进步,起到了一定的推动作用。

彼时正值第一次世界大战之后,欧陆各国忙于恢复经济,重建国家,无暇东顾;天津作为北方地区最大的港口贸易城市,一时间进口之外国工业产品锐减。因此,一些手握重金的有识之士,抓住这个机遇,投资各类民族资本企业,从而使天津的工业、商业、金融业能够得到突飞猛进的发展。

在当时的天津,以倪丹忱与倪幼丹两先生的投资力度为最大,他们以平生所蓄,投资近代工商业和金融业,资金量巨,经营面广,加之理念先进,如注重金融业对工业企业的支持,追求工业企业先进的生产工艺和技术;开办纱厂的同时自行种植棉花,力求形成完整的生产链接;经营粮食业的同时,自办农场,从原粮到加工,到销售、贩运,使之自成系列等等,以致很快成为天津工商业和金融资本的巨擘,被称为"倪氏财团"。

关于倪丹忱、倪幼丹两先生投资近代企业的概况,仅就管见所及,略述一二。

一、投资采矿业

安徽繁昌益华铁矿

繁昌县,今属安徽芜湖市。倪丹忱先生主政安徽时,曾设益华

① 作者:罗澍伟,天津社会科学院原历史所所长、研究员。原文载施立业、李良玉主编:《安徽三大家族与近代中国实业研究》,合肥工业大学出版社2010年版。

铁矿,在马鞍山进行开采。由于有了这样的基础,中华人民共和国成立后,组建了马鞍山钢铁公司,成为安徽最大的钢铁联合企业。

淮北烈山普益煤矿

烈山,今为淮北市烈山区。淮北一带,煤产丰富,倪丹忱先生在投资经营繁昌益华铁矿的同时,又投资建设烈山普益煤矿。同时修建轻便铁道,利用运河及轻便铁道沟通与津浦铁路的联系,很快打开了烈山煤的销路,年可得利润50余万元。

山东中兴煤矿

中兴煤矿位于山东峄县(今属枣庄市),储量丰富,19世纪末曾为德国人所觊觎。为保护矿权,由时任"督办直隶全省及热河矿务"的张翼(燕谋,1846—1913)发起组织山东峄县中兴煤矿公司,集资100万两,以山东盐运使张莲芬为董事长,沂县知县戴华藻为董事兼协理,张翼则因身份的关系,只认股5.5万两,任董事;之所以用"中兴"之名,寓意由中国人自主兴业。至1905年(光绪三十一年)粗具规模,遂向当时的农工商部注册,同时筹建枣庄至台儿庄的运煤铁路,不久又与津浦铁路连接,于浦口设立销煤厂。此即今日山东枣庄煤矿的前身。

到民国初年,创办人相继去世,但事业亟待发展,董事会议决增加股本380万元;至1922年,再扩充资本达750万元,先后由徐世昌、黎元洪、朱启钤等人出任董事长。在此期间,倪丹忱先生投资中兴煤矿20万元。

1928年北伐军攻克枣庄,该矿被封,由战地委员会组织中兴煤矿清理委员会,对全矿投资进行清理。彼时丹忱先生已经谢世,乃将其股份中的20余万元予以没收。

二、投资金融业

裕庆公银号

该银号为倪丹忱先生早年投资金融业的一个标志。

裕庆公银号创办时,倪丹忱先生正忙于处置皖省之军政大事,一切财物事宜悉委托彼时的商界大亨、安武军后路局督办王郅隆全权经理。王郅隆此前曾涉足粮食、木材、盐务、军粮、军装等领域,长袖善舞,经营能力极强。为广揽社会游资,方便资金周转,王郅隆动员倪丹忱先生出资,二人合办裕庆公银号。

时隔不久,丹忱先生即寓居天津,把投资意向转为现代工业,再加上传统的银号不能适应当时的融资需要,因此该银号创办不久即自行倒闭。

金城银行

金城银行创办于1917年,总经理虽为周作民,但他在董事会中并无席位;主要投资人为倪丹忱先生及其挚友王郅隆。

周作民(1884—1955),原籍江苏淮安,早年留日,回国后先后任职于南京临时政府财政部及交通银行,后因调赴安徽芜湖筹办支行,经该行总经理梁士诒和安福系徐树铮的介绍,结识了时任安徽督军的倪丹忱先生,与正在办理安武军后路局事务的王郅隆及丹忱先生的乘龙快婿王普(字慈生,曾任安武军统领,安徽省陆军第三混成旅旅长,皖南镇守使,安徽省省长;北伐时任国民革命军第27军军长。后在天津经营实业)见面。周作民以其学识渊博、举止大方,深受倪丹忱先生的赏识,他曾对王郅隆说:"周作民甚有才干,将来在中国金融界中必有其地位。"遂将周视为幕中人物。旋经周作民运作,交通银行在芜湖、蚌埠设行,因为倪丹忱先生的关系,皖省的全部财政收入悉与交通银行往来,致使当时的交通银行在安徽的支行,无形中成为了全皖的金库。

本来,倪丹忱先生与王郅隆早就打算成立一家规模较大的银行,而苦无适当人选。这时经周作民的大力怂恿,丹忱先生乃决定由其子倪幼丹先生为代表,与王郅隆共同出面,联合当时社会上一批有实力的军政财界人物,共同集资,于1917年5月15日,在天津创办金城银行,行名取"金汤永固"之义,地址选在当时的金融一条街——法租界大法国路43号(即今解放北路97、99号);王郅隆任董事长,倪幼丹先生为董事。

金城银行资本最初定为200万元,实收1/4即行开业,其中倪丹忱先生投资 17 万元;不久,资本收足 200 万元,其中丹忱先生实际投资为 27 万元。1922 年增资为 500 万元,倪丹忱先生投资 64 万元。1923 年计划再度增资为 700 万元,其中倪丹忱先生的投资额为 85 万元。惜不久倪丹忱先生即在津仙逝,但金城银行一直经营到中华人民共和国成立后公私合营。

由于倪丹忱先生资金雄厚,倪氏财团声誉日隆,曾给金城银行的集资带来莫大好处。如在金城银行的股东中,北洋军政界的人物颇多,其中包括曾任大总统的徐世昌、黎元洪,曾任国务总理的梁士诒、熊希龄,曾任各部总长的曹汝霖、周自齐、朱启钤,曾任北洋军总司令的徐树铮、吴光新、孙传芳,曾任巡阅使的吴佩孚,曾任各省督军的王占元、卢永祥、王承斌、田中玉、萧耀南等。

当然,金城银行同样也投资或融资到倪丹忱先生和倪幼丹先生经营的企业,如寿丰面粉公司、利中酸厂、丹华火柴公司等,从而为这些企业的发展提供了资金支持。

据说,当时倪丹忱先生在王郅隆的建议下,准备吸收当时社会政要的闲散资金,组建具有一定规模的财团,成立金融、农业和工业三大公司,而金城银行、新开源农场和裕元纱厂即为其先声。

大陆银行

大陆银行创办于 1919 年,总经理兼董事长兼创办人为谈丹崖(荔孙,1879—1933),行址设于天津法租界狄总领事路(今哈尔滨道)。

谈氏早年留学日本,回国后任职度支部及大清银行,辛亥革命后大清银行改组为中国银行,谈氏曾任南京分行及北京中国银行行长,成绩颇佳。旋因得到大总统冯国璋认股 20 万元及其僚属认股 18 万元的支持,遂创办大陆银行。

当初谈氏创办该行的目的,就是要吸收社会游资,由银行输送到社会,使其成为金融业与工商业之间的桥梁,以充分发挥银行的本能作用;然后再由金融资本过渡到产业资本。大陆银行在谈氏领导下,规章制度严密,他本人对银行的发展忠心耿耿,绝不言私,对

朋友则是肝胆照人,因而信誉极佳;倪丹忱先生以此,投资该行 10
万元。

北京中法振业银行

北京中法振业银行,系倪幼丹先生与法国某金融界人士合办,
曾由幼丹先生投资数十万元,后因经营不善而倒闭。

约略计之,倪氏财团投资现代金融业,总计不下 150 万元,这还
是一个保守的数字。

三、投资现代工业

天津裕元纱厂

裕元纱厂座落于天津小刘庄,1915 年在北洋政府农商部注册为
股份有限公司,实收资本 200 万元,1918 年投产;其中倪丹忱先生投
资 110 万元,占了资本总额的一半以上。

当时,天津的纺织工业并不发达,仅有 5000 纱锭的直隶模范纱
厂一座;因此拥有 25000 纱锭和 500 台织布机的裕元纱厂成为当时
天津规模最大的纺织厂。后来几次增股,裕元共有纺纱机 7500 锭,
织布机 1000 台;资本总额 556 万元(其他纱厂如华新纱厂资本总额
200 万元,恒源纱厂 400 万元,裕大纱厂 134 万元,北洋纱厂 300 万
元,宝成纱厂 300 万元),生产规模一直居于领先地位。

裕元纱厂的董事会,除倪丹忱先生外,尚有段祺瑞、王郅隆、徐
树铮、曹汝霖、朱启钤、王揖堂、吴鼎昌、周作民、段芝贵等。初建时,
总经理为王郅隆,经理为赵聘卿。1920 年,皖系在直皖战争中失败,
身为安福系成员的王郅隆遭到通缉,不得不藏身于北京的日本兵
营,赵聘卿旋亦辞职,裕元遂改聘倪幼丹先生为经理。

最初,裕元纱厂生产成绩甚佳。1918 年开工后,翌年即获纯利
57.6093 万元,1920 年纯利润达 120.4748 万元,1921 年为 130.5762
万元,1922 年为 61.9041 万元。

1936 年由于日资渗入,改组为公大六厂;天津沦陷期间设备再
度扩充,细纱机达 1.4 万锭,织布机达 300 台。中华人民共和国成立
后,在此基础上,建立了国棉二厂;改革开放后,与其他纺织企业合

组成天津天纺投资控股有限公司。

天津大丰机器面粉公司

天津大丰机器面粉公司创办于 1920 年,原订集资 100 万元,实际集资 65 万元,倪丹忱先生个人资本占 1/3 以上,所以由倪幼丹先生出任董事长,后由三津寿丰面粉厂经理孙俊卿和杨西园代为经营。

迨至 1929 年,作价 70 万元并入三津寿丰面粉公司,改名三津永年面粉公司;1932 年改为寿丰面粉公司二厂。

天津寿丰面粉公司

天津寿丰面粉公司的前身,部分为日人森恪与国人朱勤斋于 1916 年创办的寿星面粉厂。1925 年由幼丹先生与增兴厚米谷店的孙俊卿、立德米谷店的杨西园和部分三津磨房业成员,共同出资 60 万元将其收购接办,改名为三津寿丰面粉公司(一厂)。

1932 年将三津永年面粉公司改名为寿丰面粉公司二厂,同年又收购了民丰年记面粉厂,改名为寿丰面粉公司三厂。

寿丰一、二、三厂的资本合计 170 余万元,其中倪氏财团的投资约为 90 万元。中华人民共和国成立后,寿丰经过改造,成为面粉工业中的佼佼者。

天津北辰电气公司

第一次世界大战后,天津德租界改为特别第一区,周边地区居民逐渐增多,但原德国电灯房电力不能满足新增居民所需,只能勉强依赖英租界电灯房维持。倪幼丹先生了解到这一情况,乃与特一区协商,取得营业权,投资(具体数目不详)成立北辰电气公司,经营状况颇佳。

1928 年后,南京国民政府形式上统一中国,天津改为特别市,一切公益事业均收归国有,北辰电气公司独力经营权也告一段落,幼丹先生损失颇巨。

天津利中酸厂

系倪丹忱先生三公子倪道焘(叔平),与万福麟(1880—1951,曾

任黑龙江省主席,东北边防军副总司令)之子万国宾(原全国政协副
主席万国权之兄,中华人民共和国成立前夕去台湾)共同投资兴办,
投资人多为下野的军政界旧人,资本总额 20 万元,地址在天津河
东。所产之工业用酸为当时稀缺物资,产品畅销华北各地。

天津沦陷后,该厂被纳入军事统制物资,由日军强行接管。抗
战胜利后勉强恢复生产,但营销状况大不如前。中华人民共和国成
立后,利中酸厂作为化工行业中的龙头之一,率先实行了公私合营。

天津大成油漆公司

地址在天津东乡唐家口(今属河东区),由倪幼丹先生投资 20
万元,引进德国技术,聘用德国技师。据说,大成油漆公司是继上海
开林油漆公司之后的中国第二家油漆厂,后因经营不善而转手
他人。

丹华火柴股份有限公司

北京丹凤火柴公司,1904 年(光绪三十年)在清政府农工商部注
册,翌年投产,原为官商合办,官股 5000 两,由农工商部筹集,商股 7
万两,机器、原料由日本进口。1918 年与天津华昌火柴公司合并,成
立丹华火柴股份有限公司,股本增为 100 万元,设总经理处于北京,
另在丹东设厂,并改由倪丹忱先生独自投资。1925 年以前,生产的
全为黄磷火柴,安全性差,且有剧毒;1926 年以后改产硫化磷火柴及
安全火柴,行销三北地区。丹华火柴公司最初在华北一带享有 10
年的专利权,也是华北地区规模最大的火柴厂。

关于"倪氏财团"投资现代工业情形,过去有人做过粗略的统
计,说倪丹忱先生在天津集资创办的现代工业的资本总额约为 800
万元,相当于 1895 年(光绪二十一年)至 1914 年二十年间天津工业
投资总额(421.9 万元)的 189%。由此可见其投资力度之大,以及
对天津近代工业发展不可忽视的拉动作用。

四、投资粮食业

出口江南大米

倪丹忱先生曾与王郅隆合资,包销江苏常熟、无锡和安徽安庆

的稻米,利用原粮,自行加工、由上海销售或贩运至日本。

创办恒益粮店

1924 年,倪丹忱先生与天津大投资商李颂臣(宝诚,1875～1958,天津"李善人"之后,投资广泛,涉及领域甚多)合作,开设恒益粮号,投资 4 万元。由东北地区运进大豆及杂粮,主要供应军需粮秣,兼及市面零整批发。

后来,李颂臣将资本退出,由倪丹忱先生之婿王普接替其股份,改名益生粮店,在江南各地设有分庄多处,集购、运、销于一体。据说益生粮店是一家无限责任公司,买卖做得很大。

五、投资农场业

津浦铁路蚌埠车站附近土地

这片地皮共 700 余顷,其中属倪丹忱先生名下 500 余顷,属倪幼丹先生名下 200 顷。第一次国内革命战争期间,倪丹忱先生名下的 500 余顷土地被充公。

这些土地最初用于佃租耕种,后因城市建设发展,土地升值,成为建设用地。

天津东乡军粮城及汉沽茶淀之新开源农场

天津的现代化股份制农场在全国出现最早,也可以说,天津的农业生产曾在全国范围内率先走上了近代化的历程。

1881 年轮船招商局总办唐廷枢联络了具有先进思想的知识分子郑观应、徐润等人和开平矿务局,用股份制的方法集资 13 万两白银(其中唐廷枢、徐润认股 65,000 两,开平矿务局认股 62,000 两,郑观应认股 3000 两),在当时属于宁河县的新河(在今塘沽火车站一带),以"普惠堂"的名义购买荒地 4000 顷,建立了近代中国第一家股份制农场——"天津沽塘耕植畜牧公司",用西法进行种植和畜牧业的开发。

由于这里地近海河,便于开沟作渠,使大量盐碱地变成可耕地;与此同时,该公司进口了西洋农业机器进行耕作,"以机器从事,行见翻犁锄禾,事半功倍"。这是近代中国第一家股份制农场,以致被国外舆论视为"模范农场"。"天津沽塘耕植畜牧公司"比张謇在江苏南通建立的"通海垦牧公司"早了二十多年的时间。此后,天津东乡现代意义上的农场业开始兴起。

正是有了这样的基础,1920 年,倪丹忱先生在出身粮行的挚友王郅隆帮助下,投资数十万元,接办了天津东乡(今东丽区)军粮城及汉沽茶淀的(老)开源农场,改名新开源农场,开垦荒地,洗碱种稻1.2 万亩,并试种棉花,供应裕元纱厂。同时在军粮城垦区内设工作站,工作站下设试验站,即军粮城稻作研究所的前身,是为华北地区设立最早的农业科学研究所。天津沦陷后,日本侵略者实行"米谷统制",该农场被强行"接收"。中华人民共和国成立后,军粮城垦区组建为军粮城农场,茶淀垦区划归公安系统使用。

六、投资房地产

倪丹忱先生投资房地产,均为自用,带有经营性质的不多。最初,在天津意租界大马路(今建国道)意国圣心医院(中华人民共和国成立后改为第一医院)对面,购置了楼房一幢,规模宏敞,精致漂亮。

不久,倪丹忱先生来津寓居,遂在旧英租界推广界小河道(原上海道,临墙子河;今墙子河身改建为地铁通道,遂成为南京路的一部分)购置房产一处,院内宽敞明亮,环境优雅,于是在原基址上进行扩建,除加盖楼房一幢外,又建凉亭一座,同时在院内广植花草树木。工程完毕,倪丹忱先生即由意租界移居于此。中华人民共和国成立后收归政府所有,改为天津市第一保育院。

不久,倪丹忱先生又在旧英租界马场道购置地皮一块,拟在此修建别墅花园,惜院墙及花窖刚刚建迄,丹忱先生即不幸辞世,遂改作茔地。这就是天津著名的"倪家花园"。中华人民共和国成立后由倪氏后裔献给国家,在此建成了天津儿童医院。

此外,在天津旧日租界天安里,"倪氏财团"购置了楼房若干,租与日本警察署人员居住,后改建为盛德里。

倪氏父子另在北戴河置有别墅一处,以备盛夏避暑之用;在大连亦置有别墅。

七、结语

时至今日,我们应当怎样评价倪丹忱和倪幼丹两先生对中国近代工业的巨额投入呢?我以为至少有两点值得注意。

我们知道,历史是有一度性的。什么是一度性呢?一度性是指一件往事既然已经成为过去,那就永远无法再现。因此,研究历史,不过是恢复其最大的近似值而已矣。此其一。

我们还知道,历史研究价值取向永远是在变化的。这就是说,历史本身是历史的,但人们对历史的认识永远是发展的,只有不断地再写历史,人们才能驾驭历史,才能满足时代对历史的需要。比如,当阶级、阶级斗争这样一些曾经主宰历史的概念被无数次拉伸而失去弹性的时候,那种一头是空虚,一头是青涩的历史就要被时代所厌弃。此其二。

倪丹忱先生一生金戈铁马,是一位颇具影响力的皖系督军。在参与了反对张勋复辟、力主对德宣战之后,丹忱先生从主流人生中激流勇退,息影津门,率眷投资近代产业,以此作为自己命运的新支点。

一个人的态度,往往决定了一个人的高度。那个时代的天津,是一个从政治时代过渡到商业时代的天津,也是一个充满了机遇与挑战的天津。倪丹忱、倪幼丹父子具有创业魄力,取得了相当的成绩,这一点无论如何我们不应否认。因为在很多情况下,一个人事业的成功与否,不仅仅在于他做对了多少,而在于他没有做错什么。

由于当时的中国尚处于工业现代化的早期阶段,主要矛盾之一便是资金的严重匮乏。因此,我们如能把近代中国社会财富的积累与增长作为一个过程来考察,有些问题就可以迎刃而解。换句话说,无论是谁,只要他把手中大量的闲置资金投入各个社会生产领域,促进了社会生产力的发展,有利于社会方方面面的进步与改善,较之过去的单纯投资土地去放佃,或积累金银财宝,或追求奢侈腐化生活,就应视为一种与时俱进的进步行为。特别是通过时间的过滤,其中的现代价值已开始从历史中剥离出来,并逐渐为社会所认知。

倪氏财团与天津城市近代化①

安徽督军倪嗣冲在天津和安徽等地有很大投资,其中在天津是投资最多的北洋寓公,涉及粮食、面粉、纺织、金融、工矿、火柴、发电、油漆、房地产等行业,倪嗣冲、倪幼丹是倪氏财团的核心人物,倪氏财团的投资人中还有倪道烺、王郅隆、倪叔平、王普等人。

（一）倪氏财团诞生、发展的历史背景

1914 至 1928 年是天津近代工业的迅速腾飞时期,正是以倪嗣冲、倪幼丹为代表的倪氏财团在天津城市近代化的过程中诞生、发展的时期。第一次世界大战爆发,给天津工业发展带来了新的契机;天津城市基础设施的逐步完备,为近代工业提供了良好的客观环境;大批北洋政府官员聚集也为工业提供了相当的资金,于是天津近代工业发展进入了黄金时代。这一时期设厂数量增加,大型工厂不断涌现,逐渐形成天津工业的体系。天津近代工业的迅速发展推动了天津城市功能逐步完善,使天津城市进一步向近代化发展。

天津是北洋政府官员的根据地,城市基础设施齐全,经济繁荣,社会稳定,又有各国租界的庇护,民国以后许多下野或失意的北洋政府官员都聚居这里,使天津成为北洋政府官员的大本营。他们以极大的兴趣投资于天津的工商和金融业,刺激了天津经济的发展。北洋政府官员之所以从事经济活动,首先是他们拥有相当的财富。其次,第一次世界大战前后是我国民族工业发展的最好时机,工商业和金融业利润丰厚,吸引了相当数量的社会资金。北洋政府官员

---

① 本文节选自张绍祖、张建虹:《倪氏财团与天津城市近代化》一文,原文载施立业、李良玉主编的《安徽三大家族与近代中国实业研究》,合肥工业大学出版社 2010 年版,第86—95 页。

顺应社会发展形势将资金进行投资活动。一方面借此"振兴实业""挽回利权",另一方面从中赚取更多的利润。其三,有些北洋政府官员在政局风云变幻中下了台,转而投资于工商业和金融业。

基于以上原因,20世纪20年代前后,北洋政府官员对天津工商业和金融业进行巨额投资.他们在工业的投资主要集中在纺织、面粉、火柴和化工等行业的大型工厂。纺织业是天津工业中发展最快,规模最大的行业,在工业结构中占重要比重,1928年天津工业统计中,六大纱厂资本额占全市工业资本总额的67.8%。在天津的六大纱厂中恒源、裕元、裕大、华新津厂都是北洋政府官员发起创办的。他们还投资天津银行业,天津儿家大的银行几乎都是北洋政府官员发起和投资兴建的,比如早期金城银行开办资本的90%来自北洋政府官员。他们还开办了一些中小型工厂、垦殖渔业公司、银号和商店,等等。

(二)倪氏财团在天津城市近代化过程中的作用

倪氏财团在天津城市近代化过程中投资力度大,对天津现代工业发展有极大的拉动作用,对天津城市近代化进程有不可忽视的推动作用。

1.倪氏财团在天津敢于开风气之先,投资大型乃至新式企业,促进天津工业发展和城市近代化。

天津地处畿辅,首都门户,是拱卫京城的军事要地,同时又是北洋政府官员的根据地,曾有"北京是前台,天津是后台"之说,长期以来天津实业发展缓慢,人们不愿冒风险投资兴建近代大型企业,正如当时有人所言,政府有钱"亦绝不能兴办实业,且将挥霍殆尽矣"。到1913年前,天津竟没有一家资本过百万元的大型工厂,资本10万元以上的仅十几家,与天津北方最大商埠的地位极不相称。倪氏财团投资天津大型的棉纺、面粉、火柴企业,一定程度上为工商业的振兴起到倡导和示范的作用。

倪氏财团在一些投资领域开风气之先。1916年倪嗣冲在天津创办了第一个油漆工厂——大成油漆颜料公司,成为当时中国继

1915年上海开林油漆公司之后的第二家,倪嗣冲成为天津油漆工业的奠基者。倪氏财团在经营粮食业同样敢于创新,有先进的理念,从农场种植(或收购原粮)到自行粮食加工销售和贩运出口,形成一条龙的连锁经营,获取了巨大的利润。

倪氏财团1915年即开始筹办裕元纱厂,在募集资本方面,1915年11月裕元纺织股份有限公司在农商部注册筹建时,两次在《大公报》登载招股章程,该章程除有10名发起人外,还有38名赞成人,均为显赫一时的北洋政府重要官员,如冯国璋、段祺瑞、张勋、张镇芳、段芝贵、曹汝霖等。这些人列名招股章程公布报端,在社会上有相当大的号召力,引导了社会资金投向近代大型工厂。在原料供应方面,为了保证裕元纱厂的供应,在汉沽茶淀接办了开源农场,在盐碱地上种植棉花,紧接着1917年创办金城银行,使资金、原料、生产、销售形成"一条龙"。倪氏财团借鉴了外国先进的经营理念,促进了资本的迅速增值和工厂的迅速发展。

裕元纱厂1915年开办时资本200万元,以后逐年增资,到1923年,账面资本额增加到556万元,纺纱机达75000锭,织布机1000台,不仅成为当时天津规模最大、获利最丰、实力雄厚的民族工业企业,开近代天津大型纱厂之先河,还是当时全国华商纱厂中资本额最多的工厂。1923年天津裕元、华新、北洋、裕大、恒源、宝成6大纱厂资本总额达2100万元,是全国华商纱厂资本总额的30%,占天津工业资本总额的60%以上。而倪氏财团投资最多的裕元纱厂占全国华商纱厂资本总额7.8%,占天津工业资本总额的15.6%以上。

1927年以倪幼丹为董事长的天津寿丰股份有限公司,全部资本达170余万元,是全国资本额最高的面粉厂之一,倪氏财团投资一大半(一说近半)。1918年丹华火柴公司股金总计现洋120万元,跻身全国华商大型火柴公司之列。

此外,倪氏财团还曾在特一区(原德租界)投资发电事业,建立天津北辰电器公司。原德租界电灯房系直流电,只能供应原界内居民需用,伸展到乡区五所地带(今贺家口、刘庄、东楼、西楼等地)的居民仍受特一区管辖,因原德国电灯房电力不能满足新增居民所需,遂德租界工部局与英租界工部局签订购电合同,用户用电每单位收费3角,按量供应交流电,原德租界电灯公司遂停止营业。倪幼丹先生了解到这一情况,乃与特一区协商,取得营业专利权,遂在特一区(今河西区)北端大营门(电灯房胡同西口),投资成立天津北辰电气公司,初期曾垄断一时,经营状况颇佳,赚钱不少。1928年后,国民政府形式上统一中国,阎锡山军队进驻天津后,天津改为特别市,第一任市长南桂馨到任不久便把所有私营的公用事业收归国有。北辰电气公司失去了独力经营权,遂告一段落。

2.倪氏财团投资金融业,将金融业与工商业相结合,对加快天津工业的发展起了重要作用。

倪嗣冲认为,工商业家办企业,须有自己的金融机构,以便吸收社会上的闲散资金,提供给自己的企业,因此便筹办银行。倪嗣冲要把投资金融业与工商业相结合的经营理念是先进的。

据统计,金城对工矿企业的放款从1919年的83万元,到1923年增至近700万元,增加了近八倍,在五类放款对象中占居首位。"金城"放款的工矿企业有100多家,其中,放款在一万元以上的有纺织业22家、化学工业6家、面粉业10家、煤矿11家、食品4家、烟酒2家、印刷2家、建筑业2家、机电2家、皮革2家。人们常说,金城放款的重点是"三白一黑"也就是纺织、化工、面粉、煤矿四大工业。金城银行对永利制碱公司的资助已经成为我国金融史上的一段美谈。1921年,金城银行与盐业、中南等银行组成联营机构,后来大陆银行也加入,遂成为四行联营。该行成为中国重要的私营银行之一,被称为"北四行"的主要支柱。至1927年金城银行资本总额已经增700万元,倪氏财团投资达85万元,迅速跻身于全国十大银行之列,充分显示了倪氏财团的实力和周作民作为银行家的才干。

3.倪氏财团对天津的巨大投资,对天津城市近代化的重要作用。

倪氏财团对天津的工商业和金融业的巨大投资,在资金上支持了天津经济的振兴,促进了对天津城市的近代化。

据 1928 年社会局对天津中国城区的统计,商业资本总额为 2223 万余元,工业资本总额为 3200 万元。倪氏财团在天津集资创办现代工业的资本总额约为 800 万元(其中投资金融业 150 万元),相当于 1895 年(光绪二十一年)至 1914 年二十年间天津工业投资总额(421.9 万元)的 189%,相当于 1928 年天津工业资本总额的 25%,相当于 1928 年天津商业资本总额的近 36%。由此可见其投资力度之大,以及对天津现代工业化和城市化中的重要作用。

倪氏财团投资兴办的近代化大型工厂和大银行——天津裕元纺织股份有限公司、天津寿丰面粉股份有限公司、丹华火柴股份有限公司和金城银行,充分利用了发达国家的先进设备和技术,吸收了部分近代经营管理方法,实行社会化生产,提高了劳动生产率,降低了成本,增强了产品的竞争能力,使企业得以赢利或扩大规模。倪氏财团创办大型企业都取得了可观的经济效益,促使社会资金投向到纺织、面粉、火柴、化工等行业,对天津很快形成以轻工业为主的工业体系以及天津城市的近代化等方面起到了一定的促进作用。

倪氏财团投资兴办的近代化大型工厂,为社会提供了广泛的就业机会,进而吸引着腹地农村的剩余劳动力涌入天津,1922—1931 年间天津裕元纺织股份有限公司有工人 5600 名,丹华火柴股份有限公司有工人 1200 名,天津寿丰面粉股份有限公司有工人 490 名。这刺激了天津城市人口增加,促进天津工业发展,提高城市人口的容纳能量,加强城市对腹地的吸引力,使城市大型化等均起了不可低估的作用。

倪氏财团投资兴办的近代化大型工厂也同时促进了郊区的城市化。天津裕元纺织股份有限公司建在德租界之南的小刘庄,天津寿丰面粉股份有限公司二厂建在西头赵家场,丹华火柴股份有限公司天津厂建在西沽村等。工厂的出现,给原来是乡村地区的经济和社会生活带来巨大的变化。产业工人的集中,城市基础设施的建设和完善,以及耕地的减少,改变了农村人口相对分散、以农业为主的社会经济生活,出现了许多大小不同的工业区和有一定社区意义的居民聚居区,该地区愈来愈多的居民放下农具,从事产业、商业和服务业,社会结构和社会意识也逐渐发生变化,从而扩大了城区范围,加强了近代天津城市的载负能力。

倪氏财团投资兴办的近代化大型工厂,对近代工业的兴盛,对促使天津由传统职能逐渐向现代城市各种职能的转变起了催化作用。无疑对天津向近代化迈进起了一定的推动作用。近代天津在我国工业体系中占有相当重要的地位。当时天津工业的资本额度和产值都位居北方各城市之首,天津的经济地位在全国经济座次中越来越重要,形成南有上海、北有天津的格局。天津成为当时中国的第二大城市,倪氏财团是有功之臣。

倪氏家族投资的近代面粉业

　　天津面粉业是倪氏家族投资的重点行业。当然倪氏家族不仅投资机制面粉生产，而且关注到产业上下游的发展，也就是说还投资粮食的生产和买卖。倪嗣冲投资粮食业主要是靠王郅隆的协作。王是粮商出身，早年曾和五弟王蕴隆到东北一家粮店学徒，后来当上了掌柜，便在天津开设了荣庆号米庄。王是天津粮业的权威，在商会中又是个主要人物，对于经营粮业有丰富经验。倪嗣冲在与王郅隆合作向日本出口江南大米和兜售军粮的生意上挣了不少钱。倪嗣冲在粮食业的投资中获取的回报增加了其在面粉业投资的信心。

天津第一家机制面粉厂——寿星面粉公司

　　"一战"期间，西方列强忙于打仗，无暇东顾，洋面粉进口锐减，这给中国民族面粉工业发展创造了良好机遇。1920年倪嗣冲出资20万元接办位于西站的裕兴面粉公司，改名为大丰面粉公司，由倪幼丹出任董事长。

　　历史是凝固的时间，而地名则是时间的化石。笔者在研究天津地名的过程中，发现在西站附近有十来个带"大丰"的地名，有大丰浮桥、大丰桥、大丰路、大丰东马路、大丰后胡同、大丰西胡同、大丰

"寿丰"生产"桃"牌、
"鹤鹿"牌面粉

楼、大丰西大楼、大丰东居民委员会等,而这些地名所在地都邻近天津大丰面粉公司,桥名、路名、胡同名、楼名、居委会名均来源于厂名,地名的形成与大丰面粉公司息息相关。

大丰面粉公司成立于 1921 年,厂址在河北赵家场,面临南运河,距西站很近,水陆运输很方便。厂房为木结构的六层制粉大楼,有新式进口磨粉机 23 部,生产鹤鹿牌、封侯牌商标的面粉,生产能力每天约五六千袋,是一个开办较早,规模较大的面粉厂。

早在 1919 年,公兴存、谦益两个米庄的资本家李少波、罗筱宸和曹幼占等都想投资于面粉厂,由荣庆米庄的经理李国庆介绍与"荣庆"的东家王郅隆合作,集资 40 万元,双方各出资 20 万元,成立裕兴面粉公司,于 1919 年在赵家场买地建厂。1920 年直皖战争爆发,直系获胜,王郅隆是皖系骨干,遭到通缉。

大丰面粉公司

　　王郅隆担心他在裕兴公司的 20 万元投资被直系没收,就找到倪幼丹商量办法,结果由倪幼丹出资 20 万元接替了王郅隆,继续与李少波、罗筱宸和曹幼占等合作经办面粉厂,不过将裕兴公司改名为大丰面粉公司,倪幼丹为总理,曹幼占为协理,经理是郑风藻,副理苏震坡。

　　郑风藻年轻有为,任大丰面粉公司经理时,年仅 29 岁。他与副理苏震坡活动能力都很强,"大丰"开业后,仅干了半年,就盈利 10 万余元。郑风藻、苏震坡旗开得胜,尽情享受,引起一部分股东的不满,倪幼丹也想自己独资经营,觉得这是个机会,就向米庄股东李少波、罗筱宸和曹幼占等人提出:如米庄方面愿意办这个面粉厂,限三天之内,交倪家 20 万元及 1 年官息,面粉厂归米庄经营;如米庄三天内拿不出这笔钱,就由倪家拿钱接办。结果米庄方面被迫退出股本,大丰面粉公司归了倪幼丹独资经营。郑风藻、苏震坡仍担任经理、副理。1923 年郑风藻离开大丰公司,由倪仲平继任经理。后苏震坡因故被停职,由田善甫任副理。

　　三津寿星面粉公司是天津第一家机制面粉厂,创办于 1915 年,厂址在意租界。创办人是曾任长芦盐运使的江苏丹徒人朱清斋,由李宾四任经理,佟德夫和朱漪斋任主任。从 1919 年到 1923 年,寿星厂发展迅

1921 年《大公报》
"大丰"广告

速,经营良好。1921 年,全厂有磨粉机 20 部,清粉机 8 台,圆筛 18 台,有洗麦机及较完善的检验仪器。日产量达 4000 袋,"桃"牌面粉成为天津名牌产品。1923 年,意租界当局以改善环境为名,强行拆除"寿星"锅炉,改用电气动力。1925 年"寿星"厂经营困难,被迫

停业。

1925年倪幼丹和三津寿星面粉公司佟德夫和三津磨房公会的孙俊卿、杨西园商议，共同投入资金，更新设备，将三津寿星面粉公司改组为三津寿丰面粉公司。由倪幼丹任董事长，孙俊卿任总经理，佟德夫任经理，杨西园任副理。

倪幼丹对大丰面粉公司本来抱着很大的希望，认为厂子的规模大、设备好，可以赚大钱，但是开办了四五年，业务始终不振，甚至月月赔钱。虽然换了经理，依然不能扭转这个赔钱的局面。1925年三津寿丰面粉公司成立，倪幼丹加入了股本，担任董事长。他看到三津寿丰公司在孙俊卿、佟德夫等人主持下，月月有盈利，生产发展形势很好。倪幼丹深感自己用人和管理不佳，决定把大丰面粉公司交给孙俊卿、佟德夫诸人管理，以挽回颓势。他的意见得到孙、佟诸人的同意，于1926年6月接管了大丰面粉公司。接管后的大丰面粉公司董事长仍是倪幼丹，总理及经理、副理由三津寿丰公司的总理、经理、副理孙俊卿、佟德夫、杨西园三人分别兼任。

大丰面粉公司被接管后业务立即好转。后来因时局动荡，业务有些停顿，1929年仿照三津寿丰公司的办法，加入三津磨房公会各家的股本，"大丰"财产重新估价，连同各米面铺的投资，股本总额改为70万元，厂名改为三津永年面粉公司，与三津寿丰公司成为两个兄弟厂。

三津永年面粉公司，仍由倪、孙、佟、杨四人继任董事长和总理、经理、副理。佟离任后杨西园接任经理。为了便于经营管理，于1933年"寿丰""永年"两厂合并，并由三津寿丰公司几位董事和几个大米面铺集资收买了民丰天记面粉公司，改组为天津寿丰面粉股份有限公司。以原来三津寿丰公司为第一厂（总厂），生产"桃"牌面粉；三津永年公司为第二厂，生产"鹤鹿"牌面粉；民丰公司为第三厂，生产"斗"牌面粉。总经理处设在第一厂。共有资本170万元，倪氏财团投资一大半（一说近半），磨粉机66部，日产量可达18000袋，成为华北最大的面粉企业，几乎垄断天津面粉业。

为了提高面粉的成色,"寿丰"采用面粉漂白设备。让原来灰白色的本土面粉,一夜之间变得"光鲜",而且比进口面粉便宜,激发了老百姓的购买欲。同时为了节省劳动力,"寿丰"又把人工缝口改为机器缝口,由国外买来缝口机头,自己设计制造缝口机的转盘,提高了工作效率。"寿丰"还用自制机器扩建了一个5部磨机的面粉厂,首创了机制的玉米粉。在工厂增添设备的同时,"寿丰"积极培养自己的技术人才。"寿丰"聘请美国工程师及多位留学生进厂,成立了化验室,开始对小麦、面粉进行化验。"寿丰"还自己办学,招收学生,学习制粉技术,培养工厂需要的技术人员。

以大丰面粉公司命名的大丰桥

由于"寿丰"采取了新的经营机制,主要负责人既是投资者,又是管理者,大家能够同心协力,因此产量逐年上升,到1936年达到最高峰,年产量高达408万多袋。由于质量高,信誉好,"桃"牌面粉雄踞华北市场。

"寿丰"的发展壮大,不能不提到孙冰如。孙冰如,字明鉴,天津人。1916年南开中学肄业,考入北京大学预科,1919年入北京大学经济系。毕业后到上海交通银行当练习生。1925年回天津,任金城银行助理。1926年应倪幼丹之聘,任三津永年面粉公司总稽核。董事长倪幼丹知人善任,将孙冰如逐渐提升为"寿丰"副经理、经理。天津沦陷期间,日本人想尽方法蓄意吞并"寿丰",经孙冰如等人的巧妙周旋,"寿丰"才得以侥幸地保存下来。孙冰如还曾任天津三津磨房业公会会长,天津市商会常务理事,天津市场股份有限公司理事等职务。

倪幼丹除知人善任外,还非常重视公司制度建设。1933年倪幼丹主持制定了天津寿丰面粉股份有限公司章程,该章程即1933年公司兼并扩大后制订的。从章程中我们可以看出,股份制企业最明显的共同特点是企业所有权(即产权)与经营权实行了分离。章程中阐明了公司股东会和董事会二者在权力上的分配。股东会负最高领导之责,但不负责公司的具体事务管理,而把公司的决策、管理权从领导权中分离出来,授予董事会。就权力的实际行使而言,公司的一切权力应由董事会行使,或由董事会授权行使。总经理全权负责,是近代天津工商企业股份制公司普遍重视、采用的制度。有关对总经理全权负责制的条款,章程中也有明确、突出的规定。

天津寿丰面粉股份有限公司

寿丰面粉公司是以股份组织成立,其资本有1/3为三津磨房公会会员集体投资,而当时全天津市加入该公会的米面铺中,有90%以上皆认购寿丰的股票,所以该公司所生产的面粉可以通过公会组织，得以畅销天津市的零售市场，这就使得寿丰面粉公司一直保持兴旺发达的趋势。20 世纪 30 年代，天津的面粉业处于不景气、动荡时期，数家面粉厂先后停产倒闭，唯有寿丰面粉公司，因经营有道，管理有方，仍呈发展势头。

天津寿丰面粉股份有限公司开幕时，董事长、总经理及经理仍由倪、孙、杨分任，并以孙冰如和王慧生为襄理。1942 年 3 月倪幼丹病逝，孙俊卿兼任董事长，倪叔平被选为副董事长，同时孙冰如升为副理，金梦鱼为襄理。该公司在敌伪统治和国民党统治时期，因通货膨胀，物价高昂，为了保存实力，维持资金的周转，曾经五次以公积金增资，至 1947 年资本增加至 120 亿元。1946 年孙俊卿辞去总经理专任董事长，杨西园辞去经理，与倪叔平同为常务董事。孙冰如提升为经理，另任杨耀廷、赵季扬为副理，马兆彭为襄理。

1948 年秋，孙冰如与"寿丰"员工拒绝国民党政府南迁指令，迎来天津解放。解放后的第三天，寿丰一厂、二厂就恢复了生产。天津寿丰面粉股份有限公司于解放后经估值调资，股本额调至 240 亿元。1951 年马兆彭升为副理，职员乔维熊、李志道为襄理，赵季扬、杨耀廷、金梦鱼均去职。1952 年董事长改由倪叔平继任，常务董事改由孙冰如及杨耀廷继任。

倪幼丹在经营寿丰期间，还和李善人后代李颂臣合资开办了恒益粮店，倪投资 4 万元，由东三省运进大豆及杂粮，既在市面销售又供应有关系的军队，获利甚巨。后李颂臣退出股东，由倪嗣冲女婿王普买下了李的股份，改店名为益生粮店，在南方设立多处分店，集购、运、销于一体。

此外，1921 年倪嗣冲还曾与蔡成勋（江西督军）、王占元（湖北督军）、卢南生（教育家、实业家卢木斋之四子）、李干忱（江西省长李实忱之弟）、陈文翰（李实忱的妹夫）等人在北站附近创建庆丰面粉公司，股本 67 万元（大洋），其中蔡成勋投资 16.5 万元，王占元投资 15万元，倪嗣冲投资估计为 10 万元左右，陈文翰投资 6 万元，其他为小股东。由陈文翰出任经理，胡春翔出任总工程师。"庆丰"投产时，有钢磨 18 部,工人 148 名,日生产能力 4200 包(每包 22 斤),商标品牌为"双如意"面粉。

整体而言,倪氏家族从农场种植(或收购原粮)到自行粮食加工面粉再到销售贩运,形成连锁经营。倪氏财团把天津粮食业,特别是面粉业作为重点投资行业,为天津近代粮食业,特别是面粉业的发展做出了不可磨灭的历史性贡献。

倪嗣冲投资最多的天津裕元纱厂

　　天津裕元纱厂是倪氏财团投资最多的一个企业。第一次世界大战期间,列强无暇东顾,是中国近代民族资本主义发展的"黄金时代"。随着中国民族工业的发展,安徽督军倪嗣冲以超人的胆识和远见投资 100 余万元,和"安福财神"王郅隆、国务总理段祺瑞、代理国务总理朱启钤、外交总长曹汝霖、内务总长王揖唐、陆军次长徐树铮、奉天军务督理段芝贵、盐业银行总经理吴鼎昌、长芦盐运使段永彬、财经总长王克敏、驻日公使陆宗舆、金城银行经理周作民等组成董事会,成员多为安福系成员,他们共同创办华北最大的纺纱厂——裕元纱厂。当时总计投资 175 万元。厂址选在海河畔的小刘庄河沿,其选址之所以临河,是充分考虑到纺织业的用水及运输所需。此后天津成立的大型纺织企业,多临河而建,几成定制,海河—北运河—新开河—金钟河一线成为当时一条民族纺织工业带。1915 年 11 月该厂在农商部注册,1916 年开始购地 262 亩,厂名商定为裕元纱厂(后人称为"老裕元"),全名为裕元纺织股份有限公司。王郅隆(祝三)任总经理,刘树云、赵聘卿、倪幼丹等为经理。总经理王郅隆还曾专程赴沪,向申新纱厂资东,有"棉纱大王"之称的荣宗敬取经。1917 年 8 月建成纺纱、织布厂房后,所投资金已用尽,再无力购买设备,经王郅隆出面和日本大仓洋行协商邀其投资入股,商妥后日商投资折合中国银洋 200 万元,聘请日本人志智为工厂主任,日本人代谷贤之为总技师,日本人沙江为经营顾问。因日本人投资占全部投资的一半以上,算是中日合资,故使大批日本职员涌入该厂。

　　裕元纱厂之初建规模即相当可观,当时拥有纱锭 25000 枚,织

裕元纱厂（棉二）办公楼

老裕元（棉二）老机器（1919）

布机 500 台，全套纺机、织机均由美国慎昌洋行进口，其中发电厂的发电机等机电设备均为美国奇异公司产品。该厂设发电厂一处，发电机四台（800KW 二台、1250 KW 一台、2500 KW 一台）。该厂是天津首家工厂自行发电、供电之超大企业。裕元纱厂经过三年建设，终于在 1918 年 4 月 17 日开工生产。

裕元纱厂初期职工的来源主要是：先在本市招募部分青年和童工，由日本人培训指导操作机器，但满足不了生产需要，又从保定职工学校招聘所有纺织专业毕业生，担任技术和管理工作，继由上海贫民区招工 1000 名，由河南各地招工 1000 名，又从河北省保定、石家庄等地招来部分工人，不足部分由本市补充。当时有职工近 5000 人，居全国大企业之前列。

裕元纱厂经营获利丰厚，自 1918 年至 1922 年五年间，年年盈利，达 600 余万元，其中 500 余万元作为股利、花红分给股东，或转账增资，扩大规模。到 1923 年，账面资本额增加到 556 万元，纺纱机达

75000 锭,织布机 1000 台,成为当时天津规模最大、获利最丰、实力雄厚的工业企业,开近代天津大型纱厂之先河。倪氏财团和总经理王郅隆为了保证裕元纱厂的原料供应,在汉沽茶淀接办了开源农场,在盐碱地上种植棉花,使资金、原料、生产、销售形成"一条龙"。

1922 年倪氏财团计划扩建厂区,自小刘庄以东延伸至挂甲寺。当时测算扩建的纱布厂需要资金 300 万元。但当时董事会低估了风险,做出了不招新股,而是以向银行借款方法实行扩建的决定。由于利息负担过高,经营受到影响,加之第一次世界大战结束,西方各国又来中国倾销商品,特别日货充斥,国货滞销,纺布行情惨淡,"裕元"一时陷入窘境。

裕元纱厂为挽回颓势,扩大生产规模,1923 年春总经理王郅隆亲赴日本与大仓洋行商谈借款之事,快到签字之日时,是年 9 月 1 日日本突然发生关东大地震,王郅隆罹难于横滨,年 56 岁。1926 年为了纪念该厂创建人王郅隆,在临近挂甲寺街的裕元纱厂职工小学校内曾为他特竖立了"故总理王公祝三纪念碑"。2006 年挖出这块石碑,其字迹清晰、做工精湛。经测量,"棉二"老厂区挖掘出"故总理王公祝三纪念碑"碑长 2.5 米、宽 92 厘米、厚 31 厘米,重量超过 2吨,"故总理王公祝三纪念碑"上刻楷书碑文近 800 字。碑体上方刻有 10 个大字,中央是楷体碑文,碑体左下角的落款显示,该石碑由"杭县"朱是撰文,"铜山"张伯英书写,"北京琉璃厂"李月庭刻石。碑文记述了 20 世纪 10—20 年代,倪嗣冲、王郅隆等人创建裕元纱厂经过和业绩。王郅隆蒙难后,裕元纱厂总经理一职,便由倪幼丹接任。

到 1934 年,裕元纱厂因经营困难,被迫改由经济实力雄厚的日本大仓洋行接管。该行又于 1936 年将裕元纱厂转卖给日本钟渊纺织株式会社,易名为"天津公大六厂"。为发展生产的需要,日本人又在原发电厂旁边兴建了第二发电厂,发电机等全套设备都是由日本三菱公司进口,单机发电为原发电厂四台发电机的电量总合,原发电厂改称为第一发电厂。

　　1945年8月日本投降后,该厂改名为"中纺公司天津第二棉纺织厂",简称为"中纺二厂"。此时所生产的主要产品为"大五福"白布,由于质量优异,受到全国各地欢迎,被国民党政府定为"大五福"布的价位涨落为其他物资涨落的行情标准,与当时金价同时每天见诸报端。1949年天津解放后该厂更名为天津市第二棉纺织厂,简称为"棉二",发展为"万人大厂"。2003年1月,"棉二"与"棉四"、天一有限责任公司、天旭布业有限公司、天一印染等单位合并成立天津天纺投资控股有限公司。

倪嗣冲投资的丹华火柴股份有限公司

1918年倪氏财团投资丹华火柴股份有限公司,该公司是华北地区规模最大的火柴厂。其前身为北京丹凤火柴公司和天津华昌火柴公司。

丹华火柴公司京厂生产的火柴

北京丹凤火柴公司创办于光绪三十年(1904)。是年,绅商温祖筹以"立业以保权利而兴商业事"及"上海、汉口、天津各埠有富商设立公司,以抵制洋货,京师都会之地,销广用宏乃独无之"为由,在崇文门外后池1号(今后池西街34号)奏请创办了京师丹凤火柴股份有限公司(简称北京丹凤火柴公司)。同年在清政府农工商部注册。原为官商合办,官股5000两,由农工商部筹集,商股7万两。倪嗣冲在"丹凤"有比较大的投资。"丹凤"占地30余亩,厂区东至南水道子胡同,西至后池,北至后池东口(今水道子胡同5号往西一直延伸到后池的一条狭窄夹道),南至后池南口(今水道子胡同17号往西一线)。生产机器、原料从日本购买,生产技师从日本聘请。光绪三十二年(1906)建成投产,日产火柴20箱,并于当年五月初六日举行了正式开办仪式。

丹华火柴公司火花

天津华昌火柴公司创办于宣统二年(1910)。是年,士绅张新吾在天津西沽村建立华昌火柴公司,资本额是 15 万元,主要股东有倪嗣冲、大粮商王邘隆、买办吴连元等。该厂是天津最早、最大的民营火柴厂之一(1909 年,买办雍剑秋在天津城西芥园庙东开设北洋火柴有限公司,不久又在南开设立二厂)。初建时,沿用光绪二十三年(1897)创建的天津第一家火柴厂——天津自来火局的"老龙头"牌商标。为了使天津早期生产的火柴每盒售价可以被当时北方中等收入的人接受,张新吾除采用简易装盒形式外,还大力精简机构,雇用临时工糊盒。那时火柴盒都是由火柴厂另设堆栈,定期开门,由临时工领原料,在家里用手工糊制的。大清早起来,住在火柴厂附近的贫苦妇女拥挤在堆栈门口排队,等着里边派发木片和商标贴纸,去晚了就没份儿了。当时西沽一带穷苦人家多为火柴厂糊纸盒。当时许多火花的收藏者纷纷到糊纸盒人的家中索要火花,而省去了购买火柴的开销。火柴厂在无形中也为穷苦家庭创造了工作的门路,缓解了他们的生活困难。华昌火柴公司为了推销火柴,张新吾在火花不涂磷一面的侧标上特意加注"实益不夸张枝多、货整料精优长特"两行宣传文字。另有部分零枝火柴,专门卖给穷人。

1918 年,京师丹凤火柴股份有限公司与天津华昌火柴公司合

天津丹华"灯笼"安全火柴

并,成立丹华火柴股份有限公司,设总经理处于北京,倪氏财团对此进行大额投资,分平津两厂,1920 年又在辽宁丹东增设一处,是为东厂。丹华火柴公司股金总计现洋 120 万元,有专用排梗机 40 台,工人约 600 人,日产火柴 80～90 箱,最高日产 170 箱。1925 年前主要生产安全性差,且有剧毒的黄磷火柴。1925 年后改产硫化磷火柴,同时少量生产安全火柴。硫化磷火柴商标为丹凤牌、翔凤牌、蜻蜓牌、海马牌,安全火柴为飞凤牌。

丹华火柴公司产品行销三北地区,最初在华北一带享有 10 年的专利权。丹华公司在津工厂仍设于西沽村(即"华昌"原址),其主要火柴商标有"清真""玉手""福利""佛手""电风扇""醒狮"等牌号,其中一种叫"手牌"的火花卷标,以 16 种不同手指变化图构成,为我国第一套成套火花,弥足珍贵。

说起黄头的黄磷火柴改为黑头的安全火柴还有一段令人难忘的历程。最初,包括丹华厂在内的民族工业厂家生产的黄磷火柴属于非安全火柴,毒性大、燃点低,既易燃又容易使人误服中毒。在以往的岁月里,有些人遇到人生的难题,想不开,便出现服用黄磷火柴自杀的事件。1924 年原天津华昌火柴公司的创办人张新吾遇见一位司法部的工作人员,在交谈中谈到每年吞服黄磷火柴中毒自杀的人很多,张新吾表示愿意完成禁用黄磷火柴的工作。于是张新吾经过与厂董事会研究,用丹华厂的名义向北京农商部呈文,要求禁止制造和使用黄磷火柴,这个要求在很短时间内被批准了。农商部下文决定从 1925 年 1 月 1 日起禁造黄磷火柴,同年 7 月 1 日起禁销黄磷火柴。丹华厂生产的"丹凤牌"火柴盒还在侧标上加印文字宣告:"黄磷火柴含有毒性,业由公司呈请禁用"。

改黄头的黄磷火柴为黑头安全火柴,就必然要同独霸当时我国黑头火柴市场的瑞典火柴商家展开激烈的竞争。黑头火柴是瑞典人兰德斯特伦在 1855 年发明的。黑头火柴必须在涂以红磷、胶和硫化锑或红磷与少许玻璃粉的特制火柴盒上摩擦才可起火。红磷的燃点在摄氏 240 度以上,既无毒又安全,价钱可比黄磷火柴高。消息灵通的瑞典商人听说中国有关当局要禁用黄磷火柴,觉得这可是个发财的好机会。他们尽量压低自己的火柴成本,让瑞典黑头火柴大量输入。瑞典黑头火柴首先登陆于天津和上海两大港口,卖价比黄磷火柴贵不了多少。面对瑞典黑头火柴的激烈竞争,丹华厂经理张新吾立即去上海找到同业的挚友刘鸿生商量对策,经过反复研究,联合同行,组成了南北 52 家火柴厂的联合团体"中华全国火柴同业联合会",一致对外,有效抵制了瑞典黑头火柴源源东进的势头。

倪叔平在 1953 年任丹华火柴公司董事长

　　1932 年 5 月,世界火柴大王克鲁格由于舞弊亏损而自杀,瑞典火柴公司受此打击也一蹶不振,随之宣布破产清理。瑞典火柴公司所属的工厂为美英等国资本家所收买。瑞典火柴工业托拉斯的解体,客观上促成我国民族火柴工业有了长足的发展。如上海大中华火柴公司等产品控制江南市场,老板刘鸿生成为旧中国名副其实的"火柴大王",丹华火柴公司等产品则控制华北及中原一带市场,倪幼丹、张新吾、雍剑秋、项镇方、白鹤一等一批实业家,成为闻名于全国火柴业界的头面人物。

天津油漆工业的奠基者倪嗣冲

　　"神五"飞天,圆了中华儿女的千年梦想。"神州"五号用在火箭和返回舱的外壳、内部、喷口和表记处的油漆是天津灯塔涂料有限公司生产的。而该公司的最早前身是 1916 年安徽督军倪嗣冲开办的天津第一家油漆厂——"大成油漆颜料公司"。倪嗣冲成为天津油漆工业的奠基人。

天津灯塔涂料有限公司厂房

　　谈到油漆,可分天然漆和人工漆两大类。我国是世界上最早使用天然漆的国家,其年代可以追溯到虞舜、夏禹时期。考古发现距今七千年前河姆渡文化的木碗,就是明证。到三千年前的商周时期,我国的漆器已经出现了镶嵌、螺钿、彩绘等多种工艺,制漆达到了相当高的水平。春秋战国时期,已经有了专门管理天然漆生产的官吏,著名哲学家庄子,就曾担任过漆园吏的官职。

我国虽有使用天然漆的辉煌历史,但到了近代仍墨守旧法,缺乏改进,而美国早在19世纪即把我国特产的桐油应用于人工漆,即化学漆的生产。外国从中国进口桐油,制成了化学漆又返销于中国。外国的化学漆与中国的天然漆相比,色泽鲜艳、施工简单、干燥迅速,受到用户的欢迎,使中国的天然漆日渐凋零。

我国人工油漆的制造方法是由国外传入的。我国油漆工业创始于第一次世界大战期间。1914年夏爆发了第一次世界大战,各国列强忙于欧战,"洋货"在中国的输入暂时大幅减少,我国的民族工业得以发展。1915年,日本向中国提出霸道的"二十一条",激起了全国抵制日货、提倡国货的热潮。在这种大背景下,一些仁人志士怀着报国的热情投资民族工业,中国的油漆工业由此诞生。中国油漆工厂首先在天津、上海、汉口等地创建,一是因为这些城市的交通方便,制造油漆的必需原料——南方盛产的桐油,北方生产的胡麻油、核桃油、小麻子油等,运输起来便利。二是当时我国化学工业比较落后,制造油漆的一些重要原料稀释剂,如松香水、汽油等多依赖进口,这些城市都是进出口的重要口岸,外国洋行在这些口岸多设有分行,购买进口油漆原料极为方便。在沿海口岸建厂,生产油漆可以保证质量,降低成本。

天津第一家油漆厂为1916年安徽督军倪嗣冲投资创建的大成油漆颜料公司,这是当时中国继1915年上海开林油漆公司之后的第二家。工厂设在天津东乡东营门外唐家口,投资20万元,规模较大,由倪幼丹先生经营,引进德国技术,聘用德国人为技师,生产一般油漆和颜料。因是首创,无经验借鉴,由于一些做法不符合当时中国的国情,再加上技术不精,经营管理不善,仅维持了六年,1921年就转手他人,更名为振中油漆公司。该公司又维持了8年,也因经营不善,濒临倒闭。"大成""振中"虽均因经营不善而倒闭,但作为铺路石子,为天津油漆工业发展提供了宝贵的正反两方面的经验和教训。

1929年,怀着"实业救国"思想的常小川,将倒闭的"振中油漆公司"买下来,起名为"中国油漆颜料公司",主要投资人是当时的北平盐业银行经理岳乾斋及该行的王绍贤、张伯驹等。此外有一些政界名流和社会人士,如吴达铨、魏道明、肖振瀛、梅兰芳、余叔岩等。在天津的还有盐务界的刘予明、农工银行的聂培元等。该公司的组织是股份有限公司,股本总额定为20万元,实收10万元。厂房共占地数十亩,机器设备有双辊碾子、三轴磨(轧铅油用)、小平石磨(磨磁漆用)和转鼓等多座炼油设备,有炼油锅、滤油机、全套制罐设备以及化验室等,是当时设备比较完善的油漆公司。

公司董事长为岳乾斋,经理是常小川。常小川为河北宁河县芦台人,曾留学美国,在经营管理上有较为先进的思想。在技术方面,聘请北平工学院教授周维尧(名南荪)为技师。周为北平工学院毕业,是我国油漆业先驱戴济教授的学生。他来厂作技术指导,使该厂走上了迅速发展的道路,1935至1937年公司产品质量逐步提高,业务范围日趋扩大,是为公司业务最盛时期。该厂当时成为中国最大规模的油漆厂。

1937年7月天津沦陷,1938年春驻津日军认为该厂设备齐全,强行购买,公司迫于压力,派董事张伯驹出面与之洽商,将工厂建筑、机器设备全部售与日人,工人全部留用,技术人员和职员一律遣散。日本接厂后改名"东亚油漆株式会社",产品专供军用,不在市面销售。

1945年8月抗战胜利后,由国民党经济部冀热察绥特派员办公处驻津办事处派员接收东亚油漆株式会社。同年11月原中国油漆公司的技师周维尧邀集·部分原公司技术人员和业务人员由日人手中将工厂接收回来,改名为"经济部东亚油漆公司"。1946年经济部将东亚油漆厂售与绥远奋斗中学基金委员会,该校系傅作义将军创办,他委托当时十二战区驻津办事处主任张凯负责该厂事宜,厂名改称为中国油漆厂。

天津解放后,人民政府大力扶持发展工商业,中国油漆厂生产有较大起色。1956年1月天津五金行业实现全行业公私合营,该厂与永明（创办于 1929 年，创始人是我国涂料行业的泰斗、化学工业的先驱、奠基人陈调甫先生。1948 年该厂在国内首次研制成功了醇酸树脂漆，定名为"三宝漆"，成为我国涂料工业发展史上一个光辉的里程碑。陈调甫先生给三宝漆重新确立了一个响亮的品牌：灯塔），东方（创办于 1921 年，创始人是冯国璋之子冯叔安等人）和一些小厂合并为天津市油漆颜料总厂，厂址设在北辰区南仓，厂房均系新建。"灯塔"成为天津涂料行业的整体品牌。1992 年，天津油漆厂更名为天津灯塔涂料有限公司，至今该公司已为中国的涂料行业贡献出了数百个新品种，填补了国家多项空白，培养了有杰出贡献的涂料专家。由于在同行业中有着超卓的技术实力，在我国航空航天、兵器军工方面贡献尤为突出，曾多次受到国务院和中央军委的嘉奖。经过市场的锤炼，该公司已经稳步成长为一个年生产能力达 7 万吨的大型企业，可生产出用于航空航天、兵器军工、桥梁建筑、船舶车辆、机械轻工、木器家电、重防腐等领域的 18 个大类 2400 多个花色品种的油漆。

万丈高楼地基起，天津油漆工业"灯塔"四射，在中国涂料行业遥遥领先，但是不应忘记第一个"吃螃蟹的人"，天津油漆工业的奠基人倪嗣冲将军。

倪氏家族参与投资经营的利中酸厂

天津利中酸厂（今天津市化学公司利中酸厂）是20世纪30年代倪嗣冲后人参与投资、经营的企业，该厂至今仍然沿用老厂名。老厂名"利中"乃"让中国得利"，以抵制日本的经济侵略掠夺之意。

天津利中酸厂

说起利中酸厂，还得从硫酸工业说起。硫酸工业在世界已有200多年的历史。早期的硫酸生产采用硝化法，此法按主体设备的演变又有铅室法和塔式法之分。19世纪后期，接触法获得工业应用，目前已成为生产硫酸的主要方法。中国硫酸工业诞生于19世纪70年代，1874年天津机械局淋硝厂建成中国最早的铅室法装置，1876年投产，日产硫酸约2吨，用于制造无烟火药。1934年，中国第一座接触法装置在河南巩县兵工厂分厂投产。

1931年"九一八事变"爆发，国民党政府采取不抵抗政策，东北三省先后沦陷，随后日军逐步逼近华北，激起全国人民抗日的怒潮。这时爱国仁人志士在"实业救国"的思想影响下，兴办工业，提倡国货,抵制日货。在这种大背景下,天津利中酸厂诞生。

天津利中酸厂的创办人、著名实业家赵雁秋(1893—1960),辽宁省绥中人,北京工学院化工系毕业后,意在"实业救国"。他认为酸碱为工业之母,没有酸碱其他各种工业就不可能独立发展。当时天津只有"永利"生产纯碱,硫酸尚无人设厂生产,虽然上海已有国人设立的开成硫酸厂,限于产量,只在南方地区销售,北方尚属空白,致使天津硫酸市场为日货所霸占垄断。鉴于这种形势,赵雁秋决定在天津创设硫酸工厂,发展民族化学工业,与日货争夺市场。

天津利中酸厂的资本来源一般认为是以安徽督军倪嗣冲三子倪叔平与黑龙江省主席万福麟长子万国宾(全国政协副主席万国权之兄)共同投资兴办。其实不尽然,据已故"利中"副经理赵慎五在《利中酸厂垄断华北市场前后》一文记载,详细情况是倪、万两家除投资外,还分头负责募集资金,倪家负责工商界,万家负责军政界。倪氏家族的倪世迁除以自有的土地作价 18000 元作为投资外,还分担向工商界实业家、银行家募集资金的任务,北京振北制革厂经理高亚杰、金城银行董事长周作民、盐业银行经理岳乾斋、天津丹华火柴厂经理赵廓如、上海通文油墨社项激云、"利中"创办人赵雁秋等都有投资,这部分共集资 59000 元(法币)。天津实业家万国宾以其父万福麟的关系,主要向军政界募集资金,商震、韩襄武(商震的三十二军军需处长)、宋哲元、吴幼权(东北军吴俊升之子)、沈克(石友三部师长)、高桂滋、熊澜丞、孙殿英、韩复榘、庞镇湘(前黑龙江省财政厅长)等人都有投资,这部分共募得资本 122000 元。此外,还有唐山利中酸厂以全部财产折价 19000 元入股。以上共募集资本 20 万元。

募股工作告一段落后,即由发起人万国宾、倪世迁、赵廓如、高亚杰、庞镇湘、吴印塘、赵雁秋等七人召开股东会,通过利中制酸厂股份有限公司章程,成立董监会,公推万国宾为董事长,赵雁秋为经理,吴印塘为副经理。1933 年 10 月 16 日依照公司法股份有限公司之规定,向国民党政府实业部申请登记并领到执照。

天津利中酸厂设于今河东区大王庄,位于八经路旁,设计和建筑工程起初招标让美、德等国的外商来承包,但外商提出的条件相当苛刻,费用也十分昂贵,仅设备费用就高达 25 万元。赵雁秋决心在中国寻找能够帮助自己开拓事业的专门人才,他慕名找到了著名教育家、南开大学校长张伯苓。张伯苓被赵雁秋的爱国热情所深深打动,他向赵雁秋推荐了张克忠。张克忠是南开大学的著名化学专家,他是美国麻省理工学院里第一位华籍博士。他在博士毕业论文中提

利中酸厂产品商标

出的扩散原理被美国科学界定名为"张氏定理"。张克忠欣然表示愿意挑起建硫酸厂的重担,全力支持酸厂创办,并表示除了设备成本外,只收取最基本的劳务费。张克忠还尽可能精简人员,以减少开支,最后实际参与的学者只有他和张洪沅(曾任中国化工学会会长)、蒋子瞻教授三个人。从 1933 年 8 月开始投入设计到 1934 年 5 月酸厂试车成功,在不到一年的时间里,只花费了 13 万元投资,一座日产 3 吨的硫酸厂就建成投产。利中酸厂的制酸方法为铅室法,这是当时比较先进的一种方法。产品投产后,业内人士认为利中酸厂生产的硫酸价格低廉,无论浓度、纯度及色泽均达国际标准,甚至还优于日、德等国同类产品。生产步入正轨后,聘请蒋子瞻为总技师。

　　利中酸厂生产的硫酸产品吸引了远近的工业厂家争相购买。日商大清、清水、金山几家株式会社联合起来与利中酸厂抗争,一度将 48 元的价格降低到 7 元,企图以此摧垮利中酸厂的国产硫酸。面对这种局面,"利中"不动声色地改换廉价原料制酸,价格低廉得让外商无法接受,连日商最后也不堪亏损而退却。

　　利中酸厂曾因排放的烟尘和气体有害人体健康,引起该厂附近居民聚众抗议,迫使酸厂一度停工。"南大"校长张伯苓得知此事后,亲自带领化工系教师和学习成绩优秀的申泮文等学生,到利中酸厂研究消烟方法,排除了空气污染,使工厂重新开工。

利中酸厂从建厂到 1937 年"七七"事变,在短短的三年多时间里,共出售硫酸三千余吨,垄断了华北市场,成为中国北方首屈一指的制酸企业。

天津沦陷后,日军强占了利中酸厂,扣押总技师蒋子瞻,通缉经理赵雁秋,赵雁秋被迫流亡到四川灌县等地避难。日本投降后,利中酸厂被认为是敌伪产业,由国民党的敌伪产业处理局接收代管。1946 年 8 月,赵雁秋由四川返津,开始向敌伪产业处理局办理发还手续。经过多方努力,利中酸厂于 1947 年初正式发还。经在津董事、股东商议,改组了董事会,董事长为韩襄武,聘著名实业家倪叔平担任经理,原经理赵雁秋改任总技师,因又吸收了几家股东,故冠名为"利中酸厂股份有限公司"。

天津实业家倪叔平在天津与金融界有密切的联系,得到各银行在资金上的支持,扭转了"利中"资金紧张的局面,生产逐步走上正常,业务状况好转,开始有了盈余。1947 年倪叔平为了充实生产设备,先后购置了一台汽油发电机,以备在停电时,可以自己发电;向美国订购耐酸泵两台,耐酸风扇一台,补充制酸设备不足,保证生产正常运转;又向英国订购大批硝酸钠,准备自制硝酸的原料,保证硫酸的生产。在添购设备和准备原材料之后,倪叔平又提出一笔盈余,作为分配给股东的红利。这是利中酸厂股东投资 15 年来第一次进行分红利。

当时利中硫酸在市场上是独家生产,无同业竞争,经常供不应求,故利润较其他行业均为优厚,可称利市三倍。然而好景不长,很多官僚资本企业看到硫酸有利,就大量进口美国硫酸,一时进口硫酸充斥市面,"利中"遭到了极大威胁。

1949 年 1 月天津解放后,在党和人民政府的大力扶持下,以倪叔平为经理、万国权为副经理的利中酸厂焕发青春,生产蒸蒸日上,效益良好,成为当时天津市较大的企业之一。1954 年春,天津利中酸厂率先实现了公私合营。公私合营后,赵雁秋留任该厂总工程师,直至 1960 年因病逝世,享年 68 岁。

倪氏财团与近代金融业

倪嗣冲、倪道杰父子对金融业非常重视。币政的不统一,没有健全的金融机构,都极大地影响了工商业的发展,也影响了财政的提取。倪嗣冲任职安徽督军期间,为从根本上缓解资金短缺,解决财政困境,对币政实行改革,并对筹办银行有着自己的看法。

1916 年 6 月 12 日他在致大总统黎元洪电文中,要求"维币政"。他认为发行纸币需要储有一半准备金及各项不动产,综计其值,足抵所发纸币之数,纸币流通如故,在于信用已成习惯。而在中国,人民不知道发行纸币若干及准备金、不动产之多寡有无。为扩大流通,盘活经济,"应请大总统设法筹借数千万现金,分给该两行(这里指中、交两行),以资周转。并饬令各省,凡该两行之纸币,不分省界,一律通用,一律兑现,庶己,失之信用可望挽回"。这里值得提出的是倪嗣冲的"维币政",实际上就是建立全国统一的货币体系。① 倪嗣冲意在通过健全统一的金融体系,能够达到货畅其流,增加财力。倪嗣冲认为财税的本质就是取之于民,用之于民。倪嗣冲自己言称,经过"忘餐废寝、终夜以思,筹一救死图存之法","即以盐斤加价、创办吾皖之因利银行是也",因利银行,专以创办实业、接济实业公司为限。倪嗣冲期望通过盐斤加价,"十年可得三千万。辅以纸币,可得八千万。以八千万之巨款经营吾皖实业,举凡农田之未垦、矿产之未开以及纺纱织布一切工艺之待兴者,皆可一一兴办。五年之后,以银行每年所得余利,酌拨教育经费,以期广开民智、精益求精"。倪嗣冲认为他的想法如能得以实施,"富者因银行之利,兴办实业,可以保其富;贫者因富者之利,图谋生业,可以疗其贫。由富

---

① 李良玉、陈雷:《倪嗣冲函电集》,社科文献出版社 2011 年版,第 274 页。

加教，子孙均蒙其福。即使政烦赋重，而吾民之财力充裕，负担亦不以为苦。利国利民，胥由于此"。[1]

1918年5月他又提议以盐斤加价的七成为设炼铁矿厂及因利银行，以三成为办铜官山矿经费，省议会约有20余人反对。1918年底省议会表决通过盐斤加价一案，不少人随后致电北京，提出异议，1919年2月皖省盐斤加价之议取消，皖省筹办因利银行一案也就不了了之。

倪嗣冲设想通过盐斤加价创办因利银行，谋划兴办皖省实业，由于未能获得议会通过，倪氏只得靠个人之力筹备私营银行。1916年倪嗣冲曾与王郅隆合办了裕庆公银号，但资本实力和业务经营都不尽如人意。因此倪嗣冲一直想办一个更大的银行。

倪氏家族较早进行投资创办的银行，即金城银行，倪家是金城银行的主要投资人，在金城银行中占有重要地位，为其发展起过重大作用。

倪氏财团发起成立金城银行的的原因主要有：一是政府官员手中的资金要谋求出路，打算通过兴办银行，为所创办的企业融通资金，当然办银行可获巨利，银行经营公债买卖有丰厚利润。1915年倪嗣冲、王郅隆乘抵制日货运动及第一次世界大战有利时机，在天津发起组织裕元纱厂。但裕元纱厂股东大多数是洪宪帝制派，1916年洪宪帝制失败，有关人物纷纷避走，因而资本未能如数筹集，裕元纱厂的兴建几告停顿。1916年时，倪嗣冲、王郅隆曾在天津设立裕庆公银号，原意即想以该银号资金来供裕元纱厂之用。裕庆公银号成立后，觉得它的资金力量不足以扶助裕元纱厂，倪嗣冲、王郅隆就想另设银行，以便有较多资金给裕元纱厂运用。二是交通银行一些当权人物想另谋发展，金城最初的发起人主要有两部分组成：一是倪嗣冲、王郅隆等北洋政府官员，二是交通银行的人。例如任振采是当时交通银行协理，胡笔江是交通银行北京分行经理，周作民是交通银行的稽核课主任。他们这些人都是和交通银行原来的总理

① 李良玉、陈雷：《倪嗣冲函电集》，社科文献出版社，2011年版，第289—293页。

梁士诒有些关系，也可说是属于交通系的人。自从袁世凯死后，梁士诒被通缉，北洋政府改派曹汝霖为交通银行总理，即新交通系。任、胡、周等人感到交通银行是官办银行，会随政局而动荡，业务往往多受牵制，所以他们很想自己办一个银行，按照他们自己的意思去办事，万一脱离了交通银行，也可为自己留一退路。那时任振采住在北京东城铁狮子胡同，胡、周常常在他家中共商创办银行的事，后来就与倪嗣冲、王郅隆等一拍即合，办了金城银行。

金城银行外观

金城银行是"北四行"（盐业、金城、中南、大陆）之一，"一战"期间中国民族工商业的发展和北洋政府财政上对银行资金的需要，是刺激并促成它创立的两个主要因素。

具体来说，据金城档案《行史稿》记载："鼎革以前，华北商业银行甚少。最初有中国通商银行之分行设于天津，在北京、牛庄、芝罘各海口及都市设有代理店，庚子（1900年）后均收歇。其后则有信成商业储蓄银行、公益银行、厚德银行、信义储蓄银行，均经营不久，相继停业。民国初元，经济社会趋于新式，国人均以发达工商业为职志。其时适欧洲大战期中，银涨金跌，各外商银行因资力及战事关系，均无暇经营中国事业，而中国工商业也有勃兴之势。中国、交通两银行复以代理国库、发行钞券、经理公债各特权为号召。平津一带,产业渐兴,需要金融机关,于是商业银行遂应运而生。本行发起人乃于民国六年(1917)春开始组织。"

倪道杰 1924 年 1 月 1 日
致金城银行亲笔函

金城银行成立于 1917 年 5 月,当时国内自设商业银行为数极少,而社会经济则迫切需要现代金融机构。有鉴于此,由王郅隆、倪道杰、曲荔斋、段谷香、郭善堂、任振采、吴达铨、陈星楼、徐树铮、胡笔江、周作民等发起,名曰金城银行,"盖取金城汤池永久坚固之意也"。

1917 年 4 月 22 日金城银行《成立会议事录》记载《成立会议案》云:"一、定名金城银行股份有限公司。专营商业银行各项业务。二、股份分四期缴纳,每期缴四分之一。第一期缴足后即开始营业,限五月一日交齐。三、先暂选定董事五人(王郅隆、曲卓新、倪道杰、徐正志、吴元龙),监察员二人(任振采、郭善堂)。四、设总行于天津,分行地点俟察看业务情形再行酌定。五、公推周作民为总经理,组织一切。"5 月 1 日《股东会议事录》记载《第一次股东会议决案》云:"第一期股银四分之一,计银五十万元,已由各股东于京津二处陆续交齐,分存中、交、盐业各行。通过公司章程十三条。设立董事会。董事会章程由各董事会议订定。天津总行组织就绪,房屋已租定,系法租界七号路(今解放北路)43 号,拟于本月十五日先行开幕交易。"1917 年 5 月依照定章填列各项,并抄录章程,谨呈天津县县长,并恳呈请津道尹转呈省长咨陈农商部查照注册,给发执照。1917 年 11 月 9 日《天津县公署致金城银行训令》中告知北洋政府农商部批准注册。

金城银行的创办人主要是倪嗣冲、王郅隆等人,总经理为周作民。

1920 年 9 月倪嗣冲辞去安徽军政各职,寓居天津,他一生在天津和安徽等地有很多投资。倪嗣冲是金城最初的大股东,但他并不直接过问金城的事,一切委托王郅隆作主,并派倪幼丹参加董事会,任董事。倪家的投资很多,多半由倪幼丹出面。

金城银行总董王郅隆

王郅隆作为天津裕元纱厂创办人之一。1916 年 9 月,他又接办天津《大公报》,自任总董。倪嗣冲很多投资企业都与他合作。1917年 5 月,他与倪嗣冲等创办天津金城银行,任该行第一、二届董事兼总董。郭善堂是王郅隆的亲信,天津人。他是个旧式商人,曾经办过银号。1916 年王郅隆在天津开设裕庆公银号,即委郭为该号经理。1917 年金城成立时,王本想请郭担任津行经理,郭以已任庆公银号经理,不欲兼任,便改请阮寿岩为津行经理。

倪幼丹是倪家所办企业的代理人。周作民作为金城银行的总经理,更多在于倪嗣冲对其认可与提携。

资本金定为 200 万元,实收四分之一,即 50 万元。金城银行于1917 年 5 月向天津县署呈请立案所附的发起人认股表中,计共有 14户,其中有倪幼丹、王郅隆、郭善堂等人,除倪幼丹、王郅隆用本名外,倪毓棻家人用倪香记,王郅隆还用三槐堂号。50 万元中倪家占了 20 万,即倪幼丹的 15 万,倪香记的 5 万元,共占 40%。1919 年 1月,资本收足 200 万元,倪投资 27 万元,占总投资的 13.5%。同年

10 月开始募集资金增至 500 万元,1922 年 3 月收足,其中倪幼丹家投资 67.35 万元,占总投资的 13.47％。1921 年,金城银行与盐业、中南等银行组成联营机构,后来大陆银行也加入,遂成为四行联营,该行被视为"北四行"的主要支柱。几年间银行业务发展很快,存款额一度雄居全国商业银行之首,在华北地区与中国、交通和盐业三大银行并驾齐驱。1927 年金城银行开业 10 年,获得纯利 1065 万元。资本总额已经增到 700 万元。倪氏财团投资达 89.1 万元,占总投资的 12.73％,依然是最大股东,同时也是倪家投资最多的银行。倪幼丹从 1917 至 1941 年一直是该行董事;倪嗣冲之子侄倪道煦(即倪香记)1917 至 1918 年为该行的董事。

倪家的在金融业的投资很多,倪幼丹除担任金城银行董事外,还担任盐业、中国实业等银行董事。1919 年谈丹崖、许汉卿等创办大陆银行,倪嗣冲投资 10 万元(另一说,经龚心湛介绍,倪嗣冲认股 20 万元)。倪嗣冲投资天津浙江兴业银行,由其子倪幼丹担任该行董事。倪嗣冲还托日本横滨正金银行天津支行(简称"正金津行")买办魏信臣在该行存款。倪氏家族以锄经堂、阜桂堂户名存入天津的银行资金经常在 40 万元。

北洋军政官僚及工商业者在金城银行的持股比重,随着银行的发展和时局变动则有不同程度的下降。金城资本收足 700 万元的时候,正是北洋政府垮台的一年,有许多军政官僚将其股本分割为数户,因而户数特别增多,共计有 735 户,股东人数约在 500 人左右。作为金城主要发起人和出资人的倪幼丹家和王郅隆的股本也有较大的变化。1927 年时倪幼丹家计共投资 89.14 万元,所占比重仍在 12％以上。但这时倪家的股本中有 60 余万元曾过入倪幼丹、倪叔平、倪少忱、倪炳文、孟丽媛、荀桂芝、高聘臣、孙建侯、郝佐之、王子文等 60 多个户名,王郅隆家因经营的裕元纱厂失败,1923 年以前,已有将金城股票向各银行押借款项之事,1923 年王郅隆在日本死于地震,其家属即将股票陆续出让,到 1927 年只持有 24.1 万元,其名为王郅隆儿子王景杭,已从 1919 持有股票 21.85％降为 3.44 ％。

而早在1924年倪嗣冲病逝时,他的股份便移转给他的家人,如倪幼丹、倪少忱、倪叔平、倪季和等。

周作民总经理在1928年9月1日董事会上称,本行自开业以来10年间(1917—1927)获净利1065万元,资本利得率高达166.2％。如果以这种利率计算,倪家投资的名义获利值应为:1917年金城银行第一次实收资本50万元中,倪家投入20万元,按资本利得率获利33.24万元。1919年资本收足200万元时,倪幼丹投入27万元,按资本利得率应获利44.874万元。当然每年的业务及获利有所不同,以上算法只是一种衡量标准,不难想象,倪家应将不少获利直接作为扩大持股的资本。

金城银行董事会,在最初成立的几年里系由北洋官员的代表人物所掌握,并由王郅隆担任总董,交通银行当权人物由于股份较少则居于次要地位。1917年4月22日第一届董事会,选定董事5人,倪幼丹任董事。同年5月1日第一次股东会议添选段谷香、倪道煦(即倪香记)及改选之任拙叟为董事,胡笔江继任拙叟之后为监察人。嗣由倪道煦声明常不在津,不能担任,又决定由倪道煦委托他人代表亦可。1917年8月13日董事会公推王郅隆为总董,并推定王郅隆先生及任董事之代表吴达铨先生为常川到行办事董事。金城董事会1919年改选时,交通系首领梁士诒当选董事,董事中除倪道煦外均连任。金城原有董事七人,1920年2月开股东会时,又议决增加董事名额二人,当选的除王郅隆、倪幼丹、段谷香、梁士诒、徐树铮、任振采、曲荔斋七人为连任外,新任的二人为朱铁林、魏润生;监察人三名为郭善掌、胡笔江、吴达铨。

1920年8月董事会推举梁士诒任总董。1922年直奉战争爆发,直系胜奉系败,梁士诒因依附奉系被通缉,朱铁林当选总董。起初金城的大权一直掌握在王郅隆手里,而天津总行又有经理阮寿岩独当一面,北京分行则为胡笔江主持。金城早期向工矿企业放款大户中,多是与该行大股东和经理人有密切关系的企业,包括倪、王两家投资的裕元纺织公司、丹华火柴公司及寿星面粉公司。在商业放

金城银行内部

款中,王郅隆所办的元庆号一定程度上是专为安武军采办军需品用款服务。1920年皖系战败失势,王郅隆、徐树铮、段芝贵等都被通缉,丧失了政治地位,王辞去金城总董职务,对金城自然不再有大的掌控。加上"一战"结束,中国经济状况及环境又趋恶化,倪、王等所办的裕元纱厂、开源垦殖等公司财务状况时有困难,更有赖于金城及其他银行的融通资金,对于总经理周作民所提出的主张不能不加赞同。再者金城几次增资后中小股东比重增大,倪嗣冲、王郅隆两家股份的比重相对逐渐减少,周作民的发言权也加强了,金城的大权实际上逐渐转移到总经理周作民手中。

从1928年北洋政府垮台到1937年抗战发生,金城董监发生了较大变动。王郅隆于1923年死于日本,由于他是金城的大股东,所以他的儿子王景杭在1926年、1929年两届选举中,当选为董事。但当时裕元纱厂连年亏蚀,王家在政治上既失地位,在经济上又逐渐衰落,所持金城股票大部分陆续售给他人,到1932年王景杭再想蝉联董事席位已不可能。原来由北洋政府官员充任董监的人物中,在金城还能保留董事席位者只有二人:一为朱铁林,自1922年起直到1934年止,他一直担任总董,但只是个挂名总董,并不过问行事。1936年因病死,其董事席位到 1937 年时由曹汝霖接充。另一位便是倪幼丹，虽然其间在 1928—1929 年间，倪家曾因倪嗣冲"逆产"案一度受到国民党政府的要挟，但金城股份未受大的影响，倪幼丹仍续任金城董事席位。

总经理兼总董周作民

原来充任金城董监的交通银行当权人物任振采、吴达铨、胡笔江、周作民等人，不仅全部蝉联，而且因为有了新的政治依靠，在政治上、经济上都居于相当重要的地位。随着金城规模的逐渐扩大，周作民在金融业中影响日益扩大。北洋政府垮台后，他与国民党政权要人取得关系，1929 年便以总经理兼任董事，1935 年又兼任总董。此外，周作民还担任不少国民党政权的官职和中国、交通两银行的董事。金城董监中新增了钱新之、宁彩轩、范旭东。1932 年以后，在金城银行董监会中原来交通银行的当权人物，或者说银行资本家，已占完全优势。这时金城董监连总董在内共九人，而周作民、吴达铨、任振采、胡笔江、钱新之等五人已占了过半数。就金城银行来说，周作民已占决定性的地位。其余董监，范旭东是与周作民密切合作的，朱铁林、宁彩轩对行务不能多所主张。而倪幼丹虽仍属大股东，但政治上既失凭借，股权亦起不了决定作用了。

抗日战争时期金城银行畸形发展，日本投降后金城银行在国民政府恶性通货膨胀下，存放汇正当业务经营日趋萎缩，资力大为削弱。新中国成立后金城银行开始了整顿与改造。1951 年 9 月，金城等"北五行"（那时四行储蓄会和四行信托部已改组为联合银行）正式公私合营。1952 年 12 月金融业五个系统又组成联合董事会，并设立新华、中国实业、浙江兴业、国华、聚兴诚、和成、浙江第一、盐业、金城、中南、上海等公私合营银行联合总管理处。金城等银行在海外行处的业务亦日益发展，金城由于工业投资较多，资力充实，股本升值。

　　无疑,金城银行的诞生和发展与倪氏家族是分不开的,倪嗣冲对金融业的重视直接促成了金城银行的诞生。当然,倪氏家族除投资金城银行外,还相继对盐业、大陆、中法振业、天津兴业、中华汇业、边业银行以及太平保险公司投资。

　　盐业银行成立于 1915 年 3 月,总管理处设于北京。由袁世凯表弟张镇芳任经理。清末时张镇芳曾任盐运使,民国初年先后任河南督军、总统府顾问等职。盐业银行原来计划由盐务署拨给官款,实行官商合办,经收全部盐税收入,并代理国库金等业务。后因袁世凯去世盐务署不拨官款,便改为商办,成立时实收资本 125 万元,1917 年张镇芳因参与张勋复辟而遭通缉,总经理改由时任天津造币厂厂长的吴鼎昌担任。1925 年盐业银行增至 650 万元,1933 年增至 750 万元。1924 年 3 月倪幼丹开始对盐业银行进行投资,并有所任事。1926 年 11 月倪幼丹任盐业银行董事一职。因南北军事纷争,倪家在安徽财产被充公,倪幼丹压力颇大。1928 年 5 月请辞盐业银行董事一职,8 月再次致函张镇芳请辞。

　　大陆银行成立于 1919 年,总行设在天津,"北四行"之一,股东主要有冯国璋、倪嗣冲、李纯、齐耀琳等人,主要经营保管、信托、买卖股票及有价证券业务。一说倪嗣冲投资大陆银行 10 万元;另一说经龚心湛介绍,倪嗣冲认股 20 万元。①

　　1921 年 9 月中法振业银行领到营业执照。该行系中法合组,资本 500 万元,在法公使署注册,华总董为张寿龄,协董为倪道杰,洋董为公府顾问法人铎尔孟。沪行设在英租界天津路,沪行行长即钱达三,北京分行在东交民巷桂乐第,参与创办该行的还有朱葆三、卢子嘉、邵醉翁等人。不过该行仅维持了三年便停止营业了。

　　浙江兴业银行创设 1907 年,为中国较早的商业银行之一。该行系浙江铁路公司所发起,股本总额初定 100 万元,先收四分之一开业。行址设于杭州。1915 年,浙江铁路公司收归国有,其股金招

---

① 谈季桢、谈在唐:《大陆银行的兴衰纪略》,见《天津文史资料选辑》第 13 辑,第 150 页。

由他商承受,行址迁往上海,叶揆初任董事长。浙江兴业银行天津分行成立于 1915 年 10 月 24 日,初称支行,行址设于宫北大街,首任经理潘履园。1925 年,天津支行改为分行,行址迁到法租界 21 号路(今和平路滨江道口 139 号)新楼营业,顾逸农接任经理。倪道杰曾投资浙江兴业银行天津支行,并一度担任该行董事。

倪氏家族对金融业的重视,不论是倪嗣冲还是倪道杰、倪叔平,不惟为了所办企业的资金周转与调拨,另一方面,由对钱庄或银号的投资转向对银行业的投资也反映了倪氏家族企业经营思想趋于现代化的取向。

倪氏家族投资的近代化农场

倪道杰实寄封

天津农垦已有千年历史。早期农垦主要是军队屯田、开荒种地,以备粮饷,后又增加民屯。因战争或疏于管理,屯田时断时续,规模也不大。天津地区农作物种植的技术改良,可以上溯到明代天津海防巡抚汪应蛟,他用淡水洗碱的办法,开垦出著名的稻田"十字围";这种办法,非常适合天津的土壤特点,至今为海河两岸的稻作生产所应用。明末,大科学家徐光启来到天津买田垦荒,大规模试种水旱作物稻、麦、薯、豆等,取得了较为理想的效果。特别是甘薯的引进,为解决北方荒年的粮储问题做出了贡献。

清代天津屯垦得到了较大发展。康熙四十三年(1704),天津总兵蓝理率兵在天津城南一带开垦荒地1.5万亩,种植水稻成功,同时出现了利用风车提水灌溉的技术。清末,天津民族工业诞生,屯田也由军屯、民屯逐渐向新式企业发展。但自觉运用西方先进的生产技术和组织形式,发展天津近代化农业,则在1860年天津开埠以后。

天津的农业生产在全国范围内率先步入近代化历程。光绪七年(1881)轮船招商局总办唐廷枢联络了具有先进思想的知识分子郑观应、徐润等人以及开平矿务局,用股份制的方法集资13万两白银(其中唐廷枢、徐润认股65000两,开平矿务局认股62000两,郑观应认股3000两),在当时属于宁河县的新河一带(在今塘沽火车站一带),以"普惠堂"的名义购买荒地4000顷,建立了"天津沽塘耕植畜牧公司",用西法进行种植和畜牧业的开发。由于这里地近海河,便于开沟作渠,使大量盐碱地变成可耕地;与此同时,该公司进口了西洋农业机器进行耕作,"以机器从事,行见翻犁锄禾,事半功倍"。这是近代中国第一家股份制农场,以至被国外舆论视为"模范农场"。"天津沽塘耕植畜牧公司"比张謇在江苏南通建立的"通海垦牧公司"早了二十多年的时间,在近代中国当属第一家。① 此后,天津东乡现代意义上的农场业开始兴起。

1920年2月倪道杰等18人以章程呈报农商部,拟集资500万元成立开源垦殖股份有限公司,经营农垦、林业、畜牧、农产或土地之抵押及买卖。3月得农商部批呈同意。公司在天津日租界福岛街办公,下辖三个农场:即第一农场在宁河县军粮城,第二农场在大兴县南苑,第三农场在宁河县后勾楼沽。公司选举董事、监察人,倪道杰任监察人,并认股10万元。后来倪道杰多次向开源公司注资,1923年2月开源垦殖股份有限公司召开第十四次董事会议,经改选倪道杰任总理。不过,开源垦殖公司经营并不理想,一些股东陆续退出。1924年底倪道杰申请将开源垦殖公司更名为新开源垦殖公司,这时股东只剩下倪道杰和裕元公司,计划集资100万元,经营农垦、畜牧及土地抵当买卖,公司有3个农场,土地近6万亩,设蒸汽抽水站排灌,在军粮城设有试验站。其间一些随倪嗣冲来天津的安武军退伍军人被安置在农场种植棉花和水稻,其中试种的棉花用于供应裕元纱厂。在军粮城垦区内设置的工作站,下设试验站,即军粮城稻作研究所的前身,是为华北地区设立最早的农业科学研究所。

① 罗澍伟:《中国最早的近代化农场》,见《引领近代文明——百年中国看天津》,天津人民出版社2005年版,第36—37页。

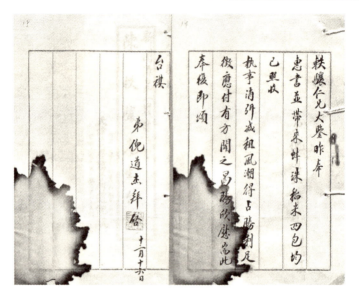

倪道杰致新开源第一农场陈轶骧的亲笔信

1924年底自公司改名为新开源垦殖公司,然而多年效益并未得见好转,倪家也并未注入更多资本,农场所需资金周转往往依托银行。1935年新开源公司委托诚孚公司来经营。诚孚公司遂将土地委托给河北省棉产改进会经营,从而农场变成大面积的植棉基地。

1937年日本侵占天津后,实行"米谷统制",新开源垦殖公司下属的三个农场遂被强行"接收",由华北垦业公司经营。1939年,军粮城农场成为日本控制下的华北农事试验场军粮城支场,华北农事试验场事务所设在法国中街(今解放北路)与万国桥(今解放桥)交口的百福大楼。中华人民共和国成立后,军粮城垦区组建为军粮城农场,茶淀垦区划归公安系统使用。

无疑,新开源垦殖公司是当时华北规模较大的近代化农场。当然,倪家除经营开源垦殖、新开源垦殖公司外,还在安徽阜阳等地经营农业或林场。倪嗣冲任职安徽期间,较为鼓励种植农作物,并支持一些农林科技机构的建立,如1915年成立的茶业和林业试验场,此后又成立了麦作、烟叶、畜牧等试验场。倪嗣冲对病虫害的防治也很重视。

　　1918 年,倪嗣冲还决定在阜阳开办第二蚕桑讲习所,并从浙江聘请蚕桑技师来皖。该所开办之初,"曾蒙丹帅租给地址一百二十亩,扩充场所,又借给现款一千四百元,添购校具"①。后该讲习所改为省立第五农业学校。该校办学成绩优异,经费大部分由学校蚕桑生产收入解决,省政府只酌情补助。不难想象,倪氏家族对阜阳农业的经营自会带来不少近代化的因子。

　　① 《函倪幼丹》,《安徽教育月刊》,第 38 期。

倪氏家族与近代矿业[①]

　　倪氏家族在投资的众多行业中,应该说对矿业投入的精力较多。矿业不同于一般的面粉、棉纺等轻工业,矿业投资不仅需要大额的资本,使得一些中小资产者难有能力进入,同时矿业发展一般要依托政府的支持,投资金额大,利润回收周期长,举凡勘矿、选矿、采矿、安全、运输、销售、管理等诸方面均需要与各方关系沟通协调。倪氏家族在矿业方面的投资主要有烈山煤矿、益华铁矿、益大煤矿、中兴煤矿、建昌煤矿、和兴钢铁等公司。当然倪家投资矿业的地点主要在安徽。

　　甲午战后安徽一度掀起过办矿热潮,由绅商创办的矿业公司达20余家,但大多因资金微薄、技术落后而陷于亏损和停产倒闭。民国初年倪嗣冲任职安徽,对实业发展一直予以重视,在他主政期间安徽矿业得到空前发展。

　　倪家在矿业领域较早进行投资和管理的是淮北烈山煤矿。清末民初政局动荡,淮北烈山矿生产一度中止,公司各股东曾因账目不清,申讼经年,烈山矿"自经普利公司集股开办后,亦颇发达,惟因股本不足,势难支持","该处煤税委员,所收税款入不敷出"。[②] 1915年,普利公司招收新股,当时督理安徽军务的安武将军倪嗣冲出资20万元,周玉山等人的旧股折价10万元,改组普利公司为普益煤矿公司,聘请德国人比相贤为矿师,推举倪道烺为经理,倪道杰为董事长。因资本不足,于1918年再陆续添招股本,成立普益股份有限公司,计1918年招股洋30万元,1921年招股洋90万元,1924年招股洋30万元,共计股本洋150万元,均经先后报部注册有案。

---

　① 本文初稿系武昌工学院机械工程学院的郭坤杰所撰写,后经编者删改。

　② 《烈山煤矿之中止》,《申报》,1915年8月27日(7)。

　　自倪氏家族拥有烈山煤矿最大股权并主持矿政后,陆续购置蒸汽机等器械,开凿新井,产煤日多,员工增至万人。股东还经常聚集在天津英租界墙子河道(即倪嗣冲宅)、日租界花园街倪宅(倪道烺家)召开会议,商讨添招新股、扩充营业、分发官红利等事宜。

　　1927 年底,经南京国民政府会议第 105 号会议决议,宣布将该公司收归国有。1928 年 2 月,普益煤矿公司改组为烈山煤矿局,由商办改为官办,但煤矿局运营两年,入不敷出。虽然倪氏股权被没收,但一般商股利益农矿部并未妥当予以解决和处理。1930 年 3 月,农矿部遵照三中全会议决案,决定改官办的烈山煤矿总局为官商合办,选举了官商董事,成立了董事会。不过官商双方人事不协,相互掣肘,经济支绌,截至 1932 年 8 月,10 万吨存煤售款耗尽,负债60 万元,矿厂被迫停工。由于官商合办效果不彰,商方向实业部提出抗争,要求发还商办。1933 年 1 月,公司重新改组,官方把矿事权让出,改由商方经营,2 月召开了董事会,有商股董事吴淑才主持矿政。然而即使是商办,经济效益并不见好。1933 年倪道杰还试图自己筹款对烈山煤矿进行复工。1935 年 5 月,唐少侯接任烈山煤矿总经理,曾一度试图通过承包招租、官督商办等形式来改变矿厂命运,6 月矿厂停工。10 月经实业部改组,选举官商股董事,再次进行官商合办,筹划复工,直至 1937 年 7 月才开始营业。

　　自 1930 年官商合办后,至 1935 年 6 月停工,截至同年 9 月,共亏损 111.5 万元,10 月 1 日召开临时股东会议,再次修改章程。经实业部改组,董事长为陈公博,章祜为总经理,严慎予等人为官股董事,倪道杰等人为商股董事。[①] 1936 年 7 月 29 日由实业部核准登记,官股董事 6 人,商股董事 9 人,筹划复工,于 11 月向交通、江苏、国民、金城、大陆等五银行借款 15 万元,又向振业企业股份有限公司借款 10 万元,以矿权及公司所有动产及不动产为抵押。由于烈山矿停办两年之久,煤井严重积水以致无法开采,而存煤售罄,宿、

---

① 《烈山煤矿公司将在京开常委会议》,《申报》1935 年 10 月 18 日(8)。

蚌俱感煤荒,柴煤市价每吨涨至十六元有奇,尚无处购买。[①] 1937年1月即由振兴公司接管,至6月底完成打水复工计划,7月开始营业,随之日本全面侵华战争爆发,交通阻塞,矿长辞职,章祜邀集当地重要股东组织管理委员会,维持现状。[②] 1938年5月,日军占领烈山,矿区设备摧毁殆尽。1941年日军把烈山煤矿的地面设施和适用器材拆运至淮南。

益华铁矿是倪氏家族在安徽投资的另一个大型矿业公司。倪嗣冲首先进行探矿工作,成立勘矿队,赵文启任队长,成员由洋矿师毕维贤(挪威人)及测绘生、翻译等十余人组成,在泾县、当涂、繁昌、铜陵等处勘矿,对于办矿不力人员,倪嗣冲坚决予以撤换。如毕维贤率员勘察,绘测矿图,估算龙家山等处矿量近300万吨,因勘探失误,耗洋数十万,得矿甚少,他大为生气,坚决辞退洋矿师。再如当涂县知事龚懋卿,经理该县之矿不甚得力,也于1918年12月被撤,随后由宁文祺接该县事,督办矿务。

1918年10月倪嗣冲招集商股100万元在马鞍山组成益华铁矿公司。益华公司以倪嗣冲的名义招股,在具体运营方面,往往是倪道杰参与具体的管理,益华公司主要有倪道杰、倪道烺、刘兆麟、王敛庵、宁资愚等人投资,矿区定为当涂县境大小马山、黄梅山、龙家山、萝卜山、巧山、栲栳山、碾屋山等。赵文启任经理,聘请德国矿师,采掘龙家山、碾屋山等处铁矿。由于有了这样的基础,中华人民共和国成立后,组建了马鞍山钢铁公司,成为安徽最大的钢铁联合企业。

1918年,倪道杰还请求开采宣城南乡周王村大小鼓岭、牛形山等处煤矿。1919年,倪嗣冲筹划在繁昌县组织华昌炼铁厂,打算实现铁矿石采、炼一体,试图打破日本对安徽铁矿砂的垄断和压价,以挽回利权。1923年5月,倪道杰呈文农商部请开采当涂境内龙山、虎山、小安山等矿区,并提出矿床说明书、资本计划书、营业计划书、

①　《蚌埠烈山继续采煤》,《申报》1937年3月31日(9)。

②　袁润芳:《抗战初期国民党政府经济部"官商合办事业"概况(三)》,《民国档案》,1988年第3期,第60页。

矿量估算等。

倪氏家族除了在安徽投资工矿业外,还在江苏、山东、上海等投资。1917年江苏省财政厅《调查铜山、萧县矿产特别报告书》中记载道,萧县煤田大部分在孤山、锦屏山、白土山、火石岗一带,白土山有旧井多处,系早年朱述曾开采,产煤千余吨,久已停办,尚有存煤未运出。1915年8月徐世超集资创办大同公司,请领矿区面积287亩,在火石岗、白土镇附近建井1座,资金用尽也未见煤,只得停掘。直到1921年倪道杰创办益大煤矿公司(也称白土寨煤矿),1923年开始请人在大同公司的停办处继续钻探,1924年正式领到矿照,矿区分布主要在萧县孤山、北土山、汪口,1925年因资金所限再次停业,这次总共钻井20孔,计算储煤应在300万吨以上。1927年时局变动,江苏省政府提出倪道杰拖欠矿区税款较多,决定收归省农矿厅经办,这时矿区面积已达1000余亩,煤藏量约达1000万吨。不过江苏省政府因省库支绌,便转由省政府和矿商陆秉亨(又一说法为上海投资团投资)合作,进行官商合办。后来陆秉亨成立大中煤矿股份公司,1928年请枣庄中兴公司钻探21孔,全部见煤。后来经过开拓巷道、筑路运输,1936年开始投产。应当说,倪道杰在白土寨煤矿投入不少资金和精力,由于时局动荡等因,该矿的开采只得搁浅,后来该矿能够投入运营与倪道杰前期的投入是分不开的。

山东中兴煤矿位于山东峄县(今属枣庄市)。19世纪末曾为德国人所觊觎,1908年因曹州教案,由华股集资80万两,赎回德股,定名商办山东峄县中兴煤矿有限公司,自此为完全华资自营之煤矿,张莲芬任总理,戴绪万为协理。1912年9月,中兴公司组成董事会,周学渊为董事长。后来朱钟琪、徐世昌、朱启钤、黎元洪等人先后出任公司董事长,公司也不断扩充股本。在此期间,倪嗣冲投资中兴煤矿20万元。1927年6月26日,北伐军进驻枣庄。1928年4月17日,国民政府派俞飞鹏等组成"整理委员会",接管了公司,企图勒索军费500万元。无果后,蒋介石于7月5日下令没收中兴公司。在公司债权人江浙财团、华北财团和上海银行公会的压力下,蒋被迫妥协,在勒索 100 万元后,于 9 月 24 日发还中兴矿产。然而在此过程中,倪家股本 20 余万元被视为"逆产"予以没收,虽然中兴公司也借故推脱逆股一事,但最终未能成功。

上海和兴钢铁公司前身是上海和兴化铁厂,1917 年选址于上海浦东周家渡西村,1918 年 8 月投产出铁,所用原料就有安徽益华公司的铁矿石。和兴化铁厂试图通过增资进一步扩大生产,然而"一战"结束,西方国家生铁过剩开始向中国进行倾销,和兴厂遭到打击,遂停业整顿。1921 年 1 月恢复炼铁,然而仅仅半年再次宣告停办。陆伯鸿到处奔走筹划,希望振兴钢铁厂,并将和兴厂建成一个集炼铁、炼钢、轧钢于一体的综合性钢铁厂,计划募集股本 100 万两。1922 年 4 月,正式成立了和兴钢铁股份有限公司,简称和兴钢铁厂,通过章程,卢子嘉、倪幼丹等 15 人为董事,陆伯鸿为该公司总经理。到 1926 年和兴钢铁公司共集资、实收资本 90.8 万余两,其中安徽益华铁矿有限公司入股 15 万两,现款 4.5 万两,余以分期供应铁矿砂 3 万吨,作为股本 10.5 万两。倪道杰作为和兴钢铁厂的董事,不仅自己入股,还与一些银行沟通,进行信用借款,以作钢铁厂的资金周转。不过,由于钢铁厂外有西方钢铁的倾销,内有军事纷争,运输受阻,以至于债台高筑,最终于 1927 年 1 月再次被迫停产。和兴厂在南京国民政府建立后,经陆伯鸿、钱新之等人经管改组,曾一度恢复生产。抗战期间被日军强占,战后租给上海钢铁股份有限公司,改名为上钢公司第三厂,中华人民共和国成立后该厂成为公私合营上海第三钢铁厂。

由于倪嗣冲、倪道杰父子对矿业的重视,并且身体力行,形成示范效应,加之对矿利的追逐,在倪嗣冲主政期间,安徽矿业得到空前发展。据统计,1912 至 1919 年,安徽省注册领照的煤矿公司有 81 家,8 年间共产煤 322730 吨。同一期间在安徽注册领照的铁矿公司有 15 家,8 年间共产铁矿砂 311000 吨。[①] 总体而言,注册矿区数是清末的 4 倍。有学者估算,倪嗣冲在欧战及以后几年时间里,投资

① 　王鹤鸣、施立业:《安徽近代经济轨迹》,安徽人民出版社 1991 年版,第 64 页。

安徽矿业的资金达 200 万元,这在 20 世纪 30 年代以前的安徽历史上是绝无仅有的。[①] 总之,倪嗣冲对工矿业的重视,使得安徽重工业均较以前有所发展,同时也推动了能源城市淮北、马鞍山等地的崛起。倪氏家族投资的矿业不管是省内的煤铁矿业,还是省外的中兴煤矿、上海和兴钢铁厂均为大型企业。

不过,这些企业似乎都有一个共同的命运,那就是企业经营受政治时局的影响,或者说政局变动直接影响了企业的命运走向,特别是倪氏在安徽控股的矿业,不论是烈山煤矿还是益华铁矿都是如此。1927 年 8 月,北伐军总司令部以烈山煤矿中倪嗣冲股本占多数,宣布收归国有,倪家在烈山煤矿的 60 万股份被没收。安徽烈山煤矿被没收后,企业经营便一蹶不振,各方盼望倪道杰能够设法安排复工,倪道杰曾试图向各方融通,自己筹款或者向银行借款对烈山煤矿进行复工,1929 年 5 月,农矿部成立益华铁矿保管处,1930 年 11 月国民政府将倪氏益华股权充作 30 万元官股。同样益华公司被改组后,每况愈下,公司最终陷入困境。而倪道杰在萧县白土寨投资开采的矿区也于 1929 年被取消矿权,收归江苏省办。山东中兴煤矿公司中倪家的 20 余万股份作为逆产典型被没收。这些倪家的产权被国民党政府一概称之为“逆产”,实际上并未进行甄别,也一直未予返回。

对于被没收的家产,倪道杰多年来一直进行抗诉,而倪道烺也因此事对国民党政权存在难以化解的意见。由于倪家在民国前期安徽矿业方面的影响,以至于抗战期间,1939 年 6 月倪道烺被任为“日华合办淮南煤矿股份有限公司”,即“淮南炭矿株式会社”董事长。在此期间,倪道烺运动伪实业部,再次要求将倪家被没收股份发还。当然,抗战后倪氏家族还曾要求发还益华股份等倪氏家产,结果依然是不了了之。

---

① 郑国良:《倪嗣冲与安徽近代矿业》,《安徽大学学报》(哲学社会科学版),1994 年第 4 期,第 98—99 页。

津门联姻、人脉与倪氏财团实业[①]

一

　　倪嗣冲自清末参加小站练兵,至 1924 年在天津去世,其大半生在天津度过。可以说,天津是他的第二故乡。本文从倪嗣冲家族与津门大家联姻及人脉的角度,探讨倪氏财团的投资实业的情况,以及对天津近代城市发展的巨大影响。

　　天津近海带河,为京畿门户。作为近代大工商业城市的天津,有九国租界,而租界便是寓公们的聚集之地。辛亥革命推翻了清王朝,不少清廷遗老遗少从北京来到近在咫尺的天津租界寓居。北洋政府的政要,不少人下野后也住进了天津租界。在津寓居的人物,主要是清廷与北洋寓公。这其中有逊帝、遗老遗少、总统、总理、总长、督军、省长、市长等。这么多寓公聚集于此,在中国近代史上绝无仅有。下野后的寓公们,有的窥测时机,妄图东山再起;有的投靠国民党,为蒋介石所网罗;有的投入日伪怀抱,当了汉奸。不少寓公携巨资住进了小洋楼,依然过着锦衣美食、腐化堕落的生活。也有的寓公投资工商业、金融业、房地产业及其他行业,由于经营有方,赚了大钱,富甲一方。也有些寓公脱离政界、军界后,以书画自娱,颐养天年;或皈依佛门,吃斋念佛;或热心善举,造福桑梓。天津的寓公生涯,作为近代史上一个独特的社会现象,值得研究。在天津投资最多的,经营最成功的,为城市发展做出贡献的,倪嗣冲名列其中。

---

　　① 本文作者金彭育,天津市保护风貌建筑办公室研究室主任。原文载:李良玉、吴修申主编:《倪嗣冲与北洋军阀》,黄山书社 2012 年版。

倪嗣冲在津寓所有三处:第一处在原意租界大马路(今河北区
建国道)是一幢意式楼房。左侧是王郅隆的住宅,对面是意大利圣
心医院。第二处在英租界墙子河边(今南京路和平保育院),原有砖
木结构的大楼一幢,院内地势宽敞,他又加盖楼房一幢,为德国工程
师设计。院内景色优美。第三处在英租界马场道墙子河边(原儿童
医院址)。

二

“上品无寒门,下品无士族”是中国封建社会长期盛行的等级观
念,也是士宦人家处理人际关系、应对进退的准则。婚姻关系上的
“门当户对”原则,绝不止于在伦理观念上求得心理平衡,更主要的
在于相互攀缘,结成盘根错节的网络,在政治经济上壮大自身实力。
倪嗣冲家族居津多年,与大家族的联姻亦顺理成章。倪嗣冲家族人
数众多,因此与其联姻的大家族也很多。在此举几个实例予以
说明。

倪嗣冲原配宁太君,生两个儿子:倪道杰、倪道炯;生一个女儿:
倪道蕴。侧室李氏生一个女儿:倪道颖,陈氏生两个儿子:倪道焘、
倪道熹。倪幼丹原配胡氏,生两个女儿:长女倪晋鸣;次女殇。侧室
赵氏,生一个儿子,倪晋增。倪幼丹在20世纪30年代曾有一次失败
的婚姻。天津《北洋画报》曾搞过一次“女伶大选举”活动,其选出的
女伶有:胡碧兰、孟丽君、雪艳琴、章遏云。后因有人退出,又选出新
艳秋。章遏云(1912—2003)原籍广东,生于上海,后奉母迁居天津。
六岁学戏,初须生,后青衣,宗梅(兰芳)派。继拜王瑶卿为师,改宗
程砚秋。并从沽上名票王庚生请益,唱念做打,无一不精,形成了自
己独特的艺术风格。20世纪二三十年代在天津天华景、春和(工人
剧场)等大戏院挑班演出,同台均为当时名角,如梁一鸣、叶盛兰等,
声价鹊起,红极一时。与倪幼丹结婚后,一度息影津门。婚后,章遏
云感到“深闺重锁,侯门似海”,遂离婚,这成为沽上重要新闻。1932
年,章遏云在春和大戏院重登舞台,大受欢迎,后又征服汉口、上海,
成为著名女伶。后去台湾,一生与戏曲为伍。

次子倪道炯，其夫人为河南望族之女刘志静。一子倪晋堨，娶天津"八大家"望族"李善人家"之李典臣女儿李家祺。到了清同治、光绪后，天津"老八大家"有的还很富裕，有的已经败落，于是，"新八大家"登场了。"新八大家"的口诀为：财势大，数卞家，东韩西穆也数他。振德黄，益德王，益照临家长源杨。高台阶，华家门，冰窖胡同李善人。"李善人家"祖籍江苏昆山，清代到津，原住老城北门里户部街。第一代为李文照，最初在盐店当伙计。第二代李春城（1826—1872），在清道光年间开了一家盐店"瑞昌店"，卖官盐，带私盐，开始了原始积累。从盐业开始，后进入金融业、工商业和房地产业。第三代李嗣香（1851—1926）为光绪丙子（1876）举人，后为国史馆纂修，著作颇多。李典臣（1898—1984）系李嗣香之子。第二代李春城非常富有，在天津各寺庙大事布施，每到冬季施衣舍粥，对来津的难民给予周济，遂有"李善人"之名。李家私家花园——荣园建于清同治二年（1863），中华人民共和国成立后捐献给国家，现为人民公园。在倪嗣冲经营的实业和金融业中，李家也是投资大户。李典臣住达文波道，李赞臣住香港道，均位于天津英租界，与倪嗣冲居所很近。

长女倪道蕴（1893—1941），适阜阳同乡、后任安徽省省长的王普。王普家族也系阜阳望族。王普（1890—1957），字慈生。因是同乡，早年便与倪嗣冲长女倪道蕴定有婚约。但王普进入军界初期，因在倾向革命的柏文蔚麾下，翁婿曾经兵戎相见。柏文蔚兵败，后王普与倪道蕴完婚。但因政见不同，翁婿二人仍然是矛盾重重。但王普很识时务，请妻子和岳母代为求情，僵局打破，翁婿和好。于是倪嗣冲推荐王普进入陆军大学学习，后来一路提拔他至旅长。王普曾充任安武军统领，安徽陆军第三混成旅旅长，皖南镇守使。皖系失败后，投靠直系，任安徽省省长。北伐时曾任国民革命军第二十七军军长。1928年下台后，寓居天津，他携带了300万元巨款，一部分投在其岳父经营的裕元纱厂、寿丰面粉厂、丹凤火柴厂和金城银行等，余下的则存进外国银行，得利息。中华人民共和国成立后，曾任天津市新华区第一届政协委员。王普先居湖北路 55 号两幢楼房，后居较小的郑州道 26 号楼房。这些房均位于天津英租界，与倪嗣冲居所很近。

次女倪道颖，适天津"八大家"富户"天成号韩家"后人韩扶生。清咸丰初年(1851)版本的天津"八大家"为：天成号韩家、益德裕高家、杨柳青石家、土城刘家、正兴德穆家、振德号黄家、长源杨家、益照临张家。天成号韩家当时为天津首富，业盐起家。倪家与韩家联姻，社会地位高，财势大，可谓强强联姻，其婚礼曾轰动津门。婚礼在法租界新落成的"国民饭店"举行，宾客 500 多人，汽车接新娘，新潮婚纱，长桌西式大餐，西洋乐队，传统中式婚礼。证婚人为曾任北洋政府财政总长、代理国务总理的龚心湛。韩扶生生于 1913 年，南开大学毕业，农工民主党成员，利中酸厂高级工程师，长居天津五大道的长沙路民园大楼。一生酷爱音乐。1929 年，天津南开大学成立音乐爱好者协会，韩扶生是推广者，也是演出人。韩扶生其姐韩咏华(1893—1993)，是梅贻琦的夫人。梅贻琦(1889—1962)系天津著名诗人梅成栋之后，1931 年任清华大学校长。

倪道焘(1914—1985)，字叔平，配清军将领聂士成孙女聂静仪，其父为聂宪藩。聂士成(1836—1900)，字功亭，安徽合肥人。1862年以武童投效淮军，参与镇压太平军及捻军，后升为记名提督。1884 年渡海支持刘铭传保卫台湾，赶走入侵法军。1893 年率武备学堂学生 3 人，巡防东北边境，经瑷珲至海兰泡、伯力、海参崴，行程2 万余里，绘制了边防地图多幅，有《东游纪程》一书传世。1894 年赴朝参加中日战争，曾毙日将富岗三造。战后被提升为直隶提督。1900 年与八国联军血战天津，在八里台役中悲壮殉国。现八里台旁边有其英武雕塑。聂宪藩(1880—1933)，字维成，安徽合肥人，聂士成之子。早年毕业于日本振武学校，1919 年 12 月出任安徽省省长，1921 年 8 月辞职，1922 年任步兵统领。聂静仪生两个儿子：倪晋璜、倪晋堂。两个女儿：倪晋娟、倪晋茹。继室王静娴生两个儿子：倪晋尧、倪晋铨。两个女儿：倪晋媖、倪晋娸。聂士成家族系中国传统老派家族,家教甚严,重视教育。

倪道熹(1916—2002),字季和,配徐续年,后离异。徐续年是大总统徐世昌十弟徐世章的女儿,生女倪元元(徐元)。徐世昌(1855—1939),字卜五,天津人。清末进士,曾两次出任军机大臣。1918年被段祺瑞的安福国会举为总统。徐世昌在津有堂弟、从堂弟八人。十弟徐世章(1886—1954),字瑞甫,号濠园,为天津著名人士。北京同文馆毕业,后入比利时里达大学,获商业学士学位。1920年任交通部次长。1922年随徐世昌下台而去职,回天津当寓公,徐世章是著名收藏家,1954年他去世后,后人遵其生前遗嘱,将所藏宝贵文物及书籍共2549件全部捐献给国家。

倪晋增(1926—1978),字继增,号绳寿。倪晋增是倪道杰先生之子,倪嗣冲将军的长房孙。倪晋增与王如璋1946年在天津国民饭店结婚,主婚人是民国元老于右任先生。王如璋是许世英的外孙女。许世英(1873—1964),字静仁,号俊人,安徽省秋浦县(今东至县)人。19岁中秀才,光绪二十三年(1897)以拔贡生选送京师参加廷试,得一等。晚清时,任刑部六品主事,巡警总厅行政处金事,奉天高等审判厅厅长等职。民国成立,先后出任大理院院长,内务、交通、司法部总长;1921年任中华民国国务总理。后又出任驻日本大使,蒙藏事务委员长、总统府高级顾问等职。其间曾短暂任安徽省长,前后两任安徽省长后人的联姻,也是当时的一段佳话。

从上述内容看出,倪嗣冲家族与居津望族联姻,有几种类型,一是与大总统徐世昌——徐世章家族,这是与最高当权者的联姻。二是与同乡,后任安徽省省长的王普家族,这是与同乡乃至下属的联姻。三是与清朝将领,同是安徽籍的聂士成家族;这属于同乡同僚的联姻。四是与津门富豪"天成韩""李善人"家族的联姻,其体现的主要是经济和社会因素。这些家族只是一个点,与其联姻可连成一线,进而连成片,因此形成了居住在天津租界内的家族婚姻网。如徐世昌——徐世章家族,与其联姻的有:曾任内阁总理的朱启钤家族、原山东巡抚冯汝癸家族、原镇安上将军张锡銮家族、晚清文豪郑东府家族、津门富豪"乡祠卞家"家族等。这只是从横的结构来看，再从纵的结构来看，以朱启钤家族为例，朱启钤家族与张作霖家族联姻，张学铭便是朱启钤的女婿。四妹张怀卿为岳明烈的夫人，其子岳钦尧的夫人是段祺瑞家族的段静贞。而段祺瑞的妻弟是曾任陆军总长的吴光新。

"天成韩"为津门"八大家"首富，与之联姻皆为津门望族。"李善人"家族与之联姻也是官员及津门望族。如与袁世凯家族、曹锟家族、陈光远家族、杨以德家族、丁宏荃家族、雍剑秋家族、胡寿田家族、"乡祠卞家""长源杨家""海张五家""天成韩家""土城刘家""杨柳青石家"等。寓津的安徽籍的三大家族：东至的周馥家族、寿州的孙氏家族和阜阳的倪嗣冲家族之间亦有直接或间接的联姻。

三

自袁世凯小站练兵，出现了北洋系以来，后派生为三大系，即直系、奉系和皖系。皖系主要人物均在天津租界有寓所，他们是段祺瑞、吴光新、靳云鹏、徐树铮、段芝贵、傅良佐和倪嗣冲等。另外，居津的安徽籍寓公也很多，除前面提到的东至的周馥家族、寿州的孙氏家族和阜阳的倪嗣冲家族等三大家族外，还有：曾任财政总长兼代国务总理——合肥籍的龚心湛家族、曾任山东督办——定远籍的郑士琦家族、曾任陕西督军——合肥籍的吴新田家族、曾任交通总长——歙县籍的吴毓麟家族、曾任安徽省长——太湖籍的吕调元家族、曾任农商总长——黟县籍的金邦平家族、曾任河南护军使、后任师长——合肥籍的雷震春家族、曾任直隶提督、热河都统——亳县籍的姜桂题家族、"洋灰大王"——石埭籍的陈范有家族、"汇丰吴"——婺源（现属江西省）籍的吴调卿家族等。

从历史上来讲，天津与安徽有很深的渊源。在全国661座城市中，有准确建城时间的并不多。而天津，是有准确建城时间的，这个建城的人，便是原为燕王，后为明成祖的朱棣。2004年12月23日，是天津设卫建城600岁的生日。天津在明初称直沽寨，朱棣当时定名称为"天津卫"。喻意为天子经过的渡口，津渡之意。这个"卫"，是个军事编制,每个"卫"5600 人。设天津三"卫"(天津卫,天津左卫、天津右卫),称为"三津"。这些军人大多来自安徽的宿州和固镇一带,所以将安徽的民俗、风俗、节俗和婚俗带到了天津。直到现在,天津市区的方言还是不同于周边地区,自成一"方言岛",与安徽的宿州和固镇的方言近似、为淮北语系。

在这里,还得说说安福系,安福系是北洋时期依附于皖系的官僚政客集团。1916 年袁世凯死后,皖系首领段祺瑞出任内阁总理。1918 年 3 月,徐树铮、王揖唐、王印川、光云锦等人组成安福系,因其成立时活动地点在北京宣武门内的安福胡同而得名,1926 年 4 月,段祺瑞政府下台,安福系解体。"安福系"财神王郅隆,便是倪嗣冲的挚友。这些安徽籍的人士来到天津,彼此联姻,形成了一个生活圈子,既是情感的需要,也是政治的需要,同时也是经济的需要。从政治来说,在一些方向上的协调和一致,形成政治和军事集团。在下台当了寓公之后,经营实业就可以大有作为了。以倪嗣冲、倪幼丹为代表的倪氏财团,在 20 世纪 20 年代天津城市发展的过程中,持雄厚资金,大量投资于天津的多种行业。倪氏财团的实业所以做得这样出色,均得益于这几层关系,也就是多年积攒的"人脉",这里既有联姻关系,也有皖系以及老北洋系同僚的关系,亦有寓津安徽籍人士的关系。再有就是超前的经营意识,出色的经营能力,其事业的风生水起也就不言而喻了。

据统计,倪氏财团在天津集资创办的现代工业的资本总额约为800 万元,相当于 1895 年(清光绪二十一年)至 1914 年二十年间天津工业投资总额(421.9 万元)的 189%。由此可见其投资力度之大,和对天津现代工业的巨大拉动作用。倪氏财团虽然投资采矿业,但在安徽省和山东省,本文不涉及。其在津主要投资金融业、纺织业、粮食业、化工业、火柴业、电力业、农场业和房地产业。

金融业:1917 年前,倪嗣冲出资,委托挚友王郅隆创办了"裕庆公银号",不久,倪嗣冲将投资转向现代工业,而这个传统银号不适应当时的融资需要,因此自行倒闭。1917 年,倪嗣冲与王郅隆出资创办了金城银行,总经理为江苏淮安人周作民(1884—1955)。其股东主要有:曾任大总统的徐世昌、黎元洪,曾任内阁总理的梁士诒、熊希龄,曾任部长的曹汝霖、周自齐、朱启钤,曾任巡阅史的吴佩孚,曾任总司令的徐树铮、吴光新、孙传芳,曾任各省督军的田中玉、王占元、卢永祥、王承斌和肖耀南。大陆银行创办于1919年,创办人是谈丹崖(1879—1933)。倪氏财团是投资大户,曾任大总统的冯国璋认股20万元。中法振兴银行由倪幼丹与法国金融家合办,倪幼丹投资10万元。投资金融业为倪氏财团涉足各个行业提供了金融支撑。

纺织业:裕元纱厂是天津当时最大的纱厂,建于1915年。倪氏财团占全部投资的一半以上。总经理为王郅隆,经理为赵聘卿。董事会的成员有:段祺瑞、王郅隆、徐树铮、曹汝霖、朱启钤,王揖唐、吴鼎昌、周作民和段芝贵等。

粮食业:1921年,倪嗣冲与江西督军蔡成勋、湖北督军王占元、教育家卢南生、实业家李干忱、陈文翰共投资30万元,创建庆丰面粉公司,经理为陈文翰,牌匾由著名书法家华世奎题写。寿丰面粉公司一、二、三厂资本170万元,倪氏财团占全部投资的一半以上。1924年,倪幼丹与李善人家族的李颂臣(1875—1958)合资,开办恒益粮号。后李颂臣退出,由王普接替股份,更名为益生粮店,生意兴隆,财源茂盛。

化工业:倪氏财团的倪道烝(叔平)与东北军万福麟之子万国宾(全国政协副主席万国权之兄)合办了利中酸厂。其投资人有:实业家高亚杰、金融家周作民、实业家岳乾斋、赵廓如、项激云、赵雁秋等。参加投资的军政人员有:商震、韩襄武、宋哲元、吴幼权、沈克、高桂滋、熊澜丞、孙殿英、韩复榘、庞镇湘等。利中酸厂从1934年投产,到1937年的"七七事变",三年多的时间里,垄断了华北的硫酸市场,共售出硫酸3000余吨,成为中国北方首屈一指的制酸企业。1916年,倪氏财团创办了大成油漆颜料公司,经营了八年。

火柴业:1918年,原丹凤火柴公司与华昌火柴公司合并,成立了丹华火柴公司,由倪氏财团经营,行销安全火柴,是华北地区规模最大的火柴公司,在中国近代工业发展史上占有重要地位。倪幼丹、张新吾、雍剑秋、项镇方和白鹤一等实业家,成为全国闻名的火柴界精英。

电力业:"一战"后,原天津德国租界改成特一区,居民增多,电力不足。1918年北辰电器公司成立了,经营颇佳。1928年,天津改为特别市,南京国民政府强调一切公用事业属于国有,将北辰电气公司收归国有,倪氏财团损失巨大。

农场业:在津东军粮城建立"天津沽塘耕植畜牧公司",为近代中国首家股份制农场,投资人有徐润和郑观应等人,倪氏财团接办了周边的"开源农场",为裕元纱厂试种棉花。1949年后组建为军粮城农场。

房地产业:除本文第一部分提到的倪嗣冲在天津的三处住宅外,在大连和北戴河建有别墅。在天津的原英租界、日租界以及河东、河北等地均有大片住宅及房产。

四

以倪嗣冲、倪幼丹为代表的倪氏财团抓住了"一战"后民族经济大发展的机遇,以重金投入了天津的金融业、纺织业、粮食业、化工业、火柴业、电力业、农场业和房地产业,对天津近代城市发展做出巨大贡献。倪嗣冲家族与津门大家之联姻及人脉,对其实业的发展也起到一定的作用。天津的文化是多元的,开放的,包容的,而安徽文化对天津的影响也是非常明显的,倪氏财团在天津近代发展中的巨大影响,也说明了这一点。

(本文是一部口述史。本人在写作过程中,采访了部分名人后代,他们是:倪晋尧先生、倪祖鑫先生、倪元元女士、张继和先生、吴良绩女士、胡禄珠女士、肖英华女士、王家慧女士,谨在这里表达深深的谢意。特别是倪祖鑫先生和张绍祖先生在百忙之中通读了全稿,并提出修改意见,再次表示感谢。)

第三章　家族旧居及深情回忆

倪嗣冲在天津的故居

　　倪嗣冲(1868—1924)，原名毓枫，字丹忱，安徽阜阳倪寨(今属阜南县)人，出身于书香门第家庭。自幼天资聪颖、才智过人，有神童之美誉。12岁成为童生，四书五经皆能熟读，为人称奇。1898年由部郎中选任为山东陵县知县。袁世凯任山东巡抚时，特别赏识倪在陵县平息义和团采取的策略，遂成为了袁幕府中的一名重要成员。转年他被任命为鲁西北德州等九县"拳匪善后委员"。1901年，以行事干练被袁世凯保荐为"京师执法营务处"委员，负责维持北京的社会治安。转年袁

倪嗣冲

世凯调升直隶总督，倪嗣冲随之赴津，任职北洋营务处，成为小站练兵的主要将领，为创建中国第一支新式陆军做出了贡献。

　　1907年徐世昌任东三省总督，倪嗣冲升任黑龙江布政使兼巡防营翼长。他通过制定垦荒政策，招揽移民的方式，振兴经济，抵制日俄，巩固了我国东北边防，其功不可没。

　　1911年武昌起义爆发不久，倪嗣冲列名"四十二将军电"，促使清帝逊位，促成共和政体。袁世凯就任内阁总理大臣后，倪嗣冲充任武卫右军左翼翼长，督办苏、皖、鲁、豫四省交界剿匪事宜，并率武卫右军进驻豫东皖北一带。1913年"二次革命"时，倪嗣冲配合袁世凯，占领整个安徽。于是年7月27日袁令倪为安徽都督兼署民政长，不久升任安徽督军兼任省长。倪嗣冲督皖八年，励精图治，除匪安民，治淮浚河，护埝千里，修桥筑路，而督军府所在的蚌埠也成为皖北重镇。袁世凯在镇压了"二次革命"后，于1914年初解散国会，

废除民元约法,准备恢复帝制,倪嗣冲则下令解散安徽省议会,一度支持袁世凯恢复帝制。1916年袁世凯称帝失败,不久去世。皖系首领段祺瑞任国务总理,倪嗣冲支持段祺瑞,为皖系的中坚人物。

1917年的张勋复辟中,段祺瑞在天津马厂誓师讨伐张勋,倪嗣冲命倪毓棻率兵"讨逆"。张勋复辟失败后,倪嗣冲因"讨逆"有功,被提升为长江巡阅使。1920年直皖战争皖系战败后,倪嗣冲因病辞去安徽军政各职,寓居天津。

倪嗣冲是北洋寓公中在天津投资最多的一个。他从1913年掌握安徽军政大权后,亦官亦商,拥有大笔财富。他首先投资粮食业。1920年倪嗣冲出资20万元接办位于西站的裕兴面粉公司,改名为大丰面粉公司,其子倪道杰出任董事长。后来天津粮食业孙俊卿、杨西园联合三津磨坊公会,把原老寿星面粉公司、民生面粉公司与嘉瑞面粉公司收买到手,合并为寿丰面粉公司第一、二、三厂,全部资本达170余万元,倪家投资约占一半,该公司居于华北首位,几乎垄断天津面粉业。在经营寿丰面粉公司期间,倪道杰还和"李善人"后代李颂臣合资开办了恒益粮店。倪嗣冲还投资纺织业。裕元纱厂建成于1918年,是当时规模最大、获利最丰、实力雄厚的纱厂,开近代天津大型纱厂之先河。该厂是倪嗣冲投资最多的一个企业。倪嗣冲又投资金融业。1917年前后,倪嗣冲与王郅隆合办了裕庆公银号。1917年5月15日成立金城银行。取名为金城,系取固若金汤之意。行址设在天津原法租界七号路(今解放北路)。另外北京丹凤火柴公司,原为倪嗣冲等人所办,后与天津华昌火柴公司合并,改为丹华火柴公司,生产安全火柴。

"倪氏财团"在天津集资创办现代工业的资本达800万元,相当于1895年至1914年二十年间天津工业总投资421.9万元的189%,这对天津民族工商业的发展起了重要作用。

倪嗣冲早年在天津工作、练兵,孩子赴津读书,加之众多北洋要人选择居住天津,这些自然使得他对天津产生感情,而天津独特的位置和历史也吸引着倪氏族人选择落脚天津。

　　天津城历经 600 余年,特别是近百年历史变迁,造就了天津中西合璧、古今兼容的城市风貌。1860 年天津开埠通商,随之洋务运动兴起,天津渐成清王朝对外交涉和推行各种"洋务"举措的重心。1870 年李鸿章任直隶总督后,其一年的大多数时间都是在天津,李任职直隶总督近 30 年期间,其举办洋务运动的一个重心便是放在了天津。袁世凯接任直隶总督后,其推行的新政更是将中心放在天津。天津一时以"新政"和"实业"引领全国。

　　清末民初时期天津获得快速发展,城市基础设施齐全,经济繁荣,社会稳定,又有各国租界的庇护,一时大量国人涌入其中。租界初设之时曾有所限制华人在租界拥有不动产或居住的相关规定。但进入 20 世纪以后,随着租界的不断扩展和华人大量移居到租界,各国租界先后不同程度修改了有关法规或章程,承认了华人在租界的置产和居住等相应权利,并且有的租界采取相应措施,设法吸引一些华人上层到其租界投资建造住宅和居住。如意租界在 1908 年制定的章程中,规定居住者必须是"具备上等身份和名望的欧洲人"或是"海关道或其他中国高级官员"。1924 年修订的章程中,虽然不再对居住者的社会身份有明确规定,但是对置产和建造住宅的严格管理,以及对建造中式住宅的限制,实际上是对住宅区等级的划分"。①

　　尽管按照划分租界时中外双方达成的协议,租界中居住的华人在法律上仍受中国政府的管辖,但实际上他们进入租界后往往也处在外国的保护之下,在租界内"逮捕不论是否受外国人雇用的中国居民,惯例都是要求中国官厅须取得首席领事在拘票上的副署,并由外国警察实际执行逮捕"。② 很明显,北洋要人在位或失势后住进租界,可以享受治外法权。

　　大体而言,租界中的华人居民主要有三种来源:① 主要来自北京的官僚、军阀、政客、皇族以及遗老遗少,他们构成租界华人社会

---

　　① 《天津意大利王国租界土地章程和总法规(1908 年)》,《近代史资料》,第 153 页。
　　② 尚克强、刘海岩:《天津租界社会研究》,天津人民出版社 1996 年版,第 175 页。

的上层；②来自老城区的华人，人数占租界居民的大部分，构成也比较复杂，租界华人的中下层主要是这部分人；③来自中国其他地区的华人。他们当中，有许多人是被租界的繁华所吸引，为了经商、谋生而来到大都市。其中，不乏凭靠在当地聚敛的钱财，来到租界隐居的享乐者。但是，租界华人人口的迅速增长，与政局、战争、动乱、灾害有着密切的联系。如果说，在动荡不定的 20 世纪 20 年代，华人上层寓居租界是将受治外法权保护的租界当成了政治"避难所"，那么主要来自本城的大量中下层华人则是把外国人管辖的租界视为躲避战乱的"安全岛"。

无疑，天津城区的扩大与西方列强开设租界有直接的关系，到 1915 年，天津租界面积约为 23350.5 亩，比 20 世纪前增加了四倍，是天津老城区的八倍。① 城区的扩大为人口的聚集提供了条件，而各项近代工商实业的开办，使得天津城市近代化走在沿海开埠城市的前列。

倪嗣冲在天津有寓所有三处：

第一处在原意租界大马路（今河北区建国道）西段，是一幢非常讲究的大楼。左邻是王郅隆的宅邸，对面是意国医院。

第二处坐落在墙子河北岸的围墙道 247 号（今南京路 88 号和平保育院），但原来占地比现在大得多，从现在的新华路、泰安道与南京路交口一直到现在和平保育院，并排着由外国建筑师设计的四座三层砖木结构小洋楼，倪嗣冲与长子倪道杰住着从东边数的第一、二所，次子倪道炯住着从东边数的第三所，侄子倪道煜（倪毓棻之子）住着从东边数的第四所，第一、二所与第三所、第四所之间有墙相隔，但小门相通，平时经常开着门。每一所楼前的院子都很大，像一座座花园。倪嗣冲、倪道杰的院子有假山、喷水养鱼池，还有两个亭子，一个是现在还保存的中国古典式的六角单檐攒尖顶亭，一个是草亭，园内花草繁盛，种有桃树、李树、海棠树、无花果树等。倪公

---

① 周俊旗：《民国天津社会生活史》，天津社会科学院出版社 2004 年版，第 5 页。

馆有网球场、台球室,有账房、花房、大厨房、小厨房(能做南方点心)、书房,倪嗣冲很喜欢这座花园宅邸,自 1920 年在天津寓居后,就一直住在这里。倪嗣冲去世后,倪道杰住主楼,倪道杰去世后,倪叔平住主楼,楼下有两个大客厅,菲律宾木墙板,墙板上有镶嵌的古董架,里面放着各种古玩玉石。菲律宾木地板,铺有地毯,窗户挂着蓝丝绒、绿丝绒两层窗帘。西式客厅里摆着黑色钢琴。楼下除客厅外,还有倪道杰的休息厅、书房、餐厅等。

第三处在原英租界马场道(今儿童医院址),倪购置地皮后,计划兴建为晚年生活的倪家花园。这第三座住宅仅建成院墙及花房数间。此外,原日租界天安里楼房亦是倪产,原为日本警察署人员住宅,后改建为盛德里,成为娼寮区。另外北戴河倪还有避暑别墅一处,大连有楼房一处。苏州也有一处别墅,也称倪家花园。

倪氏家族除在天津拥有几处宅邸外,在北京东拴马桩(东安福胡同)有房子。20 世纪 30 年代末到 40 年代初期,在北京南锣鼓巷小南胡同也有座房产,是七爷倪道杰为在北京上学的倪叔平和倪晋堨进城方便而购置的。在安徽蚌埠、阜阳等地也有房地产,除修筑老家倪新寨外,还在阜阳城西南角购置百余亩地,1917 年开始规划督造将军府(也称倪家花园)。1927 年北伐军进入安徽,倪家在阜阳城的房地产被国民党称之为"逆产"被没收,这些地方被充公改作教育用地,就是目前阜阳一职高和阜阳老三中所在的地方。

1924 年 7 月 12 日,倪嗣冲因患脑血管病逝,葬于天津佟楼倪家花园(今儿童医院址)。是年 8 月 9 日"大总统令"追赠倪嗣冲为安武上将军。倪嗣冲墓志铭由桐城马其昶撰文,江安傅增湘书丹,合肥王揖唐篆盖。

1949 年 1 月天津解放,位于天津特别行政区围墙道 247 号(今和平区南京路 88 号)的倪氏宅邸被晋察冀边区华北政府直接领导的保育院征用。1953 年,市人民政府决定在倪家花园建儿童医院,派人与倪嗣冲三子、时任利中酸厂经理的倪叔平商量。倪叔平在家属的支持下,将其父倪嗣冲和其他亲人的坟墓迁至北仓公墓。

倪嗣冲意租界寓所寻踪

　　倪嗣冲在天津原意租界寓所到底在哪里？历来有两种说法：第一种说法在原意租界三马路(今河北区进步道)西段南侧，即曹家大楼(第一医院门诊部)对面，是一幢非常讲究的大楼。第二种说法位于原意租界大马路(今河北区建国道)意国圣心医院(第一医院住院部)对面，是一幢精致漂亮的大楼，左邻是王郅隆如夫人的住宅。到底那种说法对，笔者为此做了一番考察。

倪嗣冲意租界寓所遗址(今建国道 76 号)

　　笔者首先向天津历史风貌建筑研究室主任、风貌建筑研究专家金彭育先生咨询，他说：根据海河整修办公室提供的资料，倪嗣冲寓所在意租界大马路 19 号(曾改为建国道 23 号、47 号)，王郅隆寓所在意租界大马路 17 号(曾改为建国道 21 号、45 号)。笔者查询了中华人民共和国成立后天津市公安局编《天津市新旧门牌对照簿》(上下两册)建国道旧门牌 45 号，新门牌无；旧门牌 47 号，新门牌 49 号。但随着城市的发展，房屋的拆迁改造，这些门牌号码与现在的实际门牌号码对不上号。笔者又向天津《今晚报》编辑、专门调研近代名人旧居的青年文史专家王振良先生,河北区政协文史委员会、河北新闻中心专门考察河北区名人旧居的青年文史专家王勇则先生咨询。王振良先生讲:在1949年以前的天津老电话簿里,在特二区(奥租界)有倪宅电话,为0347号,有倪幼丹小孟庄(今南京路和平保育院)电话0073号。王勇则先生提供了一个重要线索:河北区建国道74号,为近代民族资本家王松午旧居,而王松午曾在津开办达生纱厂,是王郅隆的儿子。

　　笔者在查询资料,并向专家学者咨询的基础上进行了几次实地考察,首先我来到了河北区进步道(原意租界三马路)第一医院门诊部(原曹家大楼),该医院建于1930年6月,是天津市第一座市立医院,首任院长是留德医学博士李允恪,当时天津市长崔廷献亲自拨款支持该院的筹建,并亲自出席是年7月6日在医院大礼堂隆重举行开幕典礼。第一医院对面现在是草地和一座1949年以后兴建的居民楼,不存在"一幢非常讲究的大楼"①。离这里不远有一所豪华的花园公馆——鲍家大楼,坐落于原奥租界(今河北区平安街81号,天津警备区第八干休所),是陆军总长鲍贵卿亲自设计的中外合璧的花园宅邸。看来倪嗣冲意租界寓所在原三马路(今河北区进步道)西段南侧,即曹家大楼(今第一医院)对面的说法在实地考察中得不到印证。

　　笔者接着来到了河北区建国道(原意租界大马路),按着资料提供的新老门牌号都找不到相应的建筑,接着来到了意国圣心医院(今第一医院住院部)旧址,意国圣心医院原称为意国医院,建成于1922年,创办人斯基亚巴来里亚,1937年改称圣心医院。1952年,

---

　　① 2015年11月文史专家张显明先生对张绍祖说,第一医院(原曹家大楼)对面,与鲍家大楼一墙之隔在20世纪50—70年代有一座二层砖木结构挺讲究的小洋楼,还有后楼,是安徽督军倪嗣冲旧居。1954年他从天津市卫生学校毕业就分配到位于倪嗣冲旧居的中国医药公司天津采购供应站,简称天津医药站(前身为中国医药总公司、中国医药总公司天津办事处、中国医药总公司华北分公司)工作。旁有王郅隆故居。1976年地震后,倪、王旧居震损严重,拆除后建成几座方形居民楼至今。

天津第一医院租用圣心医院病房楼,其中包括修女院楼两层和住宅小楼,室内总面积为 4773 平方米。进步道原第一医院院址借给天津卫生学校使用。1954 年末,天津卫生学校迁址,复归第一医院使用。改为门诊部,建国道原圣心医院改为住院部。

在第一医院住院部对面有一座引人注目的带地下室的欧式二层建筑,为河北区建国道 74 号,据王振良、王勇则先生考证是近代实业家王松午旧居,而王松午是王郅隆的儿子。据有关王郅隆旧居资料,"王郅隆在意租界旧居位于大马路义国圣心医院(今河北区建国道第一医院住院部)对过楼房,系其如夫人住宅"。笔者考证王松午旧居前身就是王郅隆旧居。据有关倪嗣冲的资料,"倪嗣冲尚有不动产数处。第一处就是他在河东的住宅,位于原意租界边缘,是一幢精致的大楼;左邻就是王郅隆的住宅,对面是意国医院(今市立第一医院)"①笔者考证,倪嗣冲寓所在王郅隆寓所右侧,即现河北区建国道 76 号,不过它已经不是有关资料描述的"一幢精致漂亮的大楼",而是一座 20 世纪 60—70 年代拆后建起的火柴盒式的居民楼了。看来倪嗣冲寓所已不复存在,而只留下遗址了。

笔者在考察调研中,发现今民主道 20 号(原意租界二马路 20 号)是北洋政府陆军总长段芝贵旧居。1917 年 5 月 23 日段祺瑞因(总统)府、(国务)院之争,被黎元洪免职后退居津门,曾暂住段芝贵寓所。这是一所别墅式住宅,六楼六底,外带二层小楼,院内有车库,属意大利建筑风格(1926 年由姚国桢介绍卖给后任天津市长的张廷谔)。段芝贵为了表示恭敬,要搬出去住。段祺瑞说:"我哪能久住天津,你又何必迁出迁入地找些麻烦呢?"段祺瑞住了 7 天,5 月 30 日迁入大马路(今建国道)11 号寓所(吕调元的房产),并将北京全部眷属接来。这所房子与王郅隆寓所(大马路 17 号)和倪嗣冲寓所(大马路 19 号)距离很近,王郅隆、倪嗣冲等经常来陪段祺瑞打

---

① 何诚若:《倪嗣冲在安徽和天津的投资》,《天津文史资料选辑》第 13 辑,第 187—191 页。

牌。在此期间，靳云鹏、段芝贵、傅良佐、徐树铮、曾毓隽、曹汝霖、陆宗舆、王揖堂等常来。徐世昌曾来过两次，每次与段都闭门长谈。徐世昌与王揖堂从来不陪段打牌。有一天上午，倪嗣冲来见段，谈话中倪大声说："黎宋卿曾对我说，不经国会通过，径行对德宣战是不合法的。难道他不经内阁附署，就免去总理的职务，是合法吗？辛亥武昌之变，黎宋卿听到枪声吓得钻了床底，因缘附会，依人成事，忝居高位，优柔寡断，竟然妄自尊大，以开国元勋自居，还有谁来拥戴他呢？"段说："国步方艰，庸才足以误国。"段在此寓所中与倪嗣冲、王郅隆、段芝贵等皖系骨干策划大计，密谋反黎。一个多月内，段祺瑞暗中与各方联系，反黎活动非常频繁。

6月8日在徐州的张勋，借口入京调解黎、段之争，率"辫子军"到天津，6月中旬的一天上午，15辆小伏特汽车，满载便衣带手枪的辫子兵来到段宅，中间的车里坐着张勋，前后各有7辆车随行，好不威风。张勋头拖一条辫子，穿着大黄马褂，持黑折扇，满面风尘，十分疲劳。他同段会面密谈约半小时，共谋使黎元洪解散国会。张临行将出客厅门口时，段问："你几时去北京？"张答："今天下午就去。"段说："好吧，你到北京看着办吧！"张勋入京后，于7月1日发动了复辟，遭到全国人民的反对。段祺瑞看到当时反对复辟的声势，认为东山再起的时机已到，成立讨逆军，自任总司令，7月3日在马厂誓师，宣布讨伐张勋。倪嗣冲也命令倪毓棻率兵"讨逆"。张勋复辟失败后，段祺瑞于7月14日入京，迎冯国璋为总统，自任国务总理兼陆军总长，重掌政权。9月8日段祺瑞复任倪嗣冲为安徽督军，并提升倪为长江巡阅使。可以想象的是，当时的倪嗣冲、段祺瑞等人比邻而居，也为他们的政治谋划提供了不少方便。

倪公馆与和平保育院

　　天津距北京咫尺之遥，过去乘火车只要两个多小时即可达到。这里可以随时注视着北京政局的变化，或退或守或重新出山，天津租界都有着无可替代的方便条件。租界良好的市政建设和居住、娱乐条件，使它成为军政要员选择住所的最佳地区。正如时人评论的："津埠密迩京师，交通便利，十里洋场一般。政客官僚，多以此为安乐地。无心问世者视之为世外桃源，热衷政局者，视之为终南捷径。"①

1950 **年和平保育院(原倪氏宅邸)外景**

　　当时天津租界中开发较早、较为成熟的是意租界，除倪嗣冲居住在意租界外，还有靳云鹏、段祺瑞、段芝贵、章宗祥、张怀芝、吕调元、齐耀琳等人。倪嗣冲选择在这里，除因为意租界完善的功能、环境优雅外，更重要的原因是交通方便，这里不仅距离天津站(又称老

---

　　① 　尚克强、刘海岩:《天津租界社会研究》，天津人民出版社 1996 年版，第 215 页。

龙头火车站)、天津北站(又称新开河火车站)较近,而且出门还有水上交通。

另一方面,袁世凯接任直隶总督后,规划河北新区建设,将全区按大、二、三、四、五、六经路辟为南北走向马路,以天、地、元、黄、宇、宙、日、月、辰、宿、律、吕、调纬路辟为东西走向马路,经纬分明,街道井然。当时经营该区的目的,是企图与天津外国租界相抗衡,形成旧城以外的新市区和住宅区。意租界毗邻袁世凯规划的"华界新区",也就是说相当于今天的政务新区,从而能够方便一些政事的处理。

不过,随着天津城市的快速发展,意租界占地只有 700 余亩,很多方面拓展不开,因此一些人就选择迁移到英租界。1917 年 8 月中国对德、奥宣战,并宣布收回德、奥租界。因此德、奥租界居住的人也很少。[1] 1919 年苏俄政府表示放弃俄帝国在中国的一切特权,包括归还租界,因此俄租界多无军政要员居住。随着大批军政要员及其家眷的不断涌入,租界人口的迅速增长,尽管由于德、奥、俄、比等国租界在"一战"期间及战后被收回[2],租界数已减少至 4 个,但是租界的总人口仍然有较大的增长,其中多数选择居住在英租界。

倪嗣冲等人选择居住英租界,首先来说,因为英工部局的城市管理及安保措施较为完善,准许他们由工部局代雇"请愿警察。在宅第门前站岗护院。工部局对军阀官僚还给予政治上的保护,即不许中国官府到租界里直接捕人,也不协助捕人。租界为这些富有的军阀、政客、官僚、买办提供了保护伞"。[3] 英租界内没有公开的烟馆、赌场、妓院,相对说来,英租界内黑社会的活动较少,犯罪率较低。也就是说,一度程度上而言英租界的治安状况较好,如英租界

---

① 本项统计根据《津商会拟定直隶善后公债一百万元各界分配办法文及全津租界遗老姓名住址单》一文统计而得,具体内容参见天津市档案馆等:《天津商会档案汇编(1912—1928)》(2),天津人民出版社 1992 年版,第 1380—1385 页。

② 德、奥租界于 1917 年收回,俄国租界于 1920 年收回,比利时租界 1929 年收回。

③ 李汉元:《英组界的绑票案件》,见《天津文史资料选辑》,第 75 辑。

1923 年的巡捕总数为 348 人,巡捕的任务分派如下:日夜值岗者 135 人,日夜巡逻者 45 人,值岗又巡逻者 45 人。执勤人员每 4 小时换班一次,有时在特殊情况下,换班更勤一些。[1] 出于安全的考虑,这些都是军政要员首选入住的原因。住在英租界的代表人物,除倪嗣冲住英租界围墙道 247 号(今南京路一带)之外,还有黎元洪、周自齐、叶恭绰、朱启钤、刘冠雄、张镇芳、张勋、陈光远,等等。需要说明的是,英租界在九国租界中面积最大,占地达 6178 亩。[2]

倪氏家族在天津长期居住的地方(即倪公馆,又称倪家大院),就是英租界墙子河北岸的围墙道 247 号(今南京路 88 号)。倪嗣冲、倪道杰及家人在这里居住了 30 余年。

今天的南京路,就是过去的墙子河。墙子河是条人工河,1860 年清政府为加强天津城防卫能力,僧格林沁下令在天津城周围挖濠筑墙,所筑的围墙俗称"墙子",外围形成的河道就叫"墙子河"。1970 年天津市政府着手以墙子河槽修建地铁,河床封顶变成了大道,1984 年该大道被命名为南京路。不过,在过去墙子河以北称南京路,墙子河以南称上海道,因有墙子河相隔,来往南京路和上海道之间就架了不少桥。据人回忆,倪家大院位于新华路桥和湖北桥之间,当时倪家有座小楼是 L 型,铁顶二层楼房,小楼东侧曾有一个制药厂,即大陆药厂。

倪嗣冲去世前要求倪道杰捐资创办颍州、蚌埠贫民工厂,捐助安庆、芜湖、天津各善堂,而倪道杰也一直谨守父亲教诲和祖上乐善好施、宅心仁厚之美德,宽以待人,乐于助人。

当时倪家享誉邻里的有两件事值得一提:一是,常年对外施舍祖传的烫伤药。邻里家里有人烫伤,都会到老公馆要烫药,有求必应。这个药最奇的,不仅可以让伤口不感染,烫伤好得快,而且伤好后不留下任何疤痕。据倪祖琨回忆,小时候一次两个膝盖都被开水

---

① [英]雷穆森:《天津租界史》,天津人民出版社 2009 年版,第 329 页。
② 尚可强:《九国租界与近代天津》,天津教育出版社 2008 年版,第 9 页。

瓶严重烫伤，当时家里的烫药已没有了，好在住在邻居的表大娘家（指王传刚家）还有一些存下的。拿来敷上后很快就不疼了，后来好后真的没有留下任何伤疤。据他母亲讲，可惜的是熬烫药的配方，只有住在延寿里的一个老佣人叫"刘老三"知道，后来他死后，这个秘方就失传了。二是，老公馆每到三伏天都会在公馆外面放两口大缸，每天早上家里佣人熬好绿豆汤后，倒入大缸供路人和邻里的穷苦人盛夏祛暑解渴，多年不断，直到解放后搬出老公馆。①

另据倪祖玲大姐回忆，听过去家里人说，曾祖父倪嗣冲晚年病重，有时喜欢尝尝驴肉。而七奶奶胡氏夫人1921年左右，因见到公公卧床不起，遂携女儿（晋鸣）发誓终身茹素，以祈求公公的病情能够早日好转。1935年倪道杰皈依了印光法师，平日课诵念佛。

1949年1月15日天津解放，解放后的第三天，位于天津特别行政区围墙道247号（今和平区南京路88号）的倪氏宅邸被晋察冀边区华北政府直接领导的保育院征用。倪道杰的家人搬到了新华南路庆云里；倪道炯的家人搬到了河北南路疙瘩楼；倪道焘的家人搬到了河北路林东大楼、洛阳道先农大院等处。

进驻倪氏宅邸的保育院，1946年成立于河北省张家口的晋察冀边区。1983年3月，天津市在该院成立了全国第一个先学前期教育研究室。和平保育院是天津市首批一级幼儿园，国家级幼儿科学活动优秀实验基地，昔日的倪公馆成了今日儿童幸福的乐园。

和平保育院在新世纪对原建筑进行整修，楼房基本按原图纸重建。

---

① 此两件事系倪祖琨及家人的回忆。

从倪家花园到儿童医院

　　你知道位于佟楼的儿童医院的现址原来是什么地方吗？许多上年纪的人都知道，它是北洋寓公倪嗣冲在津购置土地建造的倪家花园。

　　1860 年后，英、法、美三国率先胁迫清政府，划天津城南紫竹林一带为租界。其中英租界设置后，又经过三次扩张。1897 年英租界向西扩张到墙子河内侧的围墙，称为"新增界"。1902 年英美两国私下协商，将美租界并入英租界，称为"南扩充界"。同年底英租界又向墙子河以外地区扩张，向西至旧海光寺大道（今西康路），南沿马场道到佟楼，称为"推广界"。租界范围为：东临海河，南沿马场道到佟楼，西迄海光寺大道（今西康路），北沿宝士徒路（今营口道）与法租界毗邻，在天津各租界中面积最大。除此之外，英国还以"越界筑路"的手段，强占了租界以外的一些土地。如英籍德人德璀琳在佟楼迤南向西的养牲园附近占地，建造了别墅和赛马场。后来英租界当局以沟通赛马场的交通为名，从赛马场经佟楼沿英租界边界直至墙子河修筑了一条马路（就是今天的马场道）。①

　　倪家花园就是位于英租界马场道上（即今佟楼儿童医院址），花园面积不小，大致范围是南到围堤道，西至马场道，北面是"津河"，东面是一片农田。倪家花园旁的"津河"解放前叫"倪公河"，马场道通过这条小河的上面当时还有一座桥，叫"倪公桥"。

　　倪家花园是倪家购置地皮后，计划兴建用于倪嗣冲晚年养老活

---

　　①　天津市地方志编修委员会编著：《天津通志·附志·租界》，天津社会科学院出版社 1996 年版，第 42 页。

动的所在地。这块地方在当时属于天津郊区,较为清净。不过,倪
嗣冲晚年除有时住在意租界外,大多住在墙子河道上的倪公馆,直
至他 1924 年 7 月 12 日病逝。同年 8 月 9 日"大总统令"追赠倪嗣冲
为安武上将军。倪嗣冲墓志铭由桐城马其昶撰文,江安傅增湘书
丹,合肥王揖唐篆盖。1937 年 5 月 13 日,倪嗣冲与宁夫人合葬于倪
家花园。

　　倪家花园里建了花窖和不少部分附属设施,因倪嗣冲的去世而
改变原有的建造想法,倪道杰虽曾一度想扶柩回籍安葬父亲,然而
局势动荡有所搁置,最后选择将父母双亲葬在倪家花园。

四友小学学生到倪家花园春游

　　倪家花园也是一处私家陵园,因此一度被称为"倪家坟地"。据
回忆,花园里道路是石板铺成的甬道,两侧摆放着成对儿的石兽和
石人,环境优美,绿树成荫,鸟语花香。倪嗣冲的坟茔则使用釉质砖
砌成,像覆盖着琉璃瓦,在阳光照射下便会金光灿灿。在坟地的东

北角,还有一座倪家祠堂,早已破败不堪,前来花园玩耍的孩子们称之为"小庙"。据从事收藏的杨克贵回忆,这里还是学生们的"游园",刚上中学的他每到假期便跟随历史老师到这片花园,少年时的他并不因为它是"陵园"而感到害怕。相反,在这样安静的环境里,老师边走边讲很多历史故事,都深深地印在了他的脑海里。①

2008年3月29日《今晚报》刊登了一张"倪家花园春游"的照片,图为天津常德道四友小学学生到倪家花园春游,摄于1946年。当时倪家花园一带比较偏僻,学生到那里游玩已经算是远足了。照片收藏者言慕名当时在四友小学就读。同学中还有多位当时天津名医的后代,但多数已难于指认。照片中的建筑上有匾额一方,放大后仔细查看可辨认出"椿荫犹存"四字。

笔者1952年11岁,住在马场道22中对面,夏天经常到佟楼河边去玩,看见河对面有石人、石马和高耸的石碑,后来听说那里是倪家花园倪嗣冲将军的墓地。

1953年,天津市人民政府决定在佟楼倪家花园建儿童医院新址,找到倪嗣冲的三子、时任利中酸厂经理的倪叔平,倪叔平在家属的支持下,将父亲倪嗣冲和其他亲人的坟墓迁到北仓公墓。

1954年11月16日,在倪家花园开始兴建天津儿童医院。1956年建成门诊楼、理化楼。是年9月,将1951年从妇婴医院更名的儿童医院从南门外大街(今长征医院旧址),喜迁新址。院长为著名儿科专家范权。1957年住院部大楼建成,新院全部投入使用。过去的倪家花园旧址,直至2015年一直是天津儿童医院的所在地。

2015年,位于刘园的天津市第二儿童医院开诊,天津市儿童医院暂停诊。

---

① 天津马场道名人故居(胡佛、德璀琳、汉纳根别墅和倪家花园),参阅网址:http://www.360doc.cn/article/7419042_180218085.html.

安徽省长王普在津旧居

　　王普一生两任安徽省长。1928 年他携带多年积蓄的 300 万元巨款来到天津。王普在天津英租界怡丰道(即 34 号路)54 号(今湖北路 55 号)兴建了一座占地 3 亩左右的英式花园宅邸。宅邸电话:3 3 5 7 6。宅邸分为前后两部分,前部建于 1928 年,为自家居住;后部扩建于 1934 年,为其子王传纲结婚所造。前院有紫藤一株,垂柳一株,龙爪槐一株。后院有凉亭一座,太湖石 4 块,石桌一张,石凳 4 个,麻姑献寿瓷人一套。

　　该楼为前后两座四层砖木结构建筑,一楼前宅有汽车库一间,锅炉房一间,男仆住房两间半,厕所一间;后宅有大厨房一间。二楼前宅有门厅一间,过厅一间,小书房一间,会客厅二间,卧室一间,饭厅一间,厕所一间;后宅有卧室一间,客厅一间,过厅一间,男仆住宅半间,卫生间一间。三楼前宅有过厅一间,饭厅一间,客厅一间,卧室一间,书房一间,女仆住房一间,卫生间一间,另外有阳台两个;后宅有卧室一间,客厅一间,卫生间一

王普旧居湖北路 55 号(老 54 号)

间,过厅一间。四楼前宅有过厅一间,储藏间两间,女仆住房两间,祖先堂一间,卫生间一间。后宅有佛堂一间,其余部分为屋顶阳台。家中还有钢琴。王普住前宅二楼,妻子道蕴住前宅三楼,子媳住后

宅三楼。

王普儿子、儿媳王传刚、孙韫玉

王普把所携巨款除建房外,一部分投资于裕元纱厂、寿丰面粉厂、丹凤火柴厂、金城银行等,另一部分现金存入外国银行,支取利息,作为家用。

1940年3月,汪伪国民政府在南京正式成立,汪精卫在伪中央政府人员名单中,王普被任命为安徽省长。汪精卫两次命齐燮元到王普天津英租界寓所登门游说,均被王普严词拒绝。此名单当时曾在重庆流传,并一度误传王普已在安徽就职。此传言对当时在重庆避乱的王氏家族压力很大。

王普旧居郑州道26号(老38号)

1945年抗战胜利后,北平市第一任市长熊斌是王普在北京陆军大学的同学,并私交甚厚。1946年蒋介石来北平视察,从熊斌那里得知王普现住天津,于是年8月曾命一名少将来津探望王普。1947年—1948年国民政府成立立法院,在全国普选立法委员。王普被提名为安徽省候选人之一,后被选为候补立法委员第一名。

1948 年蒋介石去台湾前，当时天津市国民党市党部主任委员邵华曾建议王普随着国大代表、立法委员一起撤至台湾，王普坚持留津。王普与邵华，既是同乡，同是安徽阜阳人，又是老友。1927 年国民革命军北伐时，邵华是王普与蒋介石之间联系人。王普军队被改编为国民革命第 27 军后，王普任副军长，邵华任 27 军政治部主任。1949 年，作为老同盟会员的邵华去台湾后曾任国民党中央委员。

1949 年 1 月 15 日天津解放后，王普仍寓居天津，闲赋于家。1950 年春，中央人民政府副主席、全国政协副主席、"民革"创始人李济深来函请王普去北京叙旧。李济深 1920 年前曾任北京陆军大学教官，是当年王普的业师，并有私交。不久，经李济深介绍，王普在天津加入"民革"，为天津市民革成员，并被聘为天津市新华区第一届政协委员。

王普长孙女王家珍、次孙女王家慧、
三孙女王家怡、四孙女王家敏
（自右向左）

20 世纪 50 年代初，王普将湖北路房产变卖，在附近郑州道 38 号（今 26 号）购买一座欧式小洋楼，为三层砖木结构建筑，有半地下汽车库等，楼下有客厅等，王普及后续夫人住二楼，三楼为佛堂。另有前后院，后院小楼有厨房、储藏室等。1957 年 8 月，王普因病逝世，"政协"两次派人来家吊唁。王普之独子王传纲（1917—1966），毕业于辅仁大学，一生喜好文学，"文革"前夕去世。王普之子媳孙韫玉、子续妻程琇；长孙王家典、次孙王震，长孙女王家珍、次孙女王家慧、三孙女王家怡、四孙女王家敏。

日本驻天津总领事馆调查表中的倪氏家族

据天津市档案馆主编,周利成、王勇则编著的《外国人在旧天津》一书披露和笔者张绍祖保存的一份《日本驻天津总领事馆天津名人调查表》中显示:20世纪20年代初,日本驻天津总领事馆曾对寓津名人情况进行过一番秘密的全面调查,并对他们进行严密监视,这是近百年前津门一桩秘事。幸存于世的一份调查表提供的大量原始信息,使日本当局的险恶用心昭然若揭。而实施这一阴谋的就是日本驻津领事馆总领事船津辰一郎。

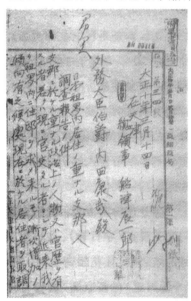

1921年3月14日,船津辰一郎
向日本外务大臣内田康哉
呈送的调查报告

这是一份在日本外务省外交史料馆尘封已久的档案,近年才被公布。2001年和平区政协编写《近代中国天津名人故居》一书,南开大学历史系张洪祥教授披露了这份珍贵的档案资料。这是他访问日本时,从档案馆复印而来的。

1921年3月14日,船津辰一郎向日本外务大臣内田康哉呈送调查报告。报告称,由于近来中国政局动荡,大批清代王公贵族、北洋政府高级军政人员、重要官吏等纷纷来到天津日租界、英租界、法租界、德租界、意租界等居住,这种情况还有扩大趋势,请求外务省制定相应对策。船津辰一郎还将涉及这些人物情况的调查表附后,以供参考。

船津辰一郎,于光绪二十一年(1895)来华,先是在驻华使馆任翻译,然后在中国多处领事馆任职,1905 年升任副领事。1915 年,"二十一条"出笼时,他正在驻华使馆任三等参赞,1919 年调任驻津总领事。1923 年,船津调奉天兼任朝鲜总督府事务官。1926 年任驻德大使馆参事。不久后,他脱离外务省,相继任在华日本纺织同业工会总务理事、华中棉产改进会理事长。

这份调查表计 1 6 页,由"在天津日本总领事馆"的竖格信笺纸制成,列有姓名、别号、籍贯、前职名、现职名、住所街名、摘要等 7 项表格式内容。调查表按调查对象所居住的日、英、法、伊(意)、旧独(德)、旧奥等租界及"中国地"(即华界)分别开列,涉及 180 人之多,以叱咤风云的军政人物为主,包括北洋政府要员、各省军政长官、清末官员、皇室成员等,间有天津地方官、律师和工商界知名人士。每位被调查者当时均有相当影响力。

这次调查是秘密在津全方位进行的,而在日租界范围内的调查只占全部调查量的 20%。尽管有的住所主人并不居住,或为空宅或仅由家族成员使用,但仍被一一记录在案,足见这并非普通的例行调查。船津辰一郎为此发动了当时在津特务机关的主要力量。其目的在于监控这些举足轻重人物的一举一动,伺机采取拉拢、腐蚀之能事,网罗、豢养其中的意志薄弱者,妄图利用其社会影响,充当马前卒,为实现日本不可告人的阴谋。这也是日本在长期预谋控制中国的过程中采取的一贯伎俩。

翻开这份调查表,我们可以看

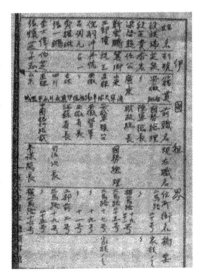

日本领事馆密查倪嗣冲、
王郅隆等名人的名单

到倪氏家族成员的名字：

　　姓名：倪嗣冲　　别号：丹忱　　籍贯：安徽阜阳　　前职名：安徽督军

　　住所街名：意租界大马路（今河北区建国道，笔者注）19号

摘要：

　　姓名：倪道烺　　别号：炳文　　籍贯：安徽阜阳　　前职名：

　　现在职务：安徽凤阳关监督　　住所街名：日租界花园街（今和平区山东路，笔者注）　　摘要：山东路北段

　　姓名：倪道煌　　别号：腾辉　　籍贯：安徽阜阳　　前职名：众议院议员

　　现在职务：　　　　住所街名：日租界花园街（今和平区山东路，笔者注）

　　摘要：

　　翻开这份调查表，我们还可以看到与倪嗣冲关系极其密切的皖系名人段祺瑞、段芝贵、王郅隆等人的名字：

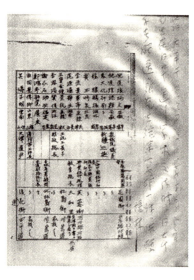

日本领事馆密查倪道烺、倪道煌等人名单

　　姓名：段祺瑞　　别号：芝泉　籍贯：安徽合肥　　前职名：国务总理

　　住所街名：意租界二马路（今河北区民主道，笔者注）20号（与倪嗣冲近邻，笔者注）　　摘要：家族住

　　姓名：段芝贵　　别号：香岩　籍贯：安徽　前职名：陆军总长

　　住所街名：意租界二马路（今河北区民主道，笔者注）20号（与倪嗣冲近邻，笔者注）　　摘要：家族住

　　姓名：王郅隆　　别号：祝三

籍贯:直隶天津　前职名:安武军粮台

　　住所街名:意租界大马路(今河北区建国道,笔者注)17号(与倪嗣冲相邻,笔者注)　摘要:家族住

　　这份调查表让我们清晰地了解到日寇的狼子野心和多年的处心积虑。尽管这份调查表在记载被调查者的籍贯、别号、职务时,也有错讹或表述不清之处,但该表提供的名人住址门牌号,准确度却是较高的。这为今人了解寓津名人早期行踪提供了不少方便,而且其中确有不少地址弥补了史载阙如,纠正了近年来有关记载的不妥之处。在这个调查表中,记载了倪氏家族倪嗣冲将军在意租界住所的准确地址,记载了倪道烺、倪道煌在天津住所的方位,记载了不少与倪嗣冲有密切交往北洋官员的住址。为我们研究倪氏家族、倪氏财团提供了资料。显然,该调查表如今竟以如此形式为社会服务,是完全出乎当年调查者意料的。

　　就在船津辰一郎秘密主持调查寓津名人后不久,《益世报》于1921年6月21日刊载了题为《日官宪密查中国情形》的消息。文中称:"日本提督署于本月十二日在署召集驻津日本各要人开秘密会议。十三日,驻津日本宪兵队派宪兵上士右本,着中国便服,同充该队暗查之中国人赴张家口调查中国征蒙情形。十五日,该提督署又派参谋岛野,身着中国便服,同中国人一名,乘火车赴陕西潼关,调查陕直军队有无冲突。十七日,又派顾问官石冢鹤鸣,身着中国便服,同现充日工商协会调查员的中国人一名,赴洛阳,直抵武汉等处,调查现在军队及兵变情形。"也是在当年,东京商业会议所特别会员兼日华实业协会副会长和田平治,于10月13日要求天津总商会协助其调查中国经济状况,并将调查事项一一指示。这些表明1921年是日方对中国各方面调查比较活跃的一年。

陆军中将倪毓棻

　　倪毓棻(1869—1917)，安徽阜阳颍州西乡倪新寨三塔村(今属阜南柴集)人，字香圃。1869 年 11 月 22 日生于一个耕读之家，其父倪淑是清末举人，在当地威名远振。倪毓棻兄弟三人，其排行第三，上有两兄，即长兄倪毓藻和胞兄倪嗣冲。清末太学生，由户部主事改官知府，荐擢二品衔道员。入民国，充武卫右军营务处，简任皖北镇守使，授陆军中将，二等文虎章。倪毓棻配戎氏，生有三子：道煜、道煦、道熙；二女：长适李、次适宁。侧室王氏。孙七人：晋均、晋培、晋墉、晋坦、晋垲、晋埥、晋坚。

一

　　倪毓棻少年时和二哥倪嗣冲一度随父亲在外读书。倪毓棻 6 岁时，因父亲被聘为袁甲三长子袁保恒(时任吏部侍郎)的西席，教授袁家子侄读书，兄弟二人亦随父入京，在袁家私塾中附读。后来父亲到四川开县为官，兄弟两人又随侍任所。科举之路异常艰辛，诵读《四书》《五经》，释解大意，习撰时文，转眼倪毓棻 20 多岁了，虽获得太学生的资格，然而科考道路并不顺利。父亲倪淑开始为他另寻出路，1895 年，倪淑为毓棻捐官。1896 年，倪毓棻"报捐主事，签分户部广西司供差"，开始了自己的政治生涯。随后于光绪"二十六年改捐同知，分省试用。二十八年于劝办顺直赈捐案内，经直督请奖知府，归山东省补用。三十二年经东抚派充充曹营务处兼统带充练巡防等营，旋派充南运局提调差使。三十四年经吉抚派充执法营务处。宣统三年八月经鄂督派赴直东皖豫募兵差使，十月经武卫右军左翼翼长电请,办理颍属团练事宜"。① 十多年的时间,倪毓棻先后奔波于奉天、山东、吉林、河南、直隶、安徽等地,举凡赈捐、防河、练军、督运、募兵等要差委任之,受到直隶总督、山东巡抚、吉林巡抚、湖广总督等长官的信赖与重用,1911 年 8 月受命任直东皖豫募兵总办一职。这期间,倪毓棻与二哥倪嗣冲聚少离多,兄弟二人作为朝廷命官天各一方,各司其职。

倪毓棻

1911 年 10 月 10 日武昌起义爆发,各地纷纷响应宣布独立,一时清政府风雨飘摇。皖北是辛亥革命时期的战略要地,东可控制津浦路,威胁南京,西南可入湖北,影响武汉,一时皖北成为南北争夺的重点。倪嗣冲认为颍州不惟桑梓之地,实乃中原之门户,得失极关重要。而淮上军的存在则极大地威胁了清政府的军事战略要地,淮上军占领寿州后,立即兵分几路,先后夺取凤阳、定远、临淮关、颍上、颍州等地。

当然在颍州失陷前,倪嗣冲就立即给弟弟倪毓棻发电,要求急速回颍,整顿四乡团练,以备助剿。颍西倪氏家族早在咸同年间就已威震方圆:"捻首苗沛霖反寿州,觊颍州富庶,民劲悍可用,引兵击蒙城,欲据为巢穴。君世父祁门教谕元凯,赠太仆寺卿元灏皆有干略,练乡兵自固,屡战却之,捻不得逞。已而庐州陷,淮以南无寸土,颍州独完。安徽巡抚遂移驻其地,卒复全皖。倪氏之以武功卫乡里自此始也。"②而父亲倪淑在组织团练过程中地位极其重要,太平军曾"以万众困阜城三月,四郊群盗如毛","淑与元凯、元灏尽散家财,

---

① 李良玉、陈雷主编:《倪嗣冲函电集》,社科文献出版社 2011 年版,第 57 页。

② 李良玉等著:《倪嗣冲年谱》,黄山书社 2010 年版,第 289 页。

募死士得八百人,教之战阵,并联络西乡民练,周围二百余里约十万众咸听约束,奉为盟主。淑乃广设方略,以感敌心,肃清奸宄,以安民志。号令一出,桴鼓相应。敌知西方有备,恐扰大军后,不敢专力攻城"。"无何苗沛霖占凤怀,连陷寿颍,欲进窥阜城。西乡各以淑有捍御功,怀甲集于门,求归统率。淑乃重建义旗,号令山立。一战于张家寨,败之;再战郑家楼,俘斩二千。苗部披靡遁去。淑复躬率民团五千截击于田市集,遇苗练兵七千,皆劲旅,民团汹惧。淑挥泪誓师,民团皆奋勇愿效死。于是鏖战三昼夜,卒以少胜众,苗练大奔"。①

也就是说,因父亲倪淑兄弟几人散尽家财、组织团练,最终使颍州城得以保全。虽然几十年已过去,但倪家留下的威名仍在,因此当颍州城再次处于存危之际,不仅倪嗣冲、倪毓棻兄弟二人有敢于担当保全地方安稳之责,而且兄弟二人都曾在军界有过历练,所以倪嗣冲就让倪毓棻即刻回乡募兵。从皖北的战略层面考虑,袁世凯对此地也极为重视,因为颍州与项城只有百余公里。袁世凯不仅赞成倪嗣冲率兵入皖,而且亦派张勋等人率兵进入皖北。"临淮关为北伐要道,顷闻已由清将姜桂题、倪毓棻带领毅军驻扎,以堵截各省北伐之民军,并有攻克颍州之说,以致寿庐一带,颇为恐慌,急速派民军前往抵御。"②

倪毓棻受命速返颍州,"整顿四乡团练,以备助剿",并四处募兵,前后募得团练2万余人,其中还收编了一些流散军队和退伍士兵,如老巡防营石忠玉部两个营,即达千余人。淮上军攻占颍州前后,倪毓棻携亲戚宁继泰等人急速赶往河南周口向倪嗣冲汇报军情,1911年12月初,倪嗣冲由河南周口率兵进入皖北一带。

倪嗣冲以马队为前卫,步队为左右两翼,炮队居中,由颍河南岸进攻;另以第六镇马队为两棚,步队一哨,由颍河北岸进攻;自率左

---

① 李良玉等著:《倪嗣冲年谱》,黄山书社2010年版,第274—275页。
② 《皖北告急》,《申报》1911年12月18日。

翼小队为后应。12 月 11 日晨,倪嗣冲亲自督军进攻颍州城,双方多次正面交火,并展开激烈炮战。经过 11、12 两日的苦战,双方都伤亡惨重,疲惫不堪。"奈贼炮势若飞蝗,仰攻殊难得力。适募兵总办倪守毓棻齐集团练二万余人,会同后路左营周管带茂冬由沈项来会,攻击西城。"14 日夜,"倪守毓棻率领周家寨练总周家凯押奋勇短刀手二百余名,分头由西北、东北各城登城。"最终攻破颍州城,"匪始抛弃衣械,星逃四散。冲入城后,居民欢呼踊跃。"①此役倪毓棻因功"保道员加二品衔"。

淮上军守失颍州后,便积极组织反攻,于 1912 年 1 月会集正阳关,组成联军,再次北上围攻颍州。局势非常紧张,倪嗣冲迎战于十八里铺,"冲孤军深入,累经请兵,未蒙添派。豫抚准拨六营,有三营绝不能来者,现到一营驻扎太和,其余两营亦尚无开拔日期。幸而胜尚可支持,败则一溃莫救。冲惟有以死自谢而已。"②而此时倪毓棻"方剿匪涡阳,闻警冒雪弛还,袭击之,城赖以全"。③ 时颍河浮桥已为敌军拆毁,船只也被扣留,倪毓棻竟在寒冬腊月率军从三里湾涉水过河增援。"冲与胞弟毓棻、高营务处世读分率马队督队前进,并指挥接应。敌军凶悍勇猛,狂扑前军。我军亦合力作战,誓死抵御。"④最终得解颍州之围,并不断反攻,追击至正阳关,至此皖北遂罢兵休战。

1913 年 6 月,袁世凯以反对借款、不服中央为借口,免除江西都督李烈钧、安徽都督柏文蔚的都督职务。孙多森以安徽民政长兼署都督,取代柏文蔚,7 月 6 日孙抵皖接印视事。7 月 17 日,安徽宣告独立,"公举胡万泰代理都督,孙多森仍为民政长,柏文蔚为安徽讨袁军总司令。"⑤柏文蔚虽屯师皖北,显然力所不支。倪嗣冲率军进

①　李良玉、陈雷主编:《倪嗣冲函电集》,社科文献出版社,2011 年版,第 37—39 页。
②　李良玉、陈雷主编:《倪嗣冲函电集》,社科文献出版社,2011 年版,第 47 页。
③　李良玉等著:《倪嗣冲年谱》,黄山书社 2010 年版,第 289 页。
④　李良玉、陈雷主编:《倪嗣冲函电集》,社科文献出版社,2011 年版,第 49 页。
⑤　《皖省独立之大风云》,《申报》,1913 年 7 月 20 日。

攻"讨袁军"。7月27日袁世凯任命倪嗣冲为都督兼民政长,免除安徽都督孙多森。倪嗣冲亲率大军8月3日克凤台,5日克寿州,6日克正阳关,倪嗣冲直抵省垣安庆,"而蒙城、凤台复相继陷,寿县围急,皖北大震。"倪毓棻被委任为后路司令,"率所部规复蒙城,以扼其北窜,分下凤台,寿围立解","皖北遂又定"。①

1914年1月中旬,白朗军连破河南光山、潢川、商城,逼近安徽,地方土匪孟昭贵趁机作乱,倪嗣冲要求积极防剿。六安防务顿时"万分危急,兵力虽单,势又不能不尽力筹备,设法防御,以遏匪氛,而资保障",倪毓棻深知所募"前、后路均属新兵,不特急切未能备战,且恐临敌误事",②便向倪嗣冲报告,"豫匪(白朗部队)东窜,王营长传禄受伤挫败,六安知事殷葆森席款潜逃,痞棍乘机抢劫,狱囚脱逃,秩序大乱",③要求增援,倪毓棻统领各营队兜剿,"星夜奔霍邱,前一夕驰入城守,而右路统领马联甲军亦至,於是合击,势甚盛,白朗遁入陕走死,孟昭贵等亦相继诛灭,是为皖北三定。"④

二

倪毓棻自受二哥电请,辞去募兵总办回皖后,便一心协助倪嗣冲,他一方面通过鏖战颍州、参与赣宁之役、兜剿白朗匪患,三定皖北,另一方面重在追剿土匪,铲除祸乱根源,遏制敌对势力滋生。1913年10月20日倪毓棻被袁世凯任命为皖北镇守使,1914年4月13日晋升陆军中将衔。

1912年倪嗣冲负责督办苏豫皖鲁毗连地方剿匪事宜,倪毓棻参与剿平皖豫联界悍匪。1913年8月倪嗣冲移驻省垣,凤阳、寿县空虚,9月寿县水家湖水百川组织2万多人暴动,进攻凤台,占领县城,倪毓棻率部解围。因功于是年10月被委任为皖北镇守使,驻寿县,统辖皖北地区军事。皖省大乱初平,各地匪患不绝,倪嗣冲莅任都

---

① 李良玉等著:《倪嗣冲年谱》,黄山书社2010年版,第289—291页。
② 杜春和:《白朗起义》,中国社会科学出版社,1980年版,第100页。
③ 杜春和:《白朗起义》,中国社会科学出版社,1980年版,第87页。
④ 李良玉等著:《倪嗣冲年谱》,黄山书社2010年版,第291页。

督后，即饬全省各属严办清乡，俾"绝匪踪而安良善"，而皖北即由倪毓棻镇守。在这一地区，倪毓棻认为自淮上军起事一来，易于勾结匪类，且相互声援，皖北一带尤为土匪出没之区。非有重兵，始能控御。因此倪毓棻一心剿匪，对匪党实行严刑峻法，首恶必办，胁从不问。

1915 年 11 月倪嗣冲致电陆军部，咨文叙述了倪毓棻担任镇守使职后的剿匪事宜："镇守使自民国二年十一月受职以来，时值乱事甫定，秩序未复，所有乱党、土匪类皆潜匿隐伏，与沪上党魁联络勾结，伺隙而动。当经分布队伍严密搜剿，期靖内乱而尽根株。幸上托大总统威福，共削平股匪不下数十起，破获乱党秘密机关十余处。除克复凤台，解围寿县，暨在蒙、涡各县详报讯明枪毙，并累次当场击毙各匪不计外，计自民国三年一月起至本年九月底止，共拿乱党、土匪，业经讯明处以死刑者四百零四名，监禁者十六名，均经详报有案。此皆将士用命，故能弭患无形。所有在事出力人员不无微劳足录，应请转呈奖叙，以资鼓励而昭激劝等情前来。本将军窃查皖北一带人民强悍，盗风素炽，改革以还，乱党、土匪交相为用，分起迭乘，就中土匪最悍者，如文希贤、黄骆驼、何瑞三等，各带党羽数百人、数十人不等，出没于河南息县、鹿邑、西华暨亳县、阜阳各县，迭抗官军，绑票勒购，几与胡匪无异。燕老黑、孟兆贵各股出没于河南永成暨涡阳、蒙城、凤台各县，劫掠焚杀，远近骚动。乱党之最黠者，如吴凤藻、毕良臣、张海舟等，布散票布，设立机关，私制旗帜、关防、告示，辗转煽惑，声势日大。其零星土匪、乱党四处扰害，尚复不在此数。苟防范之稍疏，即罅漏之立见，所幸该镇守使派遣军队分头缉拿，两年以来获案法办计及四百余名之多，首要均就歼除，协从立即解散，地方得以又安，隐患得以消弭。"①

不难看出倪毓棻保障长淮、累平匪乱、奸民远迹，功不可没。迭获乱党土匪，均经讯明，或处死刑或监禁，都有详报有案。治盗必用

① 李良玉、陈雷主编：《倪嗣冲函电集》，社科文献出版社，2011 年版，第 255—256 页。

重典,然而倪毓棻却遭人控诉,蒙不白之冤,当时有人称倪毓棻及部下清乡局长杨武,扰民不法①,任意残害人民,心狠手辣。②

对此倪嗣冲、倪毓棻兄弟二人对于结怨与人都有清醒的认识。倪毓棻言称:"吾以偏裨当乱世,一隅不靖,祸及全局,颍、寿吾乡土也,自顷以来,岁比不登,盗贼蜂起,盗不治,民何由安? 夫治盗必重典,而用兵贵神速,吾敢贻巨祸博长者声誉哉?"③倪嗣冲派员查复,并为倪毓棻、杨武扰民控诉一案致函徐世昌,认为办理清乡,治匪甚严,结怨遂多,若不从严拿办,诚恐死灰复燃。乱党巢穴,"经毓棻认真拿办,乱党恨之刺骨,必欲百端谣诼,以快其报复之私"。"然在嗣冲兄弟二人毁誉、倪氏一门祸福本不足深计,而地方安危所系,尚有不敢缄默者。盖地方治乱全恃用人,得人则治,失人则危。今是非一失其正,则得力任事之人将蒙羞被祸以去,其热心任事之人,鉴于前车,亦必遇事敷衍,徇情邀誉,而思苟以自全。施之太平无事之时,坠坏尚在无形;若施之危险难治之地,则其遗误必立见于且夕。""嗣冲虽愚,万不肯庇护一杨武,而令陆军部受乱党蒙蔽之嫌,失同舟共济之谊。"④由此可见,倪嗣冲、倪毓棻兄弟二人,以国家大局、地方安稳为重,勇于担当、敢于任事,甚至不惜倪氏家族声誉受损。

当然,对于倪氏兄弟结怨于人,倪嗣冲也有自己的考虑和看法,"功罪混淆,是非颠倒,嗣冲向不忍为","然所以致此者约有数端:孙少侯虽入京内附,其所拥戴之人,感情具在寿州,乱党非其亲友,即其党派,一经拿办,即向之申诉冤枉,侵润之谮肤,受之诉先入而为之主。嗣冲兄弟为地方除害,其势不能听其指挥,满其愿望,此结怨者一。雷朝彦兵丁在宿县滋闹,知事被其驱逐,兵丁居然坐堂问案。皖省世家显宦半在庐、寿,其乱党土匪亦惟庐、寿最多,一经获案,必辗转求其亲故要人代之请托。请托不得,讪谤遂之,此结怨者二。

①　李良玉、陈雷主编:《倪嗣冲函电集》,社科文献出版社,2011年版,第220页。
②　周军主编:《皖系北洋人物》,安徽人民出版社,1993年版第327—329页。
③　李良玉等著:《倪嗣冲年谱》,黄山书社2010年版,第290页。
④　李良玉、陈雷主编:《倪嗣冲函电集》,社科文献出版社,2011年版,第221—222页。

自革命事起,无一人不有官吏之资格,无一事不作权利之思想。其
黠而有力者,时奔走于要人巨公之门,趋之如鹜,炙手可热,函电交
驰,为之说项,指名肥差要缺,而不问其人之资格才具能否胜任,一
夫不获实予之辜。嗣冲受大总统重寄,安能以人民安危、地方利害
应酬人情? 其结怨者三。此皆谣诼之所由来也。"①乱世须用重典,
倪氏兄弟的做法是历代治国者的一贯主张,"盗之初起,一捕役足擒
之,及势已燎原,虽殚天下之兵力而无可如何,如唐黄巢、宋方腊、明
李自成、张献忠,其前车也。"②

　　不过,倪氏兄弟结怨与人,不仅在于上述三点。早在 1911 年 12
月至 1912 年 1 月的两次颍州之役,兵戎相见,倪嗣冲、倪毓棻最终得
以占据颍州重镇,即已与从寿州而来的张汇滔等人沉淀下政见恩
仇。在张汇滔盘踞颍州一带时,"城乡绅耆团练来迎,金称踞颍匪首
张是轮即张梦碟③,系积年会匪,乘势作乱,冒称革军,实行抢劫主
义。踞颍后,官绅士庶横被鞭辱,以搜索军械为名,仓库公款及民间
牛马财物粮米抢劫一空,并掳掠妇女,生杀自由,惨无人理。"④"沿路
探询及颍州绅耆,纷纷禀告,均谓张匪踞颍后,鞭辱官绅,抢劫民财,
苛罚商贾,毁坏学校,侮辱妇女,种种蹂躏,民不堪命,请速进兵。"⑤
因此倪嗣冲攻占颍州后,大肆搜捕淮上军,处以极刑。张汇滔等人
先是逃往三河尖,收拢残部,然后撤往寿州,遂又组织联军攻颍进行
复仇,然再次被打败。不难设想,对于倪嗣冲而言,是剿匪之战,捍
卫桑梓之地。而在张汇滔等人看来,挫败已在心中埋下刻骨仇恨,
加上后来倪嗣冲与柏文蔚的武力争战,柏同样来自寿州。不言而
喻,张、柏等人在寿州关系盘根错节,加上不少淮上军死于颍州之
役,这些也成为倪毓棻后来驻军寿州城,匪党伺机而动的原因。对

①　李良玉、陈雷主编:《倪嗣冲函电集》,社科文献出版社,2011 年版,第 226 页。
②　李良玉等著:《倪嗣冲年谱》,黄山书社 2010 年版,第 288 页。
③　孟介。
④　李良玉、陈雷主编:《倪嗣冲函电集》,社科文献出版社,2011 年版,第 37 页。
⑤　李良玉、陈雷主编:《倪嗣冲函电集》,社科文献出版社,2011 年版,第 41—42 页。

于倪毓棻而言,颍州危急历历在目,镇守皖北,驻军寿州,督剿自然不可懈怠。

三

倪毓棻在皖鼎力支持二哥,稳定安徽局势,倪嗣冲能够"驻师蚌埠,秉操不挠,屹为重镇,亦赖君左右成犄角之势也"。① 在许多国事问题参与上,倪毓棻还与二哥一同驰骋疆场。

1915 年底袁世凯帝制自为引发南北战争。1916 年 3 月,倪毓棻奉袁世凯之命,督队赴岳,由浦乘江孚轮至汉口,统率先前筹建的十五营兵力南下增援。进入湘西后,归北洋军第一路司令周文炳指挥,围攻麻阳,并最终攻陷,护国军遂主动撤离湘西。又转入湘南夺取武冈、宝庆,进攻长沙。② 后来倪毓棻退驻湘潭,据守萍湘公路,堵遏桂军。袁世凯去世后,倪毓棻将安武军撤回安徽防地。

1917 年府院之争,黎段矛盾激化。倪嗣冲于 5 月 29 日致电中央政府和冯国璋等,宣布"自今日始与中央脱离关系"。倪毓棻也于同日致电各省的督军和省长,声称召集旧部,誓师北伐,扫除群凶,义无反顾。6 月 2 日,倪毓棻受任为安武全军前敌营务处,遂率军北上。抵津后,倪毓棻严肃军纪,发布通告:"布告商民人等,毋得自相惊扰,所有买卖务须公平,交易不得高抬物价。倘有不法之徒或冒充本军讹诈骚扰,并买取食物不给钱文等情事,准其来辕指名禀控,抑或扭送前来,无不立予究办,以肃军纪。"③6 月 13 日,黎元洪下令解散国会,随后独立各省份纷纷宣布取消独立,倪毓棻率部先是将部队开到天津附近的良王庄营盘,后即率部于 6 月底陆续开拔撤回。

1917 年 7 月 1 日,张勋在北京拥清废帝溥仪复辟。段祺瑞组织讨逆军,在天津马厂誓师讨伐,任命倪嗣冲为"讨逆军南路总司令"。倪毓棻、倪嗣冲率部形成对徐州的钳形包围,张文生通电缴械,倪毓

① 李良玉等著:《倪嗣冲年谱》,黄山书社 2010 年版,第 290 页。
② 姜克夫:《中华民国史资料丛稿——民国军事史略稿》,中华书局 1987 年版,第 65 页。
③ 《大公报》1917 年 6 月 16 日。

菜往返奔波，处理接管定武军事宜。

1917 年 8 月 8 日，倪毓棻因患脑病在蚌埠病故，时年四十九岁。胞兄倪嗣冲念及兄弟情谊，想请假一月为其治丧，因徐州一带匪乱未靖，未能得到中央批准。8 月 14 日国务总理、陆军总长段祺瑞代大总统颁发命令："前以收抚定武军，冒暑奔驰，触发旧疾，给假调理，方冀早日就痊，益恢远略，遽闻溘逝，悯惜殊深，着交陆军部照中将积劳病故例，从优议恤，以彰劳勚。"9 月 7 日，倪嗣冲在蚌埠为倪毓棻开吊，津浦铁路 7、8 两日加开专车一班，送客赴蚌吊唁。10 月，倪毓棻葬于颍州西湖西北岸。

倪毓棻去世后，倪嗣冲病情加重，一时心灰意冷，他"与弟香圃公亲爱尤挚。弟卒，公哭之恸，言辄流涕"。①"公孝友诚，至弟某没，待其犹子如所生，惟不令治军。曰：兵犹火也，吾出入军中二十年，如日踞炉火上，忍令以自焚者焚人耶。"②

倪嗣冲兄弟三人，长兄比自己大了 20 岁，毓棻只比自己小 1 岁，因此自小就与胞弟毓棻一起学习、生活，后来兄弟二人各自建功立业。1911 年武昌起义爆发，家乡颍州危在旦夕，倪毓棻接到二哥电请，毅然辞去四省募兵总办一职，回乡组织团练，自此人生的最后六年，一直与二哥相伴相行，也一直听从二哥安排，忠勇朴诚、坚苦果毅，不避险阻、勇往直前。弹指一挥间，转瞬百年，岁月无痕，历史的幕布上依稀留下倪毓棻雪夜潜还、镇守皖北、驰骋疆场的身影。

---

① 李良玉等著：《倪嗣冲年谱》，黄山书社 2010 年版，第 288 页。
② 李良玉等著：《倪嗣冲年谱》，黄山书社 2010 年版，第 278 页。

倪道杰先生生平事略①

一

　　倪道杰(1890—1942)，字幼丹，1890年10月出生于安徽阜阳颍西倪寨村(今属阜南县柴集)，其童年少年都是在此度过的。当时倪家已是闻名方圆的名门望族，祖父兄弟四人均曾出仕为官，皆有威名。

　　咸同年间，发捻事起，祖父倪淑，筑寨自保，由于其号召力，周围圩寨多奉他为盟主，方圆百余里，咸听约束。后来倪淑入袁保恒、倪文蔚幕，又到四川开县、长宁县等地为官。"归里后，隐居乡僻，终身不履城市，日以课孙为业"。倪淑的为人处事和家教，无疑对子孙产生了影响，"淑为人正直和易，义之所在，艰危必赴；义所不可，虽权势不能要而夺也"。② 因父亲倪嗣冲已出外做官，所以倪道杰的早年教育就由爷爷来承担，知晓祖训家规，诵读四书五经，初步接触新学。

　　1895年倪嗣冲为部郎中，1898年2月，倪嗣冲被清政府选任为山东陵县知县。1900年9月，奉山东巡抚袁世凯之命，倪嗣冲开始督办河北山东交界德州等九县义和团善后事宜。1901年4月袁保荐他为恩县县令，并连捐带保知州。八国联军侵华，京城一片狼藉，《辛丑条约》签订后，倪嗣冲任职于"京师执法营务处"，负责维持京城的社会秩序。1902年2月，袁世凯调其到保定直隶总督署，任职于营务处，具体负责骑兵的训练。1903年12月，袁世凯又调他到天

---

　　① 本文系郭从杰、倪祖珉所撰写。
　　② 《倪淑传》，见金松岑撰《安徽省志人物传》，参见李良玉等著：《倪嗣冲年谱》，黄山书社2010年版，第275页。

津小站练兵总部任职,成为袁世凯督练新军的得力助手。

1905年2月祖父倪淑去世,倪嗣冲回乡丁忧守制。9月,袁世凯、张之洞奏请立停科举,开设新式学堂。清政府下诏次年开始,所有乡会试一律停止。11月,袁世凯催倪嗣冲立即返津,任其为北洋行营营务处总办。倪嗣冲非常重视孩子的教育,于是将倪道杰由家乡带到天津,入读北洋客籍学堂。北洋客籍学堂是1905年9月受时任直隶总督袁世凯之命开办,该校生源主要是外地在津官吏子弟。当时在北洋客籍学堂就读的还有弟弟倪道炯。自倪道杰离开家乡来到天津后,便开始接触外面的世界。

1907年11月至1909年9月,倪嗣冲先后担任黑龙江省民政使、巡防营翼长、官盐局总办、禁烟所总办等职。由于这时倪嗣冲远在东北,自然对倪道杰没有太多时间管教。1908年倪道杰考入顺天高等学堂,赴北京就读。倪嗣冲被革职后,1909年底至1911年常常穿梭于京津间,与一些要人接洽,自然会有较多时间关注倪道杰的学业。对倪道杰而言,虽然父亲能有更多时间陪在身边,但父亲被罢免的经历,无疑也会使他对宦海沉浮、官场险恶多了一层认识。

二

1911年武昌起义爆发后,倪嗣冲被重新起用。1912年倪嗣冲率武卫右军一部开始驻扎皖北,后负责督办苏豫皖鲁毗连地方剿匪事宜。倪道杰自顺天高等学堂毕业,虽获监生资格,分部员外郎,然清政府风雨飘摇,正常的仕途道路自然被打断。可以想到的是,在这段时间里,倪道杰一度随父返乡。1913年7月倪嗣冲任安徽都督兼民政长,开始了督皖八年的历史,而倪道杰先后任安武军粮饷局局长、安徽督军公署高等顾问、安徽省长公署高等顾问等职务。此期间,除了辅佐父亲参与一些政事,同时受父命开始学习投资管理一些近代企业,从此开始了他经营工商实业的一生,成为了倪氏财团的实际执行者及父亲过世后的家族领头人。

数年间,倪道杰往返于天津、北京、蚌埠、安庆、南京、徐州、上海等地,主要围绕以下事项展开:

第一,协助父亲处理安徽政务,特别是为安武军筹备粮饷。倪嗣冲督皖后,不仅省内的清乡剿匪、民刑各事、经济建设需要处理,而国内政局的变动常常耗费倪嗣冲更多的精力。处理这些事务,倪道杰多参与其间。袁世凯帝制自为引发南北战争,1916年初倪嗣冲派军队开赴湖南,后方接洽皖军赴湘军费筹借事宜就由倪道杰负责。1917—1918年倪嗣冲两次派军入湘作战,支持段祺瑞的武力统一,倪道杰同样参与粮饷筹措,并赴京催领,以济前敌军需。倪道杰还多次奉父命拜谒张勋、李纯、冯国璋、徐世昌等人,与他们沟通信息、联络感情,处理一些特别事务或者私谊活动。

倪嗣冲督皖后期,因身体状况每况愈下,很多事务往往就需要倪道杰等人代行。1917年8月叔叔倪毓棻去世,倪嗣冲伤心过度,身体状况欠佳,再次萌生辞意。随之倪道杰服侍左右,有时替父代行公文。1918年11月,安徽省长黄家杰病故,总统想请倪嗣冲暂行兼任省长,倪嗣冲不予同意,并致电徐世昌、钱能训,“出一缺空一职,群起钻营,百计以求幸获”,“殊不知人世之所谓名者、利者、权者,皆托于国家以为之保障,似此迁流不返,国家将无以自存,即使如愿以偿,则所谓名者、利者、权者,亦终如昙花泡影”,“近者省长缺出,日以军民协力之说,侵趋於嗣冲之侧,以求密呈保荐者颇不乏人,因是以推,则逐逐于辇毂之下者,更不知其凡几”,“伏恳大总统、总理,择一识见通明、肯负责任者,任为皖省省长”。① 倪嗣冲为人忠诚耿直,爱憎分明。应当说,他对倪道杰的人生安排上并未过多为其仕途铺垫,或者说无意于其在政界发展。但由于倪嗣冲本人一直参与国事,且不少中央要人都是过去的北洋袍泽,排除这层关系不说,倪道杰本人忠诚稳重、踏实进取,极易受到一些要人器重,因此一度他被选任为国务院铨叙局主事、参议院议员。1920年9月倪嗣冲辞去本兼各职,由于倪道杰多年为安武军筹备军饷,自然与各路统领关系极为密切,如与马联甲、李传业、王普等人,因此在倪嗣冲

---

① 李良玉等著:《倪嗣冲年谱》,黄山书社2010年版,第327页。

卸任督军一职后,曾有人主张,安徽陆军总指挥一职应由倪道杰担任,不过倪道杰坚辞不受。

作为二十多岁的倪道杰能够协助父亲担此大任,勇于任事,倪嗣冲还是比较快慰的。"维时道杰方佐公治皖,学识弥益宏邃,公亦喜继志之有人,每于酒半掀髯称快,语及时事则又微露愤慨之意。"①倪嗣冲赴津养病,倪道杰也随之常住天津服侍。虽然倪嗣冲离皖去职,由于倪氏家族在民初安徽的影响,加上倪道杰与新老安武军的关系,因此事涉督军省长席位争夺时,各派力量常常亲近、拉拢、游说倪道杰。不过相较而言,倪道杰对马联甲、许世英还是持支持态度的。

最让倪道杰担心的,恐怕还是父亲的久病体弱,当时报纸称倪嗣冲患怔忡、左腿麻木、精神恍惚,甚至几次病危,虽先后从天津、南京等地请名医医治,但始终未能完全康复。

第二,参与投资管理一些近代企业。近代以来,民贫国弱,列强环伺,利权尽失。倪嗣冲讲求经世之学,如何才能强兵富国或许是倪嗣冲一直关注的问题,他直接参与北洋新军的操练,思考如何进行实业救国。当然如袁世凯、周学熙等人重视商务实业的讨论和实践也一定会给倪嗣冲留下很深的印象。因此当倪嗣冲督皖后,不管是为解决财政困难、开拓税源,还是通过实业救国,挽回利权,他都极为重视,身体力行,通过"因友及友,辗转邀集"方式募集股本创办实业。当然倪道杰早年在天津、北京接受教育时,自然会耳濡目染一些新学课程,后来的实践证明,他对工矿实业较感兴趣,或者说当时其胸中已有实业报国的豪情壮志。

倪道杰在安徽的经营主要是矿业。1915年淮北烈山煤矿招收新股,倪嗣冲出资20万元,改组普利公司为普益煤矿公司,聘请德国人比相贤为矿师,倪道烺为经理,倪道杰为董事长,后来续招股洋120万,通过购置蒸汽机等器械,开凿新井,产煤日多,倪道杰时常在

---

① 李良玉等著:《倪嗣冲年谱》,黄山书社2010年版,第281页。

自己家中与股东商讨矿山经营等事宜。1918 年倪道杰成立益大中兴公司,试采青龙山之煤矿。同年倪嗣冲招集商股,在当涂设立益华铁矿公司,倪嗣冲、倪道杰父子共出资 30 万元。是年 12 月安徽实业厅呈文农商部,称倪道杰请求开采宣城南乡周王村大小鼓岭、牛形山等处煤矿。为了实现采、炼一体,倪氏父子 1919 年试图在繁昌县建立华昌炼铁厂,因资金技术等因素,未能办成。后来,倪道杰入股上海和兴钢铁厂,将安徽铁矿石运往上海。此外,1920 年倪嗣冲还以倪道杰的名义投资山东峄县中兴煤矿,倪道杰任公司董事。

倪氏父子除在矿业方面经营外,还在其他领域进行了巨额投资。1917 年 5 月倪家与王郅隆、徐树铮、吴鼎昌等集资创办的金城银行成立,倪任董事。金城银行初创时期,倪道杰是最大股东,并长期任该行董事。1915 年 11 月王郅隆、倪嗣冲等发起投资创建裕元纱厂,1918 年 4 月,裕元纱厂正式投产。倪道杰在纱厂中先任董事,后任总经理一职。1920 年 2 月开源农垦公司成立,倪道杰为总经理。1920 年倪家还出资 20 万元接办裕兴面粉公司(后改为大丰面粉公司),倪道杰任董事长。

1920 年倪道杰进入而立之年,应当说这一时期他风华正茂,亦商亦政,踌躇满志。同样是在这一年,倪嗣冲寓居天津,从 1920 年至 1924 年,他基本上是在病床上度过。"辛壬癸甲四年之间息偃在床,时剧时愈,病中呓语辄及时事,或中宵愤起,奋袂抵几。"①作为长子的倪道杰一直随侍左右。

三

20 世纪 20 年代对于倪道杰而言,实则多难之秋,1920 年皖系战败,1924 年家父去世,1928 年国民党召开中央政治会议,决定没收倪嗣冲家族财产,加上一些企业经营出现困难,这些持续的动荡确实超出了其心理承受,但作为倪家在天津的主心骨,又必须挺过来。

---

① 李良玉等著:《倪嗣冲年谱》,黄山书社 2010 年版,第 281 页。

1920 年 7 月直皖战争，皖系败北，9 月倪嗣冲辞去本兼各职。客观说来，倪嗣冲一直坚持维系国家一统，反对派系纷争，但皖系战败，与倪嗣冲关系相对更为密切的一些要人纷纷下野，如段祺瑞、徐树铮等人。1922 年、1924 年的两次直奉战争使得政治局势更趋不稳，不断的内耗，矛盾沉淀、派系裂痕，都为北洋政府统治的覆灭埋下失败的种子，而这些自然会影响到倪氏家族的政治抉择和地位，不断的局势变动无疑也会影响到倪道杰对前景的判断和人生的思考。

1924 年 7 月倪嗣冲去世，对倪道杰而言是一种极大的考验，这年倪道杰 34 岁。1905 年爷爷去世后，倪道杰便随父离开颍州老家来到天津求学，从那时算起也快二十年了，但天津对自己而言始终就是异乡。1917 年叔叔倪毓棻去世，此后父亲就抱病在身，甚至几次病危，1920 年来津寓居诊治，然而一病不起，倪道杰一直处在莫名的不安中。父亲虽卧病在床，对倪道杰而言还有一种深深的情感依托，然而父亲的病逝，一切都摆在面前，一切都需要作为长子的倪道杰担当起来。

首先从家庭来说，自己二弟倪道炯长期任职军界，家族事务参与较少，三弟四弟尚属年幼，一个 10 岁，一个 8 岁。倪氏家眷、叔伯弟兄、打杂佣人，乃至阜阳老家事务，凡事关家长里短都需要通盘考虑、统筹应对。

其次，倪氏家族经营的各项产业，不管是在安徽，还是在天津等地，由于投资额度大，投资产业广，不少企业是父亲在世时与朋友、同僚共同投资的，而这些遗留的问题需要倪道杰去接洽，当然即使是自己投资的，因为有父亲在，并不感到孤单，而现在一切都需要自己去面对。

还有就是，父亲多年为官带军，留下的故友亲朋、新老安武军统领需要联络，不管是 20 年代安徽政局的变动，还是北洋派系的内争，倪道杰都往往会被牵扯其中，甚至有些不得不处理的社交应酬，同时还要关照好诸多随父亲到天津的安武军退役人员。

　　倪嗣冲的去世,对倪道杰、对整个倪氏家族而言都是不可言状的情感伤痛,然而对倪氏家族还有更大的冲击接踵而至,那就是倪嗣冲被国民党称为"军阀",虽然倪嗣冲在 1924 年已去世,但当北伐军高喊"打倒军阀"进入安徽后,倪嗣冲过去留下的财产被作为"逆产"要求充公。

　　1927 年 2 月北伐军进入安徽。7 月,蚌埠地主联合会代表呈请应将倪氏购置的长江巡阅使公署收回。8 月,北伐军总司令部以烈山煤矿中倪嗣冲股本占多数,宣布收归国有。① 1928 年 4 月 5 日蚌埠召开市民大会,讨论筹建蚌埠市中山公园,决议毁倪嗣冲生祠,没收其资产,改建中山公园及烈士祠,并将该祠附近约四十亩地一并充为公产。4 月 11 日,农矿部长易培基在中央政治会议上提议,将安徽烈山煤矿局划归该部管辖,并请将宣城益华铁矿公司、定远普益林垦公司收归国有。随之倪家拥有的 60 万烈山股份被充作官股。5 月下旬,农矿部派员接收定远普益林垦公司。

　　1928 年 7 月中央逆产处理委员会成立。9 月安徽处理逆产委员会成立。10 月中央处理逆产委员会派员调查安徽倪嗣冲之林矿各产,甚至传言将倪家在北京、天津等地的财产也要充公,一时极为恐慌,据闻倪家"将各银行存款及各种股票,一律更名过户。"② 10 月,农矿部对山东枣庄中兴股本进行清查,倪家在中兴煤矿中投入 20 余万元被没收。1929 年初,倪道杰在萧县白土寨开采的矿区亦被取消矿权,收归省办。5 月,农矿部成立益华铁矿保管处,1930 年 11 月国民政府将倪氏益华股权充作 30 万元官股。③

　　大体说来,倪嗣冲父子在安徽各地的财产基本被充公,除烈山煤矿、益华铁矿、普益林场外,还有蚌埠、阜阳等地的房产和土地。倪嗣冲被称之"军阀",倪家财产被作为"逆产"充公,这对于倪道杰

---

　　① 南京快信,《申报》1927 年 8 月 5 日(10)。

　　② 芦纲案牵涉倪嗣冲,《申报》1928 年 11 月 13 日(6)。

　　③ 马陵合:《倪氏家族与皖南铁矿业》,参见施立业、李良玉主编的《安徽三大家族与近代中国实业研究》,合肥工业大学出版社 2010 年版,第 75 页。

而言实在是想不明白,高压的政治态势也给人以莫名的恐怖。不过,自此直至倪道杰1942年去世,十多年来他一直试图通过各种途径要求发回财产。

倪道杰主要根据当时的政治赦令、法律条文,以及援引对其他都督的处理参照乃至人情事理要求发回财产。北伐期间倪家的财产被没收,但在没收过程中并无法律参照,也无正常手续。首先倪道杰认为父亲1924年已病故,即使健在,从政治赦免令上也符合范围。其次倪家财产应当区分,不能都看成是倪嗣冲本人的,也有不少是倪家其他人的,如有不少股权就属于倪道杰本人的,父子财产应该考虑区别对待。实际上,即使当时属于倪嗣冲本人的,也早经各家属继承。

对于倪道杰的控诉,时任安徽省主席陈调元的个人态度似乎支持返还,不过柏文蔚等人持坚决反对态度,皖旅沪同乡团、阜阳的一些社团也反对收回财产,大意是财产已划拨教育实业等经费使用。1934年倪道杰还试图通过段祺瑞向南京国民政府通融,段祺瑞致函蒋介石来处理,蒋介石交给相关部门。柏文蔚等人再次抗议,事情于是再次搁置。1938年李宗仁兼任安徽省主席时也曾参与谈论过此事,不过结果依然是不了了之。

目前据一些资料能够反映,有的家族财产后来被返还,有的被赦免,而像倪家这样遭此重创,确实是一个典型,或者说倪家在这场政治变动中受伤最深。倪道杰十余年来不断的上诉抗争,然而并未得到解决。

四

20世纪三十年代的倪道杰,他进入不惑之年,已有的压力没有减轻,而内外环境变化使得各项事务进展似乎并不顺利,而且身体出现不适。除上述要求返回倪家财产外,更为重要的活动就是经营管理各类企业。不过,除寿丰面粉公司快速发展外,其他企业或股权有所稀释,或破产清算,或管理有所收缩,总之不如意居多。

倪氏所投企业涉及金融、纺织、面粉、化工、矿业、农业等领域,主要有以下几个方面：农业方面：普益林场、开源农场（新开源农场）；矿业方面：益大、烈山、中兴、建昌煤矿、益华铁矿、和兴钢铁等；金融方面：金城、大陆、盐业、中法振业、天津兴业、中华汇业、边业银行、太平保险公司等；面粉业：大丰面粉、庆丰面粉、寿星面粉、嘉瑞面粉、寿丰面粉等；纺织业：裕元纱厂；化工方面：丹华火柴、永利化工、大成油漆、漂白粉厂、利中酸厂等。从时段上看，倪氏实业投资可以分为几个时段，1915—1920 年，倪氏所投企业的发起、创办阶段，几乎大的企业都是在这一时期投资的，能够控股。1920 年代后，所投企业几经起伏，有的经营出现困难。1930 年代后，所投企业有的快速发展，有的破产，有的股权丧失。

这些企业中，倪道杰一度能够控股、参与管理的有：丹华火柴、开源农场、金城银行等；倪道杰直接管理的有：烈山煤矿、益华铁矿、裕元纱厂、新开源农场、寿丰面粉等；倪道杰有股份、参与管理的有：永利化工、大陆银行等；其他企业一般倪道杰仅作为投资人身份。

安徽烈山煤矿被没收后，企业经营便一蹶不振，各方盼望倪道杰能够设法安排复工，不管是人事安排，还是资金投入。1933 年倪道杰试图自己筹款对烈山煤矿进行复工。1935 年 10 月倪道杰被选为烈山煤矿商股董事。1936 年 7 月烈山煤矿公司由实业部核准登记，筹划复工，11 月向交通、江苏、国民、金城、大陆等五银行借款 15 万元，又向振兴企业股份有限公司借款 10 万元，以矿权及公司所有动产及不动产为抵押，在这其中，倪道杰向各方融通，积极谋划煤矿借款复工。

金城银行开办时，倪氏投资最多，倪道杰任董事。金城银行发展迅速，通过几次扩股，股权改制，倪家所占股份日益下降，至 1936 年时随总行迁往上海，倪家所占股份已经大大减少。开源农场是华北地区规模最大的农场，1920 年开办时有 30 余位股东，由于经营不善，1924 年股权转让，股东只有倪道杰和裕元纱厂，然而农场的经营并未好转，多年处在维持状态，因资不抵债，1935 年被诚孚公司接管。

倪道杰投入精力较多的是裕元纱厂、寿丰面粉、丹华火柴等企业。丹华火柴是华北地区规模最大的火柴厂,由于倪氏对火柴厂并无更多经验,虽然控股,但在企业具体经营上放手他人去管理。1928 年后因时局变动,股权有所隐匿。

寿丰面粉是当时天津最大的面粉厂,生产量一度达整个天津面粉业的一半。寿丰面粉是在大丰、民丰的基础上改制而成。其中大丰是 1920 年开办,董事长为倪道杰。1925 年,倪道杰与佟德夫、孙俊卿、杨西园,共同投入资金,更新设备,组建三津寿丰面粉公司,由倪道杰任董事长。1929 年永年面粉公司并为寿丰二厂。1933 年收买民丰天记面粉公司为寿丰三厂。1934 年 1 月寿丰面粉股份有限公司通过核准登记,寿丰公司由三津、永年两公司合并,扩充资本 40 万,资本总额计 170 万元。寿丰公司长期由倪道杰担任董事长,直至其去世。

裕元纱厂是倪道杰耗费精力最大、投入资本最多的企业,一定程度上可以说裕元业绩的成败直接影响到倪道杰的资金链甚至是身心健康。裕元纱厂 1918 年正式建成后,倪道杰任董事一职,1923 年王郅隆去世后,倪道杰被推为总经理。虽然经其苦心挽救、左右腾挪,最终依然资不抵债,未能走出困境。对此过程,1935 年 3 月倪道杰在致敬告各股东一书中做了说明,兹照录如下:

"本公司在昔全盛时代,因得利先分,举债办厂之原因,于民国十二、三年间所欠定期借款已达 500 余万元。又因前总经理经营沪日棉纱失利,将历年积存之公积金,扫数垫亏无余,以致流动资金即感缺乏。照当日监察人之报告及会计师检查账目之结果,依公司条例之规定,本公司已陷于破产之状况,而鄙人适于是时被推任为总经理。自维庸愚,本不足以胜此重任,惟念往日创办人之苦心,及全体股东血本之关系,希望于危险之中竭力撑持,以求补救积亏,发展营业于万一。故不惜牺牲个人财产信用,随时随事,有可为公司谋利益者,无不尽心筹划而为之。当因经费困难,设法将家属及亲友之款拨存于公司者 50 余万元。又因尚不敷周转,而公司对外信用已逊,艰于筹借,复用个人信用资产代向银行重加担保借款 80 余万元。无如积累太甚,市面又不景气,以致债权索偿,仍无以应付。当于十四年间,依股东会决议,所授权与债权团磋商办法,旋于十五年依股东会之议决,与债权团签订债权管理合同,原期利用债权团之资力,俾公司营运周转之活动,无如所得结果,竟是事与愿违。遂于十九年间向中日双方债权奔走呼号,费尽心机,往返磋商,得其同意,签订整理合同,规定移息还本及利息借款之办法,以减少公司之负担。又适应环境所采之必要的营业方法,使股实纱号承销,俾纱布无积压滞销之虞,而银根有周转灵敏之便。复设法于南方推销,俾货价既得互相比较之法,复免垄断之虑。又将公司各项经费力事撙节,二十二、三年间,两次裁减职员工人,并向各方债权要求分别减少利息。十余年来,举凡为公司减少损失负担,增加利益之事,千方百计设法办理,实已心力交瘁,乃因历年市面凋敝,营业不免损失,负债过多,资力难以偿还,至受债权之逼迫,使公司已到无法支持之一日,不得不停业,以求诸公共同讨论最后解决之办法。此诚诸公所失望,亦系鄙人当日所不及料者。在鄙人因此次公司失败之结果,所有家属及戚友等之 200 余万股本,既须同归于尽。并因历年所受刺激之关系,身体上又得神经衰弱之症。不仅此也,前向银行担保之借款,恐此次最后结果,资产是否足以抵偿,能否免除鄙人之责任恐难预计。而所有经手家属及亲友之存款,尤属毫无着落。至于个人信用,因公司之失败,于社会上或又不免发生影响。总而言之,鄙人因维持公司之故,身家、财产均受重大之牺牲,果能因受牺牲而得公司转危为安、营业发展之代价,固为当日所抱之志愿,乃十余年来,徒费心力,未能达到希望之目的,无以告慰于诸公,此诚为鄙人所痛心抱恨者也。谨就经过情形,略述大概,报告于诸公之前,幸垂鉴焉。”①

---

① 蒙秀芳、黑广菊主编:《金城银行档案史料选编》,天津人民出版社 2010 年版,第 451 页。

当然倪道杰的陈述并未能够赢得全体股东的理解,例如王郅隆的儿子王景杭就坚决要求查账,并对倪道杰提出诉讼。倪道杰在致周作民的信中称:"追怀往事,曷胜振触,在杰妄被诬控,迭次到庭,夫复何言。"①早年倪嗣冲、王郅隆等人切磋相商,共谋大业的场景可以想见,斗转星移,两家人似成冤家,着实让人唏嘘。客观说来,天津六大纱厂中裕元资本最为雄厚,1936 年被日商吞并,而其他几家纱厂均无一幸免或被吞并或被接管。如华新、宝成、裕大纱厂亦被日商吞并,北洋、恒源纱厂被诚孚信托公司接管。虽然早在 1923 年倪道杰就被推为纱业代表提出纱业救济办法,但受国际因素等各方制约影响,直至裕元 1935 年破产清算,整个中国纱界未能度过寒冬。

应当说,自 1927 年直至 1930 年代,各项事务缠身,压力过大,倪道杰难以轻松起来,他时常失眠,并患有高血压。1928 年 5 月,他即致函盐业银行请辞董事一职:"鄙人近为病魔所困,不能视事,所有担任贵行之董事,请即辞职,以免旷弛而误重要,特此函知。"②不独企业经营耗神费力,家庭方面也令其心情不顺。1929 年 3 月倪道杰遭遇绑匪,幸脱险。4 月倪家再遭劫匪,弟弟逃脱,侄子晋埙被绑。1930 年倪道杰苦闷中结识了名伶章遏云,次年 8 月两人即协商离异,然此事件经媒体追炒,倪道杰颇感尴尬。

1935 年 5 月 14 日慈爱的母亲宁太君去世,享年 66 岁。加上裕元破产清算,新开源农场被接管,一连串的事情给倪道杰的打击很大。压力与苦闷无边无际,时时刻刻忧愁难解难休,这些都严重影响了他的身体健康。同年,他亲至苏州,皈依了印光法师,法名慧杰,此后每日礼诵,借以解忧,直至去世。

五

可以说倪道杰自幼接受更多的是传统教育,加上爷爷、父亲的言传身教,懂得"孝悌忠信、礼义廉耻",同时明了经世之学。因此在

---

① 上海档案馆藏,档案号 Q264－1－654－27。
② 上海档案馆藏,档案号 Q277－1－75。

为人方面,倪道杰不管是对家人的忠孝,还是对朋友的信义,都得到大家的认可,并且其勇于担当、乐善好施。倪道杰还被推为耀华学校校董事会董事、旅津安徽公学校董会常务董事、安徽会馆董事。

倪道杰作为长子,非常孝顺。父亲生病时不离左右,母亲喜听京剧,1927年5月曾专门安排京剧名旦荀慧生、余叔岩在家合演,为其祝寿。父亲去世后,倪道杰曾考虑扶柩回阜阳原籍安葬,时局不靖,未遂心愿,后来倪道杰待母亲去世后,于1937年5月将双亲合葬在马场道佟家楼倪家花园。

倪道杰个人家庭方面,1911年顺天高等学堂毕业后成婚,娶胡氏为妻。由于当时处在政权鼎革之际,父亲、叔叔正率军争夺家乡颍州并控驭皖北,倪道杰自然无法享受婚后平静的生活。1912年12月长女出生,不幸的是聋哑人。一年有余又得一女,后来更为不幸的是,小女7岁夭折,倪道杰极为悲伤,这年他30岁。虽后来相继又娶了徐氏、赵氏,倪道杰的心情始终难以怡悦起来,直到1926年才喜得一子,这年他36岁,他对儿子自是非常疼爱,然而不久儿子的生母赵氏却患肺结核亡故,加上时局持续动荡,各方事务缠身,倪道杰一直有所抑郁与不安。1942年他去世时,女儿30岁,儿子16岁。

倪道杰作为家中长兄,自然对弟弟们的相应事务均要操心安排。虽然在家族中,也有比自己年长的堂兄,如倪道烺,但倪道杰长期与他政见不同,还有的堂兄在阜阳老家,自然难以帮他分解压力。由于对传统经学的恪守,倪氏父子与桐城派关系也较为密切,不仅马其昶、王树枏、柯劭忞等人为倪嗣冲作碑铭、家传,而且倪道杰还收藏影印了姚惜抱先生的家书,这些藏在他的"小清秘阁"中。除藏书外,倪道杰还喜好收藏字画、瓷器,同时受家庭影响也爱好京剧。

倪道杰为朋友忠诚守信,敢于担当。他常常为企业向银行通融借款,并愿作保人,承诺"鄙人愿负完全责任"。这些企业有是自己经营的,也有参股的。如1922年致函周作民:"上海和兴钢铁厂系友人陆伯鸿君经理招足股本银一百万两,目下各种机器业经装设完备,不日开工,杰忝系该厂董事,此入股本数亦甚多,当此指日开机之际,用款浩繁。日昨在沪曾经陆君面述,向贵沪行往来透支,以规元二万两为度,俾资周转,弟当在保人之列。"①这些以个人信用进行担保的借款,有些呆账就有倪道杰个人来偿还,裕元就是典型的例子。当然还有一些借款担保,完全出自倪道杰对朋友的相助。如对江西瓷业公司、上海信谊公司向金城银行借款的担保,再如对唐理淮、林湘如、冯梦韩等个人借款的担保。1937年2月23日至3月1日,倪道杰在《大公报》上连续刊出个人启事:"查鄙人历年服务社会,提倡实业,对于担保银钱之事,受累甚深。现因个人绵力微薄,惟恐有失信用,嗣后不论亲友,如有委托担保银钱者概行谢绝,特此声明!"

从政抑或经商的人生道路曾经摆在倪道杰的面前,或许经过反复权衡或者听取父亲的教导,他并不热衷追逐功名,而将更大的精力投入到实业之中,在他心中或者有自己的商业帝国蓝图,然而却壮志未酬。与父亲这一代人比起来,他没有沿着父辈的为官之路,而是有所突破。与自己的同代人比起来,特别是与自己身边接触的"官二代"相比,倪道杰忠厚朴实,他承担很多,努力很多。单就经营企业而言,倪道杰相较一般的企业经营者,一方面似乎拥有更多的各类资源,另一方面也易受到盘根错节关系的束缚。在中华民国的历史经纬中,倪道杰理应作为一位企业家名留史册,然而这一切却淹没在历史的冷酷中。

面对时代的浪潮,他无法抗拒,有心无力。1928年的政权易手,1929年开始的世界性经济大危机,1931年的日本侵华,1937年7月底天津沦陷。这一切不管是对这个家族,还是对倪道杰经营的实业,都是一连串难以估量的打击和影响。1940年下半年,倪道杰常常彻夜难眠,医嘱务必静养。1941年夏,倪道杰高血压病严重,1942年3月5日午夜,他带着家国哀愁,带着无尽的遗憾平静地离开了人世。终其一生,他承载家族的重担与荣耀,是家族中的前行者;同时因无人能分担其忧愁和压力,他也是家族中的孤独者。

---

① 上海档案馆藏,档案号Q264-1-1236-12。

回忆我的父亲倪叔平[①]

　　我的父亲倪道焘,字叔平,生于 1914 年 10 月 7 日(农历),是我祖父倪嗣冲的三子,与我叔叔倪道熹,字季和,同是我祖母陈纫秋所生之二子。"叔平""季和"中"叔"和"季"是指伯、仲、叔、季中三子、四子,"平""和"寓意两人平和相处。

　　父亲自幼天资聪颖,读书甚得私塾先生喜爱。少年时,染上肺病,家里请来武师教授武术,年余病自愈。中学就读英国伦敦会教会学校新学书院(现天津市大沽路口腔医院对面),成绩优秀名列三甲被保送上燕京大学。1935 年 12 月 9 日北京大学等高校发起反对日寇入侵的示威游行(即一二·九运动),父亲当时正值在燕京大学读书,也积极参加了当时的示威游行集会。因父亲走在游行队伍前面,还险些被前来镇压的军警打伤。日本侵占天津期间,父亲在乘车上学途中被日本宪兵队绑架,同车有在英国学校(现天津二十中学)读书的我的大哥倪晋勋却没事,显然日本宪兵队知道我父亲是家业的"接班人",这都是汉奸的主意。后来家里托人找到给日本人当翻译的姜秉玉(张学良妹夫),花钱才把父亲赎出。大学毕业后因我大爷倪道杰故去,父亲便主持家业,继承父兄事业。祖父去世时父亲年仅十岁,两位兄长去世时,父亲也刚到而立之年,唯一的弟弟又在国外,既要打理好外面的产业,又要理顺众多成员之间的关系。无论是两位母亲的生活起居,还是多房子侄的学业均要一一过问,亲自安排。在我们这个大家庭晚辈之人,每每提及父亲的为人,均异口同声的赞许。

---

　　① 此文系倪叔平的儿子倪晋尧、倪晋铨的回忆。

　　听我母亲说,父亲一生的夙愿是当个银行家。他曾去上海与人合作办银行未成,回津后一心想扩大在祖父创办的金城银行的投资。1948年随着解放战争步伐的加快,国民党军界参与投资的利中硫酸厂经营步履维艰,时任河北省主席的商震在撤离天津前曾同山东省省长熊炳琦到位于墙子河畔的倪公馆,因我父亲在金融界的声望,请我父亲出任利中硫酸厂经理,东北军将领万福麟之子万国权任副经理。该厂由于技术先进,管理有方取得较好的经济效益。

　　中华人民共和国成立后,为尽快恢复经济,国家发行胜利折实公债,父亲在工商界中带头认购,努力推销,并积极参与组织华北城乡物资交流展览会,成为联络部负责人。父亲自1949年9月开始被选为天津市第一届各界人民代表会议协商委员会(政协前身)代表并连任。1950年经李烛尘、资耀华介绍加入中国民主建国会,成为中国民主建国会天津地方组织发起人之一。

　　中华人民共和国成立初,父亲积极参加"土改""镇反""三反""五反"等各项政治运动,在抗美援朝中,主动捐献飞机大炮,仅我父亲任董事长的寿丰面粉公司即捐献战斗机一架。父亲还在中国合营银行任董事,在恒源纱厂任董事长。

　　1954年,为响应党对资本主义工商业的社会主义改造,父亲任经理的利中硫酸厂率先公私合营,成为天津市大、中、小企业公司合营的三个典型之一。合营时父亲还主动降低自己在私营时的工资。天津市全行业公私合营后的1956年,父亲调任天津市化学原料工业公司任副经理。从1954年天津市召开第一届人民代表大会开始任历届市人大代表,河东区人民委员会委员,河东区政协副主席(1956年7月的第一届至1984年5月的第六届),民建河东区工委主委、河东区工商联副主委。

　　由于父亲肩负家业重担,所以工作学习十分繁忙。特别是上世纪五六十年代,父亲除企业工作外,社会活动也很多,但是父亲业余爱好还是十分广泛的。上中学时,父亲就喜欢踢足球和打网球,还是校队队员。桥牌也是父亲酷爱的运动,曾被牌友戏称"打起牌来没个够"。与父亲打对家的有津门桥牌名宿汤艮良(热河军阀汤玉麟之子)、佟若珊夫妇以及侯虞篪(侯德榜之子),陈亦侯(兴业银行经理)等。父亲打网球,经常与时任河北省委组织部长的杜新波合作参加网球比赛。上大学时在北京最喜欢看京剧四大须生之首余叔岩和武生泰斗杨小楼的戏,高兴时,父亲还学唱杨小楼的"保镖路过马兰关……"父亲在一次全市室内高尔夫球比赛中一路领先(在现国民饭店),由于最后一杆失误,屈居第二名,当时《北洋画报》作了详细报导,并刊发获奖照片。中华人民共和国成立后父母经常带我们看北京京剧团马连良、谭富英、张君秋、裘盛戎、赵燕侠和天津市京剧团杨宝森、厉慧良、张世麟、丁至云的演出。一次河东区工商联组织活动,父亲还请"京胡圣手"杨宝忠演奏"小开门""夜深沉"等曲牌。

从20世纪50年代初,父亲带我们到北站体育场观看火车头队和苏联泽尼特足球队的比赛,特别是北京体育学院白队到天津组建天津足球队后,父亲带我们从新华路体育场到民园体育场,场场不落。1965年9月第二届全运会在北京举行,父亲带我们去京观看河北队(当时天津是河北省省会)的各场比赛,从先农坛体育场到北京工人体育场,目睹了河北队最后取得全运会冠军的历程。

"文化大革命"中,父亲亦受到冲击,直至粉碎"四人帮"后,重新担任市政协委员至去世。记得"文革"初期父亲多次被造反派拉去"游斗"。一次在徐州道六号化学原料工业公司门前的批斗会上,父亲竟被"造反派"从一米多高的台上踹了下去,当时一起在陪斗的母亲心里想,这下可完了(因父亲患有严重的高血压症),结果父亲却安然无恙。还有一次,父亲被造反派拉走了一个多星期,才被放回来。母亲终日惦念得睡不着觉,及至父亲回来,却边笑着,边拿起家中的报纸,告诉母亲在恒源纱厂"造反派"让自己糊高帽子的经过。这让在"高压"之下的家人,反被父亲的幽默逗乐了。以后父亲被下放到利中硫酸厂劳动改造,每天要砸上千公斤的矿石,繁重的体力劳动使父亲得了"脑意外"。经老友、天津针灸四大金刚之一的高季培先生妙手诊治后，父亲很快又恢复了健康。以后父亲又调到染化三厂继续接受监督改造，期间还参加了"七〇四七"（老地铁一号线）工程的建设。那时我和母亲经常到黄家花园的西安道去接父亲。冬日的黄昏，阴沉的空中不时飘下零星的雪花。远远望见父亲穿着一身粗布厚棉衣裤工作服步履蹒跚地向我们走来，这一幕深深地刻在我们的心中，这就是在"文化大革命"中的父亲。

1972年，父亲在第三次中风后逐渐偏瘫失语。生活起居全要家人照顾。但是病中的他却时时关心着形势的变化。每天都要我们买来报纸，读给他听。"四人帮"倒台后，父亲当时已完全失语，而当有老友来访，他都热泪盈眶，激动不已。昔日的老领导安慰他安心养病，早日康复回到工作岗位上去，他都点头。但是父亲的病终究没有康复，1985年5月17日带着他最后的遗憾走完了不平凡的人生道路。

1953年，市政府决定在佟楼倪家花园建儿童医院，有关部门找到我父亲，父亲在和家人商量后，将我祖父和其他长辈的坟墓迁至北仓公墓，2002年由于修外环线绿化带，我们又将祖父、祖母和我父、母的骨灰安葬在西城寝园。

父亲的一生由一个富家子弟，到投身实业救国，他虽然有着发展民族事业的梦想，但是在帝国主义、封建主义、官僚资本主义三座大山重压之下只能在"夹缝"中生存，而且不可能有更大的作为，但是他的执着、他的努力，他那百折不挠的精神，将永远铭刻在我们心中。

我的祖父王普①

　　我的祖父王普（1890—1957），字慈生，又名慈僧，阜阳县（今阜阳市隅首）人。他曾两任安徽省省长，下野后寓居天津。

王普

　　祖父王普于 1890 年（光绪十六年）出生在阜阳八大家之一的王家。王家曾显赫一时。明朝时，远祖王谟当过浙江按察司，王之屏当过云南布政使，王道增当过四川布政使；清朝初年，远祖王公楷中过进士，被誉为"清官"；顺治年间，远祖王期远中过进士。曾祖父王雨人，清末当过四川、云南几任知县，后提升为道台，民国时期任过凤阳（一说正阳）大关督办。王氏宗祠在今阜阳迎熏街。祖父幼年读过几年私塾，后考入保定军校。1911 年辛亥革命后，他参加了时任安徽都督兼民政长柏文蔚的部队，在卢慈普旅任参谋。

　　为了与占据皖北的北洋倪嗣冲部作战，卢慈普率北伐第一军为先锋，进军淮上。祖父随军出征，在阜阳战败。

　　祖父王普系安徽督军倪嗣冲的未婚女婿，兵败返家，闭门读书。1913 年祖父在曾祖父王雨人的操持下，与时任安徽都督倪嗣冲将军的女儿、祖母倪道蕴（1893.8—1941.8，宁夫人所生）完婚。初婚时，祖父与岳父倪嗣冲因政见不同，虽是一家人了，但感情并不融洽。

　　① 此文系王普的孙女王家慧所撰写。

倪督对祖父也就未起用,任其在家闲居。后经亲友劝说,翁婿关系始有所改善,倪督遂任命祖父为安徽都督衙门副长官,又保送祖父到北京陆军大学深造。祖父结业后,仍回到安徽都督府任副长官。祖父很想带兵,便通过他岳母和我祖母向岳父督军说情。1916年,倪督任命祖父为安武军第三路统领。从此他们翁婿关系才密切起来。祖父成为倪督统治安徽的一根支柱。为了报答岳丈的提携,祖父亲口向祖母道蕴表示永不纳妾以示尊重。1918年1月,安徽督军倪嗣冲将统领的安武军改为陆军编制,编为5个混成旅。祖父任第三混成旅旅长。1920年爆发了直皖战争,皖系被打败,第一混成旅旅长兼皖南镇守使马联甲调往蚌埠。祖父补皖南镇守使,率第三混成旅驻芜湖,负责皖南防务。

祖父王普任皖南镇守使后,与江苏督军齐燮元建立了联盟。1924年江浙战争爆发,马联甲令祖父率部由皖南进攻浙江,襄助齐燮元攻打浙军。浙军卢永祥兵败通电下野。祖父虽然出了兵,但并没有交战即"凯旋",在芜湖大摆庆功酒宴,并向北洋政府打了一个战功报告,要求补助军需,总额达一百多万元,并报请江苏督军齐燮元转呈北洋政府。齐燮元接到这个报告之后,明知是里面有很大的水分,但为了顺水送人情,不但没有提出异议,还加了不少溢美之词,说皖军作战如何勇敢,战事如何激烈等等。这笔战争军费开支申请转到北洋政府之后,居然获准。因祖父系安徽皖南镇守使,军费由安徽省里转拨。北洋政府把批文下达给安徽督军马联甲。马联甲知道底细,认为祖父无功受禄一百多万,他也想乘机捞一把,但又不说破,一再拖时间,不与拨款。祖父明知道马联甲的心思,暗中请人疏通。马联甲根本没经祖父的同意就硬扣了一半。祖父只得到总数的一半。但这事又不能声张出去,只能忍气吞声,到此罢了。据有关文史资料讲,祖父把这笔五十多万元的额外收入赶紧送到天津,交给祖母道蕴保存。

1924年10月,第二次直奉战争爆发,直系战败。祖父王普遂通电反吴(佩孚)拥段(祺瑞),请段祺瑞北上主持政局。因马联甲支持吴,祖父就联合安武军旧部第二混成旅旅长李培基、第四混成旅旅长高世读、新任第一混成旅旅长倪朝荣等,一起制造舆沦,反对马联甲督皖。为了驱逐马联甲,祖父等人授意他手下的团长吴大鹤用武力把马联甲赶走。马联甲被赶走后,还有一个石忠玉。石忠玉是河南人,同马联甲一样是安武军的老班底,资历高,系第五混成旅旅长,握有重兵,肯定不会听从祖父的指挥。祖父遂与谋士商定,授意蚌埠警备司令程香圃设了一个"鸿门宴",出其不意,乘其不备,逼石忠玉让位。1925年1月24日,段祺瑞在北京就任临时执政,同月28日发出临时执政令:任王揖唐为安徽省省长兼督办军务善后事宜。王普仍为皖南镇守使兼第三混成旅旅长,并一度代理督理省长职务。

祖母倪道蕴与长兄王家典

1925年,奉系张作霖率部入关后,沿津浦铁路南下,其前锋姜登选部占领宿州、蚌埠。10月7日,皖赣苏闽浙五省代表往杭州开会,决议五省联盟,举孙传芳为总司令,树"拥段反奉"的旗帜。10月18日以祖父王普为首的皖军响应孙传芳,通电讨奉。10月22日孙传芳任命祖父为皖军副总指挥。他联合皖军将领倪朝荣、高世读、华毓庵等从临淮关、寿县、颍上等地出击,进逼蚌埠,解除驻蚌奉军姜登选部武装。皖军接连打了几个大胜仗,占领了蚌埠、宿州、符离集。10月27日孙传芳任命祖父王普为第十二军军长。皖军配合"五省联军",在蚌埠以北,徐州以南,对奉军发动总攻击。经过激战,奉军被击败,全线溃退,"五省联军"进驻徐州。12 月 1 日,孙传芳下令陈调元为皖军司令,祖父为安徽省省长。

1926 年 2 月,国民革命军挥师北伐,势如破竹,在两湖击败吴佩孚后,矛头直指孙传芳的"五省联军"。孙传芳将"五省联军"约 10 万兵力编成 5 个方面军,任命陈调元为第五方面军总指挥。祖父王普随陈调元进驻九江、武穴一带,沿江布防,抗击北伐军。10 月初,北伐军主力对"五省联军"发动总攻击。10 月底,祖父率部和北伐军激战 3 天 2 夜,皖军败退。这场战斗,祖父虽未负伤,却患病咯血,卧床多日。1927 年 2 月,北伐军多路进入安徽,祖父随陈调元宣布脱离"五省联军",投奔国民革命军。蒋介石委任陈调元为第二十七军军长兼北路军总指挥,委任祖父为第二十七军副军长,令他率部北上。孙传芳被北伐军打败后,退入山东。在山东督办张宗昌支持下,重整旗鼓,南下讨蒋。祖父因投靠过孙传芳,不愿正面作战,采取观望态度。陈调元想独霸安徽,在蒋介石面前说祖父的坏话,蒋介石对祖父的信任度打了个问号。这时,祖父所率领的军队,集结淮北一带,一度驻在家乡阜阳。1928 年初,蒋介石下令调二十七军到江南驻防,祖父自知处境危险,带兵南下凶多吉少。他权衡得失,认为不如就此借机下台,既可免去将来危险,又可安安稳稳地过上后半生舒服日子。祖父接到蒋介石的调令后,也没有反对,只是把蒋介石拨给二十七军的军饷全部扣下,把部队交给参谋长杨亚东带领南下。第二十七军过了长江,不久就被蒋介石的亲信部队缴了械。

祖父王普经受这次人生的挫折,决意信佛,拜灵岩山净土宗印光法师为师,并在灵岩山山脚下建一凉亭(王普兄王惠生书石匾"南无阿弥陀佛"),从此再不问政治,再不带兵打仗了。他携带多年积蓄的 300 万元巨款来到天津过上了寓公生活。祖父在天津英租界怡丰道(即 34 号路)54 号(今湖北路 55 号)兴建了一座占地 3 亩左右的英式花园宅邸。祖父把所携巨款除建房外,一部分投资于裕元纱厂、寿丰面粉厂、丹凤火柴厂、金城银行等,另一部分现金存入外国银行,支取利息,作为家用。

1940 年 3 月,汪伪国民政府在南京正式成立,在汪精卫伪中央政府人员名单中,王普被任命为安徽省长。汪精卫两次命齐燮元到天津英租界祖父寓所登门游说,均被祖父严词拒绝。

1945 年抗战胜利后,北平市第一任市长熊斌是祖父王普在北京陆军大学的同学,并私交甚厚。1946 年蒋介石来北平视察,从熊斌那里得知祖父现住天津,于是年 8 月曾命一名少将来津探望祖父。1947 年—1948 年国民政府成立立法院,在全国普选立法委员。祖父被提名为安徽省候选人之一,后被选为立法委员候补第一名。

1948 年蒋介石去台湾前,当时天津市国民党市党部主任委员邵华曾建议祖父王普随着国大代表、立法委员一起撤至台湾,祖父坚持留津。1949 年 1 月 15 日天津解放后,祖父仍寓居天津,闲赋于家。1950 年春,中央人民政府副主席、全国政协副主席、"民革"创始人李济深来函请祖父去北京叙旧。李济深 1920 年前曾任北京陆军大学教官,是当年祖父的业师,并有私交。不久,经李济深介绍,祖父在天津加入"民革",为天津市民革成员。1956 年被聘为天津市新华区第一届政协委员。1957 年 8 月,祖父王普因病逝世,享年 67 岁。

深情怀念父亲倪晋增[1]

父亲倪晋增,字继增,号绳寿,生于 1926 年 6 月 22(丙寅年五月十三,时日夏至)。1978 年 12 月 20 日,(戊午年十一月廿一日戊时)急性心肌梗塞逝世于天津公安医院,享年五十二岁。父亲生母(赵氏夫人)因患肺结核早年亡故,自幼由奶奶胡秀华(广琼)抚养。

20 岁时的父亲　　　　40 岁时的父亲　　　　50 岁时的父亲

父亲和母亲 1946 年结婚,在天津国民饭店举行的婚礼。民国元老于佑任为证婚人。母亲王如璋生于 1927 年 9 月 11 日,丁卯年八月十六日,其外祖父是民国元老许世英先生,曾出任民国内政部长、政府总理、蒙藏委员会委员长、驻日本公使等职。父亲的祖父是安徽督军倪嗣冲,也是民国政要;两家又都是安徽人,正所谓门当户对。

公私合营以后,父亲在广林车俱厂工作,后改名为华信车俱厂,又更名为力车胎厂,最后更名为天津橡胶金属配件厂。因患有原发性高血压一直歇病假没有正式上班。但在"文革"以后,经过抄家、批斗、游街,不得已带病工作。父亲在工厂做砂轮工,用砂轮打磨一

---

[1]　此文系倪晋增长女倪祖玲所写,倪祖玲生于 1947 年 7 月 29 日(农历)。

些很沉重的零部件。电砂轮转速很快,如不使劲把握住,部件一碰砂轮就会飞出去,所以一天工作下来双臂酸痛,有时虎口都震裂了。当时工作是有定额的,但为了维持一家人生活的 56 元工资,也得拼命坚持。

父亲年轻时喜爱京剧,下围棋,打台球、打桥牌。那时家住在和平区新华南路"牛津别墅",后改名为庆云里 3 号。开始自家住一栋楼,我们住一楼,奶奶、姑姑住二楼,三楼为佛堂和祖先堂。家中有三个女佣(陈、孟、高),厨师刘连起住在半地下室,后来房东华家住一楼,他家二儿媳刘琪带一儿一女住地下室。

父亲忠厚善良,朋友很多,京剧界有孙毓坤、杨宝森、杨宝忠、韩慎先(夏山楼主)等。晋璜叔亦喜爱京剧,经常来家里,他后来娶杨玉英(祖铭之母,原天津京剧团名旦),后来他们一家随其姐杨玉娟(石家庄京剧团团长)去了石家庄。边家驹是父亲的球友、牌友。那时父亲经常去"天纬球社"打台球,在劝业场五楼。记得那时还有胡叔叔外号胡大仙,在音乐厅影院旁的胡同住,他经常来家里下围棋、打桥牌。常来往的还有陈光远的孙子,外号陈大官以及汤艮良、曹成杰(曹十三,曹锟之孙)、高季培(高大夫)等人。父亲乐善好施,宽厚仁慈。高季培家里人口众多,收入微薄,父亲经常接济他,供他三个女儿都上了大学。有位岳大爷(比利时籍)几乎常年在家里吃饭,吃了上顿,还带走下顿。当时家中有些小零活都交给他做,父亲因此还给他钱。曹成杰子女众多,父亲也经常接济他。孙毓坤(京剧武生)是北京人,有时来津一住就一两个月,吃住在家里。那时杨宝忠在天津戏校工作(拉胡琴),父亲也接济过他。中华人民共和国成立后在给定息之前(1949—1956 年)家里没有正式收入,是靠卖字画和珠宝首饰为生,也不十分宽裕,记得奶奶、爸爸有时也为钱发愁。

家中有两辆包月三轮车(老崔、老吴)每人每月 15 元。那时一个人的生活费每月 5 元就够了。虽说是包月,但奶奶、爸爸为人宽厚,不出门时允许他们拉散座挣外钱。例如爸爸去天纬球社打球,会告诉他们到几点再来接。中间几小时可去拉散座。奶奶去功德林(在广东路美国大院内)做佛事,也会告诉他们几点再去接。对家中的佣人也是平等亲切,视若家人一样。他(她)们都是外地人,家中有什么事,奶奶、爸爸还给他(她)们钱去打点。佣人孟奶奶儿孙常年在倪家居住,高妈的女儿也从沧县来天津上学,后毕业分配中天电机厂工作,有了天津户口。孟奶奶的孙女藕姐也嫁给了天津市人。

三楼是佛堂,正中安放西方三圣像,左侧(大书桌)供祖先牌位和爷爷的牌位。右侧一小桌,供二奶奶(爸爸的生母)的牌位。每到大的佛道日,或祖先寿日、忌日,爸也会随奶奶、姑姑去叩头、上香。那时过阴历年是隆重的,一进腊月就开始忙了。家里所有的银器如蜡台、香炉、筷子、漱口杯等都要用"老火车头"牌袋装牙粉擦拭;备年货,干鲜果品、鸡鸭鱼肉;要扫房、蒸面食。到了腊月廿三还要在阳台上摆天地桌、祭灶等。廿四五开始发面蒸馒头、枣卷、糖包、豆包。把它们码放在一口半米高的缸中,缸放在阳台上,盖好盖子可吃到正月十五左右(那时冬天很冷)。同时开始炖肉、煎鱼、炸四喜丸子等。那时用的都是煤球炉子,很费时间。年三十,一早就要摆干鲜果品和饭菜供佛和祖先,到晚上一家人围坐在一大圆桌吃年夜饭。因平时奶奶和姑姑吃长素,我们单吃,所以那顿年夜饭就显得格外隆重和珍贵。饭前大家都换上新衣、皮袍。记得爸爸喜欢穿藏兰或灰色团花缎面皮袍。饭后说笑一会儿,先回各屋休息,到夜里11点多钟奶奶带领全家上三楼给佛菩萨和祖先辞岁磕头。然后回到二楼,先由姑姑,再是爸爸给奶奶叩头辞岁,再是我给每个长辈叩头辞岁。到夜里十二点由厨师刘连起放鞭炮,之后奶奶、姑姑和佣人包荤、素两种饺子。初一清晨,爸爸率先给奶奶叩头拜年,大家再依次给奶奶叩头拜年,然后爸爸和姑姑对面拱拱手算是平辈之间拜年。记得奶奶端坐在椅子上,手里拿着一叠红包,慈祥地微笑着,接受每一个人的祝福,佣人们也都排好队给奶奶、爸爸拜年。午饭后稍事休息,倪家各房开始相互拜年。那时大老太太(在民园大楼住)和四老太太(在林东大楼住)。奶奶、姑姑、爸爸都要先去给他们拜年。然后是七房、八房(祖鑫的奶奶)、九房(祖锦、祖钦的奶奶),十一房(老两口无后),十二房(十二爷和两位十二奶奶)之间连续好几天各家转着拜年。那时在正月十五之前都要说吉祥话。

以上讲的是 1959 年以前的事。从 1960—1963 年,是三年自然灾害时期,节粮度荒。1962 年 2 月 23 日(壬寅年正月十九),生祖珑;1963 年 6 月 11 日年(癸卯年四月二十),生祖琪;1966 年 7 月 4 日(丙午年五月十六),生祖琨。添人进口的大喜之后,灾难也随之降临。“文化大革命”来了,抄家、批斗,奶奶一生吃斋念佛,哪里见过那阵势,活活给吓病了,后来吐得都是黑水。那时到医院看病还要报上“出身”,一听是资本家都不给看病。几个月后,于 10 月 22 日丙午年九月初九重阳节在家中安然去世(巳时),享年 75 岁。奶奶生于 1891 年阴历六月十一日,属兔。九月初八当晚,已病多日的奶奶让姑姑和妈妈搀扶着到厕所清洗全身,然后上床默念佛号,自知时至,往生西方极乐世界。姑姑(晋鸣)虽是聋哑人,但很聪慧,善解人意,写得一手的好毛笔字,还会画画、手绣和机绣都好。在奶奶六十大寿之时,手工刺绣《松鹤延年图》,画上有山、松树和鹤,栩栩如生,镶在镜框放在奶奶床头。姑姑生于 1912 年 12 月 5 日(壬子年十月廿七),逝于 1969 年 11 月 24 日(巳酉年十月十五日),享年 57 岁。全家最悲痛的是弟弟祖珑的意外过世!8 岁的弟弟在胡同内被邻里顽劣青少年用排子车意外撞到头部,抢救不及身亡。姑姑和小珑的去世仅距 66 天! 小珑逝于 1970 年 1 月 29 日(酉年十二月廿二)。

爱子的夭亡,给爸爸的身心造成了巨大的打击。不到半年的时间,他的头发就花白了。当时年仅 44 岁的父亲,看上去就像五六十岁的人,他的灵魂也像被掏空了一样,家里人常常听到他一个人的时候轻声喊着小珑的名字。“文革”后短短四年内,父亲经历了家破(被抄家)、人亡(家中故去了三口人)的人生巨大变故。虽然他的言语更加少了,但坚强的父亲没有倒下,他还要支撑着,养活年幼的弟弟、妹妹和这一家。直到 1978 年临终一刻他都没闭上眼,父亲过世时弟弟 12 岁,妹妹 15 岁,他觉得他的任务还没有完成。

徐少英眼中的倪公馆①

　　徐少英先生退休前是天津电视台的副台长、高级记者。徐老2010年77岁，精神矍铄，骑着一辆电动摩托，来去匆匆。2010年5月11日上午，我请他到天津市河西政协文史委，谈一谈他小时眼中的姑父倪幼丹与倪公馆。

　　徐老首先谈起了他的家世，他是江苏苏州人，祖父一代家境贫寒，姑姑徐谓芳从小学评弹卖唱，长得非常漂亮，唱得委婉动听，在苏州有些名气，被到苏州"逛天堂"的安武上将军、安徽督军倪嗣冲的长子、少帅倪幼丹一眼看中，娶为姨太太，接到了安徽安庆居住，后来到了天津，住在英租界围墙道247号（今和平区南京路88号和平保育院）倪公馆。姑姑嫁给了著名实业家倪幼丹先生，也就改变了他家的命运。他的父亲在倪幼丹的资助下上了上海的南洋公学，上海大学，后来又上了黄埔军校第四期，毕业后，在蒋介石手下的北伐军总司令部工作，抗战爆发，他父亲跟着蒋介石去了重庆。他和母亲及比他小一岁的弟弟来到天津姑父、姑姑家——倪公馆居住。

　　至今徐老对倪公馆留有深刻的印象，他说：一进门右边是传达处，有一位苏大爷，他当过前清的九品芝麻官，六七十岁了，逢年过节见到倪家少爷、小姐都要磕头作揖。往前走，是汽车房、保镖室，再往前走就是大账房，有七八位账房先生，整天噼里啪啦的打算盘。院内的正楼由七爷倪幼丹家住，有两个大门洞，右边门洞上二楼是倪幼丹大太太胡氏住，胡氏生了二个女儿，长女晋鸣是哑巴，次女夭折；左边门洞上二楼是二太太徐氏，三太太赵氏，倪幼丹有一子晋

------

　　①　此文系2010年5月11日张绍祖采访徐少英所得。

增,是赵氏所生,是唯一的儿子,特别受宠。晋增夫妇生有祖玲、祖珑,祖琪、祖琨四个儿女。徐老和弟弟跟着姑姑徐氏住。楼下是书房、中式和西式两个大客厅等。大客厅里有两米高的倪嗣冲全身油画像和袁世凯、段祺瑞等北洋军政首领的照片。八爷倪道炯住在靠近新华路的西楼,大太太刘氏是小脚老太太,生一子晋埙,孙女祖华,孙子祖鑫,二太太李氏、三太太白氏都没有生孩子。八爷的儿子晋埙曾被绑票,以后家里雇有保镖。

徐少英重访"倪公馆"在主楼前留影(2010 年 5 月)

十二爷道焘,是倪嗣冲的三子,字叔平,在北京上大学,他的儿子倪晋璜,嫡孙倪祖铭是家族中最有出息的后代,是中国电视制片人、天津电视艺术发展公司总经理;十三爷道熹,是倪嗣冲的四子,字季和,先在湖北路的英国文法学校(现 20 中)上学,高中毕业后,直接去了英国牛津大学,生有一女倪元。至于倪嗣冲的侄子三爷倪道煌,大胡子,住在西安道、长沙路交界处的敦厚里,儿子是倪晋序;四爷倪道烺住在英租界里的洛阳道,其后人倪荣华现住北京,都已八十多岁了。

倪家的佣人很多,有七十多位,都是安徽阜阳人,他们及家属大多住在距离倪公馆很近的成都道的延寿里。倪家有中式伙房和西式伙房,一天三顿都按房头送饭,一般每顿四菜一汤,老爷、太太不吃,另有小灶。倪家的子弟多在耀华学校就学,虽然家距离学校很近,都要汽车接送。倪幼丹很重视孩子的教育,设有家塾,请耀华学校的国文教师龚在田先生教四书五经,还请耀华学校的洋人老师玛格里特教英文,又请耀华学校理化老师何作艇教数理化。倪家子弟喜好体育运动,倪公馆有台球室、网球场。还有花园、石头假山、荷花池、六角亭、花房、佛堂,另有一个裁缝铺,专门给倪家人做衣服。

徐老从1938年5岁到1945年12岁一直住在倪公馆,在他印象里最深的几件事:一是1939年闹大水,倪幼丹把家里人安置到英国中街(今解放北路)的利华大楼居住,后又挪到同一条街上的金城银行居住。二是姑父倪幼丹去世,大概是1942年,倪公馆在整个大花园里搭起了大棚子,出了大殡,从现在的南京路沿着成都道一直吹吹打打、浩浩荡荡送到当时的倪家花园(现儿童医院)安葬。三是,十三爷倪道熹结婚,娶的是大总统徐世昌的亲侄女徐绪年,结婚时徐少英小哥俩拉纱,婚礼当晚倪公馆还搞了堂会,请来了马连良、谭富英、侯宝林、郭荣启、小蘑菇等,可热闹啦! 徐老的小学、初中是在耀华学校度过的,1948年从耀华学校初中毕业后转入南开中学。天津解放前夕,徐少英跟着家人离开天津倪公馆,去了上海。

耄耋老人回忆倪公馆①

今年 92 岁的耄耋老人冯瑞萍②，1924 年 6 岁来到倪公馆，和八爷、姨夫倪道炯，姨母倪刘氏居住在一起，一直到 1949 年天津解放，进城部队接管了公馆就和大家一起离开了倪公馆。她对倪公馆了如指掌，2010 年 5 月倪家八爷的孙子倪祖鑫陪笔者张绍祖一起拜访了老人。

冯瑞萍老人谈起倪公馆如数家珍。倪公馆坐落在墙子河北岸的围墙道 247 号（今南京路 88 号和平保育院），但原来占地比现在大得多，从现在的新华路、泰安道与南京路交口一直到现在和平保育院，并排着外国建筑师设计的四座三层砖木结构小洋楼，七爷倪道杰住着从东边数的第一、二所，八爷倪道炯住着从东边数的第三所，九爷倪道煦（倪毓菜之子）住着从东边数的第四所，第一、二所与第三所、第四所之间有墙相隔，但小门相通，平时经常开着门。每一所楼前的院子都很大，像一座座花园。七爷倪道杰的院子有假山、喷水养鱼池，还有两个亭子，一个是现在还保存的中国古典式的六角单檐攒尖顶亭，一个是草亭，园内花草繁盛，还种有桃树、李树、海棠树、无花果等。倪公馆有网球场，台球室，有账房、花房、大厨房、小厨房（能做南方点心）、书房、佛堂等。

七爷倪道杰住的主楼，楼下有两个大客厅，菲律宾木墙板，墙板上有镶嵌的古董架，里面放着各种古玩玉石。菲律宾木地板，铺有地毯，窗户挂着蓝丝绒、绿丝绒两层窗帘。西式客厅里摆着黑色钢

---

① 此文系 2010 年 5 月张绍祖采访冯瑞萍所得。
② 冯瑞萍老人 2013 年 6 月病逝。生前回忆资料十分珍贵，但因年代久远，具体时间、地点、细节，不一定十分准确，仅供参考。

琴。楼下除客厅外,还有倪道杰的休息厅,书房、餐厅等。

八爷倪道炯的儿子倪晋塎曾被绑票,事情经过是这样的:1933年前后倪道炯的儿子倪晋塎和倪道杰的弟弟倪叔平同乘一辆汽车在保镖护卫下到法租界新学中学上学,刚到海大道(今大沽北路)学校门口,汽车一停,后面的一辆轿车也停了下来,倪晋塎从车上一下来,后面车上就跳下来两人把倪晋塎架到他们车上,保镖掏出手枪要还击,对方首先开了一枪,打在保镖的腿上(打穿裤腿,未伤),劫匪乘机将轿车开走。倪晋塎被绑票后,家里就乱了套,大太太刘氏有心脏病,哭得死去活来。接着劫匪来电,要 10 万大洋现金送至郊区某树林赎人,先后折腾了十多天,倪公馆一位老管家,用几个麻袋装着 10 万银元,司机开车送到指定地点,钱收到后,一辆黑色小轿车将倪晋塎送到国民饭店,把十几天一直蒙着的黑布去掉,重见了光明。倪晋塎回到家后讲,被绑票后拉到了一个公馆,比较讲究,每天吃得不错,也未受虐待。后来听说,绑匪与七爷倪道杰有仇,想绑倪道杰的儿子倪晋增,当时晋增才七八岁,刚上耀华小学,结果绑错了,花了 10 万大洋赎了回来。要是绑了倪晋增就不一定有命了。

倪晋塎绑票案发生后,那年冬天,又发生了一起绑架倪道杰未遂案。一天晚上,倪道杰带着妹妹道颖和女儿晋鸣看戏,乘着自家小轿车,夜里快 12 点到家,按了电铃,开了门,汽车进了院子,大门还没来得及关上,就跟进来一辆小汽车,从车上跳出来了 4 个蒙面人,道颖和晋鸣走在前面,倪道杰走在后面,就觉得后面有人挽他的胳膊,他知道不好,顺势将皮大衣脱下,往就近的四老太太屋子跑去,跑进屋,立即给警察局打电话报了警。当警察局来的人赶来时,蒙面劫匪早已跑得无影无踪。

十二爷倪叔平和八爷倪道炯之子倪晋塎的岁数差不多,倪晋塎比倪叔平还大一岁,中学在新学书院(当时已改为新学中学)就学,大学在北京燕京大学。七爷倪道杰与燕京大学校长司徒雷登关系很好,司徒雷登曾来过倪公馆,倪道杰还请司徒雷登在家吃过饭。冯瑞萍小学是在耀华小学,初中(1934—1937)是在中西女校,高中

(1937—1940)是在耀华中学,1940年暑假从耀华高中毕业。她谈起耀华学校眉飞色舞,特别有精神。"耀华"高中课本西洋史用的是英文原版,赵伯炎老师教几何,他一进门,教室鸦雀无声,到打下课铃,正好讲完。1940年暑假冯瑞萍考上辅仁大学,1941年暑假在辅仁大学上完一年级,刚好在家里歇息。八爷倪道炯是年暑假时因心脏病逝世。倪道杰过世要比倪道炯晚一年,估计1942年。七爷倪道杰胖胖的,为人厚道,上过大学,外语好,能用外语同外国人交谈。他主要是办企业,裕元纱厂、寿丰面粉厂、丹华火柴厂、金城银行、利中酸厂等,在上海还有棉纺厂。倪叔平与万国权、王光英的关系很好,利中酸厂就是倪叔平与万家合办的。倪晋埙办了个明华化工厂,地点在南楼现国美总店的位置,生产树脂等,倪晋埙任厂长。

倪幼丹热心教育,资助过耀华学校和很多后辈子孙,当过耀华学校董事,家里孩子多上耀华。倪道曦的儿子倪晋坦是耀华1937年学生。早年有一个叫倪超的远房贫苦亲戚的孩子,由倪道杰资助出国留学,后来任台湾成功大学校长多年,很有成就,20世纪80年代初回国,寻找恩人的后人,与倪祖玲相见,并邀请祖玲去香港。倪道杰的朋友很多,主要是工商界的。七爷倪道杰夫人胡氏生有两个女儿,大女儿晋鸣是哑巴,二女儿很小就夭折了。姨太太有徐氏,叫徐渭芳,苏州唱评弹的名演员,长得漂亮,但没有生育。徐氏的弟妹、徐氏的二个外甥长年住在她身边,徐氏的弟弟由倪道杰资助上大学。赵氏叫翠娟,是农村的女子,徐氏非让她当二年自己的丫鬟,期间有了身孕,生了晋增,才成了正式的二姨太太,但没有几年,患了肺病,早逝。大太太胡氏很贤惠,对晋增非常喜爱。徐氏对孩子也不错。晋增是倪道杰唯一的儿子,从小娇生惯养。小学上耀华,汽车接送,他早晨不起床,离打上课预备铃还有10分钟,还没有上汽车,差5分才开车,踩着预备铃进学校,有时候还迟到,冯瑞萍与他一起坐汽车上学,在汽车里等着着急,有时候还迟到,后来,冯瑞萍的姨妈(八爷的大太太刘氏)专为她买了一辆人力车,接送上下学,七爷知道后不高兴,说家里有汽车,还买洋车干什么?

倪道杰还有一个姨太太叫章遏云,天津"四大坤伶皇后"之一,1930 年 18 岁时嫁给的倪道杰,没有住在倪公馆,而是住在离倪公馆只有一墙之隔的一个大杂院,租了 3 间房子。没有多久就离婚了。我问道,当时报纸报道倪章离婚案沸沸扬扬,说:"她嫁与北洋军阀倪嗣冲之子倪幼丹后,就如同黄莺误入了金丝笼。首先断绝了她与演艺界同仁和多年捧场的戏迷朋友的联系;其次是外出探亲必派听差左右跟随监视;在家闲坐,门前以及院内也有持枪人日夜看守,已失去了起码的人身自由。真乃是'深闺重锁,侯门似海'。"冯瑞萍说:没有那么邪乎,章遏云出入是自由的。律师李景光经办的这桩离婚案,坑了倪道杰不少钱。

倪家在北京有房产,在拴马桩、东安福胡同,几号记不得了,是独门独院,安福系常在这里开会。倪家在北京南锣鼓巷小南胡同还有座房产,当时是倪幼丹为当时在北京上学的倪叔平与倪晋埙进城方便而购置的。

八爷倪道炯在青岛有房子,20 世纪 30 年代八爷一家曾在那里住。七爷、八爷的姨太太多会唱戏,七爷姨太太扮男角,八爷姨太太扮坤角,经常在公馆里玩票,唱戏。

十二爷倪叔平结婚和宁太夫人去世,正好赶在一起,倪叔平的大夫人聂静宜是聂士成的孙女,聂宪藩的女儿,一结婚就穿孝服,磕孝头。倪叔平二夫人王秀云,后改名王静娴,北京南长街人。天津解放后,因国家不允许有二房了,倪叔平就与聂静宜办了假离婚,因此百年之后王静娴与倪叔平合葬。

十三爷倪道熹,在英国公学(今 20 中)毕业,留学英国,回国后于 1948 年与徐世昌的二侄女徐绪年结婚,天津解放前夕,徐绪年已有身孕,倪道熹带着倪家细软去了香港。改革开放后返回天津。

冯瑞萍的祖父是大官,冯汝骙、冯汝骦,祖籍在河南开封,她记得开封家里大门栓。三叔三婶去世,她回了一趟开封。冯瑞萍的二姨 1966 年死于煤气,当时仅四十多岁。

倪嗣冲次女倪道颖,1966 年逝世,倪嗣冲次女婿韩复生,今年

98 岁。

中华人民共和国成立后倪家在佟楼的花园捐献国家,家坟迁到北仓公墓。2001 年倪家再迁坟,宁太夫人棺木打开时,红色的衣服仍在,人还保持着刚死的状态。打开墓的人说,老太太是冬天死的,而倪嗣冲是夏天死的。打开棺木完全不一样。

七奶奶胡氏是 1966 年死的,倪晋增(1926—1978)的夫人王如璋,祖琨的母亲,现在美国。

第四章　倪嗣冲研究

《函电集》中的倪嗣冲①

一、廿年功过函电集

由阜阳师范学院社会发展学院"近代安徽历史名人研究所"与中国社会科学院近代史研究所《近代史资料》编译室共同编纂完成的《倪嗣冲函电集》(以下简称《函电集》),多方搜集整理了倪嗣冲的相关资料 560 余篇,30 余万字。

《函电集》收录了自 1900 年至 1920 年间,倪嗣冲发表的电报、函札、公牍、演说词等。倪嗣冲函电集涉及义和团运动、辛亥革命、二次革命、白朗起义、洪宪帝制、府院之争、张勋复辟、护法战争与南北议和,直至直皖战争等众多内容,20 世纪最初 20 年中国最重要历史事件几乎无不关涉。尤为难得的是,这些史料并不是一般的历史过程记述,而是提供了独特的"安徽视角"。倪嗣冲督皖八年,函电集中于安徽省地方,则政治、经济、军事、外交、实业、社会治安、文化教育、农林水利、灾害治理、禁烟禁毒等内容自然是在在多有。这些重要的历史文献,既有收藏在中国第一历史档案馆、中国第二历史档案馆所藏清末及民国档案,也包括台北"中央研究院"近代史研究所档案馆所藏重要档案,还有相当多散见于《申报》《大公报》及《安徽政府公报》等报刊,也有一些由倪嗣冲后人保存或搜集自各地档案馆、图书馆的未刊资料。

《函电集》不仅对倪嗣冲个人研究提供了比较全面系统的基础史料,而且对安徽地方,对于北洋军阀集团,乃至对 20 世纪初期中

---

① 本文作者李学通,中国社会科学院近代史所研究员,《近代史资料》主编。原文载李良玉、吴修申主编:《倪嗣冲与北洋军阀》,黄山书社 2012 年版。

国历史的研究都提供更为丰富、细致的史料,对深化中国近代史的研究亦有着十分积极的意义。

20 世纪最初的 20 年,是中国近代史的关键时期。在这 20 年中,列强入侵,国都沦陷;江山易色,朝代更叠;政权轮替,烽火硝烟;新文化云卷云舒,大革命风雨欲来。在这样的背景下,倪嗣冲在这个历史大舞台上,由边角走向台中,且日趋活跃,甚至成为不可或缺的重要角色。函电集以史料编纂的形式,比较系统地梳理了倪嗣冲在这 20 年间的主要活动,第一次从"倪嗣冲视角",记录反映了这 20 年的中国历史。

作为民国初年主政安徽时间最长的最高军政首脑,函电集中比较集中记录反映了这一时期安徽地方的军政经等各类大事。如安武军的改编,如五四运动期间抵制日货情况,如安徽的禁烟灭蝗工作,如淮河的治理与安徽水利工程,如怡大洋行的债款、美孚和亚细亚公司洋油的落地税等涉外事件等等。这些史料不仅是研究与评价倪嗣冲的重要依据,也一定有助于对安徽近代历史,特别是民初安徽地方区域史的研究。

虽然《函电集》中的史料相对集中于倪嗣冲督皖八年,但其史料价值则绝非限于安徽一地。倪嗣冲清末时期在山东、黑龙江从政的相关资料自不待言,即使是民国时期倪嗣冲主政安徽的函电,许多都关涉全国性问题与事件。作为袁世凯的心腹,作为皖系的封疆干将,倪嗣冲在民初政治中相当活跃,辛亥革命、二次革命、白朗起义、洪宪帝制、府院之争、张勋复辟、护法战争与南北议和,直至直皖战争,所有重大政治军事事件几乎是无役不与。《函电集》中既有公函通电,也有密电私札,从中可以窥见各派力量的交易、角逐,也可以透视历史表象背后的深层利益纠葛。

史料是史学的食粮,是历史学者评判历史、臧否人物的重要依据。作为一个长期被简单归类,甚至脸谱化的历史人物,倪嗣冲几乎还停留在三十年甚至更早以前的历史评价中。倪嗣冲在 20 世纪初期中国历史舞台上的是非功过,有太多的内容需要重新审视和解读,而《函电集》则使我们初步具备了从事这一工作的基础。

倪嗣冲在直皖战争皖系失败后辞职下野,寓居津门,在天津等地投资实业,对近代中国特别是天津的工矿业发展,有许多积极的贡献。令人遗憾的是,相关资料文献尚缺乏系统搜集整理,这也正指示着我们今后工作的方向。

二、横岭侧峰倪嗣冲

"生有异禀",读书能一日十行、背诵五经为学使称叹的倪嗣冲,因字写得不好看,失去了走科举道路的兴趣,跟随担任知县的父亲"明习吏事",后以捐纳入仕。

《函电集》收录的倪嗣冲的第一篇文字,是 1900 年 9 月即光绪廿六年闰八月写给山东巡抚袁世凯的禀文。当时倪嗣冲正作为受到山东巡抚袁世凯重用、负责处理鲁西北 9 县义和团善后事宜。自 1900 年 9 月到这一年的 12 月,倪嗣冲单独或与其他知县会同上呈的禀文共有 14 件。在山东做基层官员的经历,是倪嗣冲一生事功的基础。在这些历史案卷中,我们不仅可以看到他"能吏"的身手,更重要的是,由此确立了他与袁世凯的关系。

据称,他在上一年陵县知县丁忧内去官,"即将离任之际,闻境内义和团设坛,立逮捕其魁,下之狱且白于大府,乞严禁其事,俟禀牍发而后行。已而义和团蜂起,果如所料。迨袁世凯任山东巡抚后,见倪之禀牍,甚奇之,以为知缓急、可任大事,遂任其充直鲁沿边九县善后委员"。倪嗣冲果不负袁之厚望,剿抚相济,"缉捕尤为勤能",[①]屡获袁世凯奖赏与保荐,进而成为袁的心腹干将、北洋团体的班底。

为报知遇之恩,他一直追随袁世凯,唯袁马首是瞻,对其忠心耿耿,甚至不问是非。

先是于 1901 年至 1907 年,协助袁世凯编练北洋新军,历任执法营务处委员、新练军执法营务处总办、北洋行营营务处总办等职。

---

① 李良玉等著:《倪嗣冲年谱》,黄山书社 2010 年版,第 8 页。

1907 年末至 1909 年,随徐世昌赴东北,任黑龙江省民政司使。1909 年底,随着袁世凯"回籍养疴",倪嗣冲也被弹劾去职。

辛亥革命爆发后,随着袁世凯东山再起,倪嗣冲也重出江湖。先是被袁调赴河南帮办军务,随即任河南布政使、武卫右军行营左翼翼长、安徽布政使等职,进军颍州,与淮上革命军大战,占领皖北重镇阜阳,展示了其"娴于兵事"的才能。

1912 年 1 月,与段祺瑞等 46 名北洋将领联名发表致内阁代奏电,成为袁世凯逼宫的王牌。1912 年 2 月,在袁世凯不愿南下就职之时,他致电迎袁专使蔡元培,要求同意袁世凯在北京就任临时大总统。

1913 年 7 月"二次革命"爆发后,他担任安徽都督兼民政长,积极出兵配合袁世凯的镇压活动。随后提议解散国会,驱逐参加革命的议员,反对《天坛宪法草案》,主张改内阁制为总统制等等,凡是袁世凯欲实施的,往往由身为地方大员的倪嗣冲率先通电发声,起到了制造舆论试探内外反应的作用。

在洪宪帝制活动中,倪嗣冲与袁世凯更是将中央地方和谐互动发挥到了极致。1914 年 12 月,他针对近日以来复辟的主张,与安徽巡按使韩国钧联合上书袁世凯,建议中央严禁复辟谰言。1915 年 9 月则又与段芝贵等联名上书,提议改民主共和制为君主制了。以后又不断劝进,请袁世凯"毅然英断,早定大计"。随即按照朱启钤等定好的"戏码",办理代表选举、国体投票、推戴等。袁世凯宣布帝制后他被封为一等公,并绣了一个锦缎黄龙袍,以为袁登基之用。护国军兴后,倪嗣冲又密札上呈袁世凯,为军事作战出谋划策,并派军开赴湖南作战。3 月 20 日,密见袁世凯,建议取消帝制。次日,袁世凯即宣布撤销承认帝制的命令。倪嗣冲即通电要求蔡、唐诸人"从此解甲息兵,倘再负险自固,抑或要挟多端",则"视为公敌,共伸挞伐"[1]。对于独立各省逼袁退位的主张,则坚决反对,表示"一息尚

---

① 李良玉、陈雷主编:《倪嗣冲函电集》,社会科学文献出版社 2011 年版,第 265—266 页。

存,决难坐视,肝脑涂地,亦所甘心"[1]。5月6日,倪尚给袁世凯打气,请袁"切勿轻听流言,灰心退位","以示天下以决心,杜邻邦之窥伺,持危定乱"[2]。并一再与冯国璋、张勋等通电,支持袁世凯继续担任总统。5月底的南京会议上,袁世凯大势已去,到了众叛亲离、树倒猢狲散的时候,倪嗣冲依然是最后坚决维护袁世凯地位二三位之一。袁世凯死后,他依然关心袁氏家族善后保障问题,并为此专赴南京与冯国璋协力筹商。

从1913年7月起,倪嗣冲实际掌控安徽统治大权,直至1920年9月辞职下野。督皖八年期间,倪嗣冲历任都督兼民政长、安徽巡按使、安徽督军、安徽省长,还曾任长江巡阅副使、长江巡阅使等职。

与政治上的保守主义倾向不同,倪嗣冲在发展经济推动安徽地方建设方面似乎并不保守,甚至还比较积极。这其中无疑有扩大财源、饷源,增加自身政治、军事实力乃至家族财富的考量,但客观上对地方经济的发展是否也起到了积极的作用呢?

倪嗣冲是个很有经济头脑的人。在任黑龙江民政司使时期,他曾就如何组织新军第三镇退伍士兵屯垦开发,提出了一整套非常具有可操作性的政策措施。《函电集》1907年部分的几个文件:《请移陆军第三镇退伍兵分拨江省屯田说帖》《拟订退伍兵屯垦办法文呈文》有所附《倪嗣冲原拟屯垦办法及变通章程》中,有倪嗣冲设计得很具体的方案。这个九年"实需银六十万两,第五年起即可毋庸拨款,以收回之租费支用,有盈无绌,至第九年而共可余银一百六十余万两"[3]的方案是否施行、具体施行的如何,不得而知,但其中反映出的经营思想,确实与其在安徽期间的一些措施有一脉相承的感觉,令人玩味。

主政安徽以后,在纵横捭阖、积极参与政治军事争斗的同时,倪嗣冲对于地方行政与经济事务也多有自己的主张。

---

① 《倪嗣冲年谱》,第117页。

② 《倪嗣冲函电集》,第269页。

③ 《倪嗣冲函电集》,第30页。

如提倡兴植垦牧、讲求水利。据 1914 年 7 月《报告查验皖北河工及地方治安情形致徐世昌函》载：倪嗣冲于六月五号亲赴皖北各县查验河工。该工程计蚌埠至怀远堤工二十五里，峡山口至鲁家口堤工四十余里，八里垛至三河尖堤工二百里，新河工程九十余里。[①] 1915 年，又用以工代赈的方式，疏通亳县境内漳河、越五河、龙凤河、梭沟、乾溪口等。[②]

《函电集》中比较集中反映倪嗣冲对国家建设方面主张的，当属 1915 年 5 月的《为倡农而后兴学练兵致徐世昌函》。他认为：以中国地大物博，人民繁庶，但能振奋精神，力求治理，似尚有基可凭。第积弱相延，财源涸竭，以致兵备不修，威棱屡挫，对症投药，似以民生主义较为切实有益。通商、惠工、敬教、勤学均古人中兴图强之策，但以中国工商欲与东西洋先进之国互相角逐，即使百倍其功，窃恐难收速效。因念大利归农，古有明训。中国天时和暖，土地膏腴，向以农国著闻。惟因提倡无方，沟洫荒废，丰歉一听天数。灾祲因之屡遭，民困财穷，均由于此。但能兴植垦牧、讲求水利，每年所入曷啻倍蓰。似此逐渐进行，并不多费资财，而藏富于民，多取自不为虐。财源既濬，则兴学、练兵自能蒸蒸日上。[③]

他甚至还于 1917 年 1 月，向安徽省议会提出了设立"专以创办实业、接济实业公司"的"因利银行"的请愿书。

他还比较重视科学技术在发展地方实业中的利用。1917 年 2 月，被蔡元培誉为中国第一个"名符其实的科学机构"的农商部地质调查所，派遣地质专家刘季辰、赵汝钧赴安徽调查地质矿产，倪嗣冲特令安庆、淮泗两道尹，妥为保护，并充当向导。在安徽地方的积极配合协助下，两位专家 23 日先测量了贾汪煤田，然后赴安徽烈山调查煤田及封赠山铁矿、大鼓山铅矿；后从蚌埠沿淮河上溯，调查舜耕山煤田，及八公山、霍山、潜山、五显庙等处地质及煤铁矿，25 日抵合

---

① 《倪嗣冲函电集》，第 165—166 页。
② 《倪嗣冲函电集》，第 436—437 页。
③ 《倪嗣冲函电集》，第 244 页。

肥。后来完成《苏北皖北地质矿产报告》，并成为中国地质界最初的一批重要科研成果①。此外，在英商亚细亚公司的落地税案中，倪嗣冲与北京政府外交部、英国驻华领馆及英商反复交涉，争取利权，客观上维护了国家及地方利益②。

三、历史的局限与局限的历史

不可否认，生活于 20 世纪初期的倪嗣冲，受历史时代及其个人的种种局限，许多思想行为不仅在当世就受许多人批评，也长期不被后人认可。同样不可否认，对倪嗣冲持批评与否认态度的评价，包括今天的史学也受着时代、资料、研究水平等种种条件的制约和局限。

在受着历史的局限和受着局限的历史学中，我们对历史人物究竟应该抱持何种态度呢？有几点不成熟的意见，供大家批评：

（一）从史料出发，去伪存真，实事求是。

（二）超越旧的思维定式和研究范式，去脸谱化、标签化。

（三）在更为开阔、更为长时段的大历史中，全方位地考察历史人物的思想与行为、外部环境和纷繁复杂的内在联系，揭示历史表象背后的深层次利益关系。

由于仅基于《倪嗣冲函电集》单方面的史料，对于这样一个处于复杂历史时期的复杂历史人物，本文的评述不可避免的存在着片面性，甚至有错误之处。好在本文的目的不是要对倪嗣冲的一生做全面的定性分析和评价，这也是这样一篇简短的文章不可能完成的任务。但是，希望拙文能带来一点新视角，让我们对历史对历史人物的思考与研究更加丰富起来。

---

① 《地质汇报》第 1 号，地质调查所印。
② 见《倪嗣冲函电集》1914 年相关各件。

颍西倪氏家族居住地变迁历程与原因探究①

　　"倪"字具有悠久的历史,初作"兒"或"郳",最早出现于距今三千多年前的甲骨文中。其作为姓氏可追溯至春秋时期,在山东省原滕县、峄县境内形成的小邾国,因国都为古郳国故地又被称为郳国或倪国。后世君主以国为姓,称郳氏,由此奠定了倪氏的根基②。在此后数千年的历史长河中,倪姓作为衮衮华胄芸芸众生中的一个小姓,不断发展壮大,成就了今日宗族遍天下的格局。阜阳颍西倪氏始于明洪武五年(1372)武略公迁颍,数百年来其后人在这片土地上开拓生存、繁衍生息,逐渐铺衍开来,成为颍州重要姓氏。本文以阜阳颍西倪氏家族居住地及其变迁为切入点,在调查研究、查阅史料的基础上来深入探究居住地变迁与其家族兴衰的关系,以丰富地方家族史研究的内容。

一、山左迁颍:倪氏迁往阜阳的原因和背景

　　在今天,随便问一位颍西倪氏后人祖先从哪里来,他们大多众口一词道:"山东枣林庄"。此说确有充分依据,因为在倪氏历来编修的家谱、族谱中都有关于先祖迁自山东的明确记载,如《倪氏族谱》中有"始迁祖山东人也,明初徙颍,卜居双塔村",另外在介绍其始迁祖武略公时更是清楚的记有"山东兖州府沿会通河有枣林闸,明洪武五年公由枣林庄迁颍"。③ 那么,武略公为什么要由山东不远

---

　　① 本文作者李强,阜阳师范学院历史文化与旅游学院副教授,历史学博士;李庆宇,华中师范大学历史学硕士生。原文载:李良玉、吴修申主编《倪嗣冲与北洋军阀》,黄山书社 2012 年版。

　　② 倪祥平编:《倪氏源流》,东方出版中心,2010 年版。

　　③ 阜阳师范学院社会发展学院近代安徽历史名人研究所藏:《倪氏族谱》(未刊)。

千里迁往颍州呢？对于这个问题倪氏后人给出的解释是武略公作为副千户武略将军军屯颍川卫（当时颍州地区行政上归安徽管辖，军事上归河南都指挥使司颍川卫管辖），他们的依据是倪氏族谱上有记载说"武略者乃武官之六品衔也，倪氏迁颍始此"①，由此看来武略公作为当时军屯于颍州地区的六品武官，在这里定居似乎也就合乎常理了。但此说疑点有二：一是对于武略公官职，虽然《倪氏族谱》中说是武官六品，但也有颍西倪氏后人依据其他一些家族史料说是武官四品，另有从五品之说，官职在同家族中说法不一在一定程度上影响了记载的真实性；二是颍西倪氏的族谱中都有关于武略公"得田百亩，受地一夫"的记载，但明初政府授予军人的计分田规定"每军种田五十亩为一分。又或百亩，或七十亩，或三十亩，二十亩不等。"②虽然授田"不等"的原因是由于各处田地的肥脊和远近不同，但同时也能说明在当时即便是普通士兵也能获得最高一百亩的分地，更何况在当时由于元末明初连年战争的破坏，人口大减，荒闲土地甚多的颍州地区呢？而作为在此屯田六品或四品武官的武略公仅仅得田百亩，似乎他并未享受到与其身份完全相符的待遇③。但不论颍西倪氏的始迁祖是否是因为曾经担任过武官六品或四品官职而在此定居，有一点我们必须认同而且是确凿无疑的，即他必然和当时屯田于此的诸多兵将一样，背井离乡，携带妻儿，不远千里、历尽过千辛万苦，来到颍州这片在当时有些荒凉的土地，拿起锄头，艰辛开拓，最终成为颍西倪氏的不祧之祖。

　　探究倪氏先祖迁颍原因，除去前面所说的军屯这一重要原因以外，似乎将其置于当时大的历史背景下才会更有意义。

　　山东枣林庄——这一地名在淮北大地尤其是阜阳地区，不唯独

① 阜阳师范学院社会发展学院近代安徽历史名人研究所藏：《倪氏族谱》（未刊）。

② 《大明会典》，转引自王毓铨的《明代的军屯》，中华书局 2009 年版，第 56 页。

③ 对于这个问题倪氏家族后人给出的解释是，1402 年武略公参加反对燕王朱棣发动的靖难之役失败后遭解职、削为平民。此说较为可信，见倪显伟先生著颍西倪氏 2009 年版简谱。

倪氏族人熟悉，而是广为人们所知，许多这一地区的人们都自称祖先在明初由山东枣林庄迁此，这一说法也见诸许多这一地区的家、族谱和其他文献中。如，太和《刘氏来祖墓碑记》中有"世传，我刘氏来祖于明洪武二年来自山东枣林庄拨迁上江颍州府太和县北六十倪邱镇地方居住……历今已二十余世，时间五百余年，人口增至六万余"；又，《张小庵和药渣子庙》中也有与此有关的叙述"张小庵，名玠，字秀甫，号小庵，原籍山东枣连（林）庄。明洪武二年，其先人移居颍州，住城南高庄，五传至先生"；再，太和县朱姓曾有童谣唱到："朱差公，我祖上，家住枣连（林）庄……"另外，界首谢氏在族谱中谈到家族起源时也有"始祖庠生谢上略偕侄谢魁顶于明初洪武二年由山东枣（林）庄迁居太邑之西北乡。"①由此可以看出，不仅颍西倪氏的祖先是明初从山东枣林庄迁来的，还有许多其他姓氏的先祖也是那一时期自那一地区迁徙而来。是什么原因导致在明初大量人口从山东枣林庄迁徙颍州呢？其原因是战争、灾荒和明初的移民政策。

战争原因。由于颍州地区是元末农民起义的策源地，因而颍州人民遭受的元政府的武力镇压和战争的破坏也是最大的。例如，至正二十六年（1366）春，朱元璋派军北上攻打颍州，驻颍州的元将扩廓帖木儿见势不妙，放火屠城，并裹挟颍州军民北逃。当时颍州地区的太和、颍上两县也曾遭到元军的屠戮，造成人口大减，如太和县"自元末韩林儿乱后，死亡殆尽，其存户不过二百"②，其残酷形势可见一斑。连年战争的涂炭最终"造成了一个巨大的历史后果，即颍州的土著居民锐减或者说所剩不多。这就开启了明初由山东等地向颍州地区大规模移民的历史"。③

灾荒原因。一方面，元末颍州地区洪涝、灾荒不断，再加上战争的破坏，土地荒芜、饥民寒路、饿殍遍地，大量土著居民迫于生计不

---

① 思良：《阜阳人说阜阳人》，中国文史出版社 2006 年版，第 335—336 页。
② 《民国太和县志》，江苏古籍出版社 1998 年版，第 436 页。
③ 张宁等：《阜阳通史》，黄山书社 1998 年版，第 190 页。

得不搀老扶弱、背井离乡,从而为明初外地移民的迁入提供了条件。另一方面,当时包括倪氏先祖在内的大量山东枣林庄移民在未迁入颍州之前所居住的兖州地区"民稠地狭"①,也为其在明初天下大定后迁入人口稀少的颍州地区屯田创造了条件。

明初移民政策。明初朱元璋将山东等地一些人口稠密地区外迁的大规模流民安置到当时因战乱造成人口稀疏的地区。这也是促使包括倪氏先人在内的大量人口迁入颍州的重要原因。

由此看来,倪氏先祖迁入颍州在此定居的原因除了家谱中所说的屯田之外,还和当时的历史背景紧密联系。我们在探究这一问题时把它与当时的历史背景相结合,深挖我们所熟知的表面历史背后潜藏的更深层次的历史,不仅有利于问题的解决,而且有利于我们培养一种更加全面的历史观。

二、人口日繁:倪氏居住地逐渐铺展开来

倪氏先祖除武略公外还有同武略公一同迁入颍州的他的两个兄弟,三人来到颍州后分别定居于颍西塔村(倪)老庄(今阜南县柴集倪新寨、倪后湖、倪小寨)、颍南谢家桥(花门楼)、颍西水塘湾。颍西倪氏即是定居于三塔村的武略公及其后人一支。据倪氏家谱记载,从明洪武五年始迁祖武略公迁颍开始颍西倪氏子孙直到清朝康熙年间竟然十四世都是单传,血脉几绝,而且前十一世都无名可考,直至到第十四世②迁公才首分两门,颍西倪氏家族才逐渐兴旺,铺衍开来。

颍西倪氏前十四世由于具系单传,其居住地也没有大的变化,仍然生活在三塔村倪老庄,守着祖上传下的一百亩地过着普通农民的生活。至十四世倪迁时才能将田地"扩百亩为数顷"、人口"扩一

---

① 曹树基:《洪武时期鲁西南地区的人口迁移》,《中国社会经济史研究》1995 年第 6 期。

② 阜阳颍西倪氏,由于武略公后前十一世无姓名可考,故清道光元年立家谱记述世系时,以十二世兰秀公为一世祖。此处之"第十四世"为自武略公之第十四世,而非倪氏族谱所记之第十四世。下同。

夫为十夫"①。到十五世倪天资时,倪氏家族完成了由普通农民到耕读家庭的转换,他的两个儿子倪百川、倪会曾都读过书,不仅"粗晓礼义"而且能"扩充田园"②,倪家走上了一条耕读传世的道路,直至此后的百余年虽"其间无膺显仕者",但凭藉耕读传世的良好家风"乡里目为望族"。到了第十八世,倪元灏、倪淑、倪元澄兄弟都曾做过官,倪氏家族开始"骎骎兴盛"③。

家族的逐渐兴旺,使得人口不断增加。据倪氏族谱记载,自第十四世倪迁得二子首分为两门后,到了十六世时倪家分为四门,十七世时已有十五个男丁,到了十八世时更是达到了四十七位男丁,人口的大量增加使得倪老庄人满为患,倪氏子孙的居住地遂不断往周边扩散并扩展到周边府县,形成了一些新的倪家居住的村庄,例如有西北倪庄、小倪庄、大庄等。这些新的倪氏居住地的形成不仅为倪氏的进一步繁衍提供了条件,而且使得此后倪氏家族的居住地进一步往周边扩散,范围和影响都随之增大。

三、修圩筑寨:居住地形式的变化是颍西倪氏发家的重要一步

翻开倪氏族谱我们会发现其对居住地的记载十分详细,因为在倪氏族人看来,居住地"乃先世缔造,子孙荫庇",故"详细绘图并注明某代移住以便考察"④。这也为今天我们研究倪氏家族居住地的变迁提供了很大的便利。倪氏族谱中记载的倪氏居住过的村庄名称大多以"××庄"直接命名,如西北(倪)庄、正南庄、小庄、老庄等,但也有一些命名为"××圩"、"××寨"的,如"锄经新圩""锄经小圩""锄经老圩""锄经东圩""倪寨""倪新寨"等,这些"圩"、"寨"的出现不仅是倪氏家族居住地形式变化的重要表现,而且是颍西倪氏在近代走向发达的重要一步,它与当时的历史背景有着非常紧密的联系。

---

① 阜阳师范学院社会发展学院近代安徽历史名人研究所藏:《倪氏族谱》(未刊)。
② 阜阳师范学院社会发展学院近代安徽历史名人研究所藏:《倪氏族谱》(未刊)。
③ 李良玉等:《倪嗣冲年谱》黄山书社 2010 年版,第 266 页。
④ 阜阳师范学院社会发展学院近代安徽历史名人研究所藏:《倪氏族谱》(未刊)。

鸦片战争爆发后,中国开始沦为半殖民地半封建社会,阶级矛盾、民族矛盾十分尖锐。1851 年洪秀全领导的太平天国运动爆发,沉重打击了反动势力统治,与此同时淮北地区爆发的捻军起义与太平天国运动相互配合也给予清政府以沉重打击。当时参加捻军的主要是农村无地农民和下层贫苦群众,他们迫于生计不得不自发结合起来形成"捻党",公开从事反地主、反贪官污吏的活动。捻党通常聚集居住,修建圩寨作军事据点,寨内村民全部组织起来,平时耕作,战时防守,形成"散则为民,聚则为捻"①的生活、组织形式。捻军修筑的圩寨"有寨墙、堞、门、吊桥、外壕等"有的还设有垛口炮台,易守难攻、十分坚固,称为"捻寨"②。由于捻军运动导致社会秩序混乱,淮北地区的不少农村士绅和宗族团体为保护其身家性命和财产利益安全也纷纷效仿捻寨"自发结寨自保"或"奉官府之命筑寨御捻"修筑自己的圩寨。

正是在这种特殊的历史背景下,当时初见兴旺的倪氏家族也依靠本宗族的力量修筑了一些圩寨,这些圩寨都是在原有村庄的基础上改造而成,如,老庄曾于咸丰八年"筑圩御匪"故又名"锄经新圩",大庄也在咸丰六年筑圩御匪是为"锄经老圩",小庄也在咸丰七年改造成"锄经小圩"③。当时倪氏家族修筑的圩寨是具有典型战乱时期特点的城堡式建筑风格的寨子,规模适中,如倪新寨,外围修有护寨河(至今仍然存在),"厚二尺余的寨墙环绕全寨。寨西南各有一个寨门,门扇是厚实的方檩木打造,外面包着铜页子,铜页子上是碗大的铜钉锔子,寨门楼是两层楼房,上下层各三间。寨的东北、西北、西南、东南角各有一座敌楼,敌楼均有两层。寨墙上每隔丈余有一垛口,用于观察外面的情况或安装武器,平时每座炮楼及东西寨门均有卫兵值班,三十多名卫兵轮流站岗放哨,日夜不断。夜晚,寨墙外侧每间隔两丈远有一盏油灯,由专人负责傍晚点上,黎明收起。

① 张宁等:《阜阳通史》,黄山书社 1998 年,第 218 页。
② 牛贯杰:《十九世纪中期皖北的圩寨》,《清史研究》,2001 年第 4 期。
③ 阜阳师范学院社会发展学院近代安徽历史名人研究所藏:《倪氏族谱》(未刊)。

墙外壕沟环绕,门前架设吊桥,防卫森严"。① 倪氏家族举族迁入这些修筑的圩寨内,每当兵荒马乱时不仅能使本族人避免战祸的扰乱,而且"方圆十里八村的百姓都'跑反'来到倪寨",以求庇护。

虽然当时倪氏家族修筑圩寨的目的是保卫自己的家乡、自己的产业不受侵害,但其"结寨自保"实质上形成了乱世中一支独立的士绅武装力量,后来,其与来此镇压捻军和太平军的项城袁氏合作,招兵买马、组织团练,尤其在同捻军作战保卫颍州和击败团练苗沛霖的斗争中,不仅成功保卫了本宗族的利益,而且壮大了自身力量,扩大了家族的影响,例如,在保卫颍州时,倪淑及其兄弟不仅自己组织防御,而且"联络西乡民练",使得"周围二百余里约十万众,咸听约束,奉为盟主"②,这使得颍西倪氏名噪一时。虽然事后倪淑等人解散了团练,但其影响并未因此完全消弭。另外,在同捻军和太平军的对抗过程中倪氏也得到了时任钦差大臣、督办安徽团练大臣袁甲三的赞赏和信任,从而使得颍西倪氏与项城袁氏之间产生了一些渊源,这些也与后来倪嗣冲投靠袁世凯并发挥重要作用有着某种特殊的联系。因此,修圩筑寨不仅是倪氏家族居住地形态的重要变化,从某种意义上说,它更是此后倪氏家族走向发达的重要一步。

四、"一人得道":带来的不仅是倪氏家族居住地的进一步扩张

倪淑等人解散了曾经给倪氏家族带来过荣耀的团练后,虽然后来他也曾中过举人,当过知县等官职,但整个倪氏家族已不再有往日的重要影响,这一局面直到他的下一代——倪嗣冲时才得到根本改变。倪嗣冲后来的发迹,给倪氏家族带来的不仅是居住地的进一步扩张,也给颍西倪氏家族带来了有史以来最辉煌的一个时期。

倪嗣冲,倪淑之子,他是晚清和民国的一位重要历史人物。在他当政主皖时期,是整个颍西倪氏家族最辉煌的时期,这一时期倪氏家族居住地的进一步扩张是与其家族势力的不断扩张紧密联系

---

① 敖堃:《北洋中坚倪嗣冲》,内蒙古人民出版社 2008 年版,第 17、19 页。
② 李良玉等:《倪嗣冲年谱》黄山书社 2010 年版,第 274 页。

在一起的。主要表现在：

第一，这一时期，倪氏家族不仅取得了在阜阳地区的权势地位，而且家族的分支扩展到了其他地区。1912 年 1 月倪嗣冲率军与淮上革命军作战夺取阜阳后，直接住进了阜阳贡院，到 1912 年 2 月淮上军退出阜阳后，倪氏在阜阳确立了统治地位。此后倪嗣冲当上安徽督军和省长后，也使得颍西倪氏在蚌埠等其他地区繁衍开来，这是倪氏居住地变化的重要表现。

第二，倪嗣冲督皖后，在他的提携下，倪氏家族成员除了大批在阜阳居住外，同时也置办了大量田产，仅倪嗣冲一人就新置土地 2 万多亩，是当时阜阳拥有土地最多的地主。现将与倪嗣冲有血缘关系的主要家族成员在阜阳购置田产情况部分列举如下：

姓　名	主要职务	原有田产	新置田产
倪嗣冲	安徽省长、长江巡阅使		20000 多亩
倪道烜	安武军第九路统领		3000 多亩
倪道烺	正阳大关监督		5000 多亩
倪金铺	安武军第二混成旅步兵团团长	几十亩	2000 多亩
倪香圃	安武军第一混成旅旅长		5800 多亩
倪道煌	将军府总办		3000 多亩
倪翰村	安徽督军公署庶务处处长	30 亩	3000 多亩
倪灿埠	安武军第一混成旅旅长	20 多亩	1800 多亩
倪道煜			3000 多亩
倪佑弼		几十亩	1500 多亩
倪芳容	正阳关总办		2000 多亩

资料来源：系笔者自中国人民政治协商会议安徽省委员会文史资料研究委员会编《军阀祸皖》，合肥：安徽人民出版社 1987 版。及其他所掌握的相关资料整理得到。

此外，倪嗣冲的亲戚宁氏、王姓、赵姓等也获得了大量地产，尤其需要指出的是颍西倪氏宗亲也在此时获得了很多土地田产，据说拥有十顷土地的在倪新寨当时只能算是小地主，拥有十顷以上土地的很多,如倪后湖后来创办过群益初级中学的倪步蟾据说曾经挂过千顷牌。有一个事例能说明这一情况,据说倪小寨在土改时,因为全寨都是地主,没有一户贫下中农,结果从常庄迁去两户贫农,才有人当村长。值得一提的是,当时并非所有颖西倪氏后人都能得到倪嗣冲的提携而发家购置土地,例如,当时三塔集东倪寨有个倪部因看不起倪嗣冲而对他不太理乎,一次倪嗣冲回乡路过东倪寨,竟无一人迎接,他觉得面子上过不去,回到蚌埠后,他立刻下令将安武军中东倪寨的人全部开除回家,因此后来东倪寨里没有在外办事的,也就没有因发迹购置田产而成为地主的①。但不管怎样,倪嗣冲的发迹对整个颖西倪氏的发迹和其居住地的扩张起到了最直接、最重要的推动作用。

五、势力衰弱:并未因此减慢倪氏向外扩散的步伐

1920 直皖战争,皖系失利后倪嗣冲被迫离皖,其影响虽然仍在,但毕竟不比往日。后来他寓居天津,使得颖西倪氏的种子在天津生根发芽,是颖西倪氏近代以来居住地向外扩散的重要一步。

在阜阳地区,倪氏旧部在倪嗣冲离皖后的一段时期虽仍然掌握阜阳地区的权力,但势力也逐渐丧失,再加上不断的兵祸、匪患影响,使得在阜阳县城拥有大量财产的倪氏家族损失惨重,进一步加速了它的衰弱。如,1922 年豫匪"老洋人"攻破阜阳城,不仅使得倪氏在阜阳的财产损失惨重②,而且因为此事,驻扎阜阳的安武军倪金镛和倪道煦由于引起民愤而倒台③,这对阜阳倪氏是重大打击,再后来倪氏的势力逐渐衰微。至 1928 年后就几乎丧失殆尽了。倪氏家族购置的田产也在其他军阀以及后来的国民党统治时期先后被视为"逆产"处理,中华人民共和国建立后经过土改运动,颖西倪氏家族又恢复了作为一个普通家族的常态。

---

① 安徽省阜阳市政协文史委编:《阜阳古今名人》,内部印刷 1991 年,第 97—98 页。

② 政协阜阳市委员会文史资料工作委员会编:《阜阳史话》(第六辑),内部资料 1986 年版,第 64 页。

③ 方兆本主编:《安徽文史资料全书》(阜阳卷),安徽人民出版社 2007 年版,第 879 页。

需要指出的是,颖西倪氏并没有因为家族势力的衰弱而放慢居住地向外扩散的步伐,倪嗣冲发迹后,颖西倪氏曾依靠家族权势走出阜阳散居安徽省内,并且逐渐走向全国,在倪嗣冲去世和倪氏家族衰微后,其家族部分成员由于种种原因被迫或主动迁移到其他地区。改革开放以来,在民工潮和生活条件改善的背景下阜阳地区的颖西倪氏后人再一次掀起了向外迁移的热潮。如今,颖西倪氏传至第二十八世,家族成员已达万人之众,他们不仅居住在阜阳倪新寨、老寨、倪庄、倪后湖、倪小寨等老宅,而且已经广泛散居安徽省内并广居北京、天津、新疆、河南、四川、上海、台湾、香港以及国外的新加坡、美国、加拿大等地。他们不仅积极融入并成为当地社会大家庭中的一员,而且用自己的辛勤努力与聪明才智,发展和壮大倪氏宗亲的业绩和成员,成为颖西倪氏外迁中一支支新秀。

结　语

综观整个颖西倪氏家族居住地变迁的历史,我们不难发现其在不同历史时期的发展变化,都与倪氏家族的兴衰、与那一时期特殊的历史背景密切相关,而这些历史背景具体来说又无外乎具体社会环境的影响、重要家族人物的作用等。当我们以倪氏家族居住地变迁为主线探究这些特殊历史背景时,我们不仅能够弄清楚倪氏家族居住地变迁的原因和进程,而且能进一步加深我们对当时社会大环境的认识和了解。此外,探究倪氏家族居住地变迁历程与原因,从史学角度看也有其自身的特殊价值。这不仅丰富了地方史研究的内容,也为开展阜阳地区家族史研究奠定基础。历史不仅有一国之史、一地之史,还有一家之史,"天下之本在国,国之本在家"①,家族、宗法观念历来是中国传统社会家庭观念的核心,正是众多家族文化有机交融在一起才构成今日之泱泱中华,重视和梳理家族历史是未来历史文化发展的重要方向之一,是实现史学繁荣的重要途径,也是史学工作者的责任。

---

① 《孟子·离娄上》,燕山出版社1995年版,第118页。

倪嗣冲在东北巩固边防的业绩[①]

　　东北是清王朝起家之处,也是大清根本。但东北广袤的土地、丰富的资源,一直让俄、日两个帝国主义国家心存觊觎。1904年,两国为争夺东北大动干戈,爆发日俄战争。他们在签订的《朴茨茅斯条约》中,提出了"南满""北满"的称呼,瓜分东北的野心昭然若揭。

　　日俄战争后,清廷意识到,东北一旦易手,不但失去开国根基,而且首都将直接面临威胁。清廷决定在东北建立更有效的行政机制,把东北地区划分成三个省,取消原来的盛京将军、吉林将军、黑龙江将军,改由东三省总督总管,以建立巩固的东北国防线。

　　1907年6月,北洋派军机大臣徐世昌被任命为东北总督,开始东北建省的工作。早先,徐世昌作为袁世凯小站练兵的参与者,在小站总理参谋营务处的时候,倪嗣冲还只是一无名的秀才;而到倪嗣冲参与编练新军时,徐世昌早已在袁世凯的保举下,做了新成立巡警部尚书。二人虽然素未谋面,但徐世昌一直关注着这个承继自己曾经干过的职位和事业的后生小子,也看出来这是个可畏的干才。于是,他到东北后,便在第一时间向当时正留守小站的倪嗣冲发了邀请。到东北后短短数月,徐世昌就决定让倪嗣冲负责全黑龙江省的政务工作。

　　按当时清廷推行的新政,黑龙江将军的职位被裁撤,原任将军程德全改任新增设的黑龙江巡抚一职,负责一省军政要务。其下设民政司,掌管全省民政事宜,设司使一员。徐世昌认为倪嗣冲充任黑龙江的地方长官,对推行自己的政治抱负、对整饬黑龙江边防大

---

　　① 本文作者敖堃,南开大学古籍所副教授。

有裨益。于是,他在上报清廷的《奏设司缺变通办法情形折》中说:
"兹查有军机处存记二品衔直隶候补道倪嗣冲,器局宏通,才猷练
达,堪以试署(黑龙江)民政司司使。"光绪三十三年十一月,清廷认
可了徐世昌的任命,倪嗣冲当上了黑龙江一省的民政司司使,掌握
了一省的行政权力。

"金鳞岂是池中物,一遇风云便化龙。"新官上任的倪嗣冲,到了
黑龙江省新建的省会、原黑水厅所在地齐齐哈尔,便忙于设立衙署、
启用关防、任免人员,各府、厅、州、县升补调署及设治,设置统捐局、
商会、实业总会等等,开始大展鸿图。而当时具有"巡行天下,抚军
按民"职责的巡抚程德全,只抓大事和军务,把具体行政工作,诸如
设置及创办实业工厂、垦牧有限公司、森林公司,成立临时省议会、
政法研究会、筹办政法学堂、成立教育行政会、绥化试办医学研究会
以及追踪黑龙江共和党、同盟会支部等一系列事宜,都一古脑扔给
了倪嗣冲这位民政使,放手让他去干,这也无形中让倪嗣冲的行政
才能在东北几年得到彰显。

倪嗣冲在北洋中即以"能员"见称,民政司下设民治、疆理、警
务、营缮、庶务五科,建省之事虽多且乱,却让他整理得条然有序。
其最突出的功绩,便是积极促使朝廷取消禁止移民关外的国策,通
过移民垦荒,充实了东北地区的人口、经济和文化实力,粉碎了日俄
通过移民强占东北土地的侵略企图。

黑龙江有丰富的水利资源,地表江河纵横,大气降水充盈,极为
适宜农业发展。元、明时期,这里也曾搞过屯田,但只是昙花一现。
清廷入关后,鉴于元朝蒙古族被推翻后退回蒙古高原的教训,为自
己将来留下退路,保守满族固有文化,巩固祖宗"龙兴之地",下令在
东北废止招垦,并作为流放犯人的地方,实行了长达200年的"封
禁"政策,严禁汉族人民进入东北地区。结果,一方面使这里变得荒
无人迹,人口极为有限的少数民族与外界长期隔绝,以致贫困落后;
另一方面,"自呼伦贝尔越瑷珲兴东辖境,皆与俄境毗连,弥望榛芜,
无人过问"(《黑龙江志稿》卷八),境防务屡弱。三个东北新建省中,

黑龙江省人口最少,面临的边防安全形势最为严峻。

进入近代,俄国势力不断向东北地区渗透。沙俄在用武力迫使清朝当局签订中俄《瑷珲条约》、中俄《北京条约》等不平等条约,割去黑龙江以北、乌苏里江以东100多万平方公里的土地的同时,又推出种种优惠政策,以每年十万人的速度,招揽其民众来黑龙江地区定居。在黑龙江地区推行"黄俄罗斯计划",不断向黑龙江右岸的广大区域采取经商、移民等方式渗透,企图把黑龙江变成俄国的一部分。日俄战争后,中俄两国边境地区双方人口数量相差的更加悬殊。"彼则居民栉比,屯堡相望,我则野甸荒凉,人烟绝迹,就黑龙江两岸观之,已不盛强盛兴衰之感"(《东三省政略财政》)。

与此同时,日本政府提出"满蒙生命线"的主张,把"征服满洲"和"经营满洲"作为其施政重点。1903年,日本开始向东北移民。日本政府明确指示臣民:"满洲为日中两国国民共同生活的地区。"1906年,出现了第一次日本移民中国关东的高潮。日俄战争后,日本按东印度公司模式,建立起组织庞大、业务范围广泛、不仅具有行政职能、而且拥有外交权力的执行国家任务的殖民地开发机构——"南满洲铁道株式会社"。他们认为,可通过积年累月向中国东北移民方式,使中国东北实际上成为日本领土,于是鼓励向"关东州"和沿线的"满铁附属地"移民。

19世纪中后期,当时还是中国属国的朝鲜遭遇大饥荒,大批朝鲜"流民"涌入中国东北地区求生,在黑龙江省牡丹江、绥芬河一带逐渐形成聚居区。朝鲜被日本吞并后,日本加大本国移民力度的同时,也把朝鲜人作为移民主力,实施以"鲜人"殖民中国东北策略,妄图使东北"鲜化"。朝鲜人"闯关东"的性质也发生了根本性变化,进而演化为中国和日本移民竞赛的一部分。

倪嗣冲作为首任行政长官,上任伊始,就敏锐地看出在国力微弱的当时,以移民实边,开发黑龙江,是保住黑龙江不落入外人之手的最佳对策。鉴于边疆形势的恶劣,他做出了一个非常大胆的举动,那就是积极促使朝廷取消禁止移民关外的国策,促使关内破产农民大量移居东北！可以说，正是这一举动，保住了中国对东北的所有权。

黑龙江地区地广人稀，土地较关内各省容易获得，是贫苦农民想往的谋生之地。黑龙江地区 1906 年土地统计数字为 814,276.5 平方公里①，1907 年人口总数为 2,577,380 人②，平均人口密度为 3.1 人/平方公里，人口密度大大地低于北方的其他省份。在数千里一望荒芜，空无人烟的黑龙江土地上，贫苦农民稍事劳作便可谋生。同时，黑龙江地区有金矿、森林等丰富的自然资源，加之 1905 年后，黑龙江地区的哈尔滨、齐齐哈尔等地被辟为国际性商埠，各项事业正待开发，对劳动力产生了极大的需求，这些都给黑龙江移民提供了广阔的生活出路。

倪嗣冲首先完成了建省规划，充实各级行政机构，在全省广设民官，以官招民，充实边备。他于 1908 年 6 月 10 日奏请立即"添设瑷珲、呼伦贝尔道员两缺，黑河、胪滨、佛山、嫩江知府四缺，瑷珲、呼玛、漠河、室韦、萝北、武兴、讷河、布西、甘南直隶厅同知十缺，舒都、乌云、车陆、春源直隶厅通判四缺，诺敏、鹤岗、林甸、通北、铁骊知县五缺"（《程德全守江奏稿》卷 12），这些拟设置的地方官府大都位于边境地带或交通要道，便于移民垦荒和边境地区的管理。与此同时，裁撤了墨尔根、呼伦贝尔、瑷珲副都统等旧的不合宜的机构。并在黑龙江省各县充实了招垦局，统一管理移民事务。

光绪三十四年（公元 1908 年），上任不到一年的倪嗣冲为了改变黑龙江沿边地区（即黑龙江右岸）"野甸荒凉，人烟绝迹"的面貌，增强边境实力，制订了影响东亚政治地理格局的划时代纲领《沿边招垦章程》五章二十四条，对黑龙江 19 处放荒地段规定了奖励垦荒办法，由黑龙江巡抚领衔上奏朝廷，要求组织官方移民，迅速加大汉族农民移民东北的力度，得到了朝廷的批准。

---

① 汤尔和《黑龙江》据（俄）道勃罗夫斯基著《黑龙江省》一书的统计数字。

② 孙占文：《黑龙江省史探索》，黑龙江人民出版社 1983 年版，第 274 页。

不久,在倪嗣冲的规划下,黑龙江省政府分别在汉口、上海、天津、烟台、长春等地设边垦招待处,对应招者减免车船费,不增押租。凡来黑龙江省之垦户,携有边垦招待所执照者,乘坐由烟台至营口的招商局轮船均减收船费,乘坐由哈尔滨至松花、黑龙两江之官轮及昂昂溪至齐齐哈尔之火车一律减收半费,所随家属,概免收费。"垦民到段后,遇有青黄不接,则又有官立银行查棱实在人口,酌予贷给"(《东三省政略·财政》)。此外,为了能使更多的人迁移到黑龙江地区来从事垦务,对招垦人员也有一定的奖励措施。对于招徕百名以上移民的招垦员,按大清章程给以住宅。对移民本身能以己力招徕移民十人以上者,既抵垦地后,任命为百户长,招徕百人为屯长,招徕三百人以土地四方照半价卖给。特别是对前往兴东、瑷珲、呼伦贝尔等处边防的开垦边荒者,更给予了种种优惠待遇。于是,黑龙江迎来了一个划时代的发展时期,"一纸开招,万众立至"。关内各省——以冀鲁为最,大量破产农民纷纷移民东北垦荒,"蜂攒蚁聚",许多"壮健单夫"先期来江省定居之后,呼亲引朋继来黑龙江,聚族而居。黑龙江地方政府丈量土地,大放余荒,并采用了催垦、抢垦、自由垦殖等促进措施,同时还进一步制订了《黑龙江省殖民计划大纲》等条例,印刷成册,派招垦员分发辽宁、河南、河北、山东等省。辽、吉二省立即效尤。从此以后,招揽内地农民出关实边,这也成为历代东北统治者的必行政策,几十年来,移民人口竟达数千万人之多。在汉语中也形成了一个专有词汇"闯关东"。

黑龙江本身缺乏劳动力,省政府一加鼓吹,省内各地闻风而动,各地官员、旗人对"移民"的到来,不仅不加拒绝,"反极尽招徕之能事,于是借垫牛粮籽种,白住房屋,能下田的去下田,能伐木的去伐木,能种菜的去种菜,放羊的去放羊,喂猪的去喂猪,铁匠送到铁匠炉,木匠送到木匠铺,念过书的功名人,则留到府里,教少东人念书,伴老东家清谈"(钱公来:《逸斋随笔》)。进入东北的关内移民就这样或被满、汉族地主招留,或自耕自种,一个个窝棚搭起来,一个个屯子盖起来,一顷顷庄稼种下去,一座座矿山开出来,东北丰富的矿藏从沉睡中唤醒,新垦的一望无际的农田,秋来遍野飘香的稻米大豆,关东成了移民的天堂,一个全新的"移民社会"在东北出现,开禁招垦收到显著的成效。

1908 年,倪嗣冲又在内蒙古哲里木盟扎赍特旗开垦,安插北洋陆军第三镇的退伍兵和家属,一夫授田百亩,以火犁代人力,开展屯田。其实倪嗣冲开发扎赍特旗别有用意。扎赍特旗正在黑龙江腹地,从这里到东面、北面、西面边界的距离都差不多。倪嗣冲的心思,是把这里变成退伍兵和家属的驻地,也就是古代兵民合一的体制,平日是退伍的老兵,领着家属种地。一旦边境前线有事,拿起武器就是彪悍的战士,为保卫自己土地而战。

移民开荒也大大缓解了黑龙江建省后财政用度的不足。黑龙江省民政司规定:只要垦民户每垧土地交纳京钱六吊三百文,或银一两三钱,便发给大照,土地即归代垦移民。这样,自 1904 年至 1911 年,黑龙江地区共放出荒地 5,628,300 垧,收入京钱 35,458,290 吊,折合白银 7,316,790 两,真是垦务事宜"朝出一令,暮入千金"(《黑龙江述略》卷四)。这种作法在很大程度上缓解了当时政府的财政危机。

仅仅用了四年时间,到 1911 年(清宣统三年),黑龙江实际垦荒面积就达到了 300 余万垧。仅西部地区人口就增加了四十七万余人,东部地区人口亦有很大增长,黑龙江地区人口总数已达到三百数十万人[①]。入垦移民在这些荒地上披荆斩棘,变榛莽为良田,为黑龙江地区农业发展做出贡献。而同时,这些移民乡土观念都较浓厚,稍有积蓄,便返回故里,省亲探友,频繁往来,经年不断。正是这种南北流动,将黑龙江地区的一些信息,带给了家乡的亲朋好友,从而吸引了更多的人向黑龙江迁徙。只短短的几年,便在以前人烟稀少的边荒地区兴建起了许多由移民组成的村屯聚落。如肇州、泰来、巴彦等地,本为蒙古族游牧和旗人屯田之地,"汉族移民一到,遂

---

① 孙占文:《黑龙江省史探索》,黑龙江人民出版社 1983 年版,第 274 页。

成聚落",由村落而城镇,由城镇而都市,繁衍不绝,使整个东北从此成为稳固的汉族文化为主体的地区,北方汉族文化从此取得一块富庶的复兴基地,在相当程度上扭转了长期衰落的态势,也解决了关内民众的粮食问题,减少内乱之源。

倪嗣冲制定的开垦东北的政策执行的结果,汉人移民数量远远超过满人和土著汉人,也远远超过几乎是同时进入东北的俄国、日本和朝鲜的移民。沙俄扩大侵略中国东北的美梦,也随着汉族移民的大量增加和反抗而破灭。帝俄将军库鲁巴特金在一次谈话中曾说过:"俄国所最惧者,为中国之移民于蒙古北境盖沿西伯利亚之国境,去平和而稀薄之游牧民,而代以反俄之中国人,实为危险"[1]。

进一步言之,移民垦荒,解决边地人口问题,使内地各省不致有人口过剩之患。开垦荒地,启发利用。增加国人在满洲之势力,以御外侮而防侵略,可以强固东北之边防,而拱卫中原。倪嗣冲通过制定垦荒政策,招揽移民的方式,巩固了我国的东北边疆。

---

[1] 王慕宁:《东三省实况》,上海中华书局 1929 年版第 24 页。

倪嗣冲与小站练兵①

2008 年"五一"劳动节,位于天津市津南区小站镇恢复重建的"小站练兵园"对外开放。我不由想到清末小站练兵的主要将领之一——倪嗣冲。他曾为造就中国第一支近代陆军做出了重要贡献。

清末天津小站练兵是中国近代史上的重要一页。它始于 1875年(光绪元年),当时直隶总督兼北洋大臣李鸿章,调遣淮军著名将领周盛传率领所部从河北青县马厂移屯今小站北侧的潦水套,设"亲军营",这标志着小站练兵的开始。又经胡燏棻练兵、袁世凯练兵、张之洞练兵、段祺瑞练兵,时至 1920 年为止,小站练兵历经了近半个世纪。

其中袁世凯练兵始于 1895 年(光绪二十一年)。是年,袁世凯利用其堂叔袁保恒、袁保龄的旧僚,在京多方活动,最先上书,大讲改革中国军制的必要,并提出操练新军的计划。袁世凯经过多方努力,终于得到了慈禧太后的亲信荣禄、军机大臣李鸿藻和直隶总督、北洋大臣李鸿章的推荐,他被委派接管"定武军"十营,作为改练新军的基础,从而取得督练新建陆军的权柄,兴致勃勃地前往小站镇,开始了举世闻名的"袁世凯小站练兵"。

1899 年 12 月正在天津小站练新式陆军的袁世凯受命担任山东巡抚。12 月 25 日袁世凯抵达济南府衙接印,并把在小站一手操练的新式陆军——武卫右军 7000 人,也先后带到了山东。他还借机将山东旧军 34 个营,留取精干之兵,编为 20 个防练营,共 9000 多人,定名为"武卫右军先锋队"。后来再次扩编把左翼防军和沿海防军部署在山东各要地。至此,袁的队伍已达 19600 余人,成为北方最大的一支武装力量。

中间白须长者为毅军统领姜桂题前排右起第三人为倪嗣冲

　　1900 年袁世凯在山东巡抚任上遇到了曾任山东陵县知县的少时学友倪嗣冲。袁世凯非常赏识倪嗣冲在陵县任上对义和团初兴时采取的平息策略,任命倪嗣冲为德州等九县"拳匪善后委员",负责鲁西北地区与传教士的谈判、理赔等事宜。倪嗣冲作为袁幕府中的一名重要成员,凭借着武卫右军的实力,运用巧妙的政策策略,既少杀人,又不花国库一两银,仅花费了一年的时间,出色地完成了任务,创造了这项工作的奇迹,深得袁世凯的赞赏。1901 年八国联军即将撤离北京,为了维持北京的治安,袁世凯上奏清廷,成立"京师执法营务处",举荐"深器伟才,谓堪大用"的倪嗣冲为营务处首领。"京师执法营务处"实际接管了北京的防务。倪嗣冲依靠袁世凯小站操练的新式陆军——武卫右军,在京城仅任职一个月,就使盗匪绝迹,百姓安然。这充分显示了他的军事才干和行政管理的能力。袁世凯在举荐倪嗣冲的奏折中说:"分省补用同知倪嗣冲,请免部本班,以知府仍分省补用,并加三品衔。"

1901 年 11 月袁世凯将升任直隶总督兼北洋大臣。此时两宫回銮，"京师执法营务处"结束使命，该处官员多裁撤，而倪嗣冲则于 1902 年被袁世凯召回保定北洋大臣衙门，任职于北洋营务处总办，负责武卫右军骑兵的训练。

1902 年 4 月，直隶广宗县爆发了景廷宾领导的农民起义，竖起"扫清灭洋"旗帜，抗击清军，杀死法国神甫泽溥，声震京畿。5 月初袁世凯派段祺瑞、倪嗣冲率武卫右军两营及炮兵、马队共三千余人，自保定南下，平息景廷宾领导的农民起义。是年 7 月 19 日，起义军失败，景廷宾不幸被捕，最后"照谋逆例凌迟处死"。是年 8 月 5 日，袁世凯上奏朝廷，要求嘉奖在平定景廷宾起义中功劳最大的段祺瑞与倪嗣冲。奏折中说："分省补用道倪嗣冲，臣加派为营务处与段祺瑞会同布置，值威县匪类蜂起，声称为景逆复仇，势颇凶悍。段祺瑞与倪嗣冲移军往御，连日三捷。迨匪徒溃散，戒士兵不许追击，尤不许一卒一骑入村搜捕，保全甚多，匪畏民怀。又件只村讨平后，景逆漏网逃匿，倪嗣冲潜密晒及，卒令凶渠就缚，得伸显戮，绝根诛面除隐患，功亦甚伟。合无仰恳天恩。……三品衔分省补用道倪嗣冲赏加二品衔，仍以道员留直隶补用。并可否加恩均交军机处记名简放之处，出自逾格鸿施。"

各军平息了景廷宾领导的农民起义后，则返回驻扎营地，而武卫右军所属各部门多移师到天津小站老营，仅把新练军留在了保定东关。倪嗣冲转而任职新练军机关总部，新军机关下设参谋营务处、执法营务处、督操营务处、稽查营务处等。倪嗣冲担任"执法营务处总办"，从一名卓著的文职官员，转变为一名出色的军事干才，在新军机关中占有重要地位。

1903 年 6 月，倪嗣冲完成了 6000 名新练军的训练任务，新练军分为四标，续添马、炮队各一标，工、辎队各一营，称为北洋左镇，据统计官佐及司书 748 人，弁目兵卒 10436 人，伕役 1328 人，共 12512 人。这是袁世凯开展新式练兵后第一支编练完成的军队，袁世凯自诩"实开常备军风气之先"。是年底，北洋左镇一部分开往迁安、山海关一带驻扎。是年,倪嗣冲告别了他训练的部队,离开了保定,来到天津小站北洋军大本营,继续他的练兵工作。

1903 年是清末军事改革的重要一年。是年 3 月,袁世凯编辑了《陆军训练简易章程》,奏呈朝廷请统一全国陆军章程,并极力主张中央设立练兵处,作为陆军参谋本部,督练全国新军。11 月,练兵处成立,统管全国的练兵。庆亲王奕劻任总理练兵大臣,袁世凯任会办练兵大臣,铁良为襄办练兵大臣。庆亲王奕劻是个皇族官僚,很少过问练兵处事宜,练兵处实际由袁世凯一手控制,掌握着全国的军制和军饷。

练兵处的主要官员由袁世凯推荐的心腹、部属充任:徐世昌被委任总提调;段祺瑞、冯国璋分任军令司正使、副使;刘永庆、陆嘉谷分任军政司正使、副使;王士珍、陆建章分任军学司正使、副使,这些人都是北洋军的要员。这样,练兵处一切重要公务都由徐、段、刘、王秉承袁的旨意行事。练兵处成了按袁世凯的旨意编练全国新军的机构。

袁世凯的几位心腹练兵大员都到朝廷的练兵处去任职,袁世凯调倪嗣冲到小站的武卫右军练兵总部,身兼北洋总理营务处、行营营务处、发审执法营务处三要职,独揽了后期北洋军的训练大权。倪嗣冲以他独有的指挥管理能力,毫不费力地完成了复杂而艰巨的练兵任务,使得忙于建造天津新城、忙于在直隶推行"新政"的北洋大臣袁世凯不至于为新军的训练而分心。倪嗣冲成了袁世凯最得力的左膀右臂。

1904 年 1 月 17 日(旧历一九○三年十二月一日)经袁世凯任命,倪嗣冲又"扎委总办巡防营务处事宜"。1904 年《大公报》记载了倪嗣冲来去匆匆的身影:2 月 22 日,由天津乘火车赴新河;4 月 10 日,乘火车由天津到保定;6 月 22 日,早晨由天津乘火车赴滦州;9 月 7 日,由天津乘火车赴滦州一带查访有关事件。

新军编练初见成效,袁世凯以武卫右军和武卫右军先锋队为基础,加上新扩编的"常备军",很快编组了 6 个镇(镇是北洋新军的一级建制,相当于师)。在这个编组过程中,倪嗣冲作为袁世凯的心腹,做了大量的工作。

原来的武卫右军被编成北洋六镇陆续开拔后,倪嗣冲又在小站接受编练武卫左军(原称毅军是淮军的一支)八个营的任务。袁世凯任命武卫右军翼长姜桂题统领这八个营,倪嗣冲总理营务处。姜桂题与倪嗣冲是安徽老乡,一个是1米9的大高个儿,又高又壮;一个是1米6的身材,短小精悍,两人配合默契,成为当时小站练兵的一道靓丽的风景线。经过一年的刻苦训练,1905年这八个营的编练任务圆满完成。

1905年9月,北洋六镇抽调两万多人,在河间举行长达5天的"秋操",这是我国近代历史上首次大规模的野战演习。参与这次秋操的官兵共4万多人,马5000匹,各种车辆1500部。战线长约20余里。演习部队分为南、北两军。倪嗣冲担任了秋操的执法处总办兼任接待处总办,他出色地完成了这项任务。

不久,袁世凯又把整编、训练北洋巡防淮军,即北洋巡防营的任务交给了倪嗣冲。北洋巡防营分前后左右中五路,从武卫右军及其先锋队抽调张勋、李天保、徐邦杰等分任统领、管带,分驻直隶各地,专门用来缉捕盗贼,保护铁路、电线。作为北洋常备军的别动队。1907年,部分经过倪嗣冲在小站正规军事训练的北洋巡防营,由地方部队升级改编为十三混成协,先后由王士珍、张勋统率,从直隶移驻江苏浦口。是年新任东三省总督徐世昌请调倪嗣冲到东北,执掌其执法行营处。从此,倪嗣冲离开了小站,结束了他的练兵生涯。

倪嗣冲是袁世凯小站练兵的重要将领,特别是在1903年至1907年间,成为袁世凯小站练兵的主要将领。倪嗣冲在小站练兵期间为造就我国第一支近代新式陆军所做的重要工作有史可查。

倪嗣冲与安武军[①]

近年在中国拍卖会上成为一颗耀眼明星的"安武军纪念币",即是当年安庆(当时的安徽省府)造币厂为纪念"安武军"的正式建军而出品的一种纪念币,被目前收藏界称为"没有面值,但广聚收藏价值的币种"。

"安武军"是倪嗣冲在清末民国初一手创立的一支新军,它经历了由小到大的一个发展过程,同时伴随了老将最后 10 年在民国政界和军事舞台上的叱咤风云。随着 1920 年倪嗣冲因长期卧病而下野及 1924 年的过世,这支由他一手创立的军队也逐渐走入了其由繁荣、军力强盛到衰落的过程。至 1927 年,"安武军"五个混成旅中的大部分主力部队,被蒋介石分别收编为第二十七军和第三十一军,它最终也随着整个北洋统治时代的结束退出了中国军事历史的舞台。

一、安武军的创立

1911 年 10 月武昌起义爆发后,清廷不得以再次起用了被罢免

---

① 本文作者倪祖琨,2007 年 7 月 16 日写于美国西雅图。

的北洋新军的缔造者袁世凯。袁世凯复出后立即保举了 1909 年在清朝当局"反汉去袁"运动中,随他先后被贬免的倪嗣冲、姜桂题、段芝贵等北洋小站旧部。任命倪嗣冲为武卫右军(原小站练兵的编制)左翼行营翼长,旋又任命为河南布政使兼安徽布政使,适时从姜桂题的毅军中抽调数营归其节制,驻兵河南周口。

武昌起义之火迅速蔓延到安徽,起义军先后攻克了寿州、凤台、颍州(今阜阳)等地;张汇滔等在寿州成立了"淮上军",同时分三路出兵,先后进占皖北、皖西及江淮大部分地区;淮上军后又出兵蒙城,另一支起义军经涡阳、亳州,并计划合兵后进入豫东地区。

此时三个因素决定了倪嗣冲适时出兵安徽:一是当淮上军攻克颍州后,倪毓棻①及亲戚宁继泰等家乡亲友来到河南当面告状,谓"目前安徽省内大乱,省城有浮军大肆抢劫,各地有土匪作乱,且淮上军良莠不齐,军纪太坏,各商民提心吊胆,都想关门罢市",劝速进军;二是在袁世凯复出前召开的彰德秘密军事会议上,已分析了安徽对长江流域及南京在军事、地理和政治上的重要性,将安徽定为北洋力量上台后的必争之地;三是有情报分析淮上军在与河南同盟会长闫梦松联系,势必蔓延至河南,甚至直指袁世凯的老家——河南项城。故此时倪嗣冲将军立奏"颍州乃中原之门户,今为淮上革命军占据,不特豫南受威胁,而项城近在咫尺,实有朝发夕至的危险,应请准予率部收复以免滋蔓"。1911 年 11 月,袁世凯遂再将北洋新军六镇中的第三镇的过山炮队一队、马队一队和第六镇的陆地炮队和骑兵队各一队,划归倪嗣冲指挥,倪嗣冲将部队迅速整编后,旋即出兵安徽,并于是年 12 月 15 日占领颍州,此部队即为安武军建军的始创部队。部队最早的将领有马联甲、李培基(传业)②、王治国、高辛初、邱茂萱、戎彭成和石忠玉等。

---

① 倪毓棻是倪嗣冲将军的三弟,字香圃,也是安武军的缔造者之一,任皖北镇守使,"安武军"司令,人称三将军。
② 马联甲和李培基同为光绪二十四年(1898)武进士出身。

二、安武军的发展与强盛

"安武军"这支部队是以部分毅军及部分北洋六镇当中的新军为班底,通过与淮上军在 1911 年 12 月和 1912 年 1 月的两次大战,及 1913 年"赣宁之役"①中与"讨袁军"的数场大战,及其后数年间与清剿敌对势力和地方土匪的百战当中浴血疆场而逐渐发展起来的。

1913 年 8 月,倪嗣冲将军率部占领安庆,完成了武力统一皖境,遂开启了他治皖八载的历史。随后,安排军事首脑先驻安庆后迁蚌埠。为扩充和整肃军队,先后设置了"陆军讲武堂""军官教导团""炮兵学校""学兵营"等一系列军事人才的培育中心,培养了后来安武军中的大部分中高级将领。督军府的司令部实行参谋制,任命李玉麟为参谋长,并专职整饬军纪。军内又设"陆军测量局""军械局""军粮局"等机关,并附设"陆军医院"及"军队被服厂",自行解决军队的后勤供应保障。在大总统袁世凯的授意和大力支持下,部队在河南、安徽、山东等地迅速招兵扩建,于 1914 年初即形成有步兵营、骑兵营、工兵营、过山炮营和陆地炮营等具有混成作战能力,共 8 路40 个营约 2 万余人的北洋劲旅。1914 年 6 月 30 日,袁世凯任命倪嗣冲为安武将军,督理安徽军务。1915 年报告袁世凯,所部武卫右军改称安武军,所辖部队序列一律改为安武军第 1 路至第 8 路,自 4月 1 日起施行。自此时所率部队由武卫右军正式更名为安武军,是为安武军的正式命名。

1917 年 7 月 1 日张勋北京复辟,7 月 4 日段祺瑞举行"马厂誓师",即任命倪嗣冲将军为皖鲁豫三省联军总司令②。7 月 12 日"辫子兵复辟"失败,国民政府将原张勋所率驻徐州约 40 个营的定武军,几乎都划归倪将军指挥,并被命名为"新安武军"。他宽宏待人、用人不疑,对待新老安武军一视同仁,任命原定武军将军张勋义子张文生为"新安武军"司令。再经过整编并补充了大量的新式武器

---

① "赣宁之役"又称"二次革命""癸丑之役"。
② 皖鲁豫三省联军总司令即南路军司令。

及军火,驻扎在江苏徐州和安徽省境内。此时新、老安武军总人数
已达到 80 个营近 5 万人。加上将新增的数艘小型兵舰,编为江防舰
队,游弋长江,安武军的军力达到了其鼎盛时期,成为了皖系北洋军
的主力,及东南沿海首屈一指的部队。同年 10 月为响应陆军部统
一全国军队编制、统一部队番号的倡议,倪嗣冲将军将新老安武军
废除了统领制,而合编为 5 个混成旅,每旅辖 2 个步兵团,每团辖
一个炮兵营、2 个骑兵连、1 个机关炮连和 1 个工兵连。

第一旅旅长为马联甲,驻兵芜湖;

第二旅旅长为李培基,驻兵蚌埠;

第三旅旅长王普,驻军蚌埠;

第四旅旅长高世读,驻军桐城;

第五旅旅长石忠玉,驻军安庆。

三、安武军与"倪家军"

倪嗣冲率领的这支武卫右军全面统一安徽全境后,出于战略上
考量,没有将军政中心放在当时的省会安庆,而将督军府①设在了当
时还是津浦路上的一片茫荒之地——蚌埠。随着军队的迅速扩展
及对当时全省政治、军事的全面控制,在提拔军队高级将领及地方
重要部门的首长时,除继续重用一批原从毅军及北洋六镇调来组建
此军的股肱干将,同时也注重培养了大批倪氏族人及姻亲家族中的
才俊。在短短几年内,迅速形成了这支部队的骨干力量,故时人亦
称这支军队为"倪家军"。

倪嗣冲这种广聚家族人才,及用文人管理军队的思想,也是对
曾国藩的"湘军"、李鸿章的"淮军"及袁世凯的"北洋新军"统御军队
的一脉传承。曾国藩当年对清朝绿营兵与太平天国作战屡战屡败
时,即指出"彼营出队,此营张目而旁观,哆口而微笑。见其胜,则深
妒之,恐其得赏银,恐其获保奏;见其败,则袖手不顾,虽全军覆没,
亦无一人出而援手,拯救生死呼吸之顷者"。遂将湘军建军的指导

---

① 督军府又称将军府。

思想定为：摒弃行伍出身"官气"十足的旧官弁，实行乡土结合，建立严格的封建依附关系，物色"血性忠义"的儒生作为各军将弁。湘军的成军办法是由曾国藩直接物色水陆各将领，各将领再利用宗族、师生、亲友、同乡关系，各自去物色所属各营官；营官物色什长；什长招募所属部卒。这种层层隶属关系，使各军各营成了各级头目的"家兵"。整个湘军从总体上看自然成为"曾家军"了，从而大大提高了部队的战斗力，使湘军成了剿灭太平天国的绝对主体力量。

倪嗣冲本人即是秀才出身，文人领军，尊儒礼士，且安徽为袍泽乡里，故能充分将湘、淮各军的成军经验应用在"安武军"的创立中，"安武军"将领中较著名的"军旅书生"或"家族宗亲"有：

倪毓棻（字香圃）——胞弟，人称"三将军"，民国中将衔，任皖北镇守使，安武军司令；

倪道杰（字幼丹）——长子，历任直隶州知州，督军公署高等顾问，安武军粮饷局局长，中华民国国务院铨叙局主事，参议院议员等职；

王普（字慈生）——女婿，毕业于早期的"保定军校"及北洋时期的"陆军大学"，任第三混成旅旅长，兼皖南镇守使，安徽省长及国民革命军第二十七军军长；

倪道煦——胞侄，民国陆军上校衔，任"援湘军"模范营营长，督军公署副官长；

倪道煌（字腾辉）——胞侄，任将军府总办；

倪朝荣（字灿墀）——堂孙，任第一混成旅旅长；

倪金镛（字老德）——侄孙，任第二混成旅步兵团团长；

倪朝臣（字赞卿）——堂孙，任安武军团长；

倪朝杰（字用三）——堂孙，任安武军营长；

王平阶——表侄，任江防司令兼长江水上警察厅厅长；

华毓庵——外甥，任第五混成旅旅长；

李良臣——侄婿，任第八路统领；

李中蒸——侄婿，任督军府电务处处长；

戎鸿举,戎孟明——"三将军"亲家族人,任统领及第四混成旅营长。

家族、姻亲、师生的加入,大大加强了这支部队的凝聚力,使这支实力强大的"安武军"成为了支持倪嗣冲将军治皖八载,及在后来的与"南方作战""督军团预政"等重大民国风云事件中成为关键角色的坚强后盾。

1920 年倪嗣冲因长期卧病下野后,安徽军政首脑更换频迭,从中央到地方更有太多的人打这支有 5 个混成旅队伍的算盘,分化、拉拢无所不用。在各方面情况均不利的局势下,"安武军"还是保持了 6 到 7 年的完整性,尽到了对皖的保护及剿匪之职。直至 1927 年大部分军队在王普、马祥斌带领下,分别归附了国民革命军。

四、安武军的衰亡及蚌埠的昭忠祠

1920 年秋倪嗣冲辞去安徽督军后至 1927 年北伐军到来前,安徽的军政界已基本陷入混乱状态。因各方面势力的角逐,军政首脑频繁更替,此期间先后担任督军、督办或省长的军政首脑人物有:张文生、马联甲、许世英、王揖唐、郑士琦、姜登选、邓如琢、陈调元、聂宪藩、李兆珍、王普、吴炳湘、高世读等。"安武军"也因新历任督军、督理、督办等都再无老将军之威势,内部也产生了分裂及斗争。张文生上任督军刚一年即下台,继任的马联甲也因"五旅倒马"事件而卸任。直、奉及革命军也分别拉拢安武军各部,马联甲的第一旅和石忠玉的第五旅倾向支持直系,而李传业的第二旅、王普的第三旅及高世读的第四旅偏向奉系等。后来这五个混成旅的命运分别如下:

第一混成旅,马联甲因任安徽督理卸任旅长职务,由倪朝荣接替。"直皖战争"后,1925 年北洋政府任命陈调元为安徽军务善后督办。后陈调元将安武军第一混成旅及他所率苏军一个师,合编为"皖军"。1927 年此部队随陈调元编入国民革命军第三十七军。

第二混成旅,1923 年底马祥斌接替李培基(字传业)任旅长。1926 年马率该旅及第四旅的一个团和第五旅的大部归附了蒋介石率领的北伐军。蒋介石以此部队为主力编立了革命军独立第五师，后因战功再以此师为主力扩编为国民革命军第三十一军，马祥斌任军长。

第三混成旅，旅长为王普。1925年陈调元组建"皖军"时，王普任"皖军"副司令，兼第三混成旅旅长。1927该部队被收编国民革命军第二十七军，王普任军长。1928年北伐基本结束，蒋调此军到江南，欲与整编。王普察觉蒋无善意，遂离开了军政界到天津做了寓公。

第四混成旅，旅长高世读是原武卫右军、河南起兵及"安武军"的建军功臣之一，长期担任该旅旅长。1925年冬，孙传芳为苏、皖、闽、浙、赣五省联军总司令，调高世读为安徽省长，旅长一职由陈调元的原第六师十二旅旅长刘凤图接任。1926年冬，革命军北伐，陈调元倒戈，叛离孙传芳。此举引起刘凤图不满，弃职赴沪，该旅大部随第二旅马祥斌的部队归附了北伐军，为革命军独立第五师一部，该部后编入第三十一军。

第五混成旅，原旅长为石忠玉，因早期靠拢直系，马联甲下台后，其势孤单，被华毓庵取代。后华因在军阀土匪孙殿英殃祸安徽亳县时，对县城保护不力，被陈调元处决，后此旅也随马祥斌加入了国民革命军第五师。

这支曾经雄踞东南一隅的军队，似乎命运中就注定要如同当初建军时所模仿的湘军、淮军一样，当它失去了它的缔造者，就如同儿失父母，再也经不起风浪；如花之离根，而失去了它的生命力。安武军从1912年河南起兵，于1915年正式命名，至1917收编"定武军"达军力强盛之顶，到1927年经过分裂而被国民革命军收编。安武军也伴随着整个北洋时代的结束，完成了它的使命，退出了中国军事历史的舞台。

1914年倪嗣冲为纪念及缅怀在历次战役中阵亡的安武军将士及倪氏子弟兵，在蚌埠位于黄庄清真寺北，建"关岳庙"和"昭忠祠"各一座。庙和祠均为东西走向，面朝南。关岳庙居东，门首有石狮一对,进门为三进大房,每进五间。前进大房内塑汉将关羽、宋将岳飞像,各骑红、白骏马,有马童站立两旁,并有倪嗣冲为庙门亲题对联一幅:上联为"晚汉一人,晚宋一人",下联为"大义千古,大忠千古";二进房东西山墙二侧,各塑有汉将张飞、赵云、黄忠和马超,宋将汤怀、王贵、牛皋和张显之像;后进房为大殿,内供奉关羽和岳飞木雕座像,雕像庄严肃穆,形体高大,周仓、关平、岳云、张宪塑像侍立两旁。昭忠祠居西,为一层5间大房,祠堂正中供奉一神主牌位,上书"安武军阵亡将士之灵位",祠门左侧立碑一块,除录有阵亡将士之名外,还有对他们所建功勋的描述及赞扬。山门外常驻卫兵站岗。

庙、祠建成后,从琅珢山上聘请了一名僧人住持,法名果成。所设庙祠,除供安武军将士及家属瞻仰、悼念、缅怀战友和亲人外,因内供关、岳二圣,且塑像庄严,常有游人、香客入内朝拜。北洋晚期,联军、奉军和北伐军相继进入安徽,庙祠房舍常为驻军所占,香火渐衰。蚌埠沦陷后,庙内塑像被日军所毁,砖石拆掉后建作碉堡。民国30年(1941)后,原址改为学校。

倪嗣冲与 1917—1918 年安武军入湘作战①

　　1917 年张勋复辟失败后，冯国璋、段祺瑞掌控北洋政府实权。孙中山是年 9 月宣誓就任中华民国军政府海陆军大元帅，发布就职宣言，随即下令讨伐段祺瑞等民国"叛逆"。10 月 1 日段祺瑞宣布出师剿灭南方军队。南北战幕正式拉开。在这次战争中，桂、滇、粤、湘、鄂、川等省的军阀，打着护法的旗帜，在湘、川、鄂、粤、闽等省与北洋军队及依附于该集团的地方势力进行了长达一年多的军事角逐。安徽督军倪嗣冲作为力挺段祺瑞的皖系实力派，发挥着非常重要的作用，以往论者多从南方护法军的立场来论述这场南北战争，也有一些学者从北洋皖系的角度撰文予以论述，②对于安武军入湘作战尚无专文论及。本文着重以倪嗣冲派兵入湘作战、维护北洋派系团结、以武力促统一为重点来叙述安武军在主要战场湖南的作战经过，从而更深入地了解这一时期南北双方的复杂态势。

　　一、湘战爆发与直系谋和

　　段祺瑞政府决定对西南各省用兵，其战略意图就是武力统一全国，征服粤、川，并以征粤为先，而征粤又必先攻湘。因此湖南就成了北洋军进攻的首要目标。凭借北洋派实力，段祺瑞本欲速战速决，尽早讨平西南。然而实际进展却一波三折、断断续续。战事大体分为两个阶段。第一阶段从湘督易人到王汝贤、范国璋通电主

----

　　①　本文作者郭从杰，原文载《安徽史学》2010 年第 3 期。
　　②　论文方面主要有胡晓的《段祺瑞武力统一政策形成初探》,《合肥教育学院学报》2002 年第 1 期；胡晓的《段祺瑞武力统一政策失败原因探析》,《安徽史学》2003 年第 1 期；陈长河的《湖南的争夺：北洋军第一次攻湘之战》,《安徽史学》2008 年第 2 期等。论著方面可以参见来新夏的《北洋军阀史》,南开大学出版社 2000 年版，莫建来的《皖系军阀统治史稿》,天津古籍出版社 2004 年版等。

和;第二阶段从天津会议到吴佩孚前线罢兵。

对于倪嗣冲而言,1917 年也是多事之秋。8 月他的胞弟安武军行营司令倪毓棻在蚌埠病故,倪嗣冲想请假为倪毓棻治丧,然因徐州一带匪乱未靖,未被批准。讨伐张勋复辟后,所有定武军经请准政府,悉数改为安武新军。倪嗣冲花费数月对定武军进行了改编。9 月 2 日,驻安庆安武军第 8 路又发生哗变,统领李良臣被杀。后经查办拿获真凶。倪嗣冲对李良臣遇害"惭痛交并"。① 诸种事务缠身,他旧疾复发,心力憔悴,提出辞呈,政府因其治皖数年,难觅替人,徐世昌出面致电慰留。

倪嗣冲对于征南战事予以充分重视,他主张武力平乱,完成国家统一。面对湘南自主,桂、粤出兵,倪嗣冲认为西南战事,万难避免,大局所关,不容坐视。南北战争爆发后,倪嗣冲即派安武军驰往湖南。1917 年 10 月 17 日他致电陆军部:"现拟筹备二十营,听候调遣,一经大部征集,立即可以出发。"②20 日他再电陆军部:"敝处援湘军队,既准出发,以嗣冲愚见,必须派出二十营,方能独当一面,缓急可恃。现派安武军十营、炮队两连,由二路统领李传业充任司令,先行陆续开拔。另挑派新编安武军十营、炮队一营,由五路统领陈德修充任副司令。"③22 日在致冯国璋、段祺瑞的电文中还称:"设若湖南紧急,嗣冲于一月以后,将皖省防务布置周妥,尚能筹备步队二十营、炮队一营。由嗣冲亲自督带赴湘援剿。"④

援湘司令李传业率安武军 10 营于 10 月底抵长沙,隶属征湘总司令王汝贤指挥,王令其由醴陵进攻攸县,得手后再由攸县进攻衡

① 中国第二历史档案馆编:《北洋军阀统治时期兵变》,北洋政府陆军部档案,江苏人民出版社 1982 年版,第 133 页。
② 民国史料档案资料丛书:《护法运动》,中国第二历史档案馆、云南省档案馆合编,档案出版社 1993 年版,北洋政府陆军部档案,第 869 页。
③ 民国史料档案资料丛书:《护法运动》,中国第二历史档案馆、云南省档案馆合编,档案出版社 1993 年版,北洋政府陆军部档案,第 869—870 页。
④ 民国史料档案资料丛书:《护法运动》,中国第二历史档案馆、云南省档案馆合编,档案出版社 1993 年版,北洋政府陆军部档案,第 870 页。

州之背,策应贺家山正面战场。李传业以帮统高世读率兵 5 营自醴陵出发,帮统马联甲率兵 3 营由朱营出发,对攸县分进合击。11 月 7日,高世读所部首先进抵距攸县二十公里之新市。而南军第一军副司令邱渭南部已进驻攸县,派兵设防,严阵以待。8 日拂晓,双方在新市西侧山地展开激战。战至 10 日,邱部退守,安武军于 10 日上午占领攸县。安武军的苦战鼓起了北洋军的士气。考虑到湘南多山地,炮队十分重要,如果分路进攻,前派炮队一营,实不敷用。于是倪嗣冲 11 月 5 日致电陆军部:"拟加派炮队两连、雷电队一队,定于鱼日(六日)出发。再,此次赴湘,共募输送队一千五百名,前方来电,尚不敷用,须添招五百名,已于本月一号成立,共计二千名。"①9日又致电陆军部,安武军只能专顾左路,以期一气贯注,不能兼任中、右。"揣度情形,再行续派十营,足敷应用,已饬新编安武军之徐州五营、宿州五营,预备开拔。"②

　　鉴于北军的源源南下,陆荣廷于 11 月 10 日在梧州召开军事会议,决定驻粤滇军、海军和陈炯明之粤军,联合进攻闽浙,以分散北军兵力,减轻湘南压力。然而受冯国璋密意,王汝贤、范国璋却于 14日发出通电,主张南北军立即停战议和。通电发出后王、范二部自行停战,并从衡山撤退。17 日,南军攻克湘潭、株洲,随后进占长沙。18 日,长江三督王占元、陈光远、李纯,秉承冯国璋的旨意联衔通电,主张罢兵议和。段再次提出辞呈,22 日冯免去段职。

　　面临如此场景,倪嗣冲 11 月 15 日命安武军退出攸县,"查长沙吃紧,衡山大军业已撤退,攸县断难孤守。当经一面电饬陈副司令德修速率五营回援长沙,以顾后路,一面电饬李司令传业速饬攸县各营,安全退却,至醴陵集合,再图徐举。"③随后安武军退至赣西扼

　　①　民国史料档案资料丛书:《护法运动》,中国第二历史档案馆、云南省档案馆合编,档案出版社 1993 年版,北洋政府陆军部档案,第 870 页。
　　②　民国史料档案资料丛书:《护法运动》,中国第二历史档案馆、云南省档案馆合编,档案出版社 1993 年版,北洋政府陆军部档案,第 871 页。
　　③　民国史料档案资料丛书:《护法运动》,中国第二历史档案馆、云南省档案馆合编,档案出版社 1993 年版,北洋政府陆军部档案,第 876 页。

要固守。

直系对皖系主战政策不遗余力地打击,段祺瑞在辞职通电中称,"我北方军人果能一心同德,何图不成,何事不就"。① 倪嗣冲一直力主固结北洋团体。南北战事初起时,10 月 21 日倪嗣冲在致曹锟等电中就称:"若在我之团体已解,在彼之要挟无穷。崩析惨祸,即在目前,又何以善其后乎?""诸公关怀大局,谅有卓见,倘荷赞同,务乞一致主张,以固团体而维时局,是所盼祷。"② 王、范溃走后,倪嗣冲 11 月 18 日致电张作霖、曹锟等,言称"湘事变起仓卒,牵引政潮,震动全局,静言思之,不寒而栗。""惟既经此次意外之变,吾辈军人身履戎行,力膺艰巨,必须团结一气,懔散沙之足戒,合众志以成城,相系相维,同心同力,瞻望前途,或克有济。临电挥泪,无任依依。"③ 19 日再次致电张作霖、曹锟等,"窃维西南各省阴谋破坏,中央委曲求全,劝告无效,不得已而出于用兵之一途。"湘事波折,长沙失守,噩耗惊传。"今寇深矣,事急矣,我北洋同人若不固结团体,合力匡辅,转瞬武昌震动,长江梗阻,外人之干涉立至,彼军之志气益张,大局瓦解,生灵涂炭,不惟上无以对元首,下无以对国民,我同人之名誉何在? 我同人之身家何在?"嗣冲椎心泣血,"除整备军旅,呈侯大总统调遣外,谨掬血泪,剀切陈词。"④ 直系提出罢兵议和后,南军也试探进行议和活动,对此倪嗣冲 22 日致电张作霖等,称如南军即日退出湘省,自然极端赞成,"倘彼不允,则舍诉战外,实无解决之法。嗣冲枕戈厉兵,已非一日,愿为前驱,义无反顾,但愿我北系同志始终一心,天下事或可为乎!"⑤

二、天津会议与蚌埠劝驾

段祺瑞下野后,不甘对西南用兵的失败,再次策动各省力量,以

---

① 章伯锋主编:《北洋军阀》第 3 卷,武汉出版社 1990 年版,第 475 页。
② 《倪嗣冲致曹锟等电》,《阎锡山档案要电录存》,第八卷,第 43 页。
③ 《倪嗣冲致张作霖等巧电》,《阎锡山档案要电录存》,第八卷,第 96 页。
④ 《倪嗣冲通电:团结合力整备军旅,呈侯调遣》,《阎锡山档案要电录存》,第八卷,第 121 页。
⑤ 《倪嗣冲致电张作霖等养电》,《阎锡山档案要电录存》,第八卷,第 129 页。

便南征。在此过程中,倪嗣冲运筹帷幄,对直系主和力量进行劝导与分化。倪嗣冲提出西南如愿议和,则请共推曹锟主稿通电议和。11 月 23 日在致阎锡山电文中称:"盖欲藉仲珊以除南京主和之谋,实具苦心。"也就是让曹锟通电主和,以符合冯国璋的意愿,然后再请各省致曹锟一电,让其声称和议必有条件,必须赴津请示磋商,这样"明避会议之名,暗有会议之实,迫各代表到津团结一致,向仲珊建言,请其通电主战,必能办到"。同样湖北王占元亦可转化瓦解,那么"如此则多数团结,京奉、津浦、京汉诸路均能联络一气,苏、赣势孤,自无能为役,大局或有挽救之望"。① 随后各路力量汇集天津,召开会议商量对策。12 月初倪嗣冲与曹锟、张怀芝等在天津开督军团会议,一致主张对南方用兵,电请政府颁布讨伐西南令。会议拟订两路进兵湖南的计划:第一路推曹锟为主帅,率所部由京汉路南下,经湖北进攻湖南;第二路推张怀芝为主帅,率军由津浦路南下,经江西进攻湘东。会议还确定了各省出兵的数目:安徽、直隶、山东各出 1 万,奉天出 2 万,山西、陕西各出 5 千,军费由各省自行负担。

　　正当天津会议已定主战宗旨,应协力匡助,各路开拔南下时,冯国璋主和派又演出戏剧性的一面,12 月 8 日冯国璋电称,日本因俄德议和,将出兵攻俄,各协约国希望中国应协助一致进行,以此转移视线,依然试图与南方暗和。对此 10 日倪嗣冲首先致电曹锟、张作霖等,要求火速通电,搁置国内争端,合力对外,以保国家。② 同时倪嗣冲致电北京外交家询问确情,得知日本出兵一节,既非其时,亦难实行。12 日倪嗣冲再电曹锟、张怀芝等,称冯电藉此促进和平,实具苦心。惟西南无议和诚意,已可概见。"我辈惟有急起直追,准备作战,或可补救万一。现仲珊(曹锟)、子志(张怀芝)两兄调拨军队,克日出发,敝军亦正在筹备一切,一俟车辆备齐,即行开拔。"③

---

① 《倪嗣冲致阎锡山漾电》,《阎锡山档案要电录存》,第八卷,第 137 页。
② 《倪嗣冲致曹锟等蒸电》,《阎锡山档案要电录存》,第九卷,第 221 页。
③ 《倪嗣冲致曹锟等文电》,《阎锡山档案要电录存》,台北国史馆 2003 年版,第九卷,第 225 页。

为固结北洋团体,化解北派分歧,12 月 11 日倪嗣冲致电冯国璋,称苏、赣如有参差,则北系团体决裂已为西南所窥破,势将益布流言,籍施以北攻北之计,大局不堪设想。冯认为"循诵数语,实获我心"。① 15 日,倪嗣冲致电各督军,要求宁赣列名讨伐南军。同时致电陆军部,主张速颁对南征讨明令,因"下级军官暨士兵自停战命下,均知中央主和,士气因之不振,非有明令,难期激扬。"请冯国璋"速定大计,国家安危,在此一举。"②同日冯国璋正式任命曹锟为第 1 路军总司令,张怀芝为第 2 路军总司令。

面对北军起初的议和表示,南军谭浩明 11 月 28 日也发出停战议和通电。1918 年 1 月 18 日,陆荣廷和护法联军感到求和无望,遂决定在北军主力抵湘之前,先发制人,程潜对湘军下达进攻岳阳命令。27 日上午,湘桂粤联军占领岳阳。先前段祺瑞派驻岳阳的王金镜退往武汉。

岳阳失守,主战派纷纷痛责重骂,并策划罢免王(士珍)、李(纯),推倒"大树"(冯国璋)。冯国璋和"长江三督"一时处境困难,又鉴于岳阳失守,湖北危急,直系的地盘也受到威胁。主和派将如何与西南密议,实施南北划分之策,对此徐树铮致电倪嗣冲,言称冯国璋将南下或另有诡谋,1918 年 1 月 24 日"河间(冯国璋)自言,近日旧同袍对于自己均不见信,拟亲赴直、鲁、蚌、苏、再转鄂,面相信誓"。"是其所谓亲出者,姑作是语以觇人心耳。否则,堕入西南圈套,另有诡谋耳"。③ 26 日冯国璋出北京,当晚抵天津,与直隶督军曹锟晤谈,并检阅军队。27 日冯国璋自天津过济南南下,山东督军张怀芝随行。28 日早上冯国璋至蚌埠。倪嗣冲力言维护北洋团结,尽速实现国家统一才是正确方案,言至动情之处,二人抱头痛哭。对此倪嗣冲在致阎锡山等电文中通报,"主座(冯国璋)以西南全无信义,决心主战,言次痛哭流涕,人均为感奋,拟俟回京后,即下明令

---

①　《倪嗣冲致冯国璋真电》《阎锡山档案要电录存》,第九卷,第 323 页。
②　民国史料档案资料丛书:《护法运动》,北洋政府陆军部档案,第 1185 页。
③　北洋军阀第三卷,章伯锋:《皖系军阀与日本》,四川人民出版社 1988 年版,第 531 页。

讨伐,并命苏出兵一旅。即午十二点,主座北发,嗣冲送至宿州,顷接京电已于艳(29)日安抵都门,恐远道传闻异词,特闻。"①冯国璋29日抵京,随即于居仁堂召开会议,30日对西南下达"局部讨伐令",特命曹锟为两湖宣抚使兼第1路司令,张敬尧为援岳前敌总司令,张怀芝为湘赣检阅使兼第2路司令。

三、战事再起与南北对峙

北军第二次攻湘的作战计划是攻下岳阳、长沙,进而占领全湘。1918年2月中旬,各路北军分别向湘鄂、湘赣边界开进,分工如下:吴佩孚准备进攻岳阳;安武军10营隶属张敬尧统带,准备进攻平江。由攸县退守萍乡的李传业的安武军20营担任张怀芝的第2路军左翼的攻防主力,准备经萍乡进攻湖南醴陵。另外冯玉祥的第十六混成旅,由援闽改为援湘,从浦口溯江而上,拟经常德进攻湘西。护法联军仓促分兵应战。2月28日,第1路吴佩孚先头部队发动进攻,北军锐气难挡,南军无招架之力,历经半月,3月18日上午,北军进占岳阳。平江是北军攻湘作战的辅助方向。3月11日,张敬尧分兵多路向平江进攻,安武军陈德修所部五营为预备队。北军发起进攻后,开始较为顺利,中央纵队第一团进至通城潭下,遭到联军拼死阻击,后在安武军火速救援下,始将当面联军击退。为激励将士,18日倪嗣冲致电张作霖等,拟凑款10万元,运至军前,请曹、张两帅转发各营,籍充犒赏。随后阎锡山、李厚基、赵倜、王占元、陈光远、鲍贵卿复电赞同,拟任1万元。张作霖、杨善德复电赞成,并拟任2万元。②21日中央纵队进逼平江以北16公里之梅仙市,又遇南军6千余人扼险据守,北军连续发动进攻,激战两日,仍无进展。张敬尧急令陈德修率安武军由月田赴援,南军腹背受敌,22日上午北军攻下平江。3月26日晚,吴佩孚部开进长沙,张敬尧部也随后赶到。

正当曹锟部势如破竹南下,第2路张怀芝部却因被在武穴屯兵

①　《倪嗣冲致阎锡山等陷电》,《阎锡山档案要电录存》,第九卷,第375页。
②　《阎锡山档案要电录存》,第十卷,第500—508页。

主和的冯玉祥旅所牵制，滞留九江，进展迟缓，在吴佩孚、张敬尧部进占长沙后，才由赣西进入湘东。其实冯玉祥的通电主和背后依然是直系的谋划，意在破坏主战，趁倪嗣冲安武军进攻湘东之机，驱倪图皖，与苏、赣、鄂连成一片。① 对此倪嗣冲也感到莫大威胁。2月14日倪嗣冲致电陆军部，称冯玉祥率部逗留蕲州不进，似有攻皖企图。如果该旅不遵命令援湘，"则是显有异谋。现在第二路施师已抵九江，应否电饬第二路总司令相机办理，以免长江阻断军队不能进行"。② 18日他主张先解决冯旅，然后进军赣西，"冯旅如有反动，于大局殊有影响"。"似须先将冯旅解决，再向赣西抄进，方无后顾之忧。"③21日又致电冯国璋，称："近日驻赣各营，均以冯旅不稳，皖省危迫，颇有后顾之虞。窃第二路军队因有冯旅牵掣，未能遽进。李司令等十五营驻扎宜昌，无所事事，拟请调驻九江，用备缓急，一俟冯旅事件解决，再随第二路征进。"④随后倪嗣冲为防备驻武穴的冯玉祥部，派军队驻扎望江、宿松、太湖、潜山。2月中下旬相继调安武军赴安庆、芜湖等地增防。3月初又从蚌埠调派安武军10余营陆续开往宿松驻防。

倪嗣冲戒备升级，调兵布防。冯国璋2月22日致电倪嗣冲，声称不因冯旅事件，影响对南用兵，"中央讨伐命令，业经颁发，自当贯彻始终，断不以国军一小部分之冯旅，偶然歧异，遂生疑阻"。"尚望多年好友，共济时艰"。⑤ 23日冯国璋又致电倪嗣冲提出解决处分冯旅办法。另外苏省带兵长官"多系鄙人旧日直接统辖"，"苏省方

---

① 参见陈长河：《冯玉祥屯兵浦口与武穴主和》，《历史档案》1989年第3期，第113页。
② 民国史料档案资料丛书：《护法运动》，中国第二历史档案馆、云南省档案馆合编，档案出版社1993年版，北洋政府陆军部档案，第905页。
③ 民国史料档案资料丛书：《护法运动》，中国第二历史档案馆、云南省档案馆合编，档案出版社1993年版，北洋政府陆军部档案，第907页。
④ 民国史料档案资料丛书：《护法运动》，中国第二历史档案馆、云南省档案馆合编，档案出版社1993年版，北洋政府陆军部档案，第909页。
⑤ 民国史料档案资料丛书：《护法运动》，中国第二历史档案馆、云南省档案馆合编，档案出版社1993年版，北洋政府陆军部档案，第911页。

面,可无他虑。"①然而冯玉祥的武穴牵制加之苏、赣两省拒绝假道,
贻误战机,当张怀芝部进入湘东后,军中疫病流行,战斗力消减,南
军乘势进攻。1918 年 4 月北军试图由醴陵南下,沿湘东大道进取攸
县。4 月 15 日,先头部队施从滨师占攸县,不久李传业之安武军也
进抵攸县。23 日,驻攸县之北军进攻无力,反导致攸县失守,分向醴
陵、茶陵退却。北军为掩护部队后撤,以一部兵力扼守要地黄土岭。
27 日湘粤军发起总攻,据守黄土岭之张宗昌第六旅及李传业安武军
拼死抵抗,然终不支,遂放弃黄土岭。南军乘势猛追,连克醴陵、株
洲,前锋距长沙省城仅数十里。经此一战,张怀芝部损伤惨重,施从
滨师仅剩七百余人,张宗昌混成旅仅剩两营,李传业安武军也死伤
过半。

　　战局突变至此,张怀芝借口剿匪遁回山东,而倪嗣冲力挺危局。
5 月 3 日他致电北京请政府速派大军应援,同时令奉军兼程前进,并
自请督师亲征,收抚湘局。4 日再致电国务院、参陆两部,拟派马联
甲为总指挥率皖军入湘,"饬调皖军混成一旅,自应遵照筹备出发,
惟念用兵之道,必须团结一气,指臂相联,乃收首击尾应之效。此次
第二路失败,原因不一,而杂凑成军,尤其弊害之显著者。嗣冲愚
见,皖省仅拨一旅,正恐复蹈前辙。现拟抽调步兵十四营,炮兵两
营,由马镇守使联甲率往。""现正招募输送队,克日出发。"②6 日倪
嗣冲请求离任,赴前敌指挥作战,参陆处去电力阻无效,国务院又加
电止,倪方允不予亲征。倪嗣冲令李传业等部迅赴前敌,带罪图功,
并派员在合肥一带招募输送队 4000 人,同时由省库先拨弹 120 箱运
往前线。随后马联甲所部陆续开拔,安武军大批饷械,也押赴湘省
前敌。皖省安武军调防前线,因援湘所需的临时军费中央未予拨
发,倪嗣冲将全省教育、行政经费暂挪军用,意在一鼓作气,平定南

　　① 中国第二历史档案馆编:《中华民国史档案资料汇编》,第三辑军事(二),江苏古
籍出版社 1991 年版,第 619 页。
　　② 民国史料档案资料丛书:《护法运动》,中国第二历史档案馆、云南省档案馆合编,
档案出版社 1993 年版,北洋政府陆军部档案,第 878 页。

方战事,促进国家一统。张怀芝临阵脱逃,然而在湘南战场,战争也呈胶着状态。5 月底曹锟将所部交由吴佩孚统带,称病返回天津,而吴佩孚因未获湘督一职,也是屯兵衡阳,不图进取,并与段祺瑞讨价还价。倪嗣冲了解战局至此,一时极为失望,于是请将调回安武军,以资休息。

段祺瑞一筹莫展,6 月 12 日再派倪嗣冲赴津,对曹锟、张怀芝等进行疏通劝解。6 月 14 日倪嗣冲抵津,劝曹锟、张怀芝等进行再战,并与曹锟、张怀芝、龙济光等会商时局。后经督军团议决,拥护徐世昌为下届总统,主张对南作战,由曹锟为四川、广东、湖南、江西四省经略使,张怀芝为援粤总司令,吴佩孚为援粤副司令,并将马联甲、李传业所部安武军通归援粤总司令节制。不过曹锟稳坐津门,张怀芝也不敢贸然出击。① 7 月 31 日,应徐树铮多次所请,倪嗣冲抱病再抵天津,后与张作霖、曹锟、徐树铮、张怀芝、鲍贵卿等在天津会议,多次力促曹锟南下。实际上,曹锟无意"经略"南下,而曹部吴佩孚先是与南军秘密谈判,并擅自于 6 月 15 日达成停战协定。双方停战休兵,天津会议成为了空谈。8 月 21 日,吴佩孚致电冯国璋,呼吁"颁布通国一体罢战之明令",并公开痛斥"武力统一"是亡国政策。倪嗣冲 25 日通电主张继续对南用兵,支持大总统讨伐西南政府,统一中国。并致电国务院等,请艰难共济,一致进行,"诉诸武力,正可促进和平。狃于和平,终必堕其狡计。"②27 日通电劝吴,切莫还师议和,以北洋团体为重。而吴佩孚坚持己见,罢战主和,顺应直系及西南军阀保持自己实力的想法。

9 月 24 日倪嗣冲致电国务院等,称"惟自吴师发生和议,曹经略使、张总司令,均未南下,默察情形,皖军万难独进。现在屯驻赣州逍遥河上,而一切运输接济,极感困难"。赣州地小兵多,几有乏食之虞。③ 倪嗣冲早在 8 月初返回蚌埠后,对直皖两派不和,自毁长城,

---

① 来新夏等著:《北洋军阀史》,南开大学出版社 2000 年版,第 489—499 页。
② 《倪嗣冲致国务院等有电》,《阎锡山档案要电录存》,第十卷,第 603 页。
③ 中国第二历史档案馆藏:北洋政府参陆办公处档案,一 0 一一(1443)。

心情一直低落。9月5日倪嗣冲致电段祺瑞,虽然劝段宽心,"我公素具毅力,尤应忍辱负重,渡此难关。尚望勉任艰巨,勿遽灰心。"[1]但派系纷争,大批安武军出征在外,以及庞大的军费负担,也使倪嗣冲自己力不从心,一度辞意甚坚,经多方慰留,答应暂行勉强支撑。

四、结语

客观而言,段祺瑞的武力统一政策有其合理性,也有其可行性。直皖两派的暗中较量使北军功败垂成,而南方也因矛盾纠葛无力北上,南北对峙渐成常态。皖系引奉入关,对直系施压,后来直皖战争期间,却是直奉携手。段祺瑞主战派虽在政治上制造新国会,另立新总统,然而以"文治总统"相标榜的徐世昌,却于10月25日下令停战,并派代表赴上海议和,加之第一次世界大战终结,英、法、美、意、日五国公使团的劝告和谈。北军南下武力统一至此暂已无法推行。11月29日倪嗣冲致电参陆办公处,提出安武军自赣退兵次第与退驻地点的详细计划,随后部队陆续撤退。

倪嗣冲在1917—1918年派安武军入湘作战,鼎力支持段祺瑞的武力统一政策,由于直系两次前线通电罢兵,致使战局急转,倪嗣冲力挺危局,奔走呼告,团结北系军人,其目的在于以战促和,以武促统。1918年8月27日倪嗣冲在致吴佩孚电文中,称西南苟有一线爱国之诚,宜可释戈罗拜,全国心理皆晓然,和议难以幸成,"夫兵凶战危,古有明训,果使和平可致,断无丧心病狂主持征战之人"。即使北系军人面缚归降,"下心低首,委屈求全,然试问既和以后,西南各省能否裁兵? 能否解款?"另外对外之困难,"实由于内部之分裂,不求统一"。[2] 不过在各派权力角逐、政治失重的民国初年,以倪嗣冲的皖督之力是难以削平祸乱,促进统一的。 对此他也似乎有所感知,在后来的直皖战争中,倪嗣冲对外较多持观望态度,让马联甲等加强安徽防务,予以戒严,做到保境安民。

---

① 《倪嗣冲致曹锟等歌电》,《阎锡山档案要电录存》,第十一卷,第28页。
② 《倪嗣冲感日通电》,《阎锡山档案要电录存》,第十卷,第611—614页。

倪嗣冲与北洋要人①

　　晚清以来国家积贫积弱，列强环伺，内忧外患，清政府通过洋务运动、甲午新政、戊戌变法等一系列措施来自强求富。无奈积弊太深，朝野上下、满汉之间、中央派系纷争，矛盾错综复杂。1901 年，清政府开始更大规模地在全国推行一系列深层次变革，史称"清末新政"。李鸿章去世后，袁世凯以编练新军取得成就，于是接任直隶总督兼北洋大臣，通过创办警察、兴办学校、改良司法、发展实业、试行地方自治等措施，在直隶推行新一轮的改革。当然在这个过程中，袁世凯最为醒目的成就即为编练新军，而北洋集团的崛起也相伴而生，这一政治军事集团的存在直接影响了清末民初 30 年的政治走向。北洋集团人员构成广泛，人物众多，这其中就有后任安徽督军、长江巡阅使的倪嗣冲。对倪嗣冲而言，在其戎马生涯、参与国事过程中，以天津小站为核心结识了徐世昌、段祺瑞、冯国璋、姜桂题、曹锟、张勋、张怀芝、徐树铮、王郅隆等要人。本文仅攫取倪嗣冲与袁世凯、段祺瑞、冯国璋等人的几个交往片段，展示他们在近代政治舞台上的所作所为与价值取向。

　　一、倪嗣冲与袁世凯

　　倪嗣冲与袁世凯的双方家庭是世交，一个是安徽颍州人，一个是河南项城人，虽然跨着两个省，但两家相距仅百余公里。捻军兴起后，倪嗣冲的父亲倪淑与大哥元凯、二哥元灏尽散家财，组织团练，教之战阵。由于倪淑的威望和号召力，周围圩寨多奉他为盟主，方圆百余里，咸听约束。清都统胜保得闻倪淑，拟请其到他幕府，三

---

　　①　本文作者张绍祖，后由倪祖琨、郭从杰进行了删改。

聘而倪淑三次婉拒。不过,倪元灏后来佐袁甲三平"捻乱",1859年遇难于洪泽湖。1875年倪淑入京受聘为袁甲三长子袁保恒(时任吏部侍郎)的西席,这期间一直将倪嗣冲、倪毓棻带在身边。倪、袁的父辈数十年的交往自然也使得倪嗣冲与袁世凯的关系非同一般。

1899年,倪嗣冲任职山东陵县,上书建议立即严禁义和团,让团众们放下大刀长矛,重归乡里,以免对社会秩序造成破坏。袁世凯以山东巡抚职抵达济南府衙接印,随后就发出《查禁义和团拳匪告示》,向朝廷提出了治理拳匪策略。

袁世凯在考查义和团源流、筹划治理之策的时候,读到了一份存档的旧折子,写折子的人正是倪嗣冲。在半年前义和团初起时,倪就已经看出对于义和拳民处理不力,提出"首恶必办,胁从不问",公平处理教、民冲突的方法。这与袁世凯治理义和团的理念与方法暗合。袁世凯立刻督促在家守孝的倪嗣冲前往济南,并任命倪嗣冲为德州等九县"拳匪善后委员"。倪嗣冲到了鲁西北,先到他曾任职的陵县。倪嗣冲会同当地官员认真调查,弄清义和团活动的具体情况,被焚毁的教堂的数量,以及财产损失额度。然后按照首恶必惩、胁从不问的办法进行处理,同时要求团众量力纳赀,自赎其罪。倪嗣冲花费数月时间,完成了这个艰难的使命。袁世凯对倪嗣冲益加信赖和重视。

1901年9月袁世凯上奏朝廷,成立"京师执法营务处",鉴于倪嗣冲"深器伟才,谓堪大用",袁世凯推荐了倪嗣冲任职"京师执法营务处"。倪嗣冲在京城充分显示了他的才干,他任职月余,就已使京城盗匪绝迹,百姓安然。1902年5月倪嗣冲被袁世凯召回保定直隶总督衙门,任职于营务处,负责带领骑兵。刚到任他就去平息了震惊中外的景廷宾起义。是年8月5日,袁世凯上奏朝廷,要求嘉奖在平定景廷宾起义中功劳最大的段祺瑞与倪嗣冲。1903年6月倪嗣冲来到天津小站北洋军大本营,在小站接受编练武卫左军的任务,总理营务处。倪嗣冲协助袁世凯编练北洋新军,是袁世凯在北洋练军的重要助手。同时,在袁世凯举荐下,跟随徐世昌建设东北三省。

1909 年 1 月 2 日,摄政王载沣发布上谕,罢黜袁世凯,在随之的去袁运动中,倪嗣冲同样被牵连罢免。概而言之,这一时期倪嗣冲凭借自己的英勇才智深得袁世凯的赏识和举荐,当然袁系势力受到打击,倪嗣冲同样无能幸免。

1911 年 10 月 10 武昌起义爆发,清政府重新起用袁世凯,随之袁世凯即任命倪嗣冲为河南布政使、帮办河南军务,又委任他为武卫右军行营左翼翼长,委任他兼任安徽布政使。12 月 15 日倪嗣冲率军攻下了皖北重镇颍州城,获"额尔德穆巴图鲁"勇号。入民国,大总统袁世凯委任倪嗣冲督办苏皖鲁豫四省剿匪及办理豫边事宜、督办安徽清乡。赣宁之役期间,倪嗣冲率兵在安徽对抗讨袁军。1915 年底袁世凯帝制自为,特加封倪嗣冲为一等公爵。12 月 25 日,蔡锷在云南领导护国军讨袁,袁决心以武力镇压。倪嗣冲自告奋勇,派其弟皖北镇守使倪毓棻率安武军 15 个营入湘镇压护国军。

1916 年 5 月袁世凯与冯、张、倪决定在南京召开各省代表会议,意在解决时局。袁世凯起初对南京会议的召开抱有希望,安徽巡按使倪嗣冲积极参与筹备。随后倪嗣冲又加派黄家骧赴宁筹备会议,"倪之忠盖为世人所知"。[①] 当冯国璋试图借会议逼袁退位,为自己赢得政治声势,议定宗旨中途有变时,倪嗣冲亲临会场,劝阻冯及各代表,主张总统暂先缓退,召集国会来解决去留问题,并寻求办法处理善后事宜。南京会议充分显现了袁氏的统治危机,而在这极为关键的历史时刻,挺袁者已寥寥无几,虽见袁世凯大势已去,众叛亲离,而倪嗣冲依然坚定的维护着袁世凯。

1916 年 6 月 6 日,袁世凯遽然去世,倪嗣冲积极参与善后事宜,致电北京政府,声称袁大总统为国五年,艰苦备尝,卒以忧劳成疾,舍军民而长逝,凡我同胞应竭尽心力,以竟我大总统保卫国家之至意。后与冯国璋等要人联络,协力筹商袁氏家族善后问题。

从倪淑与袁甲三、袁宝恒的交往,到 1899 年倪嗣冲入袁世凯幕

---

① 《倪张同抵南京》,《申报》1916 年 5 月 20 日。

府,一步步成为袁氏干将、北洋中坚,不仅是两人,而且两个家族,荣辱与共、休戚相关数十年。应当说袁世凯对倪嗣冲有知遇之恩,对倪嗣冲一生政治仕途的发展起着至为关键的作用,而倪嗣冲则对袁世凯知恩图报,为袁世凯的统治立下汗马功劳,实为长江柱石、东南屏障,甚至愿意肝脑涂地,倪嗣冲是袁世凯身边为数不多的忠诚者,倪嗣冲一生不仅忠诚于袁世凯,同样忠诚于北洋集团,一直致力于北洋派的团结。另一方面,袁世凯帝制自为,引发南北冲突,因称帝失败袁世凯不仅埋葬了自己,也使得北洋派开始分裂。袁氏的一步不慎,也使得长期追随者倪嗣冲的形象受损。

二、倪嗣冲与段祺瑞、徐树铮

段祺瑞(1865—1936),原名启瑞,字芝泉,晚号正道老人,安徽合肥人。起初在小站新建陆军中任炮队统带,后屡有升迁。民国初年多次出任国务总理、陆军部长职,最受段祺瑞信任和器重的就是徐树铮。徐树铮(1880—1925),字又铮,号铁珊,安徽省萧县人,陆军上将、远威将军。中华民国成立后,徐树铮先后任军学司司长、军马司司长、将军府事务厅长、陆军部次长等职。1916 年 6 月袁世凯去世后,黎元洪任大总统时,段祺瑞仍任国务总理,徐树铮复任陆军次长兼国务院秘书长,掌握实权。黎段不和,争权夺势,引起府院之争。

倪嗣冲成为段祺瑞为首的皖系中坚,继任大总统黎元洪借口惩办帝制,要求严惩倪嗣冲,以图削弱北洋派军事力量,国务总理段祺瑞、国务院秘书长徐树铮顶着不办。在府院之争中,倪嗣冲与徐树铮站在段祺瑞一边,1916 年 9 月 21 日,在段祺瑞、徐树铮、倪嗣冲策划下,倪嗣冲与张勋联合召集十三省代表在徐州开会,成立督军团。

张勋入京后,于 7 月 1 日发动了复辟,遭到全国人民的反对。段祺瑞认为东山再起的时机已到,成立讨逆军,自任总司令,7 月 3 日在马厂誓师,宣布讨伐张勋,6 日冯国璋在南京就任代理大总统,任命倪嗣冲为"讨逆军南路总司令",所有沪、杭、赣各师旅都归倪指挥。张勋复辟失败后,段祺瑞于 7 月 14 日入京,迎冯国璋为总统,并再任国务总理兼陆军总长，重掌政权，随也获得"三造共和"的美誉。张勋复辟失败后，张勋所部定武军归江苏、安徽两省接收改编，其为皖省改编者约四十营，分由张文生、殷恭先、钱广汉、李绍臣、陈德修五人统领，称新安武军，统归倪嗣冲节制。9月8日倪嗣冲被任命为长江巡阅使兼安徽督军。

同年9月孙中山在广州宣誓就任中华民国军政府海陆军大元帅，随即下令讨伐段祺瑞等民国"叛逆"。10月1日段祺瑞在北京宣布出师剿灭南方军队，决定对西南各省用兵，其战略意图就是武力统一全国。南北战幕正式拉开。在这次战争中，桂、滇、粤、湘、鄂、川等省的地方派系，打着护法的旗帜，在湘、川、鄂、粤、闽等省与北洋军队及依附于该集团的地方势力进行了长达一年多的军事角逐。安徽督军倪嗣冲作为力挺段祺瑞的皖系实力派，发挥着非常重要的作用。倪嗣冲先后于1917、1918年派安武军入湘作战，鼎力支持段祺瑞的武力统一政策，由于直系两次前线通电罢兵，致使战局急转，倪嗣冲力挺危局，奔走呼告，团结北系军人，其目的在于以战促和，以武促统。由于直皖两派的暗中较量使北军功败垂成，而南方也因矛盾纠葛无力北上，南北对峙渐成常态。段祺瑞主战派虽在政治上制造新国会，另立新总统，然而以"文治总统"相标榜的徐世昌，却于1918年10月25日下令停战，并派代表赴上海议和，北军南下武力统一至此已无法推行。

20世纪初，倪嗣冲与段祺瑞同是袁世凯的主要幕僚，清末北洋新军的重要将领。1916年袁世凯去世后，段祺瑞是皖系的头目，倪嗣冲是皖系中坚，在黎元洪与段祺瑞的府院之争中，倪嗣冲始终站在段祺瑞一边。倪嗣冲支持段祺瑞与德绝交、对德宣战，这为后来中国参与巴黎和会赢得机会。1917年倪嗣冲与段祺瑞共同策划利用张勋复辟，倒黎去张。1917年7月在冯国璋担任大总统后，倪嗣冲支持段祺瑞"武力统一"的主张，共同对付冯国璋"和平统一"的策略，1918年9月迫使冯国璋下台，推选徐世昌当上了大总统。

在段祺瑞推行武力统一过程中，徐树铮极为重要，很多事宜都是他来穿针引线。徐树铮作为段祺瑞的军师,与倪嗣冲一起支持段祺瑞武力统一的主张。府院之争、对南征战、引奉入关、组织国会等诸项事宜,徐树铮多穿梭其中,并常与倪嗣冲沟通,借重倪嗣冲的力量与威望。

1920年7月,直皖战争以皖系的失败而告终,以段祺瑞为代表的北洋皖系不得不拱手让权,直系代替皖系控制了北京政权。倪嗣冲主动辞职赴津。而徐树铮被免职,并被指控为祸首而遭通缉拿办,借日本使馆之助逃到天津,后潜入上海租界内匿居。徐树铮与倪嗣冲生前电报往来十分频繁,政事、私事交往都非常密切。

应当说,袁世凯去世后,最有实力推进南北一统的就是段祺瑞,一直延展到1926年,主导中国政府的依然仍是段祺瑞。1926年三一八惨案后,段祺瑞通电下野。段祺瑞的下野不仅仅是北洋派系内部较量的又一次展示,更大层面而言,北洋政府失去了一个向心力的人物。

曾经留给段祺瑞的考验,也是对北洋政府的考验,随之北伐的推进,政局发生新的鼎革。显然在段祺瑞执掌权力时,无论是实力支持,还是思想统一,倪嗣冲都与段祺瑞在战略上高度一致。倪嗣冲后来哀叹"天祸我国,同室之斗,自残自贼",最后积劳成疾,郁郁终古。[1]

三、倪嗣冲与其他要人

冯国璋(1859—1919),字华符,一作华甫,河北河间县人。1901年,袁世凯擢升为直隶总督兼北洋大臣,随之冯国璋赴任,任教练处总办,稍后倪嗣冲则担任执法营务处总办。入民国,倪嗣冲、冯国璋两人作为地方实力派,互通声气,镇守长江中下游及东南一带。

冯国璋曾数年任江苏督军一职,1916年袁世凯死后,黎元洪出任总统,冯国璋被选为副总统,仍兼江苏都督。因苏赣鄂三省同在长江中下游,所以冯国璋联络江西督军李纯、湖北督军王占元,以达

---

[1]　李良玉等:《倪嗣冲年谱》,黄山书社2010年版,第279页。

同声相应。后来冯升为大总统,苏赣人事也产生变动,由李纯接任苏督,陈光远接任江西督军,李纯、陈光远、王占元在冯国璋的领导下,展开了与段祺瑞的明争暗斗。而安徽处在苏赣鄂之间,地位颇为尴尬和微妙。冯国璋和段祺瑞在对付南方的政策上根本不同,虽名义上拥有一个共同的政府,但实际上却可以各行其是。

冯国璋处在进退两难之中。时局态势复杂,是和是战,冯国璋难以抉择,1918 年 1 月 24 日,冯国璋赴徐世昌宅,请徐代出主意,随后王士珍、段祺瑞到场,大家共同晤谈时局,冯提出与西南议和的意见,徐世昌表现冷淡,段祺瑞则坚决反对。冯国璋一时骑虎难下,选择南下,途经济南,山东督军张怀芝随行,午夜到达徐州,张敬尧督办面晤总统,言称自己坚抱服从中央的旨意也随车同行。最后冯的专列在蚌埠被倪嗣冲截停,冯计划的南京临时会议改在蚌埠召开。倪嗣冲认为当下最为紧要就是颁发讨伐明令,非先取消停战布告,否则不足以鼓动军心。而冯则主张可以采取先发兵、缓下战令的策略。"冯再三与倪申辩,倪仍无活动之态度,嗣经两张从中劝解,冯乃谓回京后再作道理。"[①]后在倪嗣冲等人的力劝下,总统冯国璋终于下定决心,以西南全无信义,决心主战。会后倪嗣冲又将冯从蚌埠送到宿州,对总统的主战寄以厚望,倪嗣冲为完成国家一统,也为挽救北洋派系尽了自己的最大努力。

徐世昌(1855—1929),字卜五,号菊人,晚号水竹邨人、东海居士等,河南卫辉人。前清举人,后中进士。徐袁由初识而深交,1879年结拜为金兰之交。自袁世凯小站练兵时就为袁世凯的谋士,互为同道,1905 年曾任军机大臣。徐世昌深谋远虑,颇得袁世凯的器重,又能与袁保持距离,进退有度。

倪嗣冲与袁世凯是世交,倪嗣冲的父亲倪淑在袁世凯的叔父袁保恒家当师爷。这种交往使倪嗣冲与袁世凯、徐世昌的关系走得很近。小站练兵期间,徐世昌曾任职新建陆军参谋营务处总办,后来

---

① 《冯总统回京后之时局》,《申报》1918 年 2 月 2 日。

倪嗣冲身兼北洋总理营务处、行营营务处、发审执法营务处三要职。徐世昌年长倪嗣冲13岁,倪嗣冲平时多以学生谦称向徐世昌请教。

日俄战争后,沙俄和日本争夺我国东北,为了抵制两国侵略,清政府授徐世昌为东三省总督,兼营三省将军事务,并授为钦差大臣,到东北进行管理。1907年6月,徐世昌到达奉天,开始东北建省的工作,当务之急,是他必须尽快搭起自己的班底。11月徐世昌保荐倪嗣冲担任黑龙江布政使,"兹查有军机处记二品衔直隶候补道倪嗣冲,器局宏通,才猷练达,堪以试署民政司司使"。① 1908年2月,徐世昌再次上奏陆军部,保荐倪嗣冲为黑龙江省巡防营翼长,"查有试署民政司使倪嗣冲勇敢沈毅,军略素娴,现经臣等檄派该员为江省各军翼长,兼领巡防营务处,责令整顿通省营务,并札发木质关防一颗,文曰:黑龙江省各军翼长之关防,俾资整理而专责成"。② 4月正式规定巡防营由全省巡防营务处管辖,倪嗣冲任营务处总办。在开发和建设东北期间,倪嗣冲充分施展才能,协助徐世昌在东北进行剿匪、屯垦和移民,深得徐世昌的信任和好评。

徐世昌寓居天津后,专心致志地过起租界寓公悠闲生活。倪家与徐家多有往来,后来倪嗣冲的四子倪道熹娶了徐世昌弟弟徐世章的女儿。

王郅隆(1868—1923),又名祝三,天津县阮家庄人。王郅隆发迹后捐得候补道衔。在一个偶然的机会,王郅隆结识了在营务处的倪嗣冲,两人相谈甚欢,对于举办实业则意气相投,从此两人结为挚友。

1907—1908年倪嗣冲在黑龙江民政使任上,曾开办"官盐总局",总办便是王郅隆。1910年王郅隆与倪嗣冲等投资15万元,在天津西沽村建立华昌火柴公司,经理张新吾,这是天津最早、最大的民营火柴厂之一。1913年7月,倪嗣冲出任安徽都督后,委任王郅

① 李良玉等:《倪嗣冲年谱》,黄山书社2010年版,第17页。
② 军机处副录档.档案号:118—5967—70、3—120—6004—102.

隆为安武军后路局总办。倪嗣冲对王十分信赖，他们在经济上长期合作。1913年，倪嗣冲与王郅隆、段芝贵等人合资在安徽、河南等地经营盐务，不久组织了天津长顺盐业公司。王郅隆还被皖系徐树铮所赏识，先后任黑龙江、湖北、安徽等省盐务采运局总办。

王郅隆经营粮食业有其自己的理念。他与倪嗣冲合资，包销江苏常熟、无锡和安徽安庆的稻米，利用原粮自行加工，由上海销售或贩运至日本，形成一条龙的连锁经营，获取了巨大的利润。

1915年初王郅隆还与倪嗣冲共同创办了裕元纱厂。1918年开工生产，其中倪嗣冲投资过半，为110万元。裕元纱厂是当时规模最大、获利最丰、实力雄厚的纱厂，开近代天津大型纱厂之先河。为了发展生产，纱厂接办了开源农场，推广在盐碱地上种植棉花，使纱厂有了充足的原料保证。

1916年，王郅隆与倪嗣冲合办了裕庆公银号。倪嗣冲认为，工商业家办企业，须有自己的金融机构，以便吸收社会上的闲散资金，提供给自己的企业，特别是供裕元纱厂周转使用，倪嗣冲、王郅隆拟办一个更大的银行。这时交通银行芜湖分行经理周作民觉得官场多变，在官办银行供职非长久之计，也想办一个银行。周与王、倪不谋而合，达成共识，倪嗣冲以其长子倪道杰为代表与王郅隆共同出面发起成立金城银行，聘请周作民为经理。

1917年11月王郅隆加入徐树铮、王揖唐等皖系要人在北京安福胡同组织的"安福俱乐部"，为常任干事兼会计课主任，次年8月任安福国会参议员。1919年任职于财政部。1920年4月与徐树铮创办了天津边业银行，任董事。由于王郅隆为安福系筹措了大量活动经费，所以被称为安福系"财神"。

20世纪是中国历史变化最为剧烈的时代，北洋处于新旧过渡，因此保守与激进、传统与现代并存。历史的演进需要新陈代谢，当袁世凯、段祺瑞、倪嗣冲、徐世昌、徐树铮等北洋人物渐渐距离我们远去的时候，更需要我们去努力追寻他们，理解他们的成败与悲欢。

倪嗣冲与民初安徽政局[①]

1911 年 10 月 10 日武昌起义爆发,揭开了辛亥革命的序幕。安徽革命党人积极响应,在各地组织起义,推动安徽于 11 月 8 日宣布独立,并促使辛亥革命在安徽进一步深入和发展。然而,由于安徽地处江淮流域,居东西南北之要冲,战略地位十分重要,安徽革命的发展及成败将影响周边数省。因此,各种不同势力在安徽进行着激烈的较量和博弈,从而使民初安徽政局出现多次变动。这种变动既体现了南方革命党与北洋集团对安徽的争夺,也与全国革命形势及民初政局和政治的发展息息相关。

在这一时期,北洋重要将领倪嗣冲先是率军攻占颍州,与淮上军对峙,阻止南方革命党的北伐,使安徽处于南北对抗的局面之中。后又在 1913 年南下进攻讨袁军,以武力统一全省,任安徽都督兼民政长,总揽军民政务。自此直至 1920 年,倪嗣冲一直主政安徽,所部安武军是北洋集团的一支重要力量,其本人是袁世凯及皖系段祺瑞政府的坚定支持者,在民初政争和直皖矛盾中发挥着重要作用,对民初政局和政治的发展产生了重要影响。

一、辛亥革命后安徽政局

1. 安徽辛亥革命的爆发

1911 年 10 月武昌起义的消息传到安徽,安徽革命党人非常振奋,积极准备响应。其中,皖北革命党人张汇滔、管鹏、程恩普等人,以寿州为基地,在各地积极活动,互相联络,准备起义。11 月 2 日,

---

① 本文作者陈雷,阜阳师范学院历史文化与旅游学院副院长,教授、历史学博士,原文载:李良玉、吴修申主编:《倪嗣冲与北洋军阀》,黄山书社 2012 年版。

张汇滔等人召开秘密会议,研究部署起义。11 月 4 日,张汇滔率地方民团武装进攻寿县县城,知县孙绍英、总兵李定明弃城逃遁,革命军兵不血刃,当夜占领了寿州城。11 月 5 日,张汇滔等宣告寿州独立。寿州独立后,张汇滔等成立淮上起义军,随即分兵北伐,其中由张汇滔率领西路军向颍上、颍州(今阜阳)进军,于 11 月 16 日夜攻占颍上县城,光复颍上。[①] 11 月 24 日张汇滔率淮上军进驻颍州,与程恩普领导的淮北国民军会合,皖北各县大部光复,革命形势发展迅速。

此后,在寿州起义的推动下,安徽各地革命党人纷纷行动起来,积极联络各派势力,掀起革命运动的高潮。在革命形势的推动下,安庆、芜湖、合肥三地分别于 11 月 8 日 9 日两天相继光复,并促使安徽巡抚朱家宝宣布安徽独立。朱家宝随后被安徽省咨议局推举为安徽都督。安徽独立后,由于军政实权掌握在以朱家宝为首的旧势力手中,革命党人吴旸谷西上九江,请兵援皖。[②]

江西九江都督马毓宝应吴旸谷的请求,派部将黄焕章率军赴皖,于 11 月 13 日进驻安庆。后因黄焕章索饷不成围攻都督府,安徽都督朱家宝被迫逃走。黄焕章部趁机抢劫安庆,使安徽局势陷入混乱。半月之内,先后有黄焕章、李烈钧、黎宗岳等任总司令或都督。至 12 月 2 日,安徽省临时参事会选举孙毓筠为都督,局势才趋于稳定。1912 年 4 月 27 日,袁世凯批准安徽都督孙毓筠辞职,任命第一军军长柏文蔚署理安徽都督。[③] 7 月 1 日,柏文蔚正式就任安徽都督。

柏文蔚上任后,重新组建都督府,任命陈独秀为秘书长、徐子骏为参谋长、郑赞丞为内务司长、黄书霖为财政司长、邓绳候为教育司长、刘梧冈为实业司长、李国棣为司法司长、吴中英为军政司长、杨

---

① 颍上县地方志编辑委员会编:《颍上县志》,黄山书社 1995 年版,第 14 页。
② 前引张南著:《简明安徽通史》,安徽人民出版社 1994 年版,第 436 页。
③ 邹义开:《安徽大事记资料》(上),安徽省地方志编辑委员会 1986 年,第 64 页。

永龄为高等检查厅长。① 这些人大都是安徽地区辛亥革命期间涌现出来的积极分子,具有较强的资产阶级革命性。因此,这一时期在柏文蔚的领导下,安徽在政治、经济、教育、财政、社会风气等方面进行了一系列的改革,促进了革命发展和社会进步。

2. 倪嗣冲占颍州与淮上军对峙

武昌起义爆发后,清廷重新起用袁世凯,任内阁总理大臣,掌握实权。为了与革命党对抗,增加和扩大自己的势力,1911 年 11 月袁世凯即调倪嗣冲赴河南帮办军务,12 月 3 日正式任命倪嗣冲为河南布政使、武卫右军左翼翼长,帮办河南军务。不久又兼署安徽布政使,率北洋军一部进驻豫东,伺机进图安徽,以便与武汉、南京战场相配合。

颍州光复后,倪嗣冲即于 12 月 4 日命令所部在河南周口集结,准备进攻颍州。9 日,倪嗣冲率兵五千多人由周口出发,分两路直扑太和。驻太和的革命军负责人宁隽元见清兵数倍于自己的力量,于 12 月 10 日夜率军撤离,太和遂被倪嗣冲控制。

倪嗣冲占领太和后,在得到颍州城内兵力空虚,援兵未到的情报后,于 12 月 11 日清晨督队进攻颍州城,遭到淮上军的顽强抵抗,经激战于 15 日攻破颍州城防。淮上军因寡不敌众,伤亡重大,被迫突围,退到颍上,颍州城落入清军的手中。

1912 年 1 月中旬,南方革命党决定惩罚倪嗣冲的违约夺城,组织北伐联军,试图重新夺回颍州。26 日,由张汇滔等革命党人组成的北伐联军先锋队开始由颍上向颍州进攻,双方发生激战。至 2 月初北伐联军仍无法攻破颍州城,战场呈僵持状态。为解决皖省战事问题,在上海的南北议和代表伍廷芳和唐绍仪于 2 月 7 日专门签订皖北停战协定七条,内容是:"1. 阜阳由倪军驻扎;2. 颍上归民军驻守;3. 两方驻守地外不得进攻;4. 两方驻守地内由各军自行维持秩序;5. 阜颍两地之间一切秩序由两方共同维持;6. 现在境外之张某

① 张南著:《简明安徽通史》,第 443 页。

两方均认为土匪,会同剿灭;7. 此约以电到之日发生效力,两方中先得电报者,务必通知他方。"[1]

此战后,倪嗣冲因功被清廷赐予头品顶戴、"额尔德穆巴图鲁"勇号,驻兵阜阳,与淮上军对峙,后任办理河南边界善后事宜、督办苏豫皖鲁剿匪事宜,并兼任总统府军事顾问。1912 年 12 月被北京政府授予陆军中将,加陆军上将衔。倪嗣冲在此战中的突出表现以及随后驻军阜阳,为"二次革命"爆发后率军南下统一安徽奠定了基础。

二、"二次革命"爆发后安徽政局

1. "二次革命"的爆发

1912 年 3 月 10 日袁世凯就任中华民国临时大总统后,政治纷争不断。1913 年初,改组后的国民党在民国第一届国会的选举中赢得胜利,国民党代理理事长宋教仁准备组织内阁。厉行独裁的袁世凯为阻止国民党执政,派人收买凶手,于 3 月 20 日晚在上海车站暗杀了宋教仁。

另一方面,为准备发动内战,消灭南方革命力量,1913 年 4 月袁世凯与五国银行团达成两千五百万英镑的善后大借款,从而获得了战争经费,由此决定用武力解决国民党。

5 月初,北洋军第六师、第二师在副总统黎元洪的支持下相继入鄂,控制湖北地面,并监视江西。6 月 30 日袁世凯又下令罢免坚决反袁的赣督李烈钧、粤督胡汉民、皖督柏文蔚,三督相继被迫下野。在孙中山的动员下,李烈钧于 7 月 8 日回到江西湖口,成立讨袁军,宣布江西独立,于 12 日向进驻九江的北洋第六师发动进攻,拉开了"二次革命"的战幕。7 月 15 日,黄兴在南京宣布江苏独立。随后安徽、上海、广东、福建、湖南以及重庆等地也相继宣布独立,加入讨袁行列,"二次革命"全面爆发。

---

① 张湘炳、蒋元卿、张子仪等编:《辛亥革命安徽资料汇编》,黄山书社 1990 年版,第373 页。

2. 倪嗣冲武力统一安徽

安徽地处东西南北要道,历来为兵家必争之地。为控制安徽和防范南方革命党,袁世凯在颍州之战后即命倪嗣冲率部留驻阜阳,一方面以剿匪名义镇压革命党,控制皖北;另一方面积极扩军备战,随时准备南下统一安徽。

讨袁"二次革命"爆发后,安徽于1913年7月17日宣布独立,并发布文告称:"东南各省,同深义愤,既经声罪致讨,吾皖岂能独后!兹特邀集军商绅各界会议决定,即日宣告独立,公推柏文蔚为安徽讨袁军总司令,胡万泰暂行代理都督事宜,孙多森担任民政长事宜。"①然因胡万泰、孙多森早被袁世凯收买,芜湖革命党人派张永正部以援赣为由沿江而上与胡部发生冲突,胡部不敌。7月21日,胡万泰、孙多森先后被迫离省。自7月以来不到半月时间,安徽都督及民政长已经四易其人,祁耿寰与刘国栋也因争都督而决战,安徽政局一片混乱。

7月20日奉袁世凯令,倪嗣冲进兵攻正阳,被讨袁军岳相如、龚振鹏部所击败。7月22日,袁世凯任命倪嗣冲为皖北镇守使兼领皖北观察使,命其集合队伍南向讨伐革命军,直捣安徽省会安庆。津浦路沿线则由张勋、冯国璋率兵征战。

7月24日,倪嗣冲亲赴颍上督军进攻。7月27日,袁世凯任命倪嗣冲为安徽都督兼民政长。7月29日,黄兴因津浦线战事失利突然出走,讨袁军面临全线崩溃。倪嗣冲在颍州集中万余兵力,"取道凤台,直捣寿县",②东西两路并进。东路先败毕少山讨袁军,后者退至寿县;西路先败讨袁军卢慈甫部于颍上,再战岳相如长淮水上警察。7月31日,倪军攻凤台,分兵由蒙城进取怀远。8月2日,倪嗣冲所部攻陷凤台。③ 同日倪嗣冲进兵沫河口开战,获胜。并且倪嗣

① 朱宗震、杨光辉:《民初政争与二次革命》,上海人民出版社1983年版,第680页。
② 安徽省政协文史资料研究委员会、中共安徽省委党校理论研究所合编:《淮上起义军专辑》,安徽人民出版社1987年版,第109页。
③ 李良玉等著:《倪嗣冲年谱》,黄山书社2010年版,第43页。

冲亲自进驻风台,命令马联甲率军乘夜渡过淮河,5 日下午 4 点攻克寿州,同日陷正阳。8 月 8 日,倪嗣冲因克复风台有功,获得袁世凯颁发的一等文虎章一枚。

8 月 11 日,胡万泰部攻击柏文蔚,双方激烈交战。柏文蔚部败走,安庆失陷。胡万泰一面取消安徽独立,并电袁世凯:"请赐促新都督、民政长从速来皖,以便任事而安人心;"①一面派兵东下进攻芜湖。8 月 14 日,安徽商会蔡正等人发电称,由于安徽政局混乱,请求大总统速派倪嗣冲任安徽都督,在倪嗣冲到任之前,命胡万泰负完全责任。② 8 月 15 日,安徽省议会、商会致电袁世凯、倪嗣冲等,由于皖省乱局初定,市面萧条,请倪嗣冲早日来安庆稳定大局;如倪嗣冲暂时来不了,请中央暂时委任一员代理,以便维持皖省秩序。8 月 18 日,倪嗣冲致电省议会,要求将与柏文蔚有联系的议员邢元赟的家产查封,并通缉党人管鹏、祁耿寰、张永正、陈独秀等。③

与此同时,倪嗣冲部迅速南下,8 月 19 日所部进入合肥。8 月 25 日,倪嗣冲所部先锋营和马联甲部到达安庆。8 月 26 日,倪嗣冲到达安庆行辕,27 日上午进驻安徽行政公署,开始办公,并制定治皖方略,决定以军事优先,省城旧有各机关一律停办,亲自管理财政和内务,其他事务由怀宁县知事负责处理;命令安徽总商会筹资开办银行,维护市场流通。8 月 28 日,革命党人遣散部队后龚振鹏潜赴外地,芜湖失陷。8 月 29 日,倪嗣冲派胡万泰、马联甲带兵往徽州,追剿革命党张永正部。④ 8 月 30 日,倪嗣冲报告总统,建议马联甲带兵到皖南处理善后,并报告安定皖北计划。

9 月 4 日,袁世凯任命鲍贵卿为大通、芜湖镇守使。9 月 6 日,倪嗣冲在都督府开会商讨皖省善后事宜。10 月 3 日,倪嗣冲致电中央,报告皖省民政长印信被柏文蔚带走,请求自己先刻一个暂用。

---

①　邹义开:《安徽大事记资料》(上),第 82 页。
②　李良玉等著:《倪嗣冲年谱》,第 44 页。
③　李良玉等著:《倪嗣冲年谱》,第 44—45 页。
④　李良玉等著:《倪嗣冲年谱》,第 45 页。

并请通报各方,皖省独立之前无案可查的公文,一律无效。① 至此,倪嗣冲以武力统一了安徽,开始了其督皖八年的历史,并成为北洋重要将领之一,所部后改为"安武军",是北洋势力的重要组成部分。

三、1913—1920 年安徽政局

经过 1913 年"二次革命",倪嗣冲在袁世凯的支持下,武力统一了安徽全省,并担任安徽都督兼民政长。1914 年授安武将军,督理安徽军务;1917 年任安徽督军兼长江巡阅使。从此直到 1920 年,倪嗣冲一直主政安徽,是北京政府的一支重要力量。这一时期,倪嗣冲积极支持袁世凯和皖系段祺瑞政府的政策,一方面全力剿匪和镇压各地人民的起义,尽力维护安徽社会的稳定;另一方面积极参与政治活动,极力扩大其个人和皖系的势力与影响,对民初政争和政局的发展产生了重要作用和影响。

1. 积极剿匪和镇压各地起义

1913—1920 年,安徽处在倪嗣冲主政时期,各地爆发的匪祸和起义连绵不断,约有数十起之多,给各地的社会治安和人民的生产生活造成了严重影响。倪嗣冲对此极为重视,命令各县知事和地方驻军严密防范,全力镇压,以巩固其统治和维护社会的安定。

这一时期影响最大、最为突出的一次事件,就是白朗起义军进入安徽,倪嗣冲对此积极调派军队,配合河南、湖北两省军队,全力围剿。

白朗(1873—1914 年),河南宝丰人,1912 年率领河南西部农民发动武装起义。半年之内,起义军扩展到五六千人,并在"二次革命"的影响下,举起"中华民国抚汉讨袁军"旗号。② 1913 年底,河南都督张镇芳与护军使赵倜在袁世凯的严厉督责下对白朗起义军进行大规模围剿。白朗率军突围东进,越过京汉铁路,挺进鄂、豫、皖边区,并继续东进,准备与安徽及江苏反袁力量汇合。

---

① 李良玉等著:《倪嗣冲年谱》,第 48 页。
② 张南著:《简明安徽通史》,第 458 页。

　　1914 年 1 月 16 日,白朗起义军攻占河南商城,倪嗣冲急调皖军前往六安、颍州、寿县等地防守,防止起义军进入安徽境内。① 1 月 19 日,白朗起义军突然从金家寨进入安徽境内。23 日占领霍山县城。25 日攻占六安。② 倪嗣冲急调帮统马联芬、师长马联甲、团长路靖坤及芜湖镇守使鲍贵卿等率各路人马前赴六安一带围剿白朗起义军。

　　1 月 27 日,白朗起义军撤出六安城,活动于霍山、六安之间。袁世凯严令安徽、湖北、河南三省军队"会剿",并派陆军总长段祺瑞亲临指挥。2 月 3 日倪嗣冲致电大总统,报告剿灭白朗起义军计划:决定"于冲要地点,派兵设防,分段责成,杜匪奔窜。另以大枝劲旅,编作游击之师,横截邀击,制匪死命。"③并报告皖省军队已经严密布置,做好了防止白朗军窜扰的准备。

　　2 月 22 日,白朗军陷入重围,经激战突围西走,撤离安徽。后转战豫南、鄂北、陕西、甘肃,最后又回到河南宝丰。8 月初白朗战死,起义失败。④

　　针对白朗起义军给安徽造成的重大人员伤亡和财产损失,倪嗣冲积极赈济灾民,安抚百姓,稳定全省局势。1914 年 2 月 4 日,倪嗣冲下令六安知事吴奉恩速将六安城内受害者遗体分别棺殓掩埋。2 月 8 日,派赈灾委员钱瑞芳携款 1 万元前往六安救济灾民。2 月 10 日致电安徽 60 县知事,指示各县迅速张贴安民告示,白朗起义军指日可平,要民众不要惊慌,勿信谣言。⑤

　　白朗起义军离开安徽后,局势趋于稳定。倪嗣冲多次致电各省各地商会,称现"白朗残匪"已经肃清,通知茶商,照常来皖运售。⑥ 同时,致电大总统,请求中央迅速拨款以救六安、霍山灾民。3 月 23

---

①　李良玉等著:《倪嗣冲年谱》,第 60 页。

②　李良玉等著:《倪嗣冲年谱》,第 61 页。

③　杜春和:《白朗起义》,中国社会科学出版社 1980 年版,第 90 页。

④　张南:《简明安徽通史》,第 460 页。

⑤　李良玉等著:《倪嗣冲年谱》,第 65 页。

⑥　李良玉、陈雷主编:《倪嗣冲函电集》,社会科学文献出版社 2011 年版,第 112 页。

日中央同意拨款 5 万元救济六安、霍山灾民。① 经过倪嗣冲的积极努力,安徽的灾区救济、商业运输和社会秩序等逐渐趋于好转。

这一时期,影响较大的还有 1913 年 9 月寿县水百川领导的农民起义、1914 年 3 月合肥钱文海领导的"长淮侠义军"、4 月寿县吴凤藻起义、5 月颍州大刀会起事、6 月宿州三元会起事等,都遭到倪嗣冲的强力镇压,最后归于失败。

此外,对于各地流窜的股匪、会匪、土匪、惯匪等,倪嗣冲均令各地严密访查,积极搜捕。如,1914 年 8 月 28 日,倪嗣冲令其胞弟、皖北镇守使倪毓棻调兵剿灭涡阳虞夏一带的土匪。29 日,派所属高振善率两营兵前往镇压泗县、桃源交界之土匪,有时甚至越境赴江苏泗阳剿匪。②

在对各地起义和匪祸进行全力镇压的同时,在各地设立侦缉机构,配合省警察厅和督军府搜捕革命党人。1913 年 9 月 2 日,在安庆设立探访局,任命王志刚为局长,专门缉拿革命党人;③在各县设立清乡团,划分清乡区,1913 年 10 月 21 日,倪嗣冲以"柏逆文蔚、龚逆振鹏死党,蓄意谋叛"罪名下令通缉陈独秀等参加"二次革命"的安徽反袁志士。④ 1914 年 3 月 29 日,革命党人李三甲、魏冕斋率众攻进定远县署,知事赵镜源逃走。倪嗣冲派管带华钧章、倪金镛带兵两营前往镇压,于 31 日收复定远县城,李、魏被杀。⑤ 5 月 19 日,倪嗣冲致电大总统、参陆两部,报告破获了与孙中山联系反袁的以梅老三为首的案件。梅老三已经被就地枪决;并且发出命令,严拿其余党。⑥ 7 月 18 日,下令警察厅严查革命党人组织的皖南铁血团反袁活动。10 月 25 日,致电袁世凯、参陆两部,报告破获含山县孙

① 李良玉等著:《倪嗣冲年谱》,第 69 页。
② 李良玉等著:《倪嗣冲年谱》,第 102 页。
③ 李良玉等著:《倪嗣冲年谱》,第 47 页。
④ 朱洪:《陈独秀传》,安徽人民出版社 1998 年版,第 56 页。
⑤ 李良玉、陈雷主编:《倪嗣冲函电集》,第 119 页。
⑥ 李良玉等著:《倪嗣冲年谱》,第 76 页。

汉武、范加才等勾结柏文蔚反袁案。① 在倪嗣冲的高压和全力打击下,革命党人在各地举行的起事、起义及各种反袁活动,均惨遭失败。

2. 支持袁世凯的独裁和帝制活动

倪嗣冲是袁世凯帝制活动的坚定支持者,也是主要参与者,是袁世凯在地方上的一支重要力量。

1913 年 11 月 4 日,袁世凯下令取缔国民党,追缴国民党籍国会议员证书徽章,致使国会两院不足法定人数,不能开会。② 倪嗣冲对这一打击国民党的政策坚决支持,并与之相配合,于 11 月 12 日下令取消各县议会国民党籍议员资格。11 月 19 日又下令取消安徽省议会国民党籍议员四十多人的资格。③

12 月 13 日倪嗣冲向中央提议撤销安徽省县议会。22 日得到内务部批准,决定撤销县议会章程,随后各县议会在 1914 年 1 月被强行取消。同时,按照内务部电令,在皖省追缴安徽省籍国会议员证书徽章。④ 1914 年 3 月,在袁世凯下令解散省议会之前,倪嗣冲先解散安徽省议会,一切事务均由其个人负责。

1915 年下半年,在袁世凯复辟帝制过程中,倪嗣冲积极支持并不断劝进,并于 9 月 7 日致电袁世凯,陈述共和体制不合中国国情,将招来内忧外患。电称:"中国历史四千年来均属君主国体,人民习惯以君主为全国托命之人。父训其子,师勉其弟,均以忠君爱国为唯一之主旨,苟有稍逸范围者,必重惩而切诫之。今尽反古制,总统由人民选举,且数年而一选焉,人人有一总统之想,即人人有一非分之思,举数千年纲常伦纪,扫地无遗,乱党奸人乃利之以为借口,而谨愿之士,蚩蚩之氓,求一日之安而不可得。国必自伐而后人伐之,无怪乎强邻窥伺外患日深也。"从而认为"共和国体隐患无穷,请改

---

① 李良玉等著:《倪嗣冲年谱》,第 97 页。
② 李良玉著:《新编中国通史》(第四册),福建人民出版社 1996 年版,第 21 页。
③ 李良玉等著:《倪嗣冲年谱》,第 53 页。
④ 李良玉等著:《倪嗣冲年谱》,第 58 页。

君主立宪,以固邦本而救危亡"。请袁世凯"毅然英断,早定大计,以固邦本而安人心,国家幸甚! 人民幸甚"。①

1915 年 10 月,按照中央指示,决定对各县选举国民代表的初选候选人详加考察,配合帝制进程。11 月 3 日,安徽省国民代表大会在蚌埠"将军府"召开,经过投票,一致同意改行君主立宪制,并上推戴书,推戴书中统一书写"国民代表等谨以国民之意,恭戴今大总统袁世凯为中华帝国皇帝,并以国家最上完全主权奉之于皇帝,承天建极,传之万世"。②

1915 年 12 月 12 日,袁世凯接受国民"推戴",下令改 1916 年为洪宪元年,准备 1916 年元旦正式登基。21 日,袁世凯封倪嗣冲为一等公。25 日,云南宣布独立,组织护国军,出师讨袁。倪嗣冲于 27 日通电全国,表明其坚决拥护帝制的态度,并表示愿意领兵镇压云南独立,"冲虽不才,窃愿执戈前驱,灭此朝食,枕戈待命"③。

1916 年初,在北洋军与南方护国军作战的过程中,倪嗣冲先后派邱昌锦、倪毓棻各率安武军一部赴赣、赴湘参与作战。然而,随着形势的变化,袁世凯在内外交困中,于 3 月 21 日下令撤销帝制,企图保住总统地位。在此危机时刻,倪嗣冲仍继续支持袁世凯,于 4 月 1 日致电中央和各地方长官,坚决反对袁世凯退位,表示"嗣冲一息尚存,决难坐视,肝脑涂地,亦所甘心"④。4 月 7 日,袁世凯任命倪嗣冲为湖北将军兼讨伐军总司令官,赴鄂指挥战事。但是,当倪嗣冲于 6 月 2 日率兵赶至汉口,准备攻湘时,局势已难以挽回。6 月 6 日,袁世凯在北京病逝,黎元洪继任中华民国总统,护国战争结束。随后,倪嗣冲将赴湘、赴赣的安武军调回皖省。

3.反对张勋复辟,支持段祺瑞政府

护国战争结束后,北京政府改各省将军为督军,巡按使为省长。

① 李良玉、陈雷主编:《倪嗣冲函电集》,第 252—254 页。
② 李良玉等著:《倪嗣冲年谱》,第 107 页。
③ 《阎锡山档案要电录存》(第二卷),台北台湾国史馆 2003 年版,第 232 页。
④ 中国社会科学院近代史所藏:北洋政府档案,档号:109(二)2。

1916 年 7 月 6 日,总统黎元洪任命张勋为安徽督军,倪嗣冲为安徽省长。这一时期,倪嗣冲是以段祺瑞为首的皖系的重要成员,在当时重要政争和内外政策方面坚定支持段祺瑞,是段祺瑞政府的有力支持者和皖系在地方的一支重要力量。

在第一次府院之争中,倪嗣冲多次联合各省督军集会和发表通电,支持段祺瑞内阁。1917 年 5 月 23 日,因对德宣战问题总统黎元洪下令免去段祺瑞国务总理职。[①] 5 月 29 日,安徽省长倪嗣冲率先宣布脱离中央,以此表达对中央的不满。随后,河南、浙江、山东、山西、福建、陕西、奉天等省纷纷响应倪嗣冲通电,先后宣布独立,与中央断绝一切关系。

1917 年 7 月 1 日,赴京调停黎段冲突的张勋在北京拥戴清废帝溥仪复辟,上谕宣布"临朝听政,收回大权,与民更始"。[②] 下令各地恢复前清官制,倪嗣冲被封为安徽巡抚,照常供职。

张勋复辟激起全国人民的强烈反对。7 月 2 日黎元洪重新任命段祺瑞为国务总理,并电请冯国璋依法代行大总统职务,迅速讨逆。7 月 4 日,段祺瑞在马厂誓师讨逆,并以讨逆军总司令名义委任倪嗣冲为皖鲁豫联军司令。[③] 7 月 5 日,倪嗣冲发表通电,称"事前既未与闻,事后誓不承认。嗣冲迭与副总统、段总理往返密商,同深义愤",表示今后应随冯国璋、段祺瑞一致进行。[④]

1917 年 7 月 6 日,冯国璋在南京就任代理大总统,随即任命倪嗣冲为"讨逆军南路总司令",所有沪、杭、赣各师旅都归倪指挥。[⑤] 7 月 7 日,倪嗣冲就任讨逆军南路总司令。同日冯国璋下令褫去安徽督军张勋本职并军职、勋章、勋位,特任倪嗣冲兼署安徽督军,并令留在徐州的张勋定武军,归倪嗣冲节制,由其妥为安抚。

① 李良玉著:《新编中国通史》(第四册),第 27 页。
② 李良玉著:《新编中国通史》(第四册),第 28 页。
③ 李良玉等著:《倪嗣冲年谱》,第 166—167 页。
④ 李良玉、陈雷主编:《倪嗣冲函电集》,第 328 页。
⑤ 李良玉等著:《倪嗣冲年谱》,第 167 页。

7 月 12 日，讨逆军入京，张勋避入荷兰使馆，复辟失败。其在徐州的定武军由倪嗣冲接收改编，约四十营，分由张文生、殷恭先、钱广汉、李绍臣、陈德修五人统领，称新安武军。①

1917 年 9 月 8 日，北京政府特任倪嗣冲为安徽督军兼长江巡阅使，免其安徽省长职，由黄家杰继任。②

其后，在北京政府对西南的战争（即孙中山领导的护法战争）中，倪嗣冲积极支持段祺瑞的"武力统一"政策，并先后派安武军赴湘、赴赣参与作战。在第二次府院之争（冯段冲突）及直皖矛盾中，倪嗣冲均是皖系重要人物，积极活跃于政坛和各派系之间，成为一时的风云人物，为各方所瞩目。至 1920 年 7 月直皖战争爆发，皖系战败，倪嗣冲请求辞职。9 月 16 日，大总统徐世昌发布命令，准安徽督军兼长江巡阅使倪嗣冲辞去本兼各职；任命江苏督军李纯兼长江巡阅使；任命张文生暂署安徽督军。③ 至此，倪嗣冲结束了在安徽八年的统治。

对这一时期倪嗣冲的作用和影响，有学者这样评价，称倪嗣冲"声威煊赫，力足以制中枢，名足以冠群藩，凡各督军论列朝政，倪恒执牛耳。张勋复辟，徐树铮煽乱，冯国璋反段，督军团干政，倪皆为左右操纵之枢纽。民五以后，北洋督军，其言论行动与政治有重大关系者，倪应居首位"。④

同时也应看到，在民国初年这一中国历史上的动荡时期，安徽在倪嗣冲主政的八年期间，没有发生大的战乱和动乱，基本保持了皖省的稳定。在当时各地军阀混战的局面下，安徽能够维持这一和平安定的局面，这其中作为当时安徽主政者的倪嗣冲起了重要作用。

① 李良玉等著：《倪嗣冲年谱》，第 170 页。
② 李良玉等著：《倪嗣冲年谱》，第 173 页。
③ 李良玉等著：《倪嗣冲年谱》，第 246 页。
④ 来新夏著：《北洋军阀》(1)，上海人民出版社 1988 年版，第 1009 页。

擅长写对联的北洋督军倪嗣冲①

倪嗣冲长期在军界供职,虽为一职业军人,但并不是不通文墨的一介武夫,由于从小饱读诗书,国学功底深厚,因此撰写了不少有名的对联,至今还为楹联学界所称道。以下选取几幅予以介绍。

一、祝贺冯国璋结婚的对联(1914 年)

将略褐轻裘,夺虎踞龙盘,好作洞房,从兹儿女莫愁,想顾曲英姿,当不愧小乔夫婿;

家风寄芜萎,喜裙布荆钗,迎来琼岛,为报湖山黹画,有执柯元首,始乃归大树将军。

1914 年初,江苏都督冯国璋与袁世凯的家庭教师周砥(字道如)结婚。这是袁世凯为了笼络冯国璋,把自己的家庭教师周砥嫁给他。周砥,字道如,江苏宜兴人,天津(直隶)女子师范学校毕业,常年住新华宫内,教袁世凯的内眷和子女,亲如家人。时任安徽都督的倪嗣冲撰写了上述婚联表示祝贺:

上联用的典故主要是描写、称赞三国时吴国名将周瑜,实际上称赞冯国璋。将略:用兵之道。随形势发展变化而筹划、施展用兵之方法。出自于《三国志·蜀志·诸葛亮传》:"然连年动众,未能成功,盖应变将略,非其所长欤!"。褐裘:古行礼时,袒外衣而露裼衣,且不尽覆其裘,谓之裼裘。

龙盘虎踞:代指南京。来源于《太平御览》的记载:当年诸葛亮受刘备委派到建康(今天的南京),看到当地形势,感叹道:"钟山龙

①　本文作者吴修申,阜阳师范学院历史文化与旅游学院教授,历史学博士,教育学博士后。原文载:《兰台世界》2009 年第 9 期。

盘，石头虎踞，此帝王之宅。"1913年6月，冯国璋奉袁世凯之命，南下镇压孙中山领导的"二次革命"，最终从革命军手中夺回南京。袁世凯让他做江苏都督，以控制江浙。

莫愁：指南京名胜莫愁湖，相传六朝时有女子卢莫愁曾经住在这里。

想顾曲英姿，来自苏轼的《念奴娇·赤壁怀古》的名句"遥想公瑾当年，小乔初嫁了，雄姿英发，羽扇纶巾，谈笑间，樯橹灰飞烟灭。"

小乔：相传东吴乔玄有两个漂亮的女儿。大女儿即大乔嫁给了孙权的哥哥孙策，小女儿即小乔嫁给了周瑜。

下联将冯国璋比作东汉名将冯异，切合其姓氏和军人身份。实际指冯国璋对袁世凯的忠诚和袁世凯对他的赏识。芜蒌、大树将军等典故，来源于西汉末年的冯异。冯异（字公孙）曾跟随刘秀平定河北，有一次，他们行军赶到今河北省饶阳县的芜蒌亭时，天寒地冻，饥寒交迫，冯异设法弄来豆粥给刘秀他们吃，使大家恢复了精力。刘秀第二天早晨对诸将说："昨得公孙豆粥，饥寒俱解"。而当诸将论功时，冯异却常常躲到大树下，从来就不自夸，人称"大树将军"。

裙布：借指糟糠之妻。荆钗：指《荆钗记》。元代柯丹丘作。写宋朝王十朋与妻钱玉莲双双拒绝权贵威逼，夫妻忠贞相爱的故事。这里借代祝愿周砥与冯国璋恩爱相亲。

琼岛：指位于北京北海公园的琼华岛，简称琼岛。湖山罨画：指位于海淀区玉泉山东门外的石牌坊，上题有"湖山罨画"。"琼岛"和"湖山罨画"实指北京。

执柯：比喻做媒。出自《诗·豳风·伐柯》："伐柯如何？匪斧不克，取妻如何？匪媒不得。"后以"执柯"指作媒。这里指袁世凯亲自作媒，把自己的家庭教师介绍给冯国璋，可见袁世凯对冯国璋的赏识和器重。

倪嗣冲的这幅婚联在艺术上是非常值得称道的。梁羽生先生曾给予较高的评价："于男女人物，山川典故，均极贴切；且对冯、周联婚的因由亦都包括在内。堪称民初名联之一。"但是他后面一句说"倪嗣冲一介武夫,当然作不出来,不知是何人为他代笔。"他认为倪嗣冲是军人出身,没有文化,这幅对联是请人代笔写的,这就出于臆测,没有多少根据。其实倪嗣冲从小饱读诗书,中过秀才,作对联不过是基本功。

二、称颂关羽、岳飞忠义的对联

岳飞庙墓

渡江划半壁金瓯,自坏长城,让寿皇、歌舞湖山,忍见木灯归北使;

读史铸九州铁错,终翻冤狱,配武圣、馨香俎豆,合将锦绣裹南枝。

上联"渡江"句主要批评宋高宗赵构不思进取,不谋求国家统一,却贪图安乐,杀害忠良。1127年北宋都城东京(今河南开封市)被金兵攻破,宋徽宗、宋钦宗被掳走。5月宋徽宗第9子赵构在应天府(今河南商丘市)即位,即后来的赵高宗,即位后不断遭受金兵的进攻,只得不断向南逃亡,先是逃往淮河以南,后又逃到长江以南。1138年赵构定都于临安(今浙江杭州市),史称南宋,1142年下诏杀害岳飞于风波亭,与金朝议和。南宋与金西以大散关,东以淮河为界,从此偏安东南。宋高宗赵构建立的南宋,相对于整个中国而言,只占有一半江山,北边一半为金人所占据。

金瓯:比喻疆土之完固。也用来指国土。源自《南史·朱异传》:"(梁武帝)尝凤兴至武德阁口,独言:'我国家犹若金瓯,无一伤缺。'"后用此典故比喻疆土的完整坚固。

寿皇:指宋孝宗。1162年,赵构让位给太子(宋孝宗),自称太上皇。宋孝宗尊号为至尊寿皇圣帝。宋人文章中常以寿皇称孝宗。

下联"读史"句主要描写岳飞的冤案最终昭雪,得以流芳百世,受后人敬仰。铸九州铁错:源自"铸错"的典故。唐末,天雄节度使罗绍威想一举铲除不服管辖的魏州牙将的军队,便暗自向朱全忠(后来建立后唐)求援。朱全忠发兵将牙军杀尽。事后,朱全忠居功自傲,向罗绍威索要财物,罗苦于供应,后悔地说,就是把六州、四十三县的铁全部用上,也铸不成这么大的错误。后以铸错指造成严重错误。此指岳飞的错案。

"终翻冤狱",指宋孝宗为岳飞冤案平反。1170 年宋孝宗诏复岳飞官职,以礼改葬,建庙于鄂;1171 年,赐岳飞庙曰忠烈。1180 年,谥武穆。1204 年,宋宁宗追封岳飞为鄂王。

"武圣":指三国蜀汉的大将关羽。清世祖顺治元年(1644 年),封关公为"忠义神武关圣大帝",后世遂尊称关羽为武圣。1914 年11 月,袁世凯发布命令,称"关壮缪翊赞昭烈,岳武穆独炳精忠。英风亮节,同炳寰区,实足代表吾民族英武壮烈之精神"。于是北洋政府下令在北京修建关岳庙,将关羽和岳飞合在一起祭祀,同时命令各省也建造关岳庙。这就是联中所指的"配武圣"。

馨香:散播很远的香气。俎豆:祭祀时供奉的礼器。南枝:南向的树枝。后多用作思念家乡的代词。《古诗十九首》中有"胡马依北风,越鸟巢南枝"的诗句。

倪嗣冲的这一对联凭吊抒怀,古今贯通,谴责南宋以赵构为首的妥协派,安于现状,不思收复失地的心态,高度赞扬岳飞"尽忠报国"的爱国情怀。思古论今,突出关羽、岳飞的忠义精神。用典准确,切人、切事、切地,清雅可诵。

倪嗣冲还写过另外一幅称赞关羽、岳飞的对联:

晚汉一人,晚宋一人;

大义千古,大忠千古。

这幅对联对仗工整,上下联互相照应。"晚汉一人"对应"大义千古",突出关羽的义气之意。"晚宋一人"对应"大忠千古",突出岳飞的精忠报国之情。整联通俗易懂,立意高远。

该联写于 1914 年,是倪嗣冲为蚌埠新建关岳庙而题写的楹联。该庙进门为三进大房,每进五间。前进大房内塑汉将关羽、宋将岳飞像,各骑红、白骏马,有马童站立两旁。二进房东西山墙二侧,各塑有汉将张飞、赵云、黄忠和马超,宋将汤怀、王贵、牛皋和张显之像;后进房为大殿,内供奉关羽和岳飞木雕座像,雕像庄严肃穆,形体高大,周仓、关平、岳云、张宪塑像侍立两旁。

三、祝贺段祺瑞 50 岁生日的寿联(1914 年)

斧斨暂阻东归,东海蟠桃二月初华三月实;

节钺仍还南省,南山茂柏寿星有耀将星明。

1914 年 2 月 13 日,袁世凯令陆军总长段祺瑞兼领河南都督,驻防信阳、开封等地,指挥豫皖鄂 3 省军队围堵白朗起义军。正是在指挥镇压白朗起义期间,段祺瑞过 50 大寿。因此"斧戕"代指段祺瑞指挥镇压活动,因此无法回老家安徽合肥做寿,合肥在河南信阳东面,故有"东归"之语。"节钺"指镇压白朗起义以后,段祺瑞指挥有功,得到袁世凯的奖赏,有祝他加官晋爵之意。"南省",安徽相对于北京而言,在南方。"蟠桃""茂柏"都是常用的祝寿词。

四、挽护国将军蔡锷联(1916 年)

飞将欤! 飞仙欤! 跃马南滇,骑鲸东海;

先民也,先觉也,哀鲥卫国,铸蠡越都。

蔡锷,湖南人,1915 年 12 月 25 日,率先在云南举兵讨袁,反对袁世凯复辟,掀起了护国运动。1916 年 6 月护国运动取得胜利,蔡锷也因积劳成疾,赴日本治病,11 月 8 日病逝于日本福冈。

跃马南滇:指蔡锷在云南发起护国运动。骑鲸东海:指蔡锷在日本去世。

五、挽复辟主角张勋联(1923 年)

豪气迈群伦,宿望崇隆山斗重;

战功闻天下,秋光黯淡将星沉。

张勋,江西人,长期跟随袁世凯,思想守旧顽固,忠于清室。民国以后,所部仍然不剪辫子,人称辫子军,张勋为"辫帅"。1917 年发起清朝复辟运动,把清废帝溥仪又扶上了龙椅。这场开历史倒车的运动以失败而告终。复辟失败后张勋被通缉,1923 年病逝于天津。倪嗣冲与张勋都有浓厚的忠君思想,两人也是私交甚笃。故倪嗣冲写这幅挽联,为张勋隐恶溢美。

"安徽三大家族与近代中国实业"学术研讨会综述①

　　为深入探讨安徽家族在近代中国经济社会发展过程中所发挥的重要作用及产生的影响,由安徽省历史学会主办、阜阳师范学院社会发展学院协办的"安徽三大家族与近代中国实业"学术研讨会于 2009 年 8 月 22 日至 23 日在安徽阜阳举行。来自省内外部分高校及科研机构的 60 余名代表参加了研讨,旅美倪氏后人倪祖琨也出席了会议,与会专家提交了近 40 篇论文。学术研讨会采取大会主题报告和分组讨论两种形式进行。与会专家就阜阳倪氏、寿县孙氏、东至周氏家族,家族史研究的意义、理论与方法等相关问题进行了研讨与交流,不仅在一些方面有所突破与进展,也在整体上推动了家族史、家族企业与近代社会变迁的研究。议题主要有:
　　一、家族史研究的意义、理论与方法等相关问题
　　安徽省史学会会长王世华教授认为以安徽三大家族与近代中国实业为主题的研讨,对于促进安徽经济的发展、安徽地方史和安徽文化史的研究具有积极意义。阜阳师范学院副院长吴海涛教授强调家族、企业与社会变迁的关系,认为在做家族研究这一学术热点的同时,更要关注它的现实启迪,从而实践文化强省的发展战略。安徽社科院历史所施立业教授认为安徽近代三大家族曾对中国近代经济的发展产生过重大影响,对中国近代化尤其是华北地区近代化起到过引领与推动作用。徐修宜教授认为家族史里出现的一些不论是进步的,还是反动的人物,都要对他们进行研究,考察家族对近代中国现代化的推动有非常重要的意义。

---

　　①　本文作者郭从杰,原文载:《阜阳师范学院学报》2009 年第 6 期。

在从事家族史研究的过程中,苏州大学池子华教授认为被研究的家族与学界应当内外合作,共同推动研究的深入,对不同声音能够宽容与理解,不应该对不同声音横加干涉,甚至肆意攻击。中国社会科学院近代史所李学通教授提出被研究的家族后人与学者应当各守己分,共同构建双方的健康关系。李学通认为历史不是简单的实证科学,要注重人与历史的沟通。由于史料学是史学之母,结论不能仅从概念出发,具体在北洋这一转型时期的人物研究中,由于历史环境他们大多经历复杂,横跨政军商三界,因此在历史认知方面尤要加强史料的证实,基于事实判断进而才能有所价值判断。中国社会科学院近代史所卞修跃教授提出在对历史人物的研究中不能有意无意的拔高,应当实事求是的站在历史立场上,不应有所回避问题。在家族史的研究中,要注意资料的边界问题,家族史研究实际上也涉及相关政治史、经济史与社会史等方面的拓展,同样家族后人应当尊重学者的独立性,学者也应当有其自主性与客观史学的价值追求。

华中师范大学彭南生教授提出三大家族研究的问题意识明确,在对家族家规与向心力的考察中,许多其他小姓家族同样不容忽视。近代安徽以其社会历史文化土壤孕育了诸多名人,活动的舞台却多在安徽之外,是安徽不能提供更大的舞台还是有其他更为深层原因也是值得探讨的。在家族研究方法借鉴方面,彭南生认为除依托相关文献外,还应扩大研究边界,如采用人类学方法,进行田野调查,以弥补文献的不足,实现家族内外的互动。安徽社会科学院院长陆勤毅教授认为在具体研究近代家族史的过程中,要从小事做起,从个案开始;要注重史料的累积;要学风端正,要具有求实的精神、平和的心态、严谨的考证。朱梅光回顾了中国家族史研究的百年历程并进行了特点总结。

二、关于阜阳倪氏家族的研究

会上议题集中对倪氏家族特别是主皖八年的倪嗣冲进行了研讨,内容主要有:

天津社会科学院罗澍伟研究员认为以倪嗣冲、倪道杰为代表的倪氏家族以平生所蓄,投资近代工商业和金融业,资金量大,经营理念先进,以致很快成为天津工商业和金融资本的巨擘,从而推动了近代天津乃至中国早期工业化的进程,应视为是一种与时俱进的进步行为,探讨家族企业对现代化的推动应当是研究中国特色现代化历程中继续探索的问题。张绍祖、张建虹分析了倪氏财团在天津能得以诞生和发展的历史背景,认为倪氏财团实力雄厚,大量投资天津纺织、粮食、火柴、油漆、化工、电力及金融业,创造出产融结合的运营模式,对天津近代民族工业发展起到了不可忽视的拉动作用,对天津城市近代化进程起到了有力的推动作用。也有学者以比较的方法来深入对家族人物的研究。施立业教授把倪氏家族与东至周氏家族创办企业做了比较,对倪氏创办近代企业的活动何以被家乡忽视作了深层剖析与历史解读。郝梦泽、刘健选取了在天津投资的倪嗣冲与周学熙,有代表性地说明工业投资对天津发展的重要作用。

代表们还就倪嗣冲在民初安徽政治、经济、文化、军事、外交等方面的具体作为进行了客观研讨,特别论述了他在禁烟、治水、赈灾、剿匪、与外国交涉保护本省利益以及投资近代工商实业上的功过是非。

马陵合教授从倪氏家族投资的企业个案研究着手,认为倪嗣冲在益华公司的开展与经营中并没有过多利用其主政安徽的权力,更大程度上是单纯投资,公司的治理是顺应企业自我的运营规律,并且对其他矿山受日本控制的状况作出了一些抗争。倪嗣冲的投资结构也反映了安徽近代制造业滞后的特征。陈雷教授认为皖北水患频仍,倪嗣冲任职安徽期间,非常重视水利建设,尤其关注对淮河的治理,通过疏浚滩水、淮水,修建淮河长堤,举办工赈等措施,对当时社会经济的恢复和人民生产生活的稳定起了一定的积极作用。郭从杰在《倪嗣冲与民初安徽经济》一文中提出,倪嗣冲督皖期间重视农业与工矿业的发展,并试图开辟财源,采取简政主义,对商业发展也进行了保护。以往对倪嗣冲主政安徽期间简单称之为"祸皖八年",这一提法是值得置疑的。

梁家贵教授把倪嗣冲民初治理安徽匪患放置在近现代社会变迁的历史背景下,提出自己的见解,认为倪嗣冲在治理匪患方面有其值得肯定一面,但从匪患根源的分析、剿匪方式的选择与匪患治理的成效上也存在不足之处。李强认为民初倪嗣冲重视皖省赈灾,筹集赈款,举办工赈,兴修水利,有效的赈灾工作对于减轻灾民痛苦,消除灾荒带来的负面影响起到了积极作用。吴修申在对民国初年的安徽禁烟运动分析的基础上,提出在禁种、禁运方面,柏文蔚、倪嗣冲都是常抓不懈。在禁毒思想认识上,倪嗣冲坚决主张完全禁绝鸦片烟毒。在采取的禁烟措施方面,倪嗣冲比柏文蔚的措施更为严厉、力度更大。刘家富通过对倪嗣冲主皖期间外事函电的梳理与考察,认为以倪嗣冲为代表的安徽统治者面对西方帝国主义国家的经济掠夺采取了一系列的应对办法和措施,在相当程度上进行了必要的抗争,在客观上抵制了帝国主义国家对近代安徽经济的渗透。陆发春教授对倪嗣冲主政安徽时期的来往外事函电也提出可循二种路径求解。

倪祖琨先生在《安徽省长倪嗣冲与张勋复辟事件史实考证》一文中通过对相关史实的考证与梳理,认为倪嗣冲在 1917 年"张勋复辟"事件中的基本立场是不支持,且与皖系首领段祺瑞共谋,利用张勋以达到推翻黎元洪、恢复北洋系的中央统治的政治目的。于文善在《民初"尊孔读经"运动中的倪嗣冲》一文中提出,民初倪嗣冲极力支持和倡导"尊孔读经"运动,究其原因一方面民初的"尊孔读经"活动不是一次完完全全的复辟封建文化的运动,有顺应历史潮流的一面。另一方面也与倪嗣冲个人的家庭、文化背景和人生经历等有关。王新旺也在《倪嗣冲与读经运动》一文中认为以倪嗣冲为代表的地方实力派提出的保留传统文化的读经思想,在当时私塾大量存在、孔教派积极支持、儒学大师赞同等历史条件下,有其当时的社会现实基础。

此外,敖堃教授认为倪嗣冲在黑龙江建省之初通过制定垦荒政策、招揽移民,从而以"移民实边"的方式巩固了中国东北边疆,同时倪嗣冲就盐务、巡防、剿匪等诸多民政事务也多有贡献。

三、寿县孙氏、东至周氏与其他家族宗族研究

寿县孙氏家族清初开始兴盛,到清末达到顶峰,孙氏家族创办了一系列具有全国性影响的企业,民国年间在经济界尚保持较大的影响力。汪谦干研究员认为寿县孙氏家族之所以绵延昌盛300余年,与教育的关系密不可分。通过教育,孙氏家族崛起并持续兴盛。同样孙氏家族也始终重视教育、热心赞助与举办教育事业,并对孙氏家族重视、热心教育的原因作了深层分析。徐国利教授着重对孙家鼐的"中体西用"思想及其主张进行了阐释,认为孙家鼐总结和吸收前人及同时代人士采西学的经验,较早提出了"中学为体,西学为用"的思想。深入研究他的"中体西用"思想及其各方面的主张和实践,对全面认识和评价孙家鼐的历史地位有重要意义。池子华教授在《孙家泰与寿州苗练事件》一文中认为1861年春苗沛霖大举进攻寿州,并非出于对孙家泰的"报仇"之举,而是为了实现攻围寿州的既定目标。寻仇只是借口而已,至多兼报私仇,而孙家泰则成为"寿州之变"的牺牲品。

东至周氏家族对中国近代政治经济学术文化均有相当影响,特别是在近代中国实业发展方面。汪志国教授以周馥为例,通过周馥协助李鸿章创办洋务民用企业,以及任职山东巡抚和两江总督期间发展民族工商业的考察,探讨了东至周氏家族在发展近代实业方面的贡献。程立中从周馥的家庭背景和个人经历等方面,分析了其治生谋利的思想。程莉对东至周氏家族人才辈出及成因进行了分析,认为由周馥开始连续五代人中皆才俊辈出,有封疆大吏、实业家、文物收藏家、各类专家学者等等。其原因有两个:其一是强大的经济后盾,另一个则是对教育及品德修养的高度重视。欧阳跃峰教授对周学熙实业集团的经营模式进行了探讨,并且还认为周氏实业集团利用政治地位为企业谋取利权,达到区域性垄断,一定程度上实行

同行联营。黎俊祥对东至周氏家族研究进行了述评,认为东至周氏家族对中国近代政治经济学术文化产生过重大影响。

对于其他家族宗族的研究主要有:张宁对颍川太丘刘氏族谱族规进行了考察,从而达到对明清时期颍地人文情状的实态化了解。杨松水对两宋寿州吕氏家族的著述进行了考述。王智汪对桐城张氏家族进行了述评。金仁义对东晋谯国龙亢桓氏家族文化思想的多元化作了介绍。谈家胜对近现代贵池南山刘氏宗族的文化史学的贡献进行了评议。王玉洁对两汉时期淮北地区法学世家陈氏也进行了分析。陈瑞对明清徽州宗子予以考论,认为明清时期徽州不少宗族在本族内部设立宗子并建立相关的制度。设立宗子是从血缘和宗法精神的角度考虑,若宗子不胜任,徽州宗族往往弃之而择贤任能。从总体看,徽州宗族实际控制权主要掌握在族长等人手中。徐彬论述了宗法思想对徽州家谱的影响,认为家谱编修与宗法思想之间有密切关系,宗法思想中的一些观点一直指导和影响着徽州家谱的编撰工作。

此外,陈立柱研究员对安徽地域文化与其人才特性及学术取向之关系进行了整体性的研究,认为安徽北部的淮河流域、中部的皖江地带及皖南山区的人才特性与学问取向颇有不同。地理基础、种姓族群、历史背景及时局机缘等因素形成的地域文化在其中起了关键作用。

在中国近代化的进程中,安徽人扮演了极为重要的角色。寿县孙氏家族、阜阳倪氏家族、东至周氏家族就是其中的代表,然而对上述三大家族的研究总的来看是非常薄弱的。在这次会议上,学者们对三大家族进行了探讨与交流,不仅在一些方面有所突破与进展,也在整体上推动了家族史、家族企业与近代社会变迁的研究。阜阳师范学院社会发展学院还提交了他们编辑的《倪嗣冲年谱》《倪嗣冲函电资料集》初稿以供学者们参考。研讨会在大家共同协作,特别是倪祖琨先生的鼎力支持下圆满成功。

"倪嗣冲与北洋军阀"学术研讨会综述^①

2011 年 11 月 18—21 日，由阜阳师范学院社会发展学院和中国社会科学院近代史所《近代史资料》编译室共同主办的"倪嗣冲与北洋军阀"学术研讨会在安徽阜阳召开。来自国内高校和科研机构的学者、专家近 50 人参加，收到论文 37 篇。阜阳师范学院吴海涛院长出席会议并发表了讲话。与会专家围绕"北洋军阀研究的理论与方法""倪嗣冲与民初安徽""倪嗣冲的再认识与评价"等内容，以主题发言、小组讨论等形式展开了讨论。现将研究成果综述如下。

一、北洋军阀研究的理论与方法

如何从史料从发，超越旧的思维定式和研究范式，在更为开阔、更为长时段的大历史中，放宽视野，深入拓展北洋史研究，学者们进行了讨论，并提出新看法。

天津市社会科学院历史所罗澍伟提出，辛亥革命从制度层面结束了专制制度，但没有解决中国的根本问题，并且留下了许多历史问题有待于解决。北洋军阀时期既有建立民主共和、带来社会的点滴进步的一面，但也因专制集权思想阴魂不散，给中国社会带来动乱与祸害的一面。如何认清与评价这一复杂的历史时期，从细致入手，点滴做起，建立具有时代特征与时代意义的历史价值判断是首先需要考虑的。华中师范大学历史文化学院彭南生认为，北洋史研究的深入展开需要辩证地看待北洋军阀和北洋统治时代的历史；需要立体地、多角度地研究北洋军阀；也需要加大资料整理与出版的

① 本文作者郭从杰，原文载李良玉、吴修申主编：《倪嗣冲与北洋军阀》，黄山书社2012 年版。

力度。

北洋军阀时期处于从家天下向共和制度转变的过渡时代。中共中央党校马克思主义理论部王彦民认为,北洋军阀不仅是转型期的产物,也是转型期的构建者,对"军阀"这一概念的使用需要重新审视。中国人民大学政治学系张鸣从军阀的行为逻辑、制度逻辑、话语权逻辑的角度来提出如何重新解释北洋军阀。他认为相当一部分军阀实际上是清末以来军事改革的产物,对于军阀的认识不能一概而论。辛亥之后建立了北洋军阀控制的民国,而军阀相当程度上是认可民国的。军阀彼此交战除枪炮外,更多的是电报舆论战,因此北洋时期的彼此攻击的言论相当程度上未必符合史实。陕西师范大学历史文化学院张华腾围绕北洋人物研究的几个问题提出,在北洋人物的评价中应该坚持民族独立与现代化、国家至上和民族利益等原则,研究中应将北洋人物与北洋社会相结合,同时注重对北洋人物一生的考察。

随着思想解放和实事求是学风的复归,对北洋军阀时期的认识已有所改变,如何从更长远更宽广的视野对北洋军阀进行研究,中国社会科学院近代史所马勇提出,当各方力量交织,袁世凯取得政权后,革命党人并未放弃对权力的要求。随着北洋派自身重重问题的出现,其政权最后被革命党人所埋葬。这一切都需要对南京临时政府的建立进行重新认知。南京临时政府的存在影响乃至书写了民国前半期历史,那么如何从大的脉络重构民国前半期的历史记忆将有助于深入对北洋时期的研究。

就倪嗣冲这一北洋人物的研究而言,如何厘清学术史,走出相关话语的制约,安徽大学历史系陆发春在《治绩、立场与历史记忆——以柏文蔚、倪嗣冲为讨论中心》文中认为,柏文蔚与倪嗣冲对民初安徽政权的交替换手,沉淀的政见分歧,随国民党政权的建立,构建了以柏文蔚为代表的革命党人革命、倪嗣冲为代表的北洋军阀祸皖二个路径分明的历史表达,历史记忆背后的潜在驱动力,是对革命合法性的诉求。阜阳师范学院皖北文化研究中心梁家贵在《北洋人物研究的理论视角》中提出,长期以来学界将许多北洋人物认定为"反面"人物,"反面"人物的形成有一过程,如倪嗣冲等所谓"反面"历史人物在历史叙述过程中被蒙上了一层迷雾,对之研究也较为薄弱。《倪嗣冲年谱》的出版在深化倪嗣冲等"反面"历史人物研究方面做了一次大胆的有益尝试。

天津市今晚报社王振良还利用田野调查的方法来寻找寓居天津小洋楼的众多北洋人物。他通过相关联者的指认、文献资料的定位、实地考察的补充,亦即人证、书证和旁证的结合,对北洋建筑寓所进行系统地总结推阐,确认历史建筑身份,这些对于推进北洋人物和天津地域文化研究具有积极的意义。

二、倪嗣冲与民初安徽

倪嗣冲自辛亥革命爆发后,率兵进入皖北,随后督皖数年。学者们就倪嗣冲与民初安徽经济、政局、赈灾、警政、涉外事件等方面展开了探讨。

安徽师范大学经济管理学院马陵合提出,民国初年蚌埠成为交通中心、安徽军政中心、治淮中心、皖北的货物集散地都与倪嗣冲重视蚌埠分不开,蚌埠的城市发展与政治性因素之间存在关联,行政推动力是不容忽视的城市化因素,不过城市发展需要多种因素的联动,同时军阀政府也缺少发展安徽的整体战略。山东大学历史文化学院孙昉在《倪嗣冲与近代皖省水陆交通格局的变迁》一文中提出,倪嗣冲运用军政权力,通过对皖省水运管理的强化,控制津浦铁路安徽段,将皖省政治中心迁移至蚌埠诸种举措,强化了倪嗣冲本人对皖省的控制,但从客观而言也是比较合乎安徽历史发展需求的,但是其整体交通理念有一定的缺陷性。安徽师范大学历史与社会学院欧阳跃峰在《倪嗣冲主政期间安徽旱涝灾害的赈济与治理》一文中提出,倪嗣冲自上任后,就着力开展水利建设,疏浚河道、修筑堤坝、开挖新河,增强了安徽省抵御自然灾害的能力,其对安徽的稳定与发展所做的贡献,不应一笔抹煞。

阜阳师范学院社会发展学院陈雷在《倪嗣冲与民初安徽政局》

一文中认为,倪嗣冲作为北洋集团的重要将领,所部安武军是北洋集团的组成力量,倪氏力量对民初安徽政局产生了极大的影响,在民初政争和直皖矛盾中也发挥着重要作用。阜阳师范学院社会发展学院郭从杰通过梳理辛亥革命后安徽数任都督的更迭,从安徽巡抚朱家宝被推为首任都督,至革命党人孙毓筠、柏文蔚等被派就任,最后到出身北洋的倪嗣冲最终督皖。都督人选的变化显示了辛亥革命进程中及其之后安徽政局的不稳,也折射出南北双方各派力量的较量以及民初中国政局的大体特点。阜阳师范学院社会发展学院刘家富从倪、袁关系入手,认为倪袁之谊对民初安徽政局有很大的影响,一方面它有利于袁世凯政府对于民初安徽政局的掌控,使安徽成为他对南方用兵、镇压革命党人的重要力量;另一方面也使得民初安徽在革命光复之后权力更迭复杂,从而加剧了民初安徽政局的动荡。

　　阜阳师范学院社会发展学院李良玉在《试论倪嗣冲与安徽省议会的关系》文中,通过对盐斤加价一案过程的梳理,提出该案虽是倪嗣冲提出,但因省议会反对,最终未能通过审议,省议会的设立对监督和限制督军权力的扩张,多少发挥了一定的作用,以往学者认为倪嗣冲完全操纵省议会的观点是值得商榷的。华中科技大学历史研究所汤黎在《利皖? 抑或祸皖? ——以倪嗣冲的赈灾活动为例》中提出,倪嗣冲督皖八年,采取了一系列措施赈灾。然而对于赈灾效果,在倪嗣冲身前身后,人们有不同的声音,文中深入分析了这一问题,解答了议会的质疑和人们的数次反抗又为何最终不了了之的原因。阜阳师范学院社会发展学院郝天豪在《倪嗣冲与白朗军入皖》文中提出,1914年初倪嗣冲采取积极的全面应对措施,最终将流动作战的白朗军逐出安徽,开启了其本人真正意义上的督皖时期。阜阳师范学院社会发展学院龚光明在《倪嗣冲民生观念及实践研究》中提出,倪嗣冲出于维护皖省稳定及巩固其统治为目的,切实采取了一系列解决民生的措施,如大倡兴农,鼓励工商等业的发展,并发展警察、清乡团等地方武装,进行维稳。

　　华中师范大学历史文化学院邢光辉利用民初安徽长淮水上警察厅的相关资料,提出长淮水上警察厅在民初倪嗣冲等几任民政长官的重视下,在维持日常治安和应对突发事件中发挥重要作用,但财政窘困、薪饷不济等因素也导致了其警政腐败和职能丧失。天津市河北区政协王勇则在《五四运动期间芜湖日商事件浅析》中认为,倪嗣冲在处理芜湖日商事件过程中,力求维稳,地方军政当局在一定程度上表现出了对学生爱国义举的同情和怀柔,甚至在一定意义上采取了曲加回护的措施。最终通过法律程序平息了冲突,没有造成更加严重的后果。

三、倪嗣冲的再认识与评价

　　作为一个长期被简单归类,甚至脸谱化的历史人物,倪嗣冲几乎还停留在三十年甚至更早以前的历史评价中。中国社会科学院近代史所李学通在《〈函电集〉中的倪嗣冲》一文中认为倪嗣冲的是非功过需要重新审视和解读,函电集以史料编纂的形式,记录民初安徽地方的军政经等各类大事,也反映了清末民初 20 年的中国历史,对于全面地考察与认识倪嗣冲的思想与行为有所帮助。

　　中南财经政法大学人文学院赵炎才认为,倪嗣冲的政治人格体现为亦奴亦主人格特征,政治理念为崇尚专制践踏民主,文化追求上株守礼教等。倪嗣冲政治人格基本特征既是中国传统政治文化近代化不成熟的外在表现,也是倪嗣冲自身时代思想特色的具体体现。阜阳师范学院社会发展学院吴修申在《阜阳地方志中的倪嗣冲形象》文中提出,在不同时期的阜阳地方志中描绘的倪嗣冲形象既有相同的一面,也有不同的一面。河南师范大学图书馆苏全有在《对倪嗣冲研究的回顾与反思》一文中认为,目前对北洋军阀倪嗣冲的研究成果大致可分为现代化范式制约下与史实重建趋向制约下的相关研究,倪嗣冲研究在研究者的地域、研究内容等方面存在一定的缺失与局限,如何深入对倪嗣冲军事等领域的研究,加强横向的联系和比较,超越单纯的否定情结影响,倪嗣冲的研究还有待进一步的完善和提升。

　　学者们就倪嗣冲的军政活动、文化思想等方面也提出了不少新的见解。华中师范大学历史文化学院李英铨在《倪嗣冲与安武军之兴亡》文中认为,从某种意义上说,倪嗣冲及其所依附的皖系势力,造就了安武军的十年运势,而它的解体由各方面的因素造成的,如皖系政治的失势、倪氏家族的投资活动失败、军队自身制度的落后、内部的腐败等等。华中师范大学历史文化学院郭坤杰在《简析1917—1918倪嗣冲两次派兵入湘原因》文中认为,倪嗣冲两次派兵入湘是想通过战争来扩大皖系地盘和树立自己的威信,不过从结局来看倪嗣冲派兵入湘反而加剧了北洋系的矛盾和分裂,倪嗣冲本人也积劳成疾。平顶山学院学报编辑部孙军红在《试论倪嗣冲的尊孔读经思想》文中认为,民国初年的"尊孔读经"思潮的出现有其土壤,倪嗣冲是"尊孔读经"政策的积极执行者,不论在政治层面上还是在教育层面上,倪嗣冲都呼应当时高层的号召,积极倡导和践行"尊孔读经"。

　　江西省社会科学院历史研究所王涛在《倪嗣冲攻颍之役诸问题探略》中认为,1911年发生的倪嗣冲攻颍之役,是各种力量推动的结果,其中利益受损的士绅、富户和在籍官员起到了重要作用。倪嗣冲攻颍直接影响着南北议和的谈判进程,攻颍后倪嗣冲的杀戮行为,也使其个人形象受到很大损伤。

　　安徽师范大学历史与社会学院李强利用家谱、地方志书等资料,梳理了颍西倪氏家族居住地变迁历程,并进行内在原因探究,颍西倪氏家族居住地不断扩散变化,这与特定的历史背景以及倪氏家族的兴衰有密切的联系。天津市河西区政协张绍祖通过对王郅隆、徐树铮与倪嗣冲的关系进行梳理,认为他们往来频繁,政事、私事交往密切,双方相互支持与帮助。

四、北洋时期的其他相关研究

　　湖南城市学院城市发展系刘迪香在《军阀时期长江巡阅使苏皖赣巡阅使与安徽军区制论略》中提出,以直皖战争和长江巡阅使裁撤为界,前期安徽督军兼长江巡阅使倪嗣冲拥有北洋督军团领袖地位,而后期安徽督军沦为江苏督军和苏皖赣巡阅使的政治附庸。安徽军阀政治的主题也由此发生变化,前期以国家主义为基本价值目标和诉求,后期以安徽省区地方主义为基本价值目标和诉求。

天津市风貌建筑保护办金彭育采取实地采访,以口述历史的方法,对倪嗣冲家族通过与津门望族的联姻,钩织的一张盘根错节、便于相互攀缘网络进行分析,认为这有助于壮大本家族自身政治经济上的实力,也促进了天津实业发展。民革天津市委员会葛培林在《倪氏家族与金城银行述论》中通过档案史料的解读,以金城银行为例,说明了倪氏家族在金城银行创立、发展壮大的过程中扮演着重要的角色。天津财经大学经济学院黑广菊就 1935 年裕元纺织有限公司停工清理始末进行了分析,由倪幼丹等创建的裕元纺织有限公司,因受世界经济危机的影响,也受债权方的日本不断的追债压力,最终被迫停工,其间折射出近代民族企业发展的困境与障碍。

此外,苏州大学社会学院池子华在《"军阀时期"中国红十字会的兵灾救护》文中认为,1916—1928 年"军阀"时期,中国红十字会本着博爱襟怀的宗旨,对此间兵灾进行了广泛救护,尽管存在有不能尽如人意之处,但兵灾救护成绩理当载入红会史册。南京大学中华民国史研究中心李玉就北洋政府奖励实业政策结构进行分析。阜阳师范学院社会发展学院于文善提出陈焕章在民初孔教运动兴起的两次高潮中发挥了很大作用。南开大学历史学院古籍与文化研究所敖塑认为,随着新旧政权递嬗,北洋时期新的社会精神也随之兴起。

辛亥之后是北洋,这一问题值得深入探究,对于复杂的历史时期需要我们用史学的智慧"复杂"的研究。军阀是时代的产物,某种意义上也是政治斗争的工具与概念。对于北洋时代需要学者以更加平和的立场去还原去理解,从而能够重新描述较为客观的近代中国的历史走向。

第五章　家族谱系、年表及附录

倪氏家族谱系

一世

兰秀　配王太君,系王起玉祖姑,生一子自申,一女适许,即抚育迁公所谓太祖姑母许是也。

二世

自申　配刘太君,系小运河北刘国选之姑,生一子迁,一女适李。

三世

迁(1690—1762)　字万元,配许太君,生二子,长天赐,次天资。一女,适王。公生于康熙二十八己巳十二月初二日(1690年1月11日)戌时,卒于乾隆二十七年壬午三月初十日(1762年4月3日)亥时。

四世

天赐(1720—1745)　配宋太君,生二子长会全、次会友。公生于康熙五十九年庚子四月二十三日(1720年5月29日),卒于乾隆十年乙丑三月初八日(1745年4月9日)戌时。

天资(1728—1791)　字捷三,监生,配邓太君,生二子:长会广、次会曾。三女:长适刘;次适赵,守节,已旌;三适刘,守节,载县志。公生于雍正六年戊申十一月初九日(1728年12月9日)丑时,卒于乾隆五十六年辛亥正月三十日(1791年3月4日)酉时。

五世

会曾(1751—1825)　字效鲁,号塔村,邑庠生,以孙元凯貤赠奉直大夫,配马太君,貤赠宜人,生二子:长云路、次云峰。一女适赵。公置有柴家集,捐修义学,载县志。公生于乾隆十六辛未正月十七日(1751年2月12日)丑时,卒于道光五年乙酉正月二十八日(1825年3月17日)戌时。

六世

杰之(1782—1841)　原名云峰,字奇多,号翠岚,邑庠生,以元灏例赠中宪大夫,以元凯貤赠奉直大夫,以淑例赠中宪大夫,以德龄例赠奉直大夫。配韩太君,赠恭人、宜人,生一子,元凯,嗣长房。一女适戎。继鹿太君,赠恭人、宜人,生三子:长元灏,次淑,三德龄。一女适耿。公生于乾隆四十七年壬寅九月二十五日(1782年10月31日)寅时,卒于道光二十一年辛丑四月二十三日(1841年6月12日)午时。

七世

元凯(1807—1880) 原名充恩,字保远,号杏齐,一号晋臣,邑庠生。由团练保举五品衔,特授祁门县教谕,历署庐江县训导。诰授奉直大夫,配戎太君,赠宜人,生一子豹文。二女:长适刘,次适储,守节。继陈太君,赠宜人,生二子:仲燊,仲照。二女:长适刘,早故;次适吕,烈节,已旌。公生于嘉庆十二年丁卯六月初四日(1807年7月8日)子时,卒于光绪六年庚辰正月二十七日(1880年3月7日)子时。

元灏(1823—1859) 原名推恩,字澍远,号晓江,郡庠生。历升河南补用道,赏戴花翎。因带勇遇难洪泽湖,恤赠太仆寺卿,诰授中宪大夫,荫袭知县,原配许太君,赠恭人;继吴太君,赠恭人,生一子毓桢;继华太君,赠恭人,生二女:长适李,已故;次适李。公生于道光三年癸未八月初三日(1823年9月7日)未时,卒于咸丰九年己未七月初九日(1859年8月7日)酉时。

淑(1828—1905) 本名元淑,字鸿远,号松逸。癸酉科举人,选授四川开县知县,调署长宁县知县,钦加四品衔,诰授中宪大夫,晋封光禄大夫。配徐太君,赠恭人,晋封夫人,生一子毓藻。四女:长适华,已故,次适储,三适杨,早殁,四适霍邑何,已故。继蔡太君赠恭人,晋封夫人,生二子:嗣冲,原名毓枫;毓棻;一女适赵,已故。

公貌奇伟,声若洪钟,胸怀磊落,议论俊爽,好施予,尤喜奖励人才,无论居官居乡悉持大体,解组后,汲汲以建宗祠修族谱为事,志未及,遂而殁。公生于道光八年戊子五月二十九日(1828年7月10日) 巳时,卒于光绪三十一年正月十二日(1905年2月15日)未时。

德龄(1832—1888)本名元澄,字慕远。河南候补知县,钦加五品衔升用直隶州知州,赏戴蓝翎,历署偃师、扶沟、阌乡等县知县,诰授奉政大夫。配刘太君,封宜人,生二子:毓枬、毓桐。公生于道光十二年壬辰五月初一日(1832 年 5 月 30 日)子时,卒于光绪十四年戊子七月十五日(1888 年 8 月 22 日)巳时。

八世

毓桢(1846—1882)　字翼生,荫袭知县,国子监肄业,报满授江苏盐城县知县,蓝领五品衔,诰授奉旨大夫。配耿太君,封宜人,生一子道煊。公生于道光二十五年乙巳十二月二十一日(1846 年 1 月 18 日)　子时,卒于光绪八年壬午七月初九日(1882 年 8 月 22 日)。

毓藻(1848—1911)　字召荫,原谱名毓棠,附贡生,配刘太君,生五子,道炘;道燨;道煌;道烺,道炜,早殁。四女:长适储,旋殁,次适刘;三适张;四适李。公生于道光二十八年戊申十月十三日(1848 年 11 月 8 日)子时,卒於宣统三年辛亥八月二十七日(1911 年 10 月 18 日)戌时。

毓枬(1851—1884)　字让甫,号南卿,捐州同例授承德郎,配徐太君,生一子,早殁。二女:长早殁,次,适任;继宁太君、继张太君生一子道烘。公生于咸丰辛未年四月十一日(1851 年 5 月 11 日)寅时,卒于光绪甲申年六月二十三日(1884 年 8 月 13 日)戌时。

毓桐(1860—1916)　字琴材,号凤亭,光绪壬午科考取国史馆誊录,州同衔,议叙升班,双月一班,后主薄,敕授宣德郎。配王太君,赠孺人,生二子:道炽、道炳,三女:长适连,次适吕,三适陈。继唐太君,生一子,殇;继蒋氏,生三子:道煐、道灵、道爔,一女适陈。公资性英敏,天才灿然,读书则默而能识,作文则名贵惊人,至其谈道论德尤多精言粹语,发前人所未发。惟志清高,未获显遇,世多惜之。公生于咸丰十年十月二十三日(1860 年 12 月 5 日)辰时,卒於民国五年十一月十八日(1916 年 12 月 12 日)辰时。

嗣冲(1868—1924)　原名毓枫,字丹忱,太学生,由郎中改选山东陵县知县,历官至头品顶戴花翎、"额尔德穆巴图鲁"勇号、黑龙江民政司、全省翼长、河南布政使、帮办河南军务兼署安徽布政使。入民国,充苏豫皖鲁省毗邻地方剿匪督办,特任安徽都督兼民政长,授安武上将军、陆军上将、勋一位、一等大绶宝光嘉禾章、一等文虎章,改安徽督军、巡按使,兼长江巡阅使、安武军总司令、皖北工赈督办,令严政肃,地方赖以乂安,督浚濉河三百余里,筑淮堤七百余里,捍御水患,民尤感之,曾建生祠立碑以志去思,殁后饰终典礼备极优渥,生平事迹宣付史馆立传。配宁太君,生子二:道杰、道炯。女一:道蕴,适同邑王普;侧室王氏,生子一,殇;李氏,生女一,道颖;陈氏生子二:道焘、道熹。公生于同治七年正月十三日(1868 年 2 月 6 日)寅时,卒於民国十三年六月十一日(1924 年 7 月 12 日)巳时。

毓棻(1869—1917)字香圃,太学生,由户部主事改官知府,荐擢二品衔道员。入民国,充武卫右军营务处,简任皖北镇守使,授陆军中将,二等文虎章。殁后,绅民胪陈政绩,准将生平事迹宣付史馆立传,并于立功地方建立专祠。配戎太君,生子三:道煜、道煦、道熙。女二:长适同邑附生李松颐;次适同邑皖岸榷运局局长宁祖武,守节;侧室王氏。公生于同治八年十月二十二日(1869 年 11 月 22 日)戌时,卒於民国六年六月二十一日(1917 年 8 月 8 日)未时。戎太君生于同治十一年六月初六(1872 年 7 月 11 日),卒于民国十年二月初八(1921 年 4 月 15 日)。

九世

道煊(1865—1908)字宣扬,一名仕臣,太学生。配印太君,生四子:长早殇,次晋城,三晋墀,四晋台。三女:长适程,次适赵,三适姚。公博览群书,行文有奇气,策论尤其所长。因父壮年捐馆瓢城,遂无意进取,奉母家居以终。所著有《时务策论》《历代史论》及《卦辞新解》《中外地志》等书。公生于同治四年二月二十二日(1865 年 3 月 19 日)辰时,卒于光绪三十四年七月二十二日(1908 年 8 月 18 日)午时。

道炘(1868—1913)字觐辉,国学生,捐五品衔,例授奉直大夫。配杨太君,赠宜人,生五子:晋陞、晋陛、晋圻、晋封、晋疆。一女适吕。公生于同治七年七月十一日(1968 年 8 月 28 日)丑时,卒于民国二年二月五日(1913 年 3 月 23 日)卯时。

道燨(1873—1905)字禹功,配朱太君,继李太君,以长兄道炘第四子晋圻承继。公生于同治十二年(1873 年),卒于光绪三十一年乙巳二月八日(1905 年 3 月 13 日)子时。

道煌,字腾辉,道号涵修,前清监生,阜阳商会会长,阜阳自治筹备局局长,中华民国众议院议员,三等嘉禾章,原配吴云卿公之长女,生子二:长晋奎、次晋垣,生女一:顺彬,适刘;侧室张氏生子一,晋墀。

道焴(1880—1951)　字炳文,光绪六年五月二十六日(1880年7月3日)丑时生,逊清花翎三品衔直隶候补知府,历充奉军总统处文案,黑龙江全省官盐驻营口采运局委员,长芦、扶沟、长垣、商淮等县官盐督销局委员,武卫右军左翼翼长、营务处兼后路粮台,获民国二等大绶嘉禾章、二等大绶宝光嘉禾章,历任颍州七属官盐督销局总办、皖北榷运局局长、参议院议员、凤阳关监督,调署长芦盐运使,辞未赴任。配储氏,即二姑丈典三公之长女,无出;侧室孟氏、刘氏各生一女启华、荣华;王氏亦无出。

道杰(1890年10月—1942年3月)　字幼丹,光绪庚寅年生,北洋客籍学堂毕业,顺天高等学堂毕业,前清监生,分部员外郎,分省补用直隶州知州。民国国务院铨叙局主事,获三等嘉禾章,参议院议员,安徽督军公署高等顾问,安徽省长公署高等顾问,安武军粮饷局局长,冀察绥境主任公署顾问,大丰面粉、裕元纺织、大成油漆等股份有限公司总经理,寿丰面粉、振业企业等股份有限公司董事长,中兴煤矿、烈山煤矿、丹华火柴、利中制酸等股份有限公司、盐业、金城等银行董事。配胡氏生女二:长晋鸣,次夭殇;侧室徐氏;赵氏,生子一,晋增。

道炯(1892年—1941)　字绍忱,陆军部速成学堂步兵科毕业,陆军少将,大总统府侍从武官,陆海军大元帅统帅办事处副官。1923年7月26日北京政府授其陆军少将衔。配刘氏志静,卒于1960年,生子一,晋埙;侧室李氏、白氏。

道蕴(1893—1941)　嫁同邑王普,生一子,王传纲(1917—1966),子媳孙韫玉、子续妻程琇;长孙王家典,次孙王震,长孙女王家珍,次孙女王家慧,三孙女王家怡,四孙女王家敏。王普(1890—1957)字慈生,阜阳县人,考入保定军校,陆军大学深造。曾在军中任旅长、皖南镇守使等职,两度代理安徽省省长,后任蒋介石国民革命军第二十七军副军长。新中国成立后,曾任天津市新华区(现和平区)第一届政协委员。

道煦(1895—1937) 字育和,号幼圃,清季充武卫右军行营稽查委员。民国历充颍州三里湾厘金局长,武卫右军司令部三等副官,皖北镇守使署三等参谋官,补授陆军步兵上尉,获二等奖章,陆军步兵少校,又历充援湘军模范营营长,安武军军司令部二等参谋官,正阳关税务总办,安徽督军署副官长兼巡阅使署副官长,奉给五等文虎章,又授陆军步兵上校。配同邑文学赵守庵公之第二女,生四子:晋均、晋培、晋坦、晋垍。一女,晋婧。公生於光绪二十一年乙未正月二十六日(1895 年 2 月 20 日)戌时,卒于民国二十六年丁丑七月初十日(1937 年 8 月 15 日)亥时。赵太君生于光绪二十一年十一月初九(1895 年 12 月 24 日),卒于 1971 年 7 月 28 日。

道颖(1914—1966),嫁韩扶生(天津八大家之一韩家),就学于英国公学,一生未工作,有高血压病,1966 年 8 月病逝。生 4 子,2 子在美国,2 子在天津。韩扶生(1913—2011),祖籍浙江绍兴,1936 年南开大学生物系毕业,在天津工商学院教化学。建国后,在天津化工局制药公司工作。

道焘(1914 年 11 月—1985) 字叔平,配聂氏,生子二:晋璜、晋堂;女二:晋娟、晋茹。侧室王氏,生子二:晋尧、晋铨;女二:晋嫂、晋娸。先后任寿丰面粉、源丰厚货栈董事,利中酸厂经理,丹华火柴公司董事长。倪叔平一家解放后先后住常德道 72 号、河北路先农大院(河北路 294 号)、林东大楼 9 号、长沙路思志里 12 号、吴家窑大街越胜楼,后在越胜楼病逝。

道熹(1916 年 6 月—2002 年) 字季和。天津新学中学毕业后,考入英国牛津大学,毕业后在上海金城银行任职,还做过某公司襄理。1947 年与徐世章女儿徐绪年结婚,1949 年生一女倪元元,1949 年天津解放前夕赴香港,1950 年与徐绪年离婚,一直从事保险、股票生意。1997 年返津居住养病,2002 年 5 月因病去世。徐绪年(1923—2005),徐世章女儿,北京辅仁大学家政系毕业,在人民医院(今肿瘤医院)工作。

道煜 字少圃,清国学生,民国历任阜阳商会会长,巢县厘金局局长,调委乌溪厘金局局长,善书,通堪舆。配同邑宁氏,庚子辛丑恩正并科举人,资政院议员,众议院议员。韦继恭公之长女,子男四:晋墉;晋垲;晋坤,早夭;晋坚。女一,晋琪,未字,夭。

道熙 字筱圃,配徐氏,无出。

十世

晋陛,字擢卿,配陈氏,生子三:祖森、祖直、祖初。

晋陞,字顯卿,配王太君,生子一:祖铸,女二。继程氏。

晋封,字印卿,配任氏,生子三:祖鑑、祖铮、祖锐;女二:祖秀、祖芬。

晋疆,不详。

晋圻,字善卿,配高氏,生女二。

晋奎,字星伯,配朱氏,生子二:祖铭、祖钟;女二:祖柔、祖蕊。

晋垣,字悦炎,配董氏,生子一:祖钊;侧室,门氏,生一女。子,祖刚。

晋埒,生子三,祖鑫、祖琨、祖镛。

启华,道烺之女。

荣华,道烺之女,北京中央歌剧舞剧院教授。

晋鸣(1912—1969),终生未婚。

晋坝(1913—1981),字继勋,天津新学书院毕业,考入燕京大学经济系。任寿丰面粉公司董事,又在明华化工厂工作,后由其经营,中华人民共和国成立后改为公私合营综合化工厂,又改为天津树脂厂。倪继勋为天津市河西区政协第一届至五届委员。继勋,配李氏[①],生子一:祖鑫,女一:祖华。解放后,曾住河北路南头疙瘩楼。

晋增(1926—1978),字继增,号绳寿。天津耀华中学读书。1946年与王如璋结婚。建国后在广林车俱厂、华信车俱厂、为力车胎厂、天津橡胶金属配件厂工作。子二:长子,祖珑,殇;次子,祖琨;女二:长女祖玲,次女祖琪。解放后住新华南路庆云里。公生于1926年6月22日,卒于1978年12月20日。

晋璜,配杨玉英,生子二,祖铭、祖钧。一女,祖惠。

晋娟,配聂先友,生子聂青。

晋堂,配李莉英,生女二,倪珺、倪榕。

---

① 李氏天津李善人家小姐。

晋茹,配侯远维。

晋媄,配刘可,生子刘欣庚。

晋尧,配李建华,生女倪端。

晋娸,配苏梵,生女苏婵。

晋铨,配楼宁,生女倪鈮。

晋园,又名徐元,1949 年生,天津肿瘤医院退休。

晋均,中学就读于上海同济中学,1941 年在燕京大学新闻系毕业,1942 年陆续在产业处理局、华北专员公署工作。1948 年至退休在天津市济安自来水公司(后称"天津市自来水公司")任文秘、办公室主任。1944 年娶张慧生为妻,生子三:祖锦,祖钦,祖钢。均平生忠厚谨慎。晚年曾整理《历代词三百首》。主编《天津市自来水事业八十八年发展史》。公元 1914 年 7 月 29 日(六月初七)生,病逝于 1993 年 12 月 8 日。张慧生从事于教育事业,育学终身。生于 1915 年 11 月 25 日,于 1976 年 11 月 4 日去世。

晋培,生于 1915 年 11 月 10 日,留学日本陆军士官学校,抗战中就学重庆陆军大学。结业后分派第 31 集团军第 13 军,后任团长、旅长、师长,少将军衔。1949 年随傅作义将军起义后,参加华北军政大学学习,参与南京高级军校筹建,任教员。1958 年随解放军装甲兵指挥学院迁往大同任教,荣立三等功二次。1975 年因病退休返津。卒于 1974 年 11 月,因病辞世。妻,王瑞先。有子一倪铖;女一,倪锐。王瑞先,生于 1923 年 2 月 7 日,去世于 2013 年 5 月。

晋墇,生于 1916 年 6 月,卒于 1970 年 9 月。工商学院附属初中毕业,特一中学高中毕业。妻:章熹。生子一,祖铨;女,倪晶。章熹生于 1916 年 9 月,于 1965 年 11 月病逝。

晋坦,生于 1920 年 4 月 26 日,卒于 1987 年 5 月 17 日。妻:张玉珂。生子二:祖镁,祖鑑;女一祖荣。张玉珂生于 1921 年 2 月 10 日,卒于 1997 年 2 月 8 日。

晋垲,工商学院附属初中毕业,聘前察哈尔都统张锡元之长孙女(失联)。

晋堉，生于 1923 年 3 月 18 日，卒于 2003 年 9 月 15 日。1942 年就读于北大农学院，1947 年于西北农学院畜牧兽医系毕业，授农学士位。1947 年后曾在天津商品检验局、东北商品检验局、内蒙古商品检验局工作。曾任主任，总技师职、高级工程师。1956 年当选平地泉行政区人大代表。1958 年当选内蒙古自治区第二届人大代表。1961 年集宁市第四届人大常委委员，内蒙古自治区第三届、第五届人大代表，内蒙古自治区第五届政协常委。曾任乌盟科协副主席，内蒙古自治区兽医学会理事，内蒙古自治区标准化协会理事。平生两次婚姻均无出。

晋坚，生于 1928 年 11 月 15 日，卒于 2007 年 10 月 27 日。原配傅宝铃，生子一：祖光，离异续娶戴曼君，生女，倪莹。

晋堃（早夭），不详。

晋婧，适戴云程，养女，戴晶。

晋琪（未字①，夭），不详。

---

① 旧指女子尚未许配。

家规十二条

　　盖闻敬宗睦族,古有明训,孝友仁慈,家有成规,念我族姓,自吾祖以上历世单传,今幸宗支日繁,子弟众多,固堪庆瓜瓞之绵,正易开参商之渐。苟非大为之防,严为之戒,恐上无以慰祖宗,下无以杜祸端,不诚族姓之忧哉。因录家规十二条,世守勿替,庶可昭示来兹也。倘日后有不肖子弟,谓此不便于己,欲将此销毁,是即居心下流,不孝之罪莫大焉,是为序。

　　家规录后

　　是规也,历代酌裁,逐条釐正,非出一人之私,实为百世之法也。

　　一、凡族姓有忤逆不孝者,送官究处,不得因其父母姑息,将此重逆隐忍。

　　一、凡族姓父子叔侄兄弟,务各循礼义,蔼然秩然,如语言放肆戏玩无节者,尊属即严加呵责。

　　一、凡族姓人等务各守本业,各安本分,或士或农,或工或商,不蹈游惰。衣食之资,庶可无虑焉,最宜凛遵。

　　一、凡族姓子弟宜教之读书,变化气质,不致强悍。如不遵教训,即远近族属在尊长之列者,皆面为规责。如伊父兄护短,更将其父兄以大义责之,勿恕毫发也。

　　一、凡族姓有以下犯上者,以服色重轻究治,期服戒笞三十,大功二十,小功十五,缌十数,若五服以外,尤恐因其疏远肆行,凌犯更照期服,例严加笞责。

　　一、凡族姓有以上凌下者,公同以情理折之,实见其不是,或到祠堂,或至公茔,议罚供祭。

　　一、凡族姓与外姓联姻,除同姓百世不通外,宜拣择门户,不得与下贱人家为婚,尚宜质证,族人公议可否。

一、凡族人有受刑,辱亲及子弟,当皂甘入违碍,即是大宗,亦不得承祭。

一、凡族姓有素行不规,犯嫖赌者,在官固有处责,而律以家规,更罚分产二十亩入祭,为盗者革除,逞凶聚众者纠罚,不服者送官究治。

一、凡祭扫,务族姓人等俱到,以重本源,以广孝思,除老幼残疾外,有偷安不到者,其忘本可知当罚一年供祭。

一、凡茔树,即祖宗之庇荫,为四方之观瞻,成于百年,不可败于一日。如有盗伐私去者,以不孝论之,送官究治。

一、凡族姓,在同行等辈者,宜相亲相敬,俱不许骂詈殴打。如有公事当讲,亦宜告禀家长,定其是非,不得忽生讼端,致衅祸起萧墙也。如犯者,经族众共议处治。

凡此数条犯则勿恕,永宜谨遵,不可视为具文也。

时　道光元年仲秋月　塔邨会曾　敬录

家族大事年表

按语:大事年表以倪嗣冲为主,记事一般不注姓名或用"其"代之,倪嗣冲同辈人及后人一般不注姓,以更简练。

1868 年(同治七年)

2 月 6 日(农历正月十三日)原名毓枫,字丹忱。出生于安徽省颍州府(今阜阳市)西南三塔镇倪寨村。

1869 年(同治八年)

11 月 22 日　胞弟毓棻出生。

1873 年(同治十二年)

本年　父倪淑考中举人。

1875 年(光绪元年)

随父在袁甲三长子袁保恒家读书。

1880 年(光绪六年)

本年　通过童子试。

1890 年(光绪十六年)

9 月　长子道杰(字幼丹)出生。

1892 年(光绪十八年)

本年　次子道烱(字绍忱)出生。

1893 年(光绪十九年)

8 月　参加院试通过,中秀才。长女道蕴出生。

1895 年(光绪二十一年)

本年　倪淑为儿子倪毓枫捐官部郎中,此后用名倪嗣冲。

1898 年(光绪二十四年)

2 月 18 日　由部郎中选任山东陵县知县。

1899 年（光绪二十五年）

9 月 13 日　生母蔡夫人病逝于颍州倪寨，回乡守孝。

1900 年（光绪二十六年）

8 月　山东巡抚袁世凯将"丁忧"在家的倪嗣冲召回济南，协助处理义和团事务。

12 月　袁世凯保荐其为恩县县令。

1901 年（光绪二十七年）

4 月　袁世凯保荐其到山东任职。

11 月　袁世凯保荐其任职于京师执法营务处。

1902 年（光绪二十八年）

2 月　被袁世凯召回北洋大臣衙门，任职于营务处，具体负责骑兵的训练。

7 月　亲自领兵俘获景廷宾。

8 月　在保定担任新练军执法营务处总办。

1903 年（光绪二十八年）

12 月　袁世凯调其到小站武卫右军练兵总部任职，身兼北洋总理营务处、行营营务处、发审执法营务处三要职，开始掌握北洋军队训练大权。

1904 年（光绪三十年）

本年　训练武卫左军八营，总理营务处。

1905 年（光绪三十一年）

1 月　赴河南招募新军。

2 月 15 日　父病故，丁忧在籍守制。

10 月　担任河间秋操的执法处总办兼接待处总办。

11 月初　奉督院札委派为北洋行营营务处总办。

1906 年（光绪三十二年）

10 月　组织参加河南彰德秋操，任内宾接待司接待官。

1907 年（光绪三十三年）

本年　被徐世昌保荐为奉天提法使。

11月　徐世昌保荐其担任黑龙江布政使。

1908年(光绪三十四年)

1月2日　黑龙江民政司启用关防,民政司使倪嗣冲同日视事。

2月1日　徐世昌上奏陆军部,保荐其为黑龙江省巡防营翼长。

4月9日　实授为黑龙江民政使。

7月28日　黑龙江省禁烟公所启用关防。其为总办。

11月　开办黑龙江省官盐总局。其兼任总办。

本年　拟订退伍兵屯垦办法章程,报送清廷。

1909年(宣统元年)

1月　袁世凯被罢免。

夏　松花江、嫩江暴发大洪水。其亲临一线,抗洪救灾,赈济灾民。

8月28日　锡良上奏清廷弹劾倪嗣冲。

9月　被革职。

1910年(宣统二年)

本年来往于京津间。

1911年(宣统三年)

本年来往于京津间。

10月武昌起义爆发后,经袁世凯保奏,清廷起用已革职的倪嗣冲充任湖北新募防军左翼翼长。

12月3日　袁世凯内阁正式任命其为河南布政使,帮办河南军务。

12月初　被任命为武卫右军行营左翼翼长,兼署安徽布政使。

12月中上旬　亲自督军进攻颍州,并最终占据。

12月26日　清廷授予"额尔德穆巴图鲁"勇号,加头品顶戴。

1912年

1月下旬　民军攻颍,双方在颍州近郊展开激战,最终颍州之围被解。

7月7日　被袁世凯任命负责处理河南边界善后事宜。

7月21日　辞去办理河南边界善后事宜一职,转而负责督办苏豫皖鲁剿匪事宜,并兼任总统府军事顾问。

12月15日　升为陆军中将。

12月24日　加陆军上将衔。

本年　在督办苏豫皖鲁剿匪事宜任内,一方面剿匪,一方面禁烟。

1913年

1月　倪毓棻授陆军少将衔。

2月12日　被袁世凯授勋三位。

3月12日　向陆军部呈送自己所拟、苏鲁皖三省认可的《暂行清乡简章十二条》,认为该章程实行数月,盗匪逐渐肃清,尚属卓有成绩。

7月12日　赣宁之役爆发后,随后所部与讨袁军形成对峙之势。

7月22日　任皖北镇守使兼领皖北观察使。

7月27日　袁世凯任命其为安徽都督兼民政长。

8月　率部克复风台、攻克寿州、占领合肥,进驻安庆。

8月8日　因克复风台有功,获得袁世凯颁发的一等文虎勋章一枚。

8月27日　上午进驻安徽行政公署,开始办公。制定治皖方略:军事优先,省城旧有各机关一律停办,亲自管理财政和内务;其他事务由怀宁县知事负责处理;命令安徽总商会筹资开办银行,维护市场流通。

9月14日　实行减政主义,俭省节约,将教育、实业两司合并到内务司。

10月10日　授勋二位。

10月20日　倪毓棻被袁世凯任命为皖北镇守使。

本年　在安徽严禁吸食、贩运、种植鸦片。在其督皖期间,倪嗣冲一直对鸦片烟持严禁政策。

1914年

1月—2月　白朗军进入安徽,其调军布防,随后在六安等地与白朗军作战。

2月28日　二女道颖出生。

3月1日　中央政府令安徽民政长倪嗣冲整顿淮北盐务,增加收入。

3月　致电顺天府、山东、河南民政长,转饬一些地方商会,声称白朗残匪已经肃清,通知茶商照常来皖运输、售茶。

4月13日　倪毓棻晋升陆军中将衔。

4月　围剿定远、凤台、寿州一带的土匪。

4月　训令各属严禁种植运送鸦片并颁布禁烟布告。

5月26日　呈请总统袁世凯提倡读经。

本月　致函教育总长蔡儒楷,请他支持自己尊孔读经的主张。

5月—6月　皖省飞蝗成灾,其组织灭蝗。

6月30日　袁世凯任命陆军中将倪嗣冲为安武将军,督理安徽军务。

7月15日　请求辞去安徽巡按使的兼职。

8月30日　电呈大总统,声称本年安徽连遭风雹旱蝗灾,遍及全省,恳请赈灾。袁世凯令财政部速拨银元3万元,自己捐银5千元,紧急救灾。

11月　第三子道焘出生。

12月　向中央呈报灾情。本年安徽连遭风雹旱蝗灾,遍及全省。更以连年荒歉,急待赈济。

本年　在蚌埠建立关岳庙、昭忠祠。

本年　开始大举修筑颍上县淮、颍堤工及湖堤沟闸,堤工上自南照集曹台子,下迄正阳关鲁台子,长150余里,连同各湖堤共长260余里,历时四载告竣。

1915年

1月12日　启程进京,3月1号离开北京回安徽。

2月9日　被任命为督办皖北工赈事宜。

3月9日　与雷震春一起集资12万元在临淮关开办淮上第一火柴厂。

3月16日　派兵到江苏泗阳越境剿匪。

3月19日　报告袁世凯,所部武卫右军改称安武军。

4月　联合安徽巡按使韩国钧,晓谕各界遵守中央命令,严禁抵制日货。

6月初 赴皖北各县查验河工。

9月—12月 对于政体改变拥护袁世凯。

12月12日 袁世凯称帝,建立中华帝国,改次年为洪宪元年。

12月21日 袁世凯策封冯国璋、张勋、倪嗣冲、姜桂题、龙济光、段芝贵为一等公爵。

本年 以工代赈疏通亳县境内漳河、越五河、龙凤沟、梭沟、乾溪口等沟。

本年 多次照会苏省,要求联合围剿皖苏边境土匪。

1916年

1月—3月 派安武军赴赣驻防,再派多营安武军赴湘。

3月20日 到北京面见袁世凯,建议袁世凯取消帝制,因为南方对于帝制一概排斥,除了继续实行共和外别无其他办法。

4月1日 致电中央和各地方长官,力主维持袁的总统地位。

4月7日 袁世凯任命倪嗣冲为湖北将军兼讨伐军总司令官,任命张勋为安徽将军。

4月10日 袁世凯特任倪嗣冲为长江巡阅副使,张勋兼署安徽军务。

4月22日 袁世凯特任倪嗣冲署理安徽巡按使。

5月 与冯国璋、张勋一起通电各省,策划召开南京会议,支持袁世凯继续担任总统,以维持大局。

5月9日 上午在将军行署与前任安徽巡按使李兆珍交接巡按使后,饬令除教育和实业两科留安庆外,其余各科人员将所有卷宗一律迁往蚌埠,以蚌埠将军署为巡按使办公地。

6月初 率兵至汉口。

6月6日 袁世凯病亡,随后与倪毓棻商量安武军回皖问题。

6月中旬 连日往来于徐蚌间,参与张勋邀集的徐州会议。

6月 第四子道熹出生。

6月下旬—7月中旬 病。

7月6日　黎元洪任命张勋为安徽督军,倪嗣冲为安徽省长。

7月　安徽淮河一带水灾,饬令沿江各县知事督饬保董加意保护圩工。

8月下旬　到彰德参加袁世凯葬礼。

9月　将7月移到蚌埠的省长公署各机关再移回安庆。

9月下旬　赴徐州参加会议,组成"十三省区联合会"。

10月1日　出席在安庆举行的省议会开幕礼。

10月　与张勋等13省区督军、省长等联名电请北京政府以孔教为国教。

11月25日　要求辞职,大总统黎元洪予以慰留。

本年春,安徽省大力修治濉河。倪嗣冲奉命于年初在蚌埠设立督办皖北工赈处。后召集宿县、泗县、灵璧、五河等县知事,以及皖北水利测量事务所主任、省水利局蚌埠办事处处长,会同地方士绅进行协商,决定以征工方式开挖旧河道,修治濉河,并于3月正式开工。修治工程上自濉溪口,下至洪泽湖,全长300余里,至1918年底全部竣工。

1917年

1月中旬　赴徐州多日,并与徐树铮等赴张勋生祠游览。

1月　倪嗣冲以公民资格向省议会提出请愿,以盐斤加价创办安徽因利银行,创办的因利银行专以创办实业、接济实业公司为限。

2月4日　诞辰。南京军政界赴蚌祝寿者不下百余人,张怀芝、张勋以及北京要人到蚌祝寿,赣、浙督军也派赴代表到蚌。

3月　回到阜阳,居住二十余日。

4月上旬—5月底　在京津活动,主要参与全国军事会议,讨论参战案一事。

5月29日　返回蚌埠,并宣布自今日始与中央脱离关系。

本月　金城银行正式成立,倪家投资20万元。

6月初　派倪毓棻率军北上,迫黎元洪解散国会。

6月中旬　到达天津,与段祺瑞会谈时局,反对李经羲组阁。

6月18日　通电称政争目的已达,拟于19日通电各省取消独立,并撤回军队。

7月1日　张勋等在北京拥戴清废帝溥仪复辟,倪嗣冲被封为"安徽巡抚"。

7月4日　段祺瑞委任倪嗣冲为皖鲁豫联军司令。

7月6日　冯国璋在南京就任代理大总统,任命倪嗣冲为"讨逆军南路总司令",所有沪、杭、赣各师旅都归倪指挥。

7月7日　冯国璋令免去安徽督军张勋本职并军职、勋章、勋位,特任倪嗣冲兼署安徽督军。

7月—8月　改编张勋所部定武军为新安武军。

8月8日　倪毓棻因患脑病在蚌埠病故,后运回阜阳原籍安葬。倪嗣冲此后月余伤心过度,屡次请辞。

9月8日　北京政府特任倪嗣冲为安徽督军兼长江巡阅使,免其安徽省长本职。

10月9日　北京政府晋授倪嗣冲勋一位。

10月　西南战争爆发,随后派大批安武军赴湘作战。

11月　安武军与护法军在攸县激战。

12月初　在天津召开督军团会议,一致主张对南方用兵。

本年　倪嗣冲以工代赈筑颍上唐垛湖堤防,使多年来的洪涝有所减轻,土地稍有收成。

1918年

1月中旬　再次赴津参与督军会议。

1月28日　冯国璋至蚌埠,随后在蚌埠召开会议,倪嗣冲力言维护北洋团结,尽速实现国家统一才是正确方案。

2月14日　致电陆军部,称冯玉祥率部援湘,逗留蕲州不进,似有攻皖企图。

2月—3月　为防备驻武穴的冯玉祥部,相继调安武军赴芜湖、安庆、望江、宿松等地增防。

3月中上旬　到津与冯国璋、张作霖等人会晤,后返蚌埠。

4月7日　到京面晤段祺瑞、冯国璋,积极支持段祺瑞政府的"武力统一"政策,17日由津回蚌。

4月16日　参观天津特别第一区小刘庄裕元纺纱厂。

5月上旬　因攻湘安武军作战失利,倪嗣冲再拨安武军数营开赴前线,并请督师亲征,收抚湘局。

6月中下旬　赴津参加督军团会议,商讨对南战事。

7月　病。

8月初　就医天津,参与天津会议,主张继续南攻。

9月4日　北京新国会召开总统选举会,选举徐世昌为总统。选举结果徐世昌425票,段祺瑞5票,王士珍1票,张謇1票,倪嗣冲1票,王揖唐1票。

9月13日　大总统令,授予倪嗣冲一等大绶嘉禾章。

10月1日　致电政府,因病请辞长江巡阅使及督军等职。随后王占元、李纯、李厚基、陈光远、阎锡山等人致电挽留。

11月　抵赴京津,讨论军事财政停战撤兵等问题。

11月25日　授倪嗣冲勋一位。

12月6日　回蚌。

1919年

1月10日　致电徐世昌、钱能训,请慎择安徽省长人选。

2月　在蚌埠遣散由赣撤回安武军。

4月11日　蚌埠发生大火,倪嗣冲筹济赈灾。

5月4日　五四运动爆发。随后倪嗣冲提出为免酿出意外交涉,力劝学生上课,万一不从,即行解散。

7月　在下关设长江巡阅使舰队司令部,派王平阶充司令官。

7月30日　设立工赈局,赈济因大水而起的灾民。

9月5日　自蚌北上,赴津就医。

10月　倡导裁兵节饷,以补救财政困窘。

12月　就蚕桑女校事通电,经电饬刘道章警务处长、史俊玉统领切实严查,又电女校校长刘世杰询问,据复称绝无此事,且据该校长电称自8月后并未停课一日,亦无死病。各种事故报载纯系诬蔑。兹通电声明,并将最先登载报馆等将依法起诉。并致电徐世昌请派员赴皖查实。

1920 年

1 月 1 日 倪嗣冲授为陆军上将。

1 月—4 月 病重。

4 月 14 日 辞巡阅使兼职。

5 月 28 日 倪嗣冲致电北京称本人先筹一千元,赞助鲍贵卿在哈尔滨设立的慈善救济会,以安置从俄回来的侨民。

6 月 迭电财政部请拨驻湘省陈德修部军饷。

7 月 4 日 自蚌启程北上,随即过津赴北戴河养病。

8 月 直皖战后,派人接洽苏皖联防,愿将长江上下连成一气。

9 月 1 日 呈文大总统,保荐殷恭先、李传业、李玉麟等三人。

9 月 16 日 徐世昌令准安徽督军兼长江巡阅使倪嗣冲辞去本兼各职。

1921 年

2 月 20 日 安武军大批军官到达天津,为倪嗣冲贺寿。

本年春 倪嗣冲生祠在蚌埠落成。

本年 与浙督杨善德、督军卢永祥共同发起,募款 20 余万银圆再建杭州岳飞墓。

1922 年

11 月 2 日 河南土匪老洋人攻陷阜阳,从倪家掳得一批军火。

本年 病。

1923 年

2 月 16 日 北京政府授王普陆军中将。

4 月 安徽殷恭先部新安武军 12 营全部遣散,至此新安武军全部裁撤。

4 月 25 日 皖北镇守使殷恭先辞职,调李传业继任,以倪嗣冲女婿王普补任皖南镇守使。

7 月 26 日 北京政府授倪道烱陆军少将。

9 月 因日本东京横滨地区地震,华侨被难及遇害者很多,特别是倪嗣冲的至交王郅隆也在此地震灾难中遇难。倪嗣冲在重病中闻此噩耗痛哭不已,病情加重。倪嗣冲等在野名流发起成立"救灾同志会",呼吁对日本进行赈灾。其中倪嗣冲捐款 1 万元。倪道杰等人发起成立"募集日本急赈会"。

本年　金城银行计划再度增资为 700 万元,倪嗣冲投资 85 万元。

1924 年

7 月 12 日　倪嗣冲病逝于天津。同日被北京政府追赠为安武上将军。

7 月 13 日　《大公报》"政文简报"的"本埠特讯"刊载了"寓居英租界之前长江巡阅使安徽督军倪嗣冲。患痛多年。现于昨日(十二)上午逝世"的消息。

7 月 16 日《大公报》刊登倪嗣冲四子倪道杰、倪道炯、倪道燊、倪道熹的"讣告",此讣告连续刊登到 8 月 8 日。

7 月 18 日　倪幼丹奉父遗命,捐资创办颍州贫民工厂,经费洋 5 万元;创办蚌埠贫民工厂,经费洋 5 万元;捐助安庆各善堂 1 万元,芜湖各善堂 5 千元。另外,倪幼丹奉父遗命对天津各善堂也捐洋 1 万元,捐助天津红十字会经费 1 千元。

7 月 19 日　《大公报》发表了《倪丹忧身后之所见所闻》,简要报道了安徽绅商界对倪嗣冲的深切怀念。文章还报道倪嗣冲在弥留之际,虽呻吟枕席,犹关怀桑梓,命其子捐助巨款,作地方慈善事业。

7 月 20 日　《大公报》报道安徽军警绅商各界在蚌埠倪公祠召开追悼倪嗣冲大会,到会人数极多。

8 月 9 日　曹锟发布哀悼倪嗣冲的《大总统令》。

8 月 23 日　《大公报》刊登了倪嗣冲四子倪道杰、倪道炯、倪道燊、倪道熹的"恕讣不周"的讣告,该讣告连续刊登到 9 月 21 日。

11 月 16 日　省长马联甲弃职离皖,由皖南镇守使王普入省代理省长。

是年　倪幼丹与天津大投资商李颂臣合作,开设恒益粮号,投资 4 万元。

是年　金城银行存款总数达 19,909,539 元,占全国 28 家重要银行存款总额的 4.31%。金城银行实收资本总额 5,500,000 元,净利 1,330,803 元。

是年　倪幼丹继续出任金城银行董事。

本年　开源垦殖公司改名为新开源垦殖公司。

1925 年

1 月 28 日　段祺瑞发出临时执政令:任王普为皖南镇守使兼第三混成旅旅长,并一度代理督理省长职务。

10 月 22 日　孙传芳任命王普为皖军副总指挥。

10 月 27 日　孙传芳任命王普为第十二军军长。

12 月 1 日　孙传芳下令陈调元为皖军司令,王普为安徽省省长。

1927 年

2 月　王普随陈调元宣布脱离"五省联军",投奔国民革命军。蒋介石委任王普为第二十七军副军长,率部北上。

1928 年

4 月　北伐军将直鲁联军挫败,倪道烺回天津作寓公。

本年　王普来天津寓居。

1937 年

5 月 13 日　倪嗣冲与宁夫人合葬于天津马厂道(今马场道)佟家楼之北新阡。

1938 年

7 月 12 日　伪南京维新政府行政院长梁鸿志任命倪道烺为伪安徽省维新政府省长,至民国 29 年(1940 年)3 月。

10 月 28 日　以倪道烺为首的伪安徽省维新政府在蚌成立,在经一路 3 号开办。

1939 年

6 月　倪道烺任"日华合办淮南煤矿股份有限公司",即"淮南炭矿株式会社"董事长,总部设在上海市吴淞路 669 号。

本年　倪叔平为天津寿丰面粉股份有限公司副董事长。

1940 年

3 月　汪伪国民政府在南京正式成立,王普严词拒绝出任安徽省长。

9 月 20 日　汪伪政府特任倪道烺为安徽省政府主席,至民国 30 年(1941 年)12 月。

1941 年

8 月　倪嗣冲长女道蕴病逝。

本年　陆军少将倪道炯病逝。

1942 年

3 月 5 日(正月十九日)倪幼丹病逝。

3 月　倪叔平被选为天津寿丰面粉股份有限公司副董事长。

本年　倪道烺调任汪伪国民政府委员。

1945 年

8 月　国民党政府下令肃奸,倪道烺被判处无期徒刑。

1946 年

8 月　蒋介石来北平视察,派一名少将来津探望王普。

本年　倪叔平为天津寿丰面粉股份有限公司常务董事。

本年　倪嗣冲之孙、陆军少将倪道炯之子倪继勋被第十一战区副司令长官、兼前进指挥所主任上官云相任命为前进指挥所少将参议(挂名)。

1947 年

初　倪叔平担任天津利中酸厂经理。

1948 年

本年　王普被提名为安徽省立法委员候选人,后被选为候补立法委员。

1949 年

1 月 17 日　位于天津特别行政区围墙道 247 号(今和平区南京路 88 号)的倪氏宅邸被晋察冀边区华北政府直接领导的保育院(马背摇篮)征用,命名为天津市和平保育院,倪氏后人分别迁往他处租房居住。

9 月 5 日　倪叔平当选为天津市第一届各界人民代表会议代表。

本年　以倪叔平为经理、万国权为副经理的利中酸厂生产蒸蒸日上，成为天津市较大的企业之一。

1950 年

1 月　倪叔平当选为天津市第二届各界人民代表会议代表。

春　中央人民政府副主席、全国政协副主席、"民革"创始人李济深来函召见王普去北京叙旧。

本年　王普经李济深介绍在天津加入"民革"，为天津市民革成员。

本年　倪叔平为第四区人民委员会委员。

1951 年

2 月　倪叔平当选为天津市第三届各界人民代表会议代表。

4 月　倪道烺从上海监狱押解蚌埠举行公审。

5 月 20 日　蚌埠市军管会军法判处倪道烺死刑。

1952 年

12 月　倪叔平当选为天津市第四届各界人民代表会议代表。

本年　倪叔平为天津寿丰面粉股份有限公司董事长。

本年　倪叔平为第四区人民委员会委员。

1953 年

本年　天津市人民政府决定在佟楼倪家花园建儿童医院新院，找到倪嗣冲的三子、时任利中酸厂经理的倪叔平，倪叔平在家属的支持下，将父亲倪嗣冲和其他亲人的坟墓迁到北仓公墓。

本年　倪叔平为第四区人民委员会委员。

1954 年

春　倪叔平为经理的天津利中酸厂率先实现了公私合营。

8 月 9 日　倪叔平为天津市第一届人民代表大会代表。

11 月 16 日　在倪家花园开始兴建天津儿童医院。

1956 年

7 月　倪嗣冲三子倪叔平出任天津市河东区第一届政协副主席（1956.7—1959.1）。

7 月　倪继勋被聘为天津市河西区政协第一届委员(1956.7—1959.
2)。

12 月 25 日　倪叔平为天津市第二届人民代表大会代表。

本年　王普被聘为天津市新华区第一届政协委员。

1957 年

8 月　倪嗣冲长女婿王普(曾两任安徽省长)因病逝世,"政协"两次
派人来家吊唁。

本年　天津儿童医院住院部大楼建成,新院全部投入使用。

1958 年

6 月 30 日　倪叔平为天津市第三届人民代表大会代表。

1959 年

1 月　倪叔平出任天津市河东区第二届政协副主席(1959.1—1961.
1)

2 月　倪继勋被聘为天津市河西区政协第二届委员(1959.2—1963.
10)。

1961 年

1 月　倪叔平出任河东区第三届政协副主席(1961.1—1963.10)

2 月 9 日　倪叔平为天津市第四届人民代表大会代表。

1963 年

10 月　倪叔平出任河东区第四届政协副主席(1963.10—1965.12)

10 月　倪继勋被聘为天津市河西区政协第三届委员(1963.10—
1965.12)。

12 月 23 日　倪叔平为天津市第五届人民代表大会代表(河东区)

1965 年

12 月 24 日　倪叔平为天津市第六届人民代表大会代表。

12 月　倪叔平出任河东区第五届政协副主席(1965.12—1980.4)

12 月　倪继勋被聘为天津市河西区政协第四届委员(1965.12—
1980.5)。

1966 年

8月27日 倪嗣冲次女倪道颖(1914—1966)去世。

本年 七奶奶胡广琼逝世。

本年 王普之子王传纲去世。

1978年

12月20日 倪嗣冲长房孙倪晋增过世。

1980年

4月 倪叔平出任河东区第六届政协副主席(1980.4—1984.5)

5月 倪继勋被聘为天津市河西区政协第五届委员(1980.5—1984.4)。

1981年

本年 河西区政协委员、倪嗣冲之孙倪继勋因病去世。

1985年

5月 倪嗣冲三子、河东政协副主席倪叔平病逝。

1993年

6月19日 倪晋尧当选为天津市第十二届人民代表大会代表。

1998年

5月 倪晋尧当选天津市第十届政协常委、副秘书长。

2002年

5月 倪嗣冲四子倪道熹(季和)病逝。

本年 倪嗣冲坟墓由天津北仓公墓迁至西青区西城寝园,与宁太夫人及侧室王夫人师竹(1965年去世)、陈夫人纫秋(1897—1966)合葬。

2003年

1月 倪晋尧当选天津市第十一届政协常委、副秘书长。

2007年

8月1日 "天下倪氏网"即日起举办"安武上将军倪嗣冲征文活动"。

11月8—9号 倪祖琨(倪幼丹之孙,自1994始在美国西雅图先后创办 Impex Development LLC 和 Direct Source Interiors,Inc 2家公司)出席了在安徽大学举办的"倪嗣冲与民初实业探讨"座谈会。随后到倪新

寨参观倪氏老宅旧址,祭拜祖坟及会见乡亲。天津学者张绍祖先生,敖
塈教授同行。

11 月 12 日 倪祖琨一行到山东滕州,拜访倪氏祖庭及拜祭古小倪
国故城遗址及倪国国君墓址。

2008 年

1 月 20 日 倪晋尧当选天津市第十二届政协常委。

1 月 敖塈著《北洋中坚倪嗣冲》由内蒙古人民出版社出版。

1 月 《安武上将军倪嗣冲诞辰 140 周年纪念(1868—2008)》画册
出版。

1 月 倪祖铭(1957 年生,一级导演,倪嗣冲之曾孙、倪叔平之孙)组
织拍摄了《安武上将军倪嗣冲》纪录片。

2 月 16 日 倪祖琨先生为扩建倪氏祖祠和编辑出版《倪氏源流》一
书捐款。

2 月 20 日 隆重举办了纪念安武上将军倪嗣冲诞辰 140 周年活动,
并印制了纪念画册。同时与族人在天津联合举办了"首届中华倪氏宗亲
联谊会准备会议"。

10 月 15—16 日 倪祖琨先生返乡来阜阳师范学院与社会发展学
院院长李良玉教授会面,商讨成立"近代安徽历史名人研究所"事宜,倪
祖琨给予了资助,用于开展近代安徽人物研究。

2009 年

3 月 30 日 "天津电视艺术发展有限公司"正式挂牌成立,倪祖铭
出任总经理。公司前身是天津电视剧制作中心,倪祖铭为主任。

8 月 21 日上午,近代安徽历史名人研究所揭牌暨赠书仪式在阜阳
师范学院西湖校区社会发展学院会议室举行。倪祖琨先生向近代安徽
历史名人研究所赠送《大公报》影印本一套。社会发展学院李良玉院长
和倪嗣冲曾孙倪祖琨先生共同为近代安徽历史名人研究所揭牌。

8 月 21 日至 23 日 由安徽省史学会主办、阜阳师范学院社会发展
学院协办的安徽三大家族与近代中国实业学术研讨会于阜阳师范学院
举行。与会代表就阜阳倪氏家族、东至周氏家族、寿县孙氏家族与近代

中国实业的关系展开了热烈的讨论。

家族成员倪晋铨、倪晋堂、倪祖鑫、倪祖铭、倪祖琨一同参加会议。随后到倪新寨参观倪氏老宅旧址,祭拜祖坟及会见乡亲。天津学者罗澍伟、张绍祖、敖堃、葛培林、王勇则、金彭育、张建虹等同行。

2009 年底　倪祖琨在阜阳师范学院历史文化与旅游学院(原社会发展学院)设立的"倪氏文化助学金"启动,资金一部分用于资助家庭困难、品学兼优的学生,一部分用于设立学生科研立项,目前已规划 10 年(2010—2019)。

2010 年

3 月 26 日　倪祖琨为《倪氏源流》一书作序。

4 月　安徽省阜阳市政协文史委员会编辑出版的《阜阳文史》第八辑刊登张绍祖、张建虹撰写的《在津投资最多的北洋寓公——安徽督军倪嗣冲》《倪嗣冲财团与天津城市近代化》、张绍祖撰写的《寓居天津的安徽省长王普》3 篇文章。

7 月　李良玉、陈雷等著,倪祖琨资助的《倪嗣冲年谱》由黄山书社出版。

11 月 9～10 日　近代天津金融史暨档案史料整理出版学术研讨会在天津富兰特大酒店召开,张绍祖论文《倪氏财团与金城银行》入选,并出席会议。

2010 年底　施立业、李良玉主编,倪祖琨资助的《安徽三大家族与近代中国实业研究》由合肥工业大学出版。

2011 年

10 月　李良玉、陈雷主编,倪祖琨资助的《倪嗣冲函电集》由社科文献出版社出版。

11 月 13 日　倪道颖丈夫韩扶生去世,享年 98 岁。

11 月 18～21 日　由阜阳师范学院社会发展学院和中国社会科学院近代史所《近代史资料》编译室共同主办的"倪嗣冲与北洋军阀"学术研讨会在安徽阜阳召开。

2012 年

12月　李良玉、吴修申主编的《倪嗣冲与北洋军阀》由黄山书社出版。

2013年

8月12日　中央电视台、天津电视台《五大道》剧组赴倪嗣冲故居（今和平保育院）拍摄，文史专家张绍祖、倪嗣冲之孙倪晋堂先后接受采访。

2014年

9月11日—12日　倪晋尧、倪祖鑫、倪祖琨先生等一行返乡来阜阳师院、阜南县进行调研。并到倪新寨祭拜祖先，及会见乡亲、族人，商议了重建祠堂的事情。天津学者张绍祖先生同行。

2015年

4月10—12日　在山东滕州召开了首届中华倪氏宗亲联谊会，并隆重举行了祭祖仪式。会上族人推举倪祖琨先生为宗亲会名誉会长。

2016年

4月3日　族人动议多年的颍西倪氏祠堂的复建工程在倪新寨老祠堂旧址开工。

附　录

倪氏财团投资的主要企业情况表

（2014 年 6 月 26 日）

公司名称	创办年代	创办背景	主要投资人	总投资额	倪氏财团投资额	倪氏财团所占比例	倪氏财团退出或公司结业时间	到1924年底倪氏财团累计利益	公司基本情况	备注
金城银行	1917年5月15日成立	1916年前后，倪嗣冲与王郅隆合办庆公司与工商业家办企业。倪认为，工商业家办企业，须有自己的金融机构，以便吸收社会上的闲散资金，提供给自己的企业投资。特别是倪嗣冲办了裕元纱厂，急需资金周转。倪嗣冲拟办一个更大的银行。	第一任总董，由倪道烺、曲隆笏、段芝贵、鄂善堂、任振采、吴达诠、陈星楼、徐树铮、胡笔江、周作民等人发起。	1917年资本金定为200万元，实收50万时。1919年1月，资本收足200万元时。1922年3月收足500万元时。1927年资本总额已经增到700元时。	20万元 27万元 64万元 85万元	40% 13.5% 12.8% 12.1%	1919年梁士诒当选董事，倪道烺去职。		金城银行行址在法租界7号路（今解放北路）12号。"名曰金城取金城汤池永久坚固之意也"。1921年，金城银行与盐业、中南等银行组成银行联营机构，后来大陆银行也加入，遂成为四行联营。同年迁至天津英租界维多利亚道（今和平区解放北路108号）。该行成为中国重要的私营银行之一，被称为"北四行"的主要支柱。1927年迈入全国十大银行之列。	

续表 1

公司名称	公司创办年代	创办背景	主要投资人	总投资额	倪氏财团投资额	倪氏财团所占比例	倪氏财团退出或公司结业时间	到1924年底倪氏财团累计利益	公司基本情况	备注
天津裕元纱厂	1915年11月在农商部注册，1918年4月17日开工生产。	第一次世界大战期间，列强无暇东顾，是中国近代民族资本主义发展的"黄金时代"。随着中国民族工业的发展，倪嗣冲以超人的胆识和远见投资110万元，和王郅隆、段祺瑞、朱启钤、曹汝霖、王揖唐、徐树铮、段芝贵、吴毓麟、段永彬、王毓敏、周作民等组成董事会，成员多为安福系成员。他们共同创办华北最大的纱厂——裕元纱厂（今棉纺二厂）。	王郅隆为首任总经理，刘树云、赵聘卿、倪幼丹等曾为经理。1923年9月倪幼丹任总经理。	1915实收资本200万元。到1923年，账面资本增加到556万元。	倪嗣冲投资110万元。	55%	裕元纱厂到1935年，因经营不善，被迫被迫改由经济实力雄厚的日本大仓洋行接管。	裕元纱厂生产成绩甚佳。1918年至1922年纯利润共600万元。	全名为裕元纺织股份有限公司。拥有纱锭25000枚，织布机500台。该厂设发电厂一处，是天津首家工厂自行发电，供电之超大企业。有职工4000余人，成全国大企业之先列。到1923年，账面资本额增加到556万元。纺织1918年至1922年纯利润共600万元。织布机1000台，纱锭75000锭，成为当时天津规模最大、获利最丰、实力雄厚的近代民族工业企业。开近代天津大型纱厂之先河。1935年，因经营困难，被迫改由日本大仓洋行接管。	

续表 2

公司名称	创办年代	创办背景	主要投资人	总投资额	倪氏财团投资额	倪氏财团所占比例	倪氏财团退出或公司结业时间	到1924年底倪氏财团累计利益	公司基本情况	备注
天津大丰机器面粉公司	创办于1920年	第一次世界大战期间洋面粉进口锐减。为民族面粉工业的发展创造了良好的发展机遇。1920年倪嗣冲出资20万元接办了位于西站由王郅隆等人经营的裕兴面粉公司。改名为大丰机器面粉公司。	倪嗣冲、倪幼丹、李少波、曹幼占、筱庭、罗幼占	1920年40万元。1921年20万元。1929年70万元。	1920年20万元。1921年20万元。	50%　100%	1933年该面粉公司和三津寿丰公司合并。并收买了民丰天记公司。改组为三津寿丰面粉公司。	经营半年多年利润10余万元。	倪幼丹为总理。曹幼占为协理。1921年李少波等被迫退出股本。公司归了倪幼丹。1926年6月董事长倪幼丹、副理及经理由三津寿丰公司的总经、杨西园孙俊卿、佟德夫、杨西园三人分别兼任。1929年加入三津磨房公会各家的股本。厂名改为三津寿丰面粉公司。	

续表 3

公司名称	创办年代	创办背景	主要投资人	总投资额	倪氏财团投资额	倪氏财团所占比例	倪氏财团退出或公司结业时间	到1924年底倪氏财团累计利益	公司基本情况	备注
天津寿丰面粉股份有限公司	1925年	1915年由未清斋独资创办寿星面粉公司，是天津第一家面粉厂，转中日合资，1919年日商退出，改组为寿星面粉股份有限公司。经理同原寿星公司，由于一系列的失利，以致资金匮乏，大金城银行质务、生产停顿。于1925年春季歇业，改组为三津寿丰面粉公司。	倪幼丹、佟德夫、孙俊卿、杨西园及三津磨房公会各米面铺（10万元），连同原寿星公司顶权人、金城银行以寿星公司的厂房、机器作价。	1925年30万元（一说60万元）。1933年170万元。1947年120亿元。1950年240亿元。	1933年90万元。	52.9%	1956年私营厂全行业合营，老公合营户2户（福星及寿丰粉厂），从业人员544人，资方及资方代理人6人，职工537人，生产能力占全行业的31%。		1925年孙俊卿、佟德夫、杨西园三人集合三津磨房公会各米面铺与大丰面粉公司股东倪幼丹的投资。接兑三津寿丰面粉公司成立三津寿丰面粉公司，董事长倪幼丹，总经理孙俊卿，经理杨西园，副经理杨西园。生产桃牌面粉。1932年寿丰、大丰两厂合并，并收买了天津天记面粉公司，改组为天津寿丰面粉股份有限公司。以原来三津寿丰公司为第一厂，三津水记公司为第二厂，民丰公司为第三厂，总经理处设在第三厂。有磨粉机66部，成为华北最大的面粉厂。	

续表 4

公司名称	创办年代	创办背景	主要投资人	总投资额	倪氏财团投资额	倪氏财团所占比例	倪氏财团退出或公司结业时间	到1921年底倪氏财团累计利益	公司基本情况	备注
天津庆丰面粉股份有限公司	1921年	1921年倪嗣冲与蔡成勋(江西督军)、王占元(湖北督军)、实业家卢南生(教育家、李善木斋之四子)、李干忱、陈文翰(李实忱之弟)、陈文翰(李实忱的妹夫)等在北站附近投资创建庆丰面粉公司。	倪嗣冲、蔡成勋、王占元、李干忱、李善木斋、卢南生、王心高、陈文翰等。	60万元(其中蔡成勋投资30万元,王占元投资7万元)。	10万元左右。	15%左右。	1928年奉系李景林、诸玉璞军战败败退出天津,庆丰公司毁于炮火。		1921年庆丰面粉公司成立,由陈文翰出任经理,投产时,有钢磨18部,工人148名,日生产能力4200包(每包22斤),商标品牌为"双如意"面粉,一度租办的大陆公司,由李冰开办广益厂经理。1942年3月倪俊卿逝世,孙俊卿兼任董事长。倪叔平被选为副董事长,至1916年孙俊卿为总经理专任常务董事。孙冰如为经理,倪叔平去总经理改由倪叔平继任。1952年董事长改由倪叔平继任。	

续表 5

公司名称	创办年代	创办背景	主要投资人	总投资额	倪氏财团投资额	倪氏财团所占比例	倪氏财团退出或公司结业时间	到1924年底倪氏财团累计利益	公司基本情况	备注
丹华火柴股份有限公司	1918年	其前身为北京丹凤火柴公司(1904年创办)和天津华昌火柴公司(1910年创办)。1918年合并，设总经理处于北京。1920年又在辽宁安东增设一处，称为东厂。	倪氏财团投资	股金总计现洋120万元			1950年政府接管丹华火柴股份有限公司，改名公私合营北京丹华火柴厂。1951年，正木定门外新厂址。1953年改称"北京火柴厂"。		1918年，北京丹凤火柴股份有限公司与天津华昌火柴公司合并，成立丹华火柴股份有限公司，成为华北地区规模最大的火柴厂。有专用排梗机40台，日产火柴600人，日产火柴80～90箱。最高日产170箱。硫化磷火柴商标为丹凤牌、翔凤牌、蟳蜒牌、海马牌。安全火柴为飞凤牌。产品行销三北地区。	

续表 6

公司名称	创办年代	创办背景	主要投资人	总投资额	倪氏财团投资额	倪氏财团所占比例	倪氏财团退出成公司结业时间	到1924年底倪氏财团累计利益	公司基本情况	备注
大成油漆颜料公司	1916年	我国人工油漆的制造方法是由国外传入的。我国油漆工业创始于第一次世界大战期间。各国列强忙于欧战,无暇东顾,仁人志士怀着报国的热情投资民族工业。中国第一家油漆工业由此诞生。1915年上海创办的油漆公司是中国第一家油漆公司。——开年倪嗣冲投资创办大成油漆颜料公司,为全国第二家。	倪嗣冲、倪幼丹	20万元	20万元	100%	因是首创,无经验借鉴,加之经营管理不善,1921年宣告倒闭。转手他人,更名为振中油漆公司。		1916年倪嗣冲创建的大成油漆颜料公司,是天津第一家油漆公司。工厂设在天津东乡东营门外唐家口,规模较大。由倪幼丹经营,引进德国技术,聘用德国人为技师,生产一般油漆和颜料。	

续表 7

公司名称	创办年代	创办背景	主要投资人	总投资额	倪氏财团投资额	倪氏财团所占比例	倪氏财团退出或公司结业时间	到1924年底倪氏财团累计利益	公司基本情况	备注
天津北辰电器公司	1918年	1917年收回了天津德租界。因原德国电灯房电力不能满足新增居民所需，遂与英租界工部局鉴订购电合同，按量供应交流电，原德租界电灯公司遂停止营业。倪幼丹了解到这一情况，乃与特一区协商，取得营业专利权。	倪嗣冲、倪幼丹			100%	1928年后，国民政府形式上"统一"中国，天津改为特别市，第一任市长南桂馨到任不久，便把所有私营的公用事业收归国有。北辰电气公司失去了独立经营权，遂告一段落。		1918～1928年的10来年间，以倪嗣冲、倪幼丹为代表的倪氏财团在特一区（今河西区胡同西营门（电灯房胡同西营门）口，投资成立天津北辰电气公司，初时确曾垄断一时，经营状况颇佳。	

续表8

公司名称	创办年代	创办背景	主要投资人	总投资额	倪氏财团投资额	倪氏财团所占比例	倪氏财团退出或公司结业时间	到1924年底倪氏财团累计利益	公司基本情况	备注
天津利中酸厂	1933年10月16日向国民党部申请登记并领到执照。	1931年"九一八"事变后,国内民众的爱国热情高涨,受"实业救国"思想影响,希望以振兴民族工业,抵制日货来挽救国家危难。制酸只有上海开一家,限于南方地区销售-北方市场完全被日货垄断。在这种大背景下,天津利中酸厂诞生。	倪世迈、高亚杰、周作民、周乾高、赵雁秋、项澂云、赵雁秋等共集资59000元。商人于哲元、吴幼权、沈克、高桂滋、熊斌、孙殿英、韩复榘、庞炳勋等共集资122000元。唐山利中酸厂以全部财产折价19000元入股。	20万元	倪世迈以自有的土地作价18000元作为投资。	9%	1954年春,天津利中酸厂率先实现了公私合营。		赵雁秋联络军政界及工商界人士于1933年10月,在天津创办利中酸厂,成为全国第一家产"酸"。1934年5月酸厂试车成功。到1937年共出售硫酸三千余吨,垄断华北市场,成为中国北方首屈一指的制酸企业。1947年聘倪叔平担任经理,又吸收了几家股东。冠名"利中酸厂股份有限公司"。天津解放后,倪叔平为经理,生产效益良好,成为当时天津市较大的企业之一。	

续表9

公司名称	创办年代	创办背景	主要投资人	总投资额	倪氏财团投资额	倪氏财团所占比例	倪氏财团退出或公司结业时间	到1924年底倪氏财团累计利益	公司基本情况	备注
安徽益华铁矿	1918年	1914年第一次世界大战爆发后，铁价飞涨，铁矿公司如雨后春笋般在安徽江南当涂、繁昌等地出现。就连日本也企图染指、给北洋段祺瑞政府贷款时，也指明索要这一带的铁矿开采权。这里矿石质量好，供不应求。	倪嗣冲、倪炳文、倪幼丹等。	1919年50万元	30余万	60%以上	1928年4月11日，国民党中央政治会议决定，将倪氏财团退出公司作为逆产，全部没收归公。全部收归国有，由农矿部组织益华铁矿保管处理。		1918年，由倪嗣冲与子侄等人成立了益华铁矿公司。聘请把各知县呈报的矿象资进行测路，购地。安排进行调查，1920年正式动工，同时采掘龙家山、碾屋山两处铁矿。	

续表 10

公司名称	创办年代	创办背景	主要投资人	总投资额	倪氏财团投资额	倪氏财团所占比例	倪氏财团退出或公司结业时间	到1924年底倪氏财团累计利益	公司基本情况	备注
普益烈山煤矿公司	1915年	1900年,宿州秀才周绍棠出资运动,获得准予开矿的专权,组建合众公司经营烈山煤矿。1904年,徐州道台袁大化强占此矿。1908年,周玉山和其弟周岐元用3万银元从袁大化手中买下烈山煤矿产权,改为普利煤矿公司。先后集资10余万元。1915年周氏招收新股,倪嗣冲以巨额资金入股,改为普益烈山煤矿公司。	倪嗣冲、倪幼丹、倪道烺等	1915年30万元 1920年代招股达150万元	1915年20万元 1920年代倪家持股达60万元	67% 40%	1927年12月南京国民政府将该公司收归国有,改名为安徽烈山煤矿局。	年利润50余万元	1915年以后又招募官、商股计100万元,购买设备,开凿新井,产煤日增,员工多至万人。还与津浦路签运煤专车。烈山煤炭行销大江南北,调拨运煤始于安徽河两岸。1922年~1926年,平均日产原煤700吨,最高日产煤2000吨,是烈山煤矿开采历史上的鼎盛时期。股东每股每年股本红利就在二分以上。	

续表 11

公司名称	公司创办年代	创办背景	主要投资人	总投资额	倪氏财团投资额	倪氏财团所占比例	倪氏财团退出或公司结业时间	到1924年底倪氏财团累计利益	公司基本情况	备注
山东中兴煤矿	1899年	中兴煤矿位于山东峄县（今属枣庄市）。19世纪末德丰富国人所觊觎，为德国人所觊觎，为保护矿权。1899年由时任"督办矿务"的直隶省张翼发起组织山东峄县中兴煤矿公司。	倪嗣冲、张翼、戴华藻、张莲芬、徐世昌、黎元洪、未启钤、张作霖、赵尔巽、吴鼎湘、任凤苞等人。	创办之初集资100万两。创办人相继去世。但事业亟待发展，会议决议增加股本380万元，至1922年再扩充资本达750万元。	民国初年至1922年，倪嗣冲投资20万元。	2.67%	1928年北伐军攻克枣庄，该矿被封，由战地委员会组织中兴煤矿清理委员会。对全矿投资进行清理。彼时丹忱公已经谢世，乃将其股份20余万元予以没收。		1899年张莲芬总办中兴煤矿"为德华中兴煤矿有限公司"，华股资金增至100余万元，德商未按协议入人股。1908年，中兴煤矿公司申请注销"华德"字样更名为"商办山东峄县中兴煤矿股份有限公司"。至1905年初具规模，遂向农工商部注册，并筹建枣庄至台儿庄的运煤铁路。旋与津浦铁路连接。于浦口设码头。1916年徐世昌为董事政要人和南北富户投资，至1922年已成为当时（又次于开滦（中英合资）的中国第三大煤矿）。	

续表 12

公司名称	公司创办年代	创办背景	主要投资人	总投资额	倪氏财团投资额	倪氏财团所占比例	倪氏财团退出或公司结业时间	到1924年底倪氏财团累计利益	公司基本情况	备注
裕庆公银号	1916年	为广揽社会游资、方便资金周转，王郅隆、倪嗣冲出资二人合办。	倪嗣冲、王郅隆				倪嗣冲把投资意向转为现代工业与金融业。传统的银号号自不能适应融资需要，因此该银号创办不久即自行停止。		1916年，倪嗣冲、王郅隆二人合办裕庆公银号，由王郅隆经营。这是倪嗣冲最早投资金融业的一个标志。	
大陆银行	1919年	投资理财有一条潜规矩，就是不能把所有的鸡蛋都放在一个篮子里。鉴此，倪嗣冲在创建金城银行后，又向大陆银行做了投资。	谈丹崖（总经理）兼董事长）、王桂林（江苏省警务处长）、曹心古、冯国璋、倪嗣冲等	原定银币200万元，后增至500万元	10万元（另一说20万元）	2～4%			1919年，谈丹崖与王桂林、曹心古共同注资组建大陆银行。行址设于天津法租界大总统署略（今哈尔滨道）。旋因谈得到大总统冯国璋认股20万元，其余属认股18万元的支持。	

续表 13

公司名称	创办年代	创办背景	主要投资人	总投资额	倪氏财团投资额	倪氏财团所占比例	倪氏财团退出或公司结业时间	到1924年底倪氏财团累计利益	公司基本情况	备注
中法振业银行	20世纪20年代	倪幼丹想进军国际金融市场,与法国某金融界人士合办中法振业银行,先后设有北京、上海支行。	倪幼丹,法国某金融界人士		投资数十万元		因经营不善而倒闭。		20世纪20年代,倪幼丹先生与法国某国金融界人士合办中法振业银行。倪幼丹投资数十万元,后因经营不善而倒闭。	
恒益粮店	1924年	在经营大丰面粉公司期间,1924年,倪幼丹与李善人的后代、天津大投资商李颂臣合作,开设恒益粮号。	倪幼丹,李颂臣,王普	投资4万元,后李颂臣资本退出,王普接替。					1924年,倪幼丹与天津大投资商李颂臣合作,开设恒益粮号。由东北地区运进大豆及杂粮,主要供应军需粮秣,兼及市面另整批发。后李颂臣将资本退出,由王普接替其股份,改名益生粮店。在江南各地设有分庄多处,集购运、销于一体。据说益生粮公司是一家无实力做得很大,买卖做得很大。	

续表 14

公司名称	创办年代	创办背景	主要投资人	总投资额	倪氏财团投资额	倪氏财团所占比例	倪氏财团退出或公司结业时间	到1921年底倪氏财团累计利益	公司基本情况	备注
新开源农场	1920年	1920年，倪道杰和王郇隆等人发起成立开源公司，1921年改为为新开源垦殖公司。公司在天津日报界福岛街办公。下辖三个农场：即第一农场在宁河县军粮城，第二农场在大兴县南苑，第三农场在宁河县后勾楼沽。	倪幼丹、王郇隆	倪幼丹先后投入数十万元			1935年新开源公司委托该公司来经营。1942年该农场逐被华北垦业股份有限公司强行"接收"。		1920年"开源农场"创办后，用来安置跟随倪武功军伤残退伍到天津的安武军伤残官兵。经营农垦、畜牧及土地抵当买卖。还试种棉花，供应裕元纱厂。1924年底改名为新开源垦殖公司。	

注：关于倪氏财团投资现代工业，过去有人做过粗略的统计，说倪嗣冲在天津集资创办的现代工业的资本总额约为800万元（其中投资金融业150万元），相当于1895年（光绪二十一年）至1914年二十年间天津集资创办的现代工业投资总额（421.9万元）的189%。由此可见其投资力度之大，及对天津现代工业发展不可忽视的拉动作用。

（张绍祖、张建虹整理　郭从杰校正）

倪嗣冲将军墓志铭拓本

1-2

安武上將軍潁州倪公墓誌
銘
桐城馬其昶譔文
江安傅增湘書丹
合肥王揖唐篆蓋
公諱嗣沖字丹忱倪氏其先

1-3

明初由山東遷阜陽遂為阜
陽人考諱淑以舉人官四川
開縣令三子公其仲也生而
英異有智略先緒中以貲郎
改令山東陵縣庚子春將受
代民有習拳設壇者公曰此

1-1

　　说明：《安武上将军颖州倪公墓志铭》于戊寅复五（1938年复历五月），由桐城马其昶撰文，江安傅增湘书丹，合肥王揖唐篆盖，曾迈敬题"安武上将军颖州倪公墓志铭"之字，北平文楷斋刘明堂刻石。墓志铭碑现保存于天津博物馆。

己又兼長江巡閱使公曰今
鐵道通津浦防守不得壽在
江移屯鳳陽縣屬蚌埠地故
荒瘠来數年軍壘商市次第
構闕屹為大鎮皖帥不駐安
慶自此始也公蒞縣令於時

1-8

北起公為行營翼長遷河南
布政使幫辦河南軍務進軍
平張孟介潁州魚署安徽軍
畿使時郡縣伏莽紛發蘇魯
豫皖界上尤甚既更國變安
數易都督又皆非政府意

1-6

龐民也立捕繋之乃去留牘
夫府請一切逮治毋令煽蔓
俊數月拳禍作項城表公電
梅山東見公前牘奇之檄辦
尤縣善後事公首斬仇教尤
不法者餘令出金自贖以其

1-4

帥中知民事獨悉重吏治无
嚴捕盗之令戒毋姑息曰是
忍於民而不忍於害民者也
淮上故多盗公在位八載千
里蕭然嘗籌議導淮修江堤
三百里淮堤七百里歲饑集

1-9

表公知東南且有事令公治
兵淮北先剿匪公以兵三營
大破匪邱躬巡四省界上
後益擴軍選將精操練癸丑
轉戰克壽州進抵安慶遂定
全省授安徽都督兼民政長

1-7

金邨教士葺前所毀教堂民
教大和從袁公之直隸以營
務處領騎兵擒廣宗豪猾景
廷寶敘功授晉道員公知兵
此起詔授黑龍江民政使
以讒劾免辛亥袁公視師湖

1-5

饑民潴灘河計工受粟工成
阿兩岸田增收甚鉅民尤頗
其利乙卯雲南事起蘇帥
政府意政府密令公進討公
曰汪表一家且吾不能以兵
事苦吾民力爭之事遂以寢

1—10

諸帥徐州請散國會鋒潁凛
凛其後事變錯近而參戰之
效卒著忌議公者亦頗自息
己未疾作逾年得請去位又
四年甲子夏終於天津年五
十有七追贈安武上將軍夫

1—12

究詰兵民死亡動以億萬計
而十年完晏如安徽未大羅
兵禍則人尤以為難思公者
乃益多矣公以丁丑年四月
初四日葬於天津佟家樓之
新阡道杰致狀請銘不獲辭

1—14

丁己應召入京議參歐戰利
害公言德無勝理吾國更內
亂今不堪當是時合肥段公
民益不與列強比邊疆立啓
東國意主參戰得公言遂決
議院顧力沮之公還屯大會

1—11

人甯氏側室王氏陳氏子四
道杰參議院議員道炯陸軍
少將道壽議將軍皖南
邑通威將軍皖南鎮守使王
普孫二晉塤增自公卒後
國連歲內戰旦夕變異不可

1—13

遂銘曰
氣堅以剛有聲洸洸不寧國
武亦造犿鄉盛屯弗擾齰猾
綏良完完千里若水安防怖
今崩宇疇嗣公堂生論或異
殁思以長戎銘徵實萬禩斯
藏

1—15

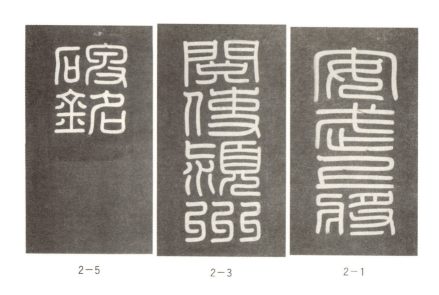

2-5　　　　2-3　　　　2-1

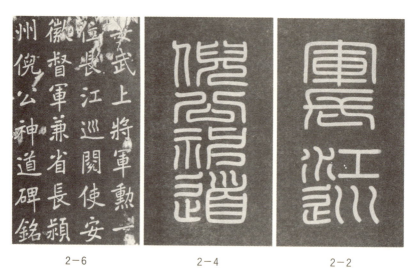

2-6　　　　2-4　　　　2-2

说明:《安武上将军长江巡阅使颍州倪公神道碑铭》由新城王树枏撰文,宛平孟锡珏书丹,武进董康篆额。碑铭立于中华民国二十六年(1937)四月初四。

新城
王樹枬撰文
武進董康篆額
宛平孟錫珏書丹
公諱嗣沖字丹忱

2—7

曾祖考諱傑之皆
不仕考諱淵同治
癸酉舉人始起家
為四川開縣知縣

2—9

氏徐繼生姚氏蔡
皆贈一品夫人公
幼濡逹訓好學能
文年十二應童子

2—11

姓倪氏明初其始
祖諱秀蘭由山左
遷安徽潁州世為
望族曾祖考諱會

2—8

公曾祖以下曾以
贈光禄大夫曾
祖姚氏馬祖妣氏
繼祖妣氏鹿妣氏

2—10

試學使嘉其能背
誦五經稍長益講
求經世之學既遵
例為分部郎中旋

2—12

改選山東陵縣知
縣縣有蠹役楊武
蔡盜為邑患禽之
置諸法間里晏然

2-13

陳當道請飭屬嚴
禁瀆敬而後行未
幾拳禍麻起項城
袁公調撫山東見

2-15

民屠殺若干家資
財損失若干萬悉
責拳民出罰金補
償僅戮首禍數百

2-17

庚子遭繼母憂將
奔喪矣聞義和拳
民謀起事公立往
捕治錮之獄且瀦

2-14

公牘大奇之撤辦
直東接壤十數州
縣善後事宜凡教
堂焚燬若干區教

2-16

人費錢十八萬不
累國家一郐逾年
議成袁公奏設京
師執法營務霧而

2-18

2-19

以公尸其事聯軍
帖默芳民流勇皆
屈跡無敢相緣為
奸者事平調充天

2-21

霆其巢夜踔二百
里追執廷賓而還
以功擢道員加二
品冠服光緒丙午

2-23

江省治軍墾荒行
鹽諸要政悉以畀
公忌之者伺徐公
內調以水災譜於

2-20

韡總理營務有景
廷賓者瞵聯軍撤
退假仇教名煽眾
為亂公督兵進擊

2-22

授黑龍江民政使
時奉天吉林黑龍
江新建行省欽差
大臣總督徐公舉

2-24

繼任某公奏奪其
職而再三究勘卒
不得毫髮私事遂
寢宣統三年辛亥

武漢變作朝命起
復袁公為欽差大
臣總督湖廣撫師
往討以公為左翼

2－25

進陷頴州豫人大
恐詔授公河南布
政使襄治河南軍
事瞽師一戰頴州

2－27

剿土匪於蘄豫皖
魯之交公率三營
出亳州北進破賊
於商邱之黃土寨

2－29

翼長是時東南十
數行省革黨蠭興
壽州奸民張孟介
勾結土匪跼州城

2－26

立復上賜頭品頂
戴頴爾德穆巴圖
魯號兼權安徽布
政使民國改元檄

2－28

踵擊之馬牧集賊
大潰奔事畢授陸
軍中將勳三位二
等文凴章壬子編

2－30

其部曲爲武衛右
軍屯頴州贛甯之
亂公率師龕鳳台
掩壽州略下正陽

2—31

益不支公至則督
築沿江圩堰三百
餘里疏濬渠塘萬
餘爲安集流亡之

2—33

尤甚乃設水利兮
局度地之高低河
之廣狹穿淘醨浚
因勢疏導繕完淮

2—35

合肥六安諸邑遂
拜安徽都督兼民
政長之命皖故貧
瘠又選遭災亂民

2—32

策乙卯皖北大饑
兼籌工賑公謂皖
北旱潦無常由於
水道陸塞而淮河

2—34

河堤閼七百餘里
又以灘水失修濱
河左右田廬淘爲
沉斥公挈集饑民

2—36

百萬瀉溢疏盈計
值受粟數十年巨
工一旦完復而民
用不飢至是濱灘

2－37

銀行以民間食鹽
勸加二錢歲得銀
幣五百萬專備農
田水利商業之需

2－39

蜚言謗撓事訖不
集論者惜之久之
袁公以中國不宜
共和急思規復帝

2－41

之田增價數倍而
丁遭歲入且鉅萬
民為建生祠事之
公又擬創設因利

2－38

而取其羨以宏教
育行之十年可儲
銀幣八千萬誕章
細目朗若列眉而

2－40

制以謀統一於是
海內大譁兩粵黔
川皆舉兵抗公以
眾怒難犯星馳入

2－42

黎公去位段公復
東國政遂下明令
與德絶卒以戰勝
收回膠州租地及

2－47

院以盡元首府院
無識之人挾持議
聯軍而二三握齷
與絶交宣戰參入

2－45

念受袁公知遇深
三議遂中輟公自
以弭近禍爭之再
京力請取銷帝制

2－43

屬中央政府徵兵
南各省皆割裂不
力居多當是時西
庚子償金盖公之

2－48

州謀舉兵入諫既
益危棘公集議徐
段公既罷免國勢
遂枘鑿不復相容

2－46

國務主連橫拒德
起合肥段公總理
之也丁巳參戰議
故不惜苦口以諫

2－44

致討以安徽督軍
兼長江巡閱使統
新舊安武兩軍援
湘援粵奔命不遑

2-49

喋血兩年兵連禍
結公痛戰事無已
時乃倡裁兵之議
定餉需歲額而各

2-50

省方謀擴張軍勢
為自私自利之圖
言者誾誾聽者巍
巍公見事不可為

2-51

欝憂成疾屢請告
不得休庚申八月
書再三上始允去
職越四年甲子六

2-52

月十一日卒於津
寓春秋五十有七
事聞追贈安武上
將軍賞治喪銀幣

2-53

三千生平事蹟飭
付史館立傳可謂
極人世之哀榮矣
公孝友誠至弟某

2-54

歿待其猶子如所
生惟不令治軍曰
兵猶火也吾出入
軍中二十年如日

2-55

士故人皆樂為之
用其用人惟才不
立黨其在安徽倚
裴公景福任政務

2-57

者配甯夫人生丈
士民卷哭有失聲
業歿後靈耗至皖
境無吠尨四民安

2-59

踞鑪火上忍令以
自焚者焚人耶每
臨陣輒先當而策
勳行賞則歸功將

2-56

言聽計從事皆辦
治嘗謂吏治以弭
盜為先以不擾民
為務故終公之任

2-58

夫于二曰道杰國
務院銓敘局主事
參議院議員曰道
炯陸軍少將安徽

2-60

暋署副官長女子
子一適同邑通威
將軍皖南鎮守使
王晉側室氏陳生

2-61

年四月初四日葬
於天津佟家樓之
新阡銘曰
項城帝制排除異

2-63

人公曰不可來則
受之生殺在我公
之治軍同甘共辛
戰則先己功則後

2-65

子二曰道壽道熹
側室氏王生女子
子一孫男二晉塡
晉增孫女一丁丑

2-62

己公則不遜苦諫
而止嘖室之眾不
利項城捕其梟桀
假公之名殺人媚

2-64

人公之理財藏富
於民上下貫行如
血在身公來督皖
調其水旱陂塘萬

2-66

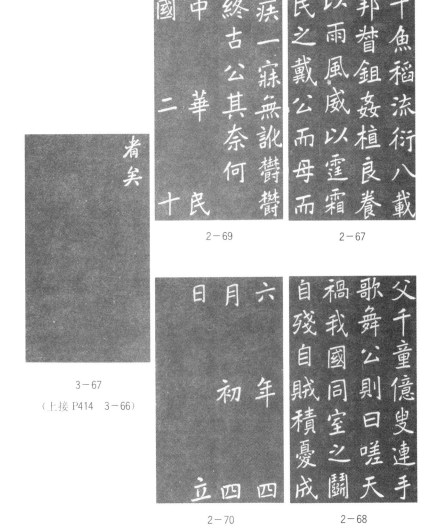

2-69

2-67

3-67

（上接 P414　3-66）

2-70

2-68

合肥張文運書
武進董康篆額
公姓倪氏諱嗣冲字
丹忱先世本山東籍

3-5

3-3

3-1

明初遷穎州遂為郡
著姓曾王考會曾王
考傑之考元淑同治
十二年舉人花翎四

3-6

膠州柯劭忞撰
軍兼省長倪公家傳
長江巡閱使安徽督
安武上將軍勳一位

3-4

3-2

说明:《安武上将军长江巡阅使颖州倪公家传》,胶州柯劭忞撰,合肥张文运书,武进董康篆额。

品衔四川開縣知縣
三世俱贈光祿大夫
姚俱贈一品夫人公
生有異稟讀書十行

3—7

之志不屑以章句進
也侍開縣府君於官
所益明習吏事援例
入貲為分部郎中改

3—9

逮捕其魁下之獄且
白於火府乞嚴禁其
事俟稟牘溪而後行
已而妖亂遂起果如

3—11

俱下年十二應學使
試背誦五經為學使
所稱歎以書法不入
格被黜公凤有遠大

3—8

選山東陵縣知縣戢
盜鋤姦縣大治丁内
憂去官已耕裝矣聞
境内義和團設壇立

3—10

公所料會項城袁公
来為山東巡撫見公
稟牘奇之以為知緩
急可任大事檄公充

3—12

雖就而盜賊猶夤緣
刦掠坊市居民苦之
表公乃設留京執法
營務處以公領之公

3－17

郱之其餘八縣一準
以辦陵縣之法不費
國家之帑不株連良
善一人內姦除而外

3－15

直魯沿邊九縣善後
委員公首至陵縣父
老相慶曰倪公來吾
儕無患矣公密偵搜

3－13

湮事甫帀月姦人屏
迹九城帖然是時軍
事旁午表公倚公如
左右手凡充北洋緝

3－18

釁胎於是表公益知
公可火用矣未幾表
公移督直隸兩宮西
幸外兵入京師和議

3－16

匪首數人斬以徇查
境內所燬教堂及教
民遇害者命註誤於
團匪之家認罰鍰償

3－14

理營務慶行營營務
慶蕆審執法營務慶
兼三劇職公應機立
斷裕如也廣宗巨猾

3－19

景廷賓假仇教之名
聚眾抗官朝廷以友
邦責言嚴飭撚替懲
辦袁公橄公替兵劇

3－20

捕廷賓敗遁公自率
親兵追之冒雨一日
夜行三百里獲廷賓
戮之擢記名候補道

3－21

晉二品階光緒三十
二年授黑龍江民政
使東三省撚替天津
徐公尤倚重公凡軍

3－22

務墾務鱶務一畀公
區畫公勇於任事不
避怨嫌泪徐公內怠
忌者遂以蜚語構公

3－23

於新撚替奉嚴旨查
辦然牟不得毫髮私
事始解宣統三年武
昌兵起袁公以欽差

3－24

大臣督師橄公為行
營左翼翼長會壽州
桿匪張孟价作亂據
州城進陷潁州河南

3－25

大震乃授公河南布
政使幫辦河南軍務
公率所部攻潁州克
之賞頭品頂戴額爾

3－26

德穆巴圖魯勇號兼
署安徽布政使民國
元年改授督辦蘇豫
皖魯邊境剿匪事宜

3－27

先是四省邊地距省
治遠故多盜至軍事
興姦宄竄寇旦勢盆張
漫成流寇公率三營

3－28

之眾自亳州剿匪於
南邱黃土寨大破之
又追敗於馬牧集餘
黨潰散公周歷豐碭

3－29

永夏宿渦單漁各縣
頒清鄉之法以剿餘
孽事遂平晉授陸軍
中將勳三位二等文

3－30

3－31

虎章二年攝公所部
為武衛右軍駐頴州
已而贛甯變起皖應
之公奉命出師連克

3－33

嚴出納以阜財尤留
意於水利農田以為
富強之本凡修沿江
堤圩三百餘里濬渠

3－35

民安其業貨財流衍
先是都督駐安慶公
請移於蚌埠蚌埠者
縮轂津浦鐵道為南

3－32

鳳臺壽州徇正陽合
肥六安遂拜安徽都
督兼民政長之命公
治皖輯流亡以綏衆

3－34

塘以萬計後與陸軍
財政兩部定兵頴餉
年三百八十萬元解
京師五十萬元於是

3－36

北之要衝自公移節
之後遂成重鎮公又
於蚌埠設水利分局
修長淮堤岸七百餘

事始寢論者謂大江
南北比岂不驚實出
於公之賜焉六年合
肥段公任國務總理

3-41

黔兩粤相繼梗命公
以受枣公知遇厚屢
諗京師建議趣更帝
制而自請移防湖南

3-39

里濬灘水入洪澤湖
集飢民百萬賦粟以
充其役先是瀕灘之
田畝值千錢至是價

3-37

台各省軍民長官至
京師會議參戰事公
曰德人侵比國中立
又擊美國商船顯違

3-42

以維大局先是江蘇
都督馮公與政府議
不合政府密諭公潛
師襲之公力陳不可

3-40

是年秋籌安議起溯
公之德建生祠祀之
漕驟增倍蓰皖人戴
十元流民復業丁

3-38

公法以理言宜與之
絕且各友邦相繼與
德人宣戰勝負之機
不難預料如我顯持

3-43

而返公愾然曰段公
朝去則邦交夕裂吾
儕戰力戎行手造區
夏坐觀朋姦之敗壞

3-45

出於兵諫之策其後
馮公攝大總統段公
復正揆席以明令與
德人宣戰邦交始革

3-47

異議必啟兵端宜加
入參戰便段公意與
公合而議院以黨見
為異同率不得要領

3-44

可乎乃集各省代表
者於徐州以圖挽回
之計會段公罷國事
愈勢公迫於眾議始

3-46

馮未幾西南各省以
護法之名興中央牴
牾時公以安徽督軍
兼長江巡閱使統新

3-48

舊安武二軍奉令援
湘援粵公以兵連禍
結供億不支力主裁
兵以紓財力先汰皖

3－49

軍十之二以倡率之
又欲聚合將帥以謀
南北之統一事既不
諧躭憂彌甚乃再三

3－50

因病乞休至庚申四
月始遂公之素志請
假至天津就醫八月
呈請去職又四年薨

3－51

於天津年五十有七
事聞贈安武上將軍
特派大員致祭賞治
喪銀三千元事蹟宣

3－52

付史館立傳公性孝
友與弟香圃公親愛
尤摯弟早卒公哭之
慟言輒流涕子弟不

3－53

令習兵事常曰兵猶
火也善用之則益人
否則害大吾統兵垂
二十年求生不得而

3－54

政府令而請將三人
吾名捕著等令姑從
所不為然政府已假
幕僚曰殺人媚人吾

3-57

顧令子弟預其事耶
公取眾嚴而待將士
有恩人人樂為之用
獎拔人才無黨援門

3-55

殫天下之兵力而無
禽之及勢已燎原雖
盜之初起一捕役足
治盜不稍寬貸常曰

3-59

戶之見在皖時黨獄
滋興政府假為公牒
捕議員三人且密飭
存其牒以備案公謂

3-56

其好生之德如此然
讞其獄三人皆免死
之權在吾矣已而公
者交吾鞫治則生生

3-58

計學有如天授調理
忠其前車也又精騎
方臘明李自成張獻
可如何如唐黃巢宋

3-60

懍懍忠懇尤欲彌縫
北紛綸操戈同室公
邦倪公有馬迨至南
政以決大謀一言興

3－65

論回粲戰之議上下
塤晉增
二道壽道燾孫二晉
副官長姜陳氏生子

3－63

說若合符節焉公娶
通無滯尤興泰西學
富於民其蕃展在流
財之法其根本在藏

3－61

之老成識時之俊傑
手如公者可謂謀國
雖不就君子趑之烏
補苴陳以拯危亡事

3－66

公獨熟權利害佐執
口讙哣附和者寡倪
段公昌言拒德而眾
交訌猶豫不決合肥

3－64

軍少特安徽督軍署
粲議院議員道炯陸
國務院銓敘局主事
甯夫人生子二道杰

3－62

（下接 P403　3－67）

倪道杰率弟为父治丧答谢亲朋简①

　　满城风雨,正深陟岵之悲;弹指星霜,永报终天之痛。乃蒙仁人矜恤,枉素车白马以临存;更承椽笔褒荣,集繍虎雕龙而赠诔。恩推锡类,谊实薄云。稽颡谨登铭心,志感辰维,德随时懋;祉并秋高,翘企云辉。曷胜露祝? 道杰等负薪滋惧,学礼未能,扶桊梧而手泽徒存,痛风木而心伤曷已? 所冀箴规时锡,俾佩弦佩韦之有资;庶几弓冶传家,或肯构肯堂之无忝。肃修寸简,敬谢隆施,祗请台安,伏惟矜鉴。

棘人倪道杰、炯、焘、熹稽颡

注释:

陟岵:陟(zhì),登上;岵(hù 户),有草木的山。此处应借指父亲谢世。

矜恤:怜悯抚恤。

素车白马:旧时办丧事用的车马,后被用作送葬。

临存:亲临省问。这里指别人亲自前来吊祭。

椽笔:指他人文笔出众。

繍虎雕龙:绣虎雕龙,这里指别人的祭文辞藻华丽。

诔:表示哀悼辞。

恩推锡类:锡类,语出《诗·大雅·既醉》:"孝子不匮,永锡尔类。"类,指善行。恩推锡类,这里应指永远感恩别人对自己的善行。

谊实薄云:这里应指敬称别人的深情厚谊。

稽颡:古代一种跪拜礼,屈膝下拜,以额触地,表示极度的虔诚。

辰维:这里是指对平辈使用的恭敬语。

---

① 　此简存于天津档案馆(倪幼丹往来函卷),本文注释、断句及解释先后得到吴修申教授、张光全副教授及阜阳师范学院文学院张明华教授指教。

德懋：指在德行上勉力。

翘企：形容盼望殷切。

负薪：指地位低微的人。

椑栖(bēi)：此处应代指父亲的遗物。

手泽(手的润泽)：指称先人或前辈的遗墨、遗物等。

风木：风木，典出《韩诗外传》卷九，"树欲静而风不止，子欲养而亲不待也。"这里指父亡故，不及孝养。

扶椑栖而手泽徒存，痛风木而心伤曷已：这句话是说抚摸到父亲用过的东西，看到家中的一切，都让人想起父亲在世的情景，然而不及孝养，父亲已去，真让人感伤不已。

箴规：指规劝告诫。

锡：此处通"赐"，给予，赐给。

佩弦佩韦：这里指要随时警戒自己。

庶几：或许可以。

弓冶：指父子世代相传的事业。

肯构肯堂：指修缮房屋，用来比喻子承父业，这里指要继承先人事业。

无忝：不玷辱；不羞愧。

为倪幼丹居士助念记①

　　幼丹居士，倪其姓，皖人也。曾于民国二十四年，偕德配慧念居士亲至苏州皈依印光法师，法名慧杰。由是，每日礼诵，习为常课。去夏患血压高症，行持并未间断。至本年正月病势加剧，延至十九日午后，嘱慧念居士请道友助念。并云："八时如不去，则须十二时。"慧念居士约教相商，乃邀同袁傅瑞、梁观同、何悟慈、何智脱、何传怡、虞荣秀、刘明玉、阚传纪、曹成庆诸居士，及舍弟能合等，于六时前往。神志极清，相见以两手合掌为礼。悬接引像时，双目注视。及闻佛声后，知念佛人声众多，询为何人？慧念居士告以均属道友，乃随众念佛，至午夜安详而逝。大众持名至八时始散。殆所谓宿根深厚，而得是善果已。

（盛圣教）

---

　　①　此文载于民国《弘化月刊》第十二期，亦载于《净土圣贤录— 往生居士第三篇》。

倪嗣冲学术研究成果索引

著作类

敖堃著:《北洋中坚倪嗣冲》,内蒙古人民出版社 2008 年版。

李良玉等著:《倪嗣冲年谱》,黄山书社 2010 年版。

施立业、李良玉主编:《安徽三大家族与近代中国实业研究》,合肥工业大学 2010 年版。

李良玉、陈雷主编:《倪嗣冲函电集》,社科文献出版社 2011 年版。

李良玉、吴修申主编:《倪嗣冲与北洋军阀》,黄山书社 2012 年版。

论文类

陈雷:《〈倪嗣冲年谱〉出版》,《阜阳师范学院学报(社会科学版)》2010 年第 6 期。

陈雷:《皖北镇守使序叙论》,《安庆师范学院学报》2014 年第 4 期。

陈雷:《试论民国初年倪嗣冲对淮河流域的治理》,《淮北师范大学学报(哲学社会科学版)》2011 年第 1 期。

陈雷:《倪嗣冲与安徽"二次革命"》,《文教资料》2011 年第 5 期。

陈雷:《倪嗣冲与民初安徽政局》,《兰台世界》2012 年第 19 期。

陈雷:《论颍州之战及其影响》,《兰台世界》2011 年第 7 期。

陈自芳:《论清末民初官僚私人资本的扩张及其历史评价》,《史学月刊》1990 年第 5 期。

陈自芳:《中国近代官僚私人资本的比较分析》,《中国经济史研究》1996 年第 3 期。

丁春莉:《倪嗣冲与袁世凯称帝关系探究》,《传承》2010 年第 18 期。

郭从杰:《论倪嗣冲主皖时期安徽的经济发展》,《铜陵学院学报》2010 年第 3 期。

郭从杰:《倪嗣冲与蚌埠临时会议》,《历史教学》2011 年第 5 期。

郭从杰:《倪嗣冲与 1917——1918 年安武军入湘作战》,《安徽史学》2010 年第 3 期。

郭从杰、郭坤杰:《冯玉祥滞兵武穴与皖督倪嗣冲的应对》,《淮北师范大学学报(哲学社会科学版)》2011 年第 2 期。

郭从杰、郝天豪:《论倪嗣冲对白朗军入皖的应对》,《哈尔滨学院学报》2013 年第 9 期。

郭从杰:《清末民初阜阳人与长江防务》,《阜阳师范学院学报(社会科学版)》2011 年第 5 期。

郭从杰、李良玉:《1919 年安庆蚕桑女校事件之考察》,《历史教学》2012 年第 9 期。

郭从杰:《论袁世凯对南京会议的态度》,《淮北师范大学学报(哲学社会科学版)》2012 年第 5 期。

郭从杰、褚琪:《北洋政府赦免张勋原因之探析》,《平顶山学院学报》2012 年第 1 期。

郭从杰、李良玉:《1921 年安徽省长人选政潮探析》,《阜阳师范学院学报(社会科学版)》2012 年第 6 期。

郭从杰:《"安徽三大家族与近代中国实业"学术研讨会综述》,《阜阳师范学院学报(社会科学版)》2009 年第 6 期。

郭从杰:《民初安徽历届政府治皖经济政策成效分析》,《阜阳师范学院学报》2015 年第 4 期。

郭从杰:《民初安徽政局与都督人选》,《安庆师范学院学报》2015 年第 4 期。

郭从杰:《倪嗣冲与南京会议》,《合肥师范学院学报》2015 年第 4 期。

郭从杰:《近代烈山煤矿产权组织形式的演变》,《淮北师范大学学报》2015 年第 4 期。

郭从杰:《柏文蔚、倪嗣冲治淮之比较》,第八届淮河文化研讨会论文集。

郭坤杰、郝天豪:《第一次徐州会议与北洋政局》,《宜宾学院学报》

2014 年第 2 期。

龚光明：《倪嗣冲主皖期间发展民生措施初探》，《合肥学院学报（社会科学版）》2013 年第 1 期。

龚光明：《从 1914 年蝗灾看民初安徽治蝗技术与政策——以〈倪嗣冲函电集〉为研究对象》，《阜阳师范学院学报（社会科学版）》2014 年第 1 期。

郝钧：《倪嗣冲与淮河的治理》，《蚌埠学院学报》2013 年第 4 期。

郝天豪、郭从杰：《倪嗣冲与怡大洋行借款案（哲学社会科学版）》，《鲁东大学学报》2013 年第 5 期。

郝天豪、郭从杰：《论民国初年安徽政府的蚕桑业政策》，《池州学院学报》2014 年第 2 期。

郝天豪：《倪嗣冲安武军费筹借的途径及其影响》，《安庆师范学院学报（社会科学版）》2014 年第 5 期。

郝天豪、岑红：《论民国时期北京政府对省际匪患的治理——以苏皖鲁豫四省交界地区为中心的探讨》，《河北师范大学学报》2014 年第 3 期。

胡晓：《近 20 年来大陆段祺瑞及北洋皖系研究述评》，《安徽史学》2010 年第 6 期。

胡雪涛：《南京会议与北洋政局》，《历史教学》，2013 年 6 月刊。

姜铎：《略论北洋官僚资本》，《中国经济史研究》1990 年第 3 期。

孔利君：《1921 年安徽省第三届省选弊案探析》，《沧桑》2014 年第 5 期。

李良玉、郝芹：《试论倪嗣冲与安徽省议会的关系——以 1916—1919 年盐斤加价案为例》，《淮北师范大学学报（哲学社会科学版）》2012 年第 4 期。

李良玉：《民初安徽财税政策探析》，《阜阳师范学院学报》2015 年第 5 期。

李强：《倪嗣冲与清末黑龙江新政》，《阜阳师范学院学报（社会科学版）》2011 年第 5 期。

李强:《倪嗣冲与民国初年蚌埠城市发展》,《蚌埠学院学报》2012 年第 3 期。

李强:《倪嗣冲与民国初年安徽盐务》,《盐业史研究》2013 年第 2 期。

李强:《倪嗣冲与民国初年安徽赈灾》,《兰台世界》2010 年第 13 期。

梁家贵:《倪嗣冲与民初安徽匪患治理》,《徐州师范大学学报(哲学社会科学版)》2010 年第 4 期。

刘迪香:《长江巡阅使军政职能探析》,《湖南城市学院学报》2007 年第 4 期。

刘家富:《倪、袁之谊与民初安徽政局》,《阜阳师范学院学报(社会科学版)》2013 年第 1 期。

刘家富:《倪嗣冲与民初的"尊孔读经"运动》,《兰台世界》2009 年第 9 期

刘敬忠、杨明治:《冯玉祥与武穴主和》,《河北大学成人教育学院学报》2004 年第 1 期。

刘阳:《革命、起义与反帝:白朗研究综述》,《阴山学刊》2015 年第 5 期。

刘勇:《民初安徽第三届省议会选举民意走向的初探》,《沧桑》2014 年第 6 期。

彭南生、李庆宇:《民初省议会贿选与民众澄清省选的斗争——以安徽省第三届省议会为例》,《安徽史学》2015 年第 1 期。

邵华:《倪家花园倪嗣冲碑及石人、石马》,《天津河西历史文化》(河西文史资料选辑)第九辑,中国戏剧出版社 2011 年版,第 313 页。

取石亭:《对倪嗣冲纪念币的一点补充》,《内蒙古金融研究》第 6 辑(2006 年 6 月)。

邵武军:《倪嗣冲与安武军研究》,安徽大学 2014 届硕士论文。

施诚一、郑仁杰:《给一枚纪念章正名——兼谈倪嗣冲的"安武军纪念章"》,《中国钱币》2002 年第 4 期。

史全生:《北洋时期的华北财团》,《民国春秋》1996 年第 3 期。

苏全有、何亚丽:《对倪嗣冲研究的回顾与反思》,《洛阳师范学院学

报》2012 年第 1 期。

孙昉:《倪嗣冲与近代皖省水陆交通格局的变迁》,《平顶山学院学报》2012 年第 1 期。

王洪刚、谢大鹏:《再评张勋复辟中的倪嗣冲》,《阜阳师范学院学报(社会科学版)》2012 年第 2 期。

王洪刚:《倪嗣冲与地方革命党在皖西北的争夺》,《科技展望》2015年第 12 期。

王军:《倪嗣冲投资活动及失败原因分析》,《宿州学院学报》2008 年第 4 期。

王琦:《倪嗣冲督皖时期蚌埠城市职能的发展演变》,《吕梁学院学报》2014 年第 5 期。

王天新、李树楠:《天津纺织规模最大、生产能力最强的大型企业——从"裕元纱厂"到"棉纺二厂"》,《天津河西老工厂》(河西文史资料选辑)第十辑,线装书局 2014 年版,第 94～96 页。

王玉洁:"安徽三大家族与近代中国实业"学术研讨会综述,《安徽史学》2009 年第 5 期。

王正元:《倪嗣冲求助倪大来》,《民国春秋》1996 年第 3 期。

魏明:《论北洋军阀官僚的私人资本主义经济活动》,《近代史研究》1985 年第 2 期。

魏明:《北洋官僚资本与天津经济》,《天津社会科学》1986 年第 4 期。

吴修申、卢燕:《阜阳地方志中的倪嗣冲形象初探》,《阜阳师范学院学报(社会科学版)》2013 年第 1 期。

吴修申:《擅写对联的北洋督军倪嗣冲》,《兰台世界》2009 第 23 期。

夏侯叙五:《倪嗣冲在张勋复辟前后的表演》,《民国春秋》1996 年第 4 期。

夏侯叙五:《倪嗣冲妻子的庆寿堂会》,《江淮文史》1994 年第 5 期。

夏侯叙五:《袁世凯何以不愿用张勋为江苏都督》,《民国春秋》1995年第 1 期。

夏侯叙五:《倪嗣冲缘何迁移督军署》,《团结报》,2002 年 3 月 9 日。

夏侯叙五:《直皖战后皖军内的勾心斗角》,《民国春秋》1998 年第1 期。

夏侯叙五:《龚心湛处理安徽教案》,《民国春秋》1998 年第 5 期。

余婷:《民初安徽视学制度探析》,《沧桑》2014 年第 2 期。

张明生:《倪嗣冲督皖时期皖西北地方势力冲突研究(1911—1920)》,南京师范大学 2013 届硕士论文。

张绍祖:《名人名楼:在津投资最多的北洋军阀倪嗣冲》,1994 年 4 月9 日《天津老年时报》。

张绍祖:《天津租界里的名人旧宅》,《纵横》2000 年第 11 期。

张绍祖:《安武上将军倪嗣冲——在天津投资最多的北洋寓公》,2008 年 4 月 26 日《每日新报》。

张绍祖:《"老裕元"有两座发电厂》,贾长华主编《电力改变生活——天津有电 120 年》,百花文艺出版社 2008 年版,第 11—13 页。

张绍祖:《倪氏财团创建天津北辰电器公司》,贾长华主编《电力改变生活——天津有电 120 年》,百花文艺出版社 2008 年版,第 16—18 页。

张绍祖:《王普两任安徽省省长》,《天津政协公报》,2009 年第 5 期。

张绍祖、张建虹:《倪嗣冲财团与天津城市近代化》,《阜阳文史》第八辑《往事漫忆》,2010 年 4 月由阜阳市政协文史委员会出版。

张绍祖、张建虹:《在津投资最多的北洋寓公——安徽督军倪嗣冲》,《阜阳文史》第八辑《往事漫忆》,2010 年 4 月由阜阳市政协文史委员会出版。

张绍祖:《寓居天津的安徽省长王普》,《阜阳文史》第八辑《往事漫忆》,2010 年 4 月由阜阳市政协文史委员会出版。

张绍祖:《倪氏财团投资的金城银行》,政协天津市和平区委员会、天津市档案馆、天津市和平区档案馆编辑《老天津金融街》,天津市人民出版社 2010 年版,第 72～76 页。

张绍祖:《裕元纱厂的文化底蕴》,《天津河西历史文化》(河西文史资料选辑)第九辑,中国戏剧出版社 2011 年版,第 242～243 页。

张湘炳:《"二次革命"在安徽》,《安徽史学》1988 年第 1 期。

赵炎才:《倪嗣冲政治人格基本特征管窥》,《平顶山学院学报》2012年第 1 期。

郑国良:《倪嗣冲与安徽近代矿业》,《安徽大学学报》1994 年第 4 期。

郑国良:《白朗起义军入皖和安徽反倪武装斗争》,《安徽史学》1985年第 10 期。

周宁:《谣言、军阀与北洋社会:1919 年安徽蚕桑女校案》,《史林》2011 年第 3 期。

郑实(倪晋尧):《倪家花园与儿童医院》,郭长久、孙华起、杨祖耀主编《五大道的故事》,百花文艺出版社 1999 年版,第 9~12 页。

郑今浣:《在津投资最多的北洋军阀——倪嗣冲》,李正中主编《近代中国天津名人故居》,天津人民出版社 2002 年版,第 362~366 页。

郑今浣:《亦官亦商的倪嗣冲》,杨大辛主编《近代天津十大寓公》,天津人民出版社 1999 年版,第 132~152 页。

郑谐:《倪幼丹与天津北辰电器公司》,《天津河西老工厂》(河西文史资料选辑)第十辑,线装书局 2014 年版,第 91~93 页。

后　记

　　尘封的历史悄然向我们走来，一部散发着墨香、凝聚着天南海北多人心血的书——《倪嗣冲与天津倪氏家族》与读者见面了。

　　倪嗣冲是清末民初时期一位极具影响力的政治人物，百年前他只身来到天津，参与组织小站练兵，随之其子倪道杰、倪道炯也从安徽阜阳来津就读，自此便开始落根津沽。倪嗣冲离职寓居天津后，家眷族人不断来津，并在这里学习、创业、生活、繁衍，从而枝繁叶茂，形成了今天的天津倪氏家族。从安徽来到天津，是倪氏家族重心的空间转移，也是家族生存路径的变化，即从传统的耕读之家向工商实业的转变。民国时期，倪氏父子在天津是投资近代实业最多的北洋要人，后经多次政局变动和影响，倪氏族人大多都能顺应时代变革潮流，以踏实勤奋立身治家，以专业特长建设天津。

　　对倪嗣冲与天津倪氏家族资料的搜集与研究，是 20 世纪 90 年代以后，随着改革开放的发展，思想解放的深入，学术研究禁地的逐渐破除而开始的；较多的资料搜集与研究，是近些年的事。天时地利人和，盛世写史修志。《倪嗣冲与天津倪氏家族》的编辑出版，是当今民国史、家族史研究的一个成果。该书包括影图部分和文字部分，文字部分也力争图文并茂，雅俗共赏。既有以记述为主，分为人物、企业、旧居及深情回忆的栏目及文章；也有倪嗣冲研究的新成果集萃；还有资料性的大事年表、家族谱系、企业简表、企业及房地产分布图、倪嗣冲墓志铭拓本、倪道杰率弟为父治丧答谢亲朋简，以及倪嗣冲研究的成果索引等。

　　本书各章中除已标明的作者外，具体分工还需说明如下：天津新华职工大学的张建虹老师承担了本书第一章（倪氏源流、颍西倪氏部分）、第二章、第五章的资料整理及专文的撰写；天津河西区政协文史委的张绍祖主要承担第一章倪嗣冲与天津倪氏部分、第二章部分企业、第三章家族旧居部分的撰写；阜阳师范学院的郭从杰主要对倪嗣冲、倪毓棻、倪道杰等人物进行资料收集与整理并撰写相应论文；倪氏后人倪祖琨先生自始至终参与对全书各章内容的资料提供和校阅，撰写专题论文，并从倪嗣冲研究成果中选出多篇文章，按照统一格式修改构成第四章。还需要说明的是，南京大学历史系 2015 级博士生郝天豪同学为第一章倪氏源流的修改提供了一些资料，并参与编写了倪毓棻的生平简谱；江西省社会科学院的助理研究员王涛先生为第一章的颍西倪氏的撰写有所贡献。全书由张绍祖进行统稿，倪祖琨、郭从杰通读全书并进行修改，最后张绍祖进行了审阅和校对。

本书的资料搜集、编辑出版，得到了中国第一历史档案馆、中国社会科学院近代史研究所、天津档案馆、天津博物馆、天津图书馆、阜阳师范学院历史文化与旅游学院、天津市河西区政协等单位的协助，历史学家罗澍伟先生、马勇先生在百忙中欣然为本书作序，李学通、敖垄、曲振明、金彭育、陈雷、吴修申、李强等学者提供专文，赵晓光先生为本书排版设计，倪晋尧、李良玉、陈雷、刘家富等先生一如既往的关心，天津文史学者周醉天先生、天津社会科学出版社的张博先生为本书的出版提出了不少有价值的修改意见和建议，在此一并致以衷心的感谢。

"人事有代谢，往来成古今"。由于对安徽督军倪嗣冲和天津倪氏家族的资料搜集与研究还是刚刚起步，加之我们的水平与能力有限，书中难免有不完善，甚至错误之处。因出版的需要，编者也对一些学者的论文格式有所调整，不当之处，敬请作者和读者给予批评指正。

编者

2015 年 12 月